독학사
한권합격

1단계 교양과정

영어

시대에듀

머리말 INTRO

학위를 얻는 데 시간과 장소는 더 이상 제약이 되지 않습니다. 대입 전형을 거치지 않아도 '학점은행제'를 통해 학사학위를 취득할 수 있기 때문입니다. 그중 독학학위제도는 고등학교 졸업자이거나 이와 동등 이상의 학력을 가지고 있는 사람들에게 효율적인 학점 인정 및 학사학위 취득의 기회를 줍니다.

학습을 통한 개인의 자아실현 도구이자 자신의 실력을 인정받을 수 있는 스펙으로서의 독학사는 짧은 기간 안에 학사학위를 취득할 수 있는 가장 빠른 지름길로 많은 수험생들의 선택을 받고 있습니다.

이 책은 독학사 시험을 준비하는 수험생분들이 단기간에 효과적인 학습을 할 수 있도록 다음과 같이 구성하였습니다.

---

01 '핵심이론' 중 시험장에 꼭 알고 들어가야 하는 부분을 요약한 '필수 암기 키워드'를 수록하여 시험 직전에 공부한 내용을 확인할 수 있도록 하였습니다.
※ 필수 암기 키워드 특강 : www.sdedu.co.kr → 독학사 → 학습자료실 → 무료특강

02 '2024~2022 기출복원문제'를 수록하여 최근 출제 경향을 파악하고 이에 맞춰 학습할 수 있도록 하였습니다.
※ 최신기출문제 특강 : www.sdedu.co.kr → 독학사 → 학습자료실 → 무료특강

03 시행처의 평가영역을 바탕으로 시험에 출제될 수 있는 내용을 정리하여 '핵심이론'으로 구성하였으며, '더 알아두기'와 '체크 포인트'를 통해 관련 내용까지 파악할 수 있도록 하였습니다.

04 출제 경향을 철저히 분석하여 구성한 '실전예상문제'와 '최종모의고사'를 통해 본인의 실력을 점검할 수 있도록 하였습니다.

시간 대비 학습의 효율성을 높이기 위해 방대한 학습 분량을 최대한 압축하여 정리하였으며, 출제 유형을 반영한 문제들로 구성하도록 노력하였습니다. 이 책으로 학위취득의 꿈을 이루고자 하는 수험생분들의 합격을 응원합니다.

편저자 드림

독학학위제 소개 BDES

○ 독학학위제란?

「독학에 의한 학위취득에 관한 법률」에 의거하여 국가에서 시행하는 시험에 합격한 사람에게 학사학위를 수여하는 제도

- ✓ 고등학교 졸업 이상의 학력을 가진 사람이면 누구나 응시 가능
- ✓ 대학교를 다니지 않아도 스스로 공부해서 학위취득 가능
- ✓ 일과 학습의 병행이 가능하여 시간과 비용 최소화
- ✓ 언제, 어디서나 학습이 가능한 평생학습시대의 자아실현을 위한 제도
- ✓ 학위취득시험은 4개의 과정(교양, 전공기초, 전공심화, 학위취득 종합시험)으로 이루어져 있으며 각 과정별 시험을 모두 거쳐 학위취득 종합시험에 합격하면 학사학위 취득

○ 독학학위제 전공 분야 (11개 전공)

※ 유아교육학 및 정보통신학 전공 : 3, 4과정만 개설
  (정보통신학의 경우 3과정은 2025년까지, 4과정은 2026년까지만 응시 가능하며, 이후 폐지)
※ 간호학 전공 : 4과정만 개설
※ 중어중문학, 수학, 농학 전공 : 폐지 전공으로, 기존에 해당 전공 학적 보유자에 한하여 2025년까지 응시 가능

※ 시대에듀는 현재 4개 학과(심리학과, 경영학과, 컴퓨터공학과, 간호학과) 개설 완료
※ 2개 학과(국어국문학과, 영어영문학과) 개설 중

독학학위제 시험안내 INFORMATION

◎ 과정별 응시자격

단계	과정	응시자격	과정(과목) 시험 면제 요건
1	교양	고등학교 졸업 이상 학력 소지자	• 대학(교)에서 각 학년 수료 및 일정 학점 취득 • 학점은행제 일정 학점 인정 • 국가기술자격법에 따른 자격 취득 • 교육부령에 따른 각종 시험 합격 • 면제지정기관 이수 등
2	전공기초		
3	전공심화		

4	학위취득	• 1~3과정 합격 및 면제
		• 대학에서 동일 전공으로 3년 이상 수료
		  (3년제의 경우 졸업) 또는 105학점 이상 취득
		• 학점은행제 동일 전공 105학점 이상 인정
		  (전공 28학점 포함)
		• 외국에서 15년 이상의 학교교육과정 수료
			없음(반드시 응시)

◎ 응시방법 및 응시료

- 접수방법 : 온라인으로만 가능
- 제출서류 : 응시자격 증빙서류 등 자세한 내용은 홈페이지 참조
- 응시료 : 20,700원

◎ 독학학위제 시험 범위

- 시험 과목별 평가영역 범위에서 대학 전공자에게 요구되는 수준으로 출제
- 독학학위제 홈페이지(bdes.nile.or.kr) ➡ 학습정보 ➡ 과목별 평가영역에서 확인

◎ 문항 수 및 배점

과정	일반 과목			예외 과목		
	객관식	주관식	합계	객관식	주관식	합계
교양, 전공기초 (1~2과정)	40문항×2.5점 =100점	–	40문항 100점	25문항×4점 =100점	–	25문항 100점
전공심화, 학위취득 (3~4과정)	24문항×2.5점 =60점	4문항×10점 =40점	28문항 100점	15문항×4점 =60점	5문항×8점 =40점	20문항 100점

※ 2017년도부터 교양과정 인정시험 및 전공기초과정 인정시험은 객관식 문항으로만 출제

◯ 합격 기준

■ 1~3과정(교양, 전공기초, 전공심화) 시험

단계	과정	합격 기준	유의 사항
1	교양	매 과목 60점 이상 득점을 합격으로 하고, 과목 합격 인정(합격 여부만 결정)	5과목 합격
2	전공기초		6과목 이상 합격
3	전공심화		

■ 4과정(학위취득) 시험 : 총점 합격제 또는 과목별 합격제 선택

구분	합격 기준	유의 사항
총점 합격제	• 총점(600점)의 60% 이상 득점(360점) • 과목 낙제 없음	• 6과목 모두 신규 응시 • 기존 합격 과목 불인정
과목별 합격제	• 매 과목 100점 만점으로 하여 전 과목(교양 2, 전공 4) 60점 이상 득점	• 기존 합격 과목 재응시 불가 • 1과목이라도 60점 미만 득점하면 불합격

◯ 시험 일정

1단계 2월 중	2단계 5월 중	3단계 8월 중	4단계 10월 중

■ 1단계 시험 과목 및 시간표

구분(교시별)	시간	시험 과목명
1교시	09:00~10:40(100분)	국어, 국사(필수)
2교시	11:10~12:00(50분)	외국어(필수) : 영어, 독일어, 프랑스어, 중국어, 일본어 중 택 1과목
중식 12:00~12:50(50분)		
3교시	13:10~14:50(100분)	현대사회와 윤리, 문학개론, **철학의 이해**, 문화사, 한문, 법학개론, 경제학개론, 경영학개론, 사회학개론, 심리학개론, **교육학개론**, 자연과학의 이해, 일반수학, 기초통계학, 컴퓨터의 이해 중 택 2과목

※ 시험 일정 및 세부사항은 반드시 독학학위제 홈페이지(bdes.nile.or.kr)를 통해 확인하시기 바랍니다.
※ 시대에듀에서 개설된 과목은 빨간색으로 표시하였습니다.

2024년 기출 경향 분석 ANALYSIS

◇ 총평

작년 시험과 출제 영역을 비교해 보면 '어휘 및 숙어' 영역의 문항 수가 감소하였고, '문법과 구조', '독해' 영역의 문항 수가 증가하였습니다. 특히 문법과 어휘가 복합적으로 연결된 문제 유형이 많아졌습니다. 그러나 기본 개념 및 핵심 사항을 정리하고 숙지하셨다면, 올해 시험에서 큰 어려움은 없었을 것으로 보입니다. '어휘 및 숙어', '독해' 영역은 기본적인 이론 범위 안에서 출제되었으며, '문법과 구조' 영역 역시 예년과 비슷한 수준으로 출제되었습니다. '문법과 구조'에 대한 문항 수가 증가한 만큼, 주요 문법의 개념 이해 및 숙지의 중요성이 더욱 높아졌다고 볼 수 있습니다. 또한 어휘와 문법 및 독해가 주요 변별 영역이므로, 전반적인 내용을 두루 학습하는 것이 중요합니다.

◇ 학습 방법

최근 출제 경향에 대한 꼼꼼한 분석이 필요합니다. 미묘한 차이로 의미가 확연히 달라지는 부분에 대해 점검해 보고, 빈출 어휘와 숙어는 반복적으로 학습하되, 파생어 및 다의어도 정리하며 혼동의 여지를 줄일 수 있도록 해야 합니다. 문장 구조에 대한 이해를 높이기 위해서는 단순히 읽고 해석하는 일대일 대응 방식보다 문장을 직접 쓰고 구조를 분석하며 정리하는 습관이 필요합니다. 동시에 분석한 문장에 포함된 관련 숙어나 유사 표현을 함께 정리하는 것이 좋습니다. 가정법이나 분사구문, 시제의 일치와 같은 구문과 문법적 내용은 기초부터 탄탄히 정리하고, 독해뿐만 아니라 영작에서도 미흡함이 없도록 준비해야 합니다.

◇ 출제 영역 분석

출제 영역	문항 수		
	2022년	2023년	2024년
어휘 및 숙어	11	14	11
문법과 구조	9	7	11
독해	10	10	11
영작	2	3	2
생활영어	8	6	5
총합	40	40	40

합격수기 COMMENT

독학사 시험을 처음 준비하면서 학습 계획을 세우려고 경험 삼아 시험을 보러 갔을 때, 시험장에서 사람들이 무슨 책을 가지고 공부하는지 살펴볼 수 있었는데, 그때 알게 된 것이 시대에듀입니다. 시대에듀에서 출간한 문제집을 구매한 후 동영상 강의가 있다는 것도 알게 되었고, 혼자서는 막막했던 공부를 보다 수월하게 준비할 수 있었습니다. 잘 정리된 이론과 문제풀이 해설은 효율적인 학습을 하는 데 도움이 되었고, 상세한 설명이 포함된 동영상 강의는 과목에 대한 전반적인 이해도를 높여주었습니다.

독학사 시험은 워낙 공부할 내용이 방대하다 보니 이론 학습과 문제풀이 연습을 최대한 단기간에 끝내고 싶었습니다. 서점에서 여러 도서들을 비교해 보다가 시대에듀에서 출간한 교재로 공부를 시작했고, 나중에는 '1단계 5과목 벼락치기' 교재도 구입했습니다. 제가 선택한 5과목이 한 권에 다 수록되어 있어서 보다 간편하게 마무리 점검용으로 활용할 수 있었습니다. 문제를 풀어 보고도 잘 이해되지 않는 부분은 동영상 강의의 도움을 받는 편인데, 기출문제 무료 강의가 제공되니 유용하게 활용할 수 있었습니다. 필수 암기 키워드는 처음 학습하면서 주요 내용이 무엇인지 파악하는 데 많은 도움이 됐습니다.

독학사 시험에 합격하겠다는 목표는 잡았는데, 공부를 어떻게 해야 하는지 몰라서 감을 못 잡고 헤매고 있었습니다. 그러다가 인터넷 검색을 통해 시대에듀 교재를 선택하게 됐는데, 교재가 체계적으로 구성되어 있어 개념을 잡는 데 많은 도움이 되었습니다. 최신기출문제를 통해 출제 경향을 파악할 수 있었고, 출제 경향이 반영된 실전예상문제와 최종모의고사로 공부한 내용을 확실하게 점검할 수 있었습니다. 교재 앞부분에 수록된 필수 암기 키워드를 반복해서 봤는데, 주요 개념을 체크할 수 있어서 좋았습니다.

독학사는 시험을 주관하는 국가평생교육진흥원에서 관련 교재를 출간하지 않고, 기출문제도 공개하지 않아 교재를 선택하는 데 많은 어려움이 있었습니다. 여러 후기들을 비교하여 선택한 시대에듀의 독학사 기본서 시리즈는 탁월한 선택이었던 것 같습니다. 출제 경향을 반영한 핵심이론과 문제들로 기초를 탄탄하게 세울 수 있었습니다. 특히 도움이 되었던 것은 무료로 제공되는 필수 암기 키워드 특강이었습니다. 이 강의를 통해 개념 체계를 잘 세울 수 있었고, 시험 직전에 마무리 점검을 할 때에도 도움이 되었습니다.

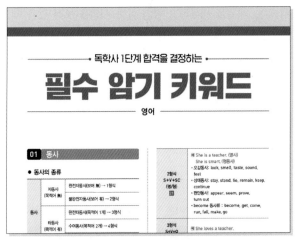

01 필수 암기 키워드

핵심이론 중 반드시 알아야 할 중요 내용을 요약한 '필수 암기 키워드'로 개념을 정리해 보세요.

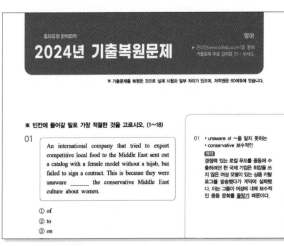

02 최신기출문제

'2024~2022년 기출복원문제'를 풀어 보면서 출제 경향을 파악해 보세요.

03 핵심이론

시행처의 평가영역을 반영하여 꼼꼼하게 정리된 '핵심이론'을 학습하며 기초를 탄탄하게 쌓아 보세요.

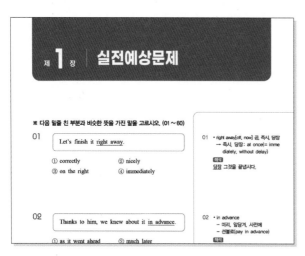

04 실전예상문제

'핵심이론'에서 공부한 내용을 바탕으로 '실전예상문제'를 풀어 보면서 문제를 해결하는 능력을 길러 보세요.

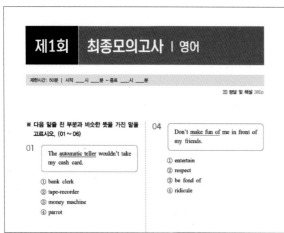

05 최종모의고사

'최종모의고사'를 실제 시험처럼 풀어 보며 실력을 점검해 보세요.

+ P / L / U / S +

1단계 시험을 핵심자료로 보강하자!
국어 / 영어 / 국사 <핵심자료집 PDF> 제공

1단계 시험을 준비하는 수험생을 위해 교양필수과목인 국어/영어/국사 핵심 요약집을 PDF로 제공하고 있어요. 국어는 고전문학/현대문학, 영어는 중요 영단어/숙어/동의어, 국사는 표/사료로 정리했어요.

※ 경로 : www.sdedu.co.kr → 독학사 → 학습자료실 → 강의자료실

목차 CONTENTS

무언가를 시작하는 방법은 말하는 것을 멈추고 행동을 하는 것이다.

-월트 디즈니-

영어

합격의 공식 시대에듀 www.sdedu.co.kr

최신기출문제

2024년	기출복원문제
2023년	기출복원문제
2022년	기출복원문제

출/ 제/ 유/ 형/ 완/ 벽/ 파/ 악/

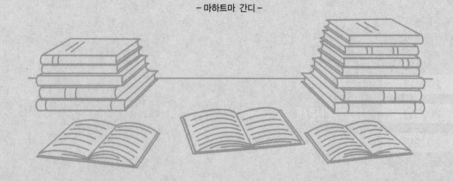

훌륭한 가정만한 학교가 없고,
덕이 있는 부모만한 스승은 없다.

- 마하트마 간디 -

 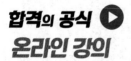

2024년 기출복원문제

▶ 온라인(www.sdedu.co.kr)을 통해 기출문제 무료 강의를 만나 보세요.

※ 기출문제를 복원한 것으로 실제 시험과 일부 차이가 있으며, 저작권은 SD에듀에 있습니다.

※ 빈칸에 들어갈 말로 가장 적절한 것을 고르시오. (1~18)

01

An international company that tried to export competitive local food to the Middle East sent out a catalog with a female model without a hijab, but failed to sign a contract. This is because they were unaware _____ the conservative Middle East culture about women.

① of
② to
③ on
④ for

02

The government has announced that it will extend the prohibition on U.S. beef imports. Such measures are due to the detection of feed additives necessary to increase feed efficiency. The period of this prohibition is expected to be _____ further.

① initiated
② abolished
③ prolonged
④ diminished

---

01 • unaware of ~을 알지 못하는
• conservative 보수적인

해석
경쟁력 있는 로컬 푸드를 중동에 수출하려던 한 국제 기업은 히잡을 쓰지 않은 여성 모델이 있는 상품 카탈로그를 발송했다가 계약에 실패했다. 이는 그들이 여성에 대해 보수적인 중동 문화를 <u>몰랐기</u> 때문이다.

02 • prohibition 금지
• feed additives 사료 첨가물

해설
① initiate 시작하다, 개시하다, 창시하다, 창설하다
② abolish (관례·제도 등을) 폐지(철폐)하다; 완전히 파괴하다
③ prolong 늘이다, 연장하다 (lengthen)
④ diminish (수량·크기·정도·중요성 따위를) 줄이다, 감소시키다, 작게 하다

해석
정부가 미국산 소고기 수입에 대한 금지를 연장한다고 발표하였다. 이와 같은 조치는 사료 효율 증가에 필요한 사료 첨가물이 검출되었기 때문이다. 이 금지 조치 기간은 더 <u>연장될</u> 것으로 보인다.

정답 01 ① 02 ③

03 해설
사역동사로는 make, have, let이 있으며, '~가 … 하게 시키다(하게 하다)'의 의미를 갖는다. 문장구조는 '사역동사 + 목적어 + 목적보어(동사원형)'이다. 목적어(Tom) + 동사원형(find)의 구조이므로 'let'이 적절하다.
① get은 사역동사와 유사한 의미이지만, '주어 + 동사(get) + 목적어 + 목적보어(to V)'의 형식을 취하므로, 목적보어 자리에 동사원형이 올 수 없다.
③ allow는 'allow + 목적어 + to 부정사'의 형식을 취한다.

해석
부탁인데, 탐이 그 파티에 대해서 알지 못하게 해줘. 깜짝 파티로 할 예정이거든.

04 • in short 한마디로 말하면, 요컨대
해석
한마디로 말하면, 그 프로젝트는 성공적이었다.

05 • be willing to V 기꺼이 ~하다
해설
① commit oneself to ~에 전념하다
② comment on(upon/about) ~에 의견을 말하다; 논평하다
③ commence 시작하다, 개시하다
④ command ~에게 명(령)하다, ~에게 요구하다

해석
당신이 기꺼이 이 프로젝트에 3개월 동안 전념하지 않을 거라면, 이 프로젝트에 지원하지 않아야 한다.

정답 03 ④ 04 ③ 05 ①

03

Please, don't _____ Tom find out about the party. It's going to be a surprise party.

① get
② give
③ allow
④ let

04

_____ short, the project was successful.

① Of
② Up
③ In
④ By

05

You should not apply for this project unless you are willing to _____ yourself to the project for three months.

① commit
② comment
③ commence
④ command

06

If you want to reset the drip coffee machine, press button 1 and 2, _____.

① respecting
② respectfully
③ respectably
④ respectively

07

Unfortunately, he _____ for the items he didn't order.

① billed
② was billed
③ bills
④ was billing

08

_____ the work of his design company, he must stay in Bangkok for 10 days every three months.

① Supervised
② Supervises
③ Has supervised
④ Supervising

09 • deliver (물품·편지를) 배달(송달)하다.

해설

주어는 물품(All the items)이고 그 물품들이 배달된 것이므로, 수동(be + p.p)의 형태가 적절하다.

해석

고객들이 주문한 모든 물품들이 정각에 배달되었다.

09

All the items ordered by customers were _____ on time.

① to deliver

② delivering

③ delivered

④ to be delivered

10 • be due to ~에 기인한다

해설

be due to에서 'to'는 전치사이므로 뒤에는 명사나 동명사가 와야 한다.
② 전치사 to 뒤에는 명사 또는 동명사가 와야 하므로, 동사 rise는 올 수 없다. rise를 명사로 보더라도 위치가 적절하지 않다.
③ 물가 상승의 의미일 때에는 복수형 prices가 적절하다.
④ rise를 rising으로 수정해야 적절하다.

해석

영국의 인플레이션은 꾸준한 물가 상승에 기인한다.

10

Inflation in the UK is due to _____.

① a steady rise in prices

② rise prices steadily

③ price rising steady

④ prices steadily rise

정답 09 ③ 10 ①

11

A : Thank you for helping me.
B : It was nice that I could help you.
A : I _____ without you.

① can't do

② couldn't do

③ can't have done

④ couldn't have done

12

A : I'm sorry, I'm late.
B : It's okay. Traffic conditions are always unpredictable.
A : _____

① Thank you for delivering the message.

② Thank you for helping me.

③ Thank you for understanding me.

④ Thank you for giving me a ride.

13 • self-improvement 자기계발

해석

A : 너는 <u>운동으로</u> 뭐해?

B : 나 요즘 기타 치는 것을 배우고 있어.

A : 와우, 멋진데! 그런데 그건 운동이 아니잖아.

13

A : What do you do _____?

B : I'm learning to play the guitar these days.

A : Wow, that's cool! But that's not an exercise.

① for fun

② for exercise

③ for hobby

④ for self-improvement

---

14 **해설**

과거의 일에 대한 아쉬움을 표현하고 있으므로, 가정법 과거완료 형태가 적절하다.

• I wish + 가정법 과거 : 현실에서 일어날 수 없거나 현실과 반대

• I wish + 가정법 과거완료 : 과거 사실의 반대

해석

A : 여행은 어땠어?

B : 좋았어. <u>너도 같이 여행을 갔으면 좋았을 텐데.</u>

14

A : How was your trip?

B : It was good. _____

① I wish you were coming to the party.

② I wish you had come to the party.

③ I wish you had traveled with me.

④ I wish you traveled with me.

정답 13 ② 14 ③

15

> A : How are you these days? I'm so busy with work.
> B : I've been busy lately. But you didn't forget our _____, did you?
> A : Of course not. We were supposed to eat something delicious together. Which restaurant should we go to?
> B : I heard there's a newly opened restaurant, so how about we go there?

① contract we made last month
② trip we were supposed to
③ profit we agreed to split
④ promise we made last month

16

> A : My co-worker recommended this restaurant.
> B : I see, but I don't think this restaurant service is very good.
> A : I didn't get my order yet. It takes so long.
> B : The seats are uncomfortable. Overall, this restaurant is _____.

① not where we booked
② not where we've been
③ where we expected it to be
④ not where we expected it to be

---

15 해설
① 지난달 우리가 한 계약
② 우리가 가기로 한 여행
③ 우리가 나누기로 한 수익

해석
A : 요즘 어때? 나는 회사 일로 너무 바쁘네.
B : 나도 요즘 바빴어. 그래도 지난달에 한 우리 약속은 잊지 않았지?
A : 당연하지. 같이 맛있는 거 먹기로 했잖아. 어느 식당으로 갈까?
B : 새로 오픈한 식당이 있다는데, 거기 가는 게 어때?

16 해설
① 우리가 예약한 곳이 아니야.
② 우리가 와본 곳이 아니야.
③ 우리가 기대한 곳이야.
④ 우리가 기대한 곳이 아니야.

해석
A : 회사 동료가 이 식당을 추천했어.
B : 그랬구나. 그런데 이 식당 서비스는 그다지 좋은 것 같지는 않아.
A : 내가 주문한 음식은 아직도 안 나왔어. 진짜 너무 오래 걸린다.
B : 의자가 편하지 않아. 전반적으로 이 식당은 우리가 기대한 곳이 아니야.

정답 15 ④   16 ④

17
- integration 통합; 완성, 집성
- comparison 비교, 대조
- thoroughly 대단히, 완전히, 철저히, 철두철미하게
- fabrication 제작, 구성; 조립

해석

발견과 발명은 서로 밀접하게 연관되어 있다. 발명은 이미 발견된 것들의 통합이며, 발명의 도움으로 우리는 새로운 발견을 한다. 발견은 이미 존재했지만 결코 인식되지 않았던 어떤 것을 탐색하고 탐구하는 행위이다. 한편, 이전에 존재하지 않았던 물건이나 과정을 자신의 아이디어와 개발로 창조하거나 설계하는 것을 발명이라고 한다. 발견과 발명의 차이는 우리가 기본을 더 잘 이해하고 그 비교를 철저히 알 수 있게 도와준다. 이제 발견과 발명의 차이가 무엇인지 이해해 보자. 우리는 발견을 이미 존재하는 어떤 것을 새로운 것으로 인식하는 것으로 정의할 수 있다. 발견은 보통 우리가 어떤 것을 처음으로 찾았을 때 발생한다. 우리는 발명을 자신의 지식, 노력, 기술을 통해 새로운 것을 창조하는 것으로 정의할 수 있다. 발명은 현대 세계에서 자신만의 용도와 기능을 가질 수 있는 완전히 새로운 것을 만들어 내는 것이다.

17

Discovery and invention work hand in hand. ____(A)____ are an integration of things, which have already been discovered, and with the help of ____(A)____, we make new discoveries. ____(B)____ are the act of searching for and exploring something, that already existed but was never recognized. On the other hand, the creation or designing of an item or a process that has never existed before, with its own ideas and developments is known as an invention. The difference between discovery and invention can help us to understand the basics better and know their comparisons thoroughly. Let us now understand what the difference between discovery and invention is. We can define ____(B)____ as the recognition of something that already exist as something new. Discoveries usually occur when we find something for the first time ever. We can define invention as the creation of something new through one's knowledge, hard work, and skills. The invention is the fabrication of something entirely new that can have its own uses and functions in the modern world.

	(A)	(B)
①	discovery	inventions
②	discover	inventing
③	inventions	discoveries
④	inventor	discover

정답 17 ③

18

In the study of the ancient world, a city is generally defined as a large, populated urban center of commerce and administration with a system of laws and, usually, regulated means of sanitation. Walled cities were common throughout Mesopotamia. Emperors began constructing the walls ___(A)___ invaders, and the walls meaned emperors' ___(B)___ dominant position. The walls of the city were equally considered a hallmark of that site.

	(A)	(B)
①	to keep out	occupied
②	to keep out	occupying
③	keeping out	occupied
④	keeping out	occupying

18
- populated urban center 인구가 많은 도시 중심
- commerce and administration 상업 및 행정
- regulate 규정하다; 통제(단속)하다. 조절하다, 정리하다
- sanitation (공중) 위생; 위생 시설 (의 개선)
- hallmark (전형적인) 특징(특질)

해설
- keep out : 출입을 금지하다. 막다
- to keep out : 막기 위해 (to 부정사의 부사적 용법 중 목적)
- occupy : 차지하다, 점령하다.
- 현재분사 'occupying'은 능동의 의미를 담고 형용사의 기능을 한다. '우세한 지역(dominant position)을 점령하는'의 의미가 되기 위해 현재분사 'occupying'이 적합하다.

해석
고대 세계에 대한 연구에서, 도시는 일반적으로 법의 체계와 주로 정리된 위생 수단이 있는 상업과 행정의 큰 인구 도시 중심지로 정의된다. 성벽으로 둘러싸인 도시는 메소포타미아 전역에 걸쳐 흔했다. 황제들은 침략자들을 막기 위해 성벽을 건설하기 시작했고, 성벽은 황제들이 점령한 지배적인 위치를 의미했다. 도시의 성벽은 똑같이 그 장소의 특징으로 여겨졌다.

19 빈칸에 공통으로 들어갈 말로 가장 적절한 것은?

- The girl is wearing a raincoat _____ a rainy day.
- The lungs help frogs use their mouths and noses to breathe _____ land.
- It won't go _____ beyond midnight.

① in
② on
③ of
④ at

19 **해설**
- on ~ : (요일·날짜·때를 나타내어) ~에
- on land : 육지에서, 땅 위에서
- go on : (어떤 상황이) 계속 되다

해석
- 소녀가 비 오는 날에 비옷을 입고 있다.
- 폐는 개구리들이 입과 코를 이용하여 땅 위에서 호흡할 수 있게 도와줍니다.
- 자정 이후까지 계속되지는 않을 것이다.

정답 18 ② 19 ②

※ 두 문장의 의미가 같도록 할 때, 빈칸에 들어갈 말로 가장 적절한 것을 고르시오. (20 ~ 21)

20 해설

가주어/진주어 구문은 주어가 길어지면 가주어 it을 앞으로 두고 동사 뒤로 진주어를 보낸다.
• It + is + 형용사(사람 성격) + of + 목적격
• It + is + 형용사(사물의 특징) + for + 목적격
제시된 문장은 foolish(사람의 성격)이므로 of + 목적격이 적절하다.

해석

그는 그것을 믿을 만큼 어리석었다.

20

He was foolish to believe that.
→ _____ to believe that.

① That was foolish for him
② That was foolish of him
③ It was foolish of him
④ It was foolish for him

21 해설

직접화법을 간접화법으로 전환하는 문제이다. 전달 동사 said는 그대로 쓰고 직접화법 문장을 that 절로 변경한다. that 절의 인칭대명사를 전달자의 관점에서 적절한 대명사로 바꾸고 시제도 일치시킨다. 제시된 문장에서 I가 she로 바뀌고 시제가 전달 동사의 과거시제와 일치된 ④가 적절하다.

해석

그녀는 "나는 가고 싶지 않아."라고 말했다.

21

She said, "I don't want to go."
→ She said that _____.

① I didn't want to go
② I don't want to go
③ she doesn't want to go
④ she didn't want to go

※ 밑줄 친 부분의 의미와 가장 가까운 것을 고르시오. (22 ~ 25)

22
• blue (사람·기분이) 우울한; (형세 따위가) 비관적인
• embarrassed 거북(무안)한, 당혹스러운, 난처한; 쩔쩔매는
• confident 확신하는
• relieved 안도하는
• depressed 우울한, 풀이 죽은, 의기소침한

해석

그는 여자친구와 헤어지고 우울해 보였다.

22

He looked blue after he broke up with his girlfriend.

① embarrassed
② confident
③ relieved
④ depressed

정답 20 ③   21 ④   22 ④

23

> I'm all booked up this afternoon. What about meeting together next week if you have time?

① extremely sick

② extremely busy

③ extremely irritating

④ extremely sleepy

23
- be booked up 몹시 바쁘다
- irritating 초조하게 하는, 약 올리는, 화나게 하는

해석
오늘 오후에 나는 몹시 바빠. 시간이 있으면 다음 주에 만나는 건 어때?

24

> What careers are you interested in?

① jobs

② businesses

③ possessions

④ corporations

24
- career 직업
- business 사업, 장사
- possession 소지품, 소유
- corporation 기업, 회사

해석
어떤 직업에 관심이 있으십니까?

25

> I'm looking for some temporary work.

① familiar

② superfluous

③ provisional

④ apparent

25
- temporary 일시의, 잠깐의, 순간의, 덧없는
- familiar 익숙한
- superfluous 남는, 여분의, 과잉의; 불필요한
- provisional 임시의, 일시적인
- apparent 명백한

해석
저는 뭔가 임시로 할 수 있는 일을 찾고 있어요.

정답 23 ② 24 ① 25 ③

26
- swallow 삼키다
- ingrained 뿌리 깊은, 깊이 몸에 밴

해설
주어가 The belief(단수)이기 때문에 본동사는 수를 일치시킨 has가 적절하다.

해석
우리가 매년 평균 8마리의 거미를 잠결에 삼킨다는 믿음이 대중문화에 너무 깊이 새겨져 많은 사람들이 이제는 사실로 받아들이고 있습니다.

※ 어법상 가장 적절하지 않은 것을 고르시오. (26 ~ 27)

26

The belief that we swallow (A) an average of eight spiders (B) in our sleep every year (C) have become (D) so ingrained in popular culture that many people now accept it as fact.

① (A)
② (B)
③ (C)
④ (D)

27 **해설**
관계부사 where는 뒤에 완전한 문장이 온다. 제시문에서 where 뒤의 you recommended는 목적어가 없는 불완전한 문장이므로, 목적어 기능의 관계대명사가 와야 한다. 따라서 관계대명사 that이 관계부사 where 대신에 와야 적절하다.

해석
내가 다음 달에 서울을 방문하면, 당신이 추천해 준 숙소에 머물면서 무엇을 할지 고민해야겠어.

27

(A) When I visit Seoul next month, I should think about (B) what to do while staying at the accommodation (C) where (D) you recommended.

① (A)
② (B)
③ (C)
④ (D)

정답 26 ③ 27 ③

28 다음 제시문의 제목으로 가장 적절한 것은?

While air pollution is often perceived as a local or regional problem, air pollution also has a global dimension. At least three aspects of air pollution as a global problem can be distinguished: 1) the long-range transport of air pollution emitted in one country can affect people and the environment of another country; 2) there are similar air pollution problems in different countries that can be solved using the same measures; and 3) the implementation of national policies might have implications for other countries in so far as they can lead to shifting environmental problems to another country. In addition, air pollution is the central link in the interaction between ozone, nitrogen, climate change and ecosystems, which increasingly requires an integrated approach to environmental policymaking, also beyond the UNECE region.

It is a time when international cooperation is urgently needed for future generations, away from the armchair argument. Addressing these pollution problems requires cooperation at the scientific and the policy level, including with other countries and regions. This also includes working with organizations and networks within the UN system and beyond to increase synergies and coordination and enhance outreach and information sharing.

① Three aspects of air pollution

② The history of UNECE Convention

③ International Cooperation on Air Pollution

④ Transboundary Air Pollution Problem

---

28 • emit (빛·열·냄새·소리 따위를) 내다, 발하다, 방출하다, 방사하다.
• armchair argument 탁상공론
• UNECE(United Nations Economic Commission for Europe) UN 유럽 경제 위원회
• fora forum의 복수
• ascertain 확인하다; 규명하다
• transboundary 국경을 넘는

해설
① 대기오염의 세 가지 측면
② UN 유럽 경제 위원회 회의의 역사
③ 대기오염에 대한 국제적인 협력
④ 국경을 넘는 대기오염 문제

해석
대기 오염은 종종 지역적 또는 지방적 문제로 인식되는 반면, 대기 오염은 또한 세계적인 측면도가지고 있다. 세계적인 문제로서 대기 오염은 적어도 세 가지 측면으로 구별될 수 있다: 1) 한 국가에서 배출되는 대기 오염의 장거리 이동으로 인해 다른 국가의 사람들과 환경에 영향을 미칠 수 있다; 2) 동일한 조치를 사용하여 해결할 수 있는 다른 국가들 간의 유사한 대기 오염 문제가 있다; 그리고 3) 국가 정책의 실행은 환경 문제를 다른 국가로 이동시키는 것으로 이어질 수 있는 한 다른 국가에 영향을 미칠 수 있다. 게다가 대기 오염은 오존, 질소, 기후 변화 및 생태계 간의 상호 작용에서 중심적인 연결 고리이며, 이는 또한 UNECE 지역을 넘어 환경 정책 결정에 대한 통합적인 접근을 점점 더 요구하고 있다.
탁상공론에서 벗어나 무엇보다도 미래 세대를 위하여 국제적인 협력이 절실한 때이다. 이러한 오염 문제를 해결하기 위해서는 다른 국가 및 지역을 포함한 과학 및 정책 수준의 협력이 필요하다. 이것은 또한 시너지 효과와 조정력을 높이고 봉사활동과 정보 공유를 강화하기 위해 유엔 시스템 안팎의 조직 및 네트워크와 협력하는 것을 포함한다.

정답 28 ③

29
- Intestate 유언장을 남기지 않은
- estate 재산
- intestate succession 무유언 상속
- intestacy 무유언 사망자의 유산
- one-size-fits-all 널리(두루) 적용되도록 만든

해설
① 무유언 상속의 의미와 절차
② 무유언 상속의 분배 비율
③ 개인 재산에 대한 국가의 규제
④ 사망 시 유언의 중요성

해석
"Intestate"이라는 용어는 사람이 유효한 유언 없이 사망하는 상황을 가리킨다. 이렇게 되면 사망자가 어떻게 재산과 재산을 분배받기를 원했는지에 대한 법적 문서가 작성되지 않는다. 자산이 원하는 대로 분배되기를 보장하고 사랑하는 사람들의 문제를 최소화하고 싶다면 유언장을 만드는 것이 중요하다. '무유언 상속'이란 무엇을 의미하는가? '무유언 상속'은 유언 없이 사망하거나 유언으로 재산을 완전히 처분하지 않은 경우에 사망자의 재산을 분배하는 법적 절차이다. 이 절차는 사망자가 거주했거나 사망자의 재산이 위치한 특정 주의 무유언상속법에 따라 결정된다. 이 법들은 일반적으로 가까운 친척들을 선호하여 사망자의 재산을 분배하는 기본 계획을 제공한다. 무유언 상속의 법칙은 보통 사람이 자신의 재산을 가족들 사이에 어떻게 분배할 것인지를 반영하는 것을 목표로 한다. 하지만 이 법칙들은 두루두루 적용되는 접근법을 적용하기 때문에 고인의 뜻이나 가족 관계의 역동성과 항상 일치하지 않을 수 있다.

29 다음 글의 주제로 가장 적절한 것은?

The term "intestate" refers to the situation where a person passes away without a valid will. When this happens, no legal document outlines how the deceased person wanted their assets and property to be distributed. If you want to ensure your assets are distributed according to your wishes and minimize complications for your loved ones, creating a will is crucial. What Does 'Intestate Succession' Mean? 'Intestate succession' is the legal process through which a deceased person's estate is distributed when they die without a will or if their will does not fully dispose of their estate. This process is governed by the specific state intestacy laws where the deceased lived or where the property is located. These laws provide a default scheme for distributing the deceased's assets, typically favoring close relatives. The rules of intestate succession aim to reflect how an average person might have intended their assets to be distributed among their family members. However, since these laws apply a one-size-fits-all approach, they might not always align with the deceased's wishes or the dynamics of their family relationships.

① The meaning and the procedure of intestate succession
② The distribution ratio of intestate succession
③ The state regulation of personal property
④ The importance of a will in death

정답 29 ①

※ 다음 글을 읽고 내용과 일치하는 것을 고르시오. (30 ~ 31)

30

The genomics-based concept of precision medicine began to emerge following the completion of the Human Genome Project. In contrast to evidence-based medicine, precision medicine will allow doctors and scientists to tailor the treatment of different subpopulations of patients who differ in their susceptibility to specific diseases or responsiveness to specific therapies. The current precision medicine model was proposed to precisely classify patients into subgroups sharing a common biological basis of diseases for more effective tailored treatment to achieve improved outcomes. Precision medicine has become a term that symbolizes the new age of medicine. In our view, for precision medicine to work, two essential objectives need to be achieved. First, diseases need to be classified into various subtypes. Second, targeted therapies must be available for each specific disease subtype. Therefore, we focused this review on the progress in meeting these two objectives.

① Precision medicine is related with evidence-based medicine.

② Precision medicine treat different subpopulations of patients.

③ Targeted therapies cannot be available for each specific disease subtype.

④ The evidence-based medicine symbolizes the new age of medicine.

---

30 • genomics 유전체학, 게놈학
• precision medicine 정밀 의학
• Human Genome Project 휴먼 게놈 프로젝트, 인간 유전체 규명 계획
• evidence-based medicine 증거 중심 의학, 증거 바탕 의학
• subpopulation 소집단, 하위 집단, 일부의 사람들
• susceptibility 민감성
• subtype 하위 유형
• targeted therapy 표적 치료, 표적 치료제

해설
① 정밀 의학은 증거 기반 의학과 관련이 있다.
② 정밀 의학은 환자의 하위 집단을 치료한다.
③ 표적 치료제는 특정 질병의 하위 유형에 유효하지 않다.
④ 증거 기반 의학은 의학의 새로운 시대를 상징한다.

해석
유전체학을 기반으로 한 정밀 의학의 개념은 인간 유전체 규명 프로젝트가 완료된 이후 등장하기 시작했다. 증거 기반 의학과 달리, 정밀 의학은 의사와 과학자가 특정 질병에 대한 감수성 또는 특정 치료에 대한 반응에 차이가 있는 환자 집단을 대상으로 치료를 맞춤화할 수 있게 한다. 현재의 정밀 의학 모델은 질병의 공통적인 생물학적 기반을 공유하는 하위 집단으로 환자를 정확하게 분류하여 더 효과적인 맞춤형 치료를 통해 더 나은 결과를 얻기 위해 제안되었다. 정밀 의학은 의학의 새로운 시대를 상징하는 용어가 되었다. 우리가 보기에, 정밀 의학이 이루어지기 위해서는 두 가지 필수적인 목표가 달성되어야 한다. 첫째, 질병은 다양한 하위 유형으로 분류되어야 한다. 둘째, 특정 질병 하위 유형별로 표적 치료제가 제공되어야 한다. 따라서 우리는 이 두 가지 목표를 달성하는 과정에 초점을 맞추었다.

정답 30 ②

31
- *resurgence* 재기, 부활
- *feudal* 봉건(제도)의; 봉건 시대의, 중세의
- *zenith* 정점, 절정; 전성기

해설
① 르네상스는 아시아에서 출현한 운동이다.
② 르네상스는 고대와 중세 사이의 가교로 여겨진다.
③ 르네상스는 14세기 영국에서 시작되었다.
④ 르네상스는 15세기와 16세기에 그 절정에 도달했다.

해석
문자 그대로 "재탄생"을 의미하는 르네상스라는 용어는 14세기에서 17세기 사이 유럽에서 출현한 심오한 문화적·지적 운동을 가리킨다. 이 시기는 고대 그리스와 로마의 고전 예술, 문학, 철학에 대한 관심의 부활로 특징지어진다. 그것은 현대 세계의 형성에 총체적으로 기여한 예술, 과학, 정치를 포함한 많은 영역에서 창조성과 변화가 큰 시기였다.
르네상스는 중세 사회의 봉건적이고 종교적인 제약으로부터 벗어남을 나타내며, 흔히 중세와 현대 시대 사이의 가교로 여겨진다. 그것은 개인적인 성취의 가능성과 인간의 본성과 세계를 이해하기 위한 수단으로서 인문학–문법, 수사학, 역사, 시, 도덕 철학–에 대한 비판적인 연구를 강조하는 새로운 휴머니즘 정신을 육성했다.
르네상스는 14세기에 이탈리아에서 시작되었고 15세기와 16세기에 절정에 달하면서 점차 유럽의 나머지 지역으로 퍼져나갔다. 이탈리아가 그 운동의 중심지이긴 하지만, 르네상스는 프랑스, 영국, 네덜란드, 독일, 스페인과 같은 나라들에 중요한 영향을 미쳤다. 각 지역은 현지 전통과 조건에 의해 영향을 받아 르네상스 문화의 독특한 특색을 발전시켰다.

31

The term Renaissance, literally meaning "rebirth", refers to the profound cultural and intellectual movement that emerged in Europe during the 14th to the 17th century. This period is characterized by a resurgence of interest in the classical art, literature, and philosophy of ancient Greece and Rome. It was a time of great creativity and change in many areas, including art, science, and politics, which collectively contributed to the shaping of the modern world.

The Renaissance is often viewed as a bridge between the Middle Ages and the modern era, marking a departure from the feudal and religious constraints of medieval society. It fostered a new spirit of humanism, which emphasized the potential for individual achievement and the critical study of the humanities—grammar, rhetoric, history, poetry, and moral philosophy—as a means to understand human nature and the world.

The Renaissance began in Italy in the 14th century and gradually spread to the rest of Europe, reaching its zenith in the 15th and 16th centuries. While Italy remained the heartland of the movement, the Renaissance had a significant impact on countries such as France, England, the Netherlands, Germany, and Spain. Each region developed its own distinct flavor of Renaissance culture, influenced by local traditions and conditions.

① Renaissance refers to the movement that emerged in Asia.
② Renaissance is viewed as a bridge between the ancient and middle ages.
③ Renaissance began in England in the 14th century.
④ Renaissance reached its zenith in the 15th and 16th centuries.

정답 31 ④

※ 다음 문장을 영어로 가장 적절하게 바꾼 것을 고르시오. (32 ~ 33)

32

> 너무 더워서 에어컨을 켰어.

① It was so hot that I turned on the air-conditioner.

② It was too hot to turn on the air-conditioner.

③ It was hot enough turn on the air-conditioner.

④ It was very hot that I turned on the air-conditioner.

32 **해설**

so + 형용사/부사 + that + 주어 + 동사 : 너무 ~ 해서 … 하다. (= 형용사/부사 + enough + to 부정사)

so that ~ : ~하기 위해서

[예] I studied hard so that I could pass the exam. (나는 그 시험에 합격하기 위해서 열심히 공부했다.)

② too ~ to … : 너무 ~해서 …할 수 없다.

③ 'enough + to 부정사'에서 to가 빠졌기 때문에 부적절하다.

33

> Kate는 John에 대해 어떻게 생각하니?

① Does Kate think of John?

② Does Kate think about John?

③ What does Kate think about John?

④ How does Kate think through John?

33 **해설**

어떻게 생각해요?

• What do you think of(about) ~?

• How do you feel about ~?

정답 32 ① 33 ③

34 해석

긴 기록된 역사를 가진 언어의 경우, 어원학자들은 단어가 과거에 어떻게 사용되었는지, 의미와 형태가 어떻게 발전했는지, 또는 언제 그리고 어떻게 언어에 도입되었는지에 대한 지식을 수집하기 위해 텍스트와 언어에 관한 텍스트를 활용한다. 어원학자들은 또한 어떤 직접적인 정보로 이용되기에는 너무 오래된 형태에 대한 정보를 재구성하기 위해 비교언어학의 방법을 적용한다. 비교연구법이라고 알려진 기술로 관련 언어를 분석함으로써, 언어학자들은 그들의 공유된 모어와 그 어휘에 대해 추론할 수 있다. 이러한 방식으로, 예를 들어, 많은 유럽 언어들의 어원은 인도-유럽어족의 기원으로 거슬러 올라갈 수 있다.

어원학자들은 단어의 기원을 연구하기 위해 여러 가지 방법을 적용하는데, 그 중 일부는 다음과 같다:

- 문헌 연구 : 단어의 형태와 의미의 변화는 이용 가능한 오래된 텍스트의 도움으로 추적될 수 있다.
- 방언학적 자료 : 단어의 형태나 의미는 방언 간에 차이를 보일 수 있으며, 이는 초기 역사에 대한 단서를 제공할 수 있다.
- 비교연구법 : 관련 언어들의 체계적인 비교에 의해, 어원학자들은 어떤 단어들이 그들의 공통된 조상 언어에서 유래하고 어떤 단어들이 나중에 다른 언어에서 차용되었는지를 종종 발견할 수 있을지도 모른다.
- 의미 변화에 대한 연구 : 어원학자들은 특정 단어의 의미 변화에 대한 가설을 세워야 한다. 그러한 가설은 의미 변화에 대한 일반적인 지식을 바탕으로 검증된다.

34 다음 내용에서 언급한 어원학의 연구 내용이 <u>아닌</u> 것은?

For languages with a long written history, etymologists make use of texts, and texts about the language, to gather knowledge about how words were used during earlier periods, how they developed in meaning and form, or when and how they entered the language. Etymologists also apply the methods of comparative linguistics to reconstruct information about forms that are too old for any direct information to be available. By analyzing related languages with a technique known as the comparative method, linguists can make inferences about their shared parent language and its vocabulary. In this way, word roots in many European languages, for example, can be traced all the way back to the origin of the Indo-European language family.

Etymologists apply a number of methods to study the origins of words, some of which are:

- Philological research : Changes in the form and meaning of the word can be traced with the aid of older texts, if such are available.
- Making use of dialectological data : The form or meaning of the word might show variations between dialects, which may yield clues about its earlier history.
- Comparative method : By a systematic comparison of related languages, etymologists may often be able to detect which words derive from their common ancestor language and which were instead later borrowed from another language.
- The study of semantic change : Etymologists must often make hypotheses about changes in the meaning of particular words. Such hypotheses are tested against the general knowledge of semantic shifts.

① Determining which language is dominant and which language is inferior

② Comparing related languages from shared parent language and its vocabulary

③ Exploring the form or meaning of the word for dialectological data

④ Providing hypotheses about changes in the meaning of particular words

- etymologist : 어원학자
- philological : 문헌의
- dialectological : 방언학의
- semiotics : 기호(언어)학
- semantics : 의미론

해설

① 우세언어와 열등언어를 결정

② 공유 모어 및 그 어휘와 관련된 언어들의 비교

③ 방언학의 자료에 대한 단어의 형태나 의미 탐색

④ 특정 단어의 의미 변화에 대한 가설 제시

정답 34 ①

35 ~ 36

해석

사회과학은 사람들이 서로 어떻게 상호작용하는지를 연구하는 학문이다. 사회과학의 파생 영역은 인류학, 경제학, 정치학, 심리학, 사회학을 포함한다. 사회과학자들은 경제 성장의 원인과 실업의 원인부터 사람들을 행복하게 만드는 것까지 모든 것을 탐구하면서 사회가 어떻게 돌아가는지를 연구한다. 그들의 연구 결과는 공공 정책, 교육 프로그램, 도시 디자인, 마케팅 전략 등 많은 다양한 시도에 영향을 미친다.

사회과학은 개인이 사회 내에서 어떻게 행동하는지에 초점을 맞춘 학문 분야를 포함한다. 사회과학은 20세기에 두각을 나타낸 비교적 새로운 과학 연구 분야이다. 사회과학의 전형적인 경력에는 광고인, 경제학자, 심리학자, 교사, 관리자 및 사회복지사로 일하는 것이 포함된다.

사회과학자들은 일반적으로 자연과학자들보다 해석과 질적 연구 방법론에 더 많이 의존한다. 학문 분야로서의 사회과학은 물리학, 생물학, 화학과 같은 주제를 다루는 자연과학과는 별개이다. 사회과학은 물리적 세계에 초점을 맞추기보다는 사회의 발전과 운영뿐만 아니라 개인과 사회의 관계를 분석한다.

※ 다음 글을 읽고 물음에 답하시오. (35 ~ 36)

Social science is the study of how people interact with one another. The branches of social science include anthropology, economics, political science, psychology, and sociology. Social scientists study how societies work, exploring everything from the triggers of economic growth and the causes of unemployment to what makes people happy. Their findings inform public policies, education programs, urban design, marketing strategies, and many other endeavors.

Social science involves academic disciplines that focus on how individuals behave within society. Social science is a relatively new field of scientific study that rose to prominence in the 20th century. Typical careers in social science include working as an advertiser, economist, psychologist, teacher, manager, and social worker.

Social scientists generally rely more heavily on interpretation and qualitative research methodologies than those in the natural sciences do. Social science as a field of study is separate from the natural sciences, which covers topics such as physics, biology, and chemistry. Social science examines the relationships between individuals and societies as well as the development and operation of societies, rather than focusing on the physical world.

35 주어진 글의 제목으로 가장 적절한 것은?

① Careers in Social Science

② The examples of Social Science

③ The methodology of Social Science

④ The understanding of Social Science

36 주어진 글에서 social science에 대한 설명으로 가장 적절한 것은?

① 사회과학은 자연과학의 일부이다.

② 사회과학은 19세기에 두각을 나타낸 연구 분야이다.

③ 사회과학자들은 양적 연구 방법론에 더 많이 의존한다.

④ 사회과학은 사람들이 서로 어떻게 상호작용하는지를 연구하는 학문이다.

35
- anthropology 인류학, 인간학
- trigger (총의) 방아쇠; (연쇄 반응·생리 현상·일련의 사건 등을 유발하는) 계기, 자극
- prominence 두드러짐, 현저, 탁월
- qualitative research 질적 연구

해설
① 사회과학에서 직업들
② 사회과학의 예들
③ 사회과학의 방법론
④ 사회과학의 이해

36 해설
① 사회과학은 자연과학과는 별개이다.
② 사회과학은 20세기에 두각을 나타낸 연구 분야이다.
③ 사회과학자들은 질적 연구 방법론에 더 많이 의존한다.

정답 35 ④ 36 ④

37 ~ 38

해석

사면(amnesty)은 종종 전쟁으로 인한 적대감과 분열을 치유하는 수단으로 사용되었다. 미국의 남북전쟁 이후, 앤드류 존슨 대통령은 미 연방에 맞서 싸운 대부분의 남부 사람들에게 사면(amnesty)을 해주었다. 1865년에 발표된 그의 일반 사면(amnesty) 포고령은 남부 연합의 많은 지지자들에게 사면(amnesty)을 해주었고, 1868년에 그의 보편적 사면(amnesty)은 300명의 남부 연합을 제외한 모든 사람들에게 똑같은 조치를 해주었다.

사면(amnesty)은 다른 법률 용어인 사면(pardon)과 밀접하게 관련되어 있다; 사실 그것들은 자주 혼용되어 사용된다. 그러나 그것들은 완전히 같지는 않다. 사면(pardon)은 보통 범죄로 유죄판결을 받은 사람에게 사용된다. 대통령이나 주지사와 같은 국가나 주의 최고 행정 책임자는 범죄자를 사면(pardon)하거나 범죄자가 기소되는 것을 막을 수 있다.

미국 역사에서 가장 유명한 사면(pardon)은 1974년 9월 8일에 발생했다. 제럴드 R. 포드 대통령은 리차드 닉슨 전 대통령이 재임 기간 동안 "그가 저질렀거나 가담했을 수 있는 모든 범죄에 대해" 사면(pardon)했다. 대통령과 의회 모두 사면(amnesty)의 권한을 가지고 있지만, 오직 대통령만이 사면(pardon)을 할 수 있는 권한을 가지고 있다.

※ 다음 글을 읽고 물음에 답하시오. (37 ~ 38)

Amnesty has often been used as a means of healing animosities and divisions caused by war. After the American Civil War, President Andrew Johnson granted amnesty to most Southerners who had fought against the Union. His General Amnesty Proclamation, issued in 1865, granted amnesty to many supporters of the Southern Confederacy; and his Universal Amnesty in 1868 did the same for all but 300 Confederates.

Amnesty is closely related to another legal term, the pardon; in fact they are often used interchangeably. They are not quite the same, however. The pardon is normally used for a person who has been convicted of a crime. The chief executive officer of a country or state, such as the president or a governor, may pardon a criminal or may prevent an offender from being prosecuted.

The most famous pardon in United States history occurred on September 8, 1974. President Gerald R. Ford pardoned former President Richard M. Nixon "for all offenses which he, Richard Nixon, has committed or may have committed or taken part in" during his terms of office. Both the president and the Congress have the power of amnesty, but only the president has the power to grant a pardon.

37 주어진 글의 주제로 가장 적절한 것은?

① Legal measures for healing after conflict

② Comparing amnesty and pardon in U.S.

③ Presidential decision in post-war reconciliation

④ The powers of the congress in legal forgiveness

38 다음 빈칸 안에 들어갈 말로 가장 적절한 것은?

> The most famous pardon occurred on September 8th, 1974, _____ President pardoned former President.

① that

② which

③ when

④ where

37
- amnesty 사면
- Proclamation 선언, 포고
- Confederacy 동맹, 연합(league); 연합체, 연맹국, 동맹국, 연방
- prosecute 해내다, 수행하다
- pardon 사면

해설
① 적대감과 분열을 치유하는 법적 수단
② 미국의 사면(amnesty)과 사면(pardon) 비교
③ 전후 화해 시 대통령의 결정
④ 법적 용서에 있어서 의회의 권한

38 해설
when은 시간이 선행사로 나올 때 사용하는 관계부사이다.
- The most famous pardon occurred on September 8th, 1974.
- President pardoned former President then
→ The most famous pardon occurred on September 8th, 1974, when President pardoned former President. (가장 유명한 사면은 대통령이 전 대통령을 사면한 1974년 9월 8일에 발생했다)

정답 37 ② 38 ③

39 ~ 40

해석

승객 여러분, 안녕하십니까. Airline X 항공 편에 오신 것을 환영합니다.

저희 비행기는 곧 정시에 이륙할 예정입니다. 이륙 전, 승객 여러분의 안전을 위해 몇 가지 사항을 안내드립니다.

먼저 안전벨트를 착용해 주시고, 좌석을 원위치로 되돌려 주시기 바랍니다. 여러분의 안전을 위해 기내 반입 물품은 머리 위 짐칸이나 앞좌석 아래에 보관해 주십시오.

기내에서는 흡연과 전자담배 사용이 불가능합니다. 기타 자세한 사항은 비치된 안내문이나 승무원의 안내를 참조해 주시기 바랍니다.

다시 한 번 저희 Airline X를 이용해 주셔서 진심으로 감사드리며, 승객 여러분의 편안하고 안전한 여행을 위해 최선을 다하겠습니다. 감사합니다.

※ 다음 글을 읽고 물음에 답하시오. (39 ~ 40)

> Good morning, ladies and gentlemen. Welcome to Airline X flight.
>
> We are now just a few minutes away from an on-time departure. Before take-off, I would like to inform you of a few things for your safety.
>
> Please fasten your seat belt and return your seat to the upright position. For your safety, please place your carry-on items in the overhead bins or under the seat in front of you.
>
> Smoking and the use of electronic cigarettes are not possible anywhere on board. For other details, please check the information provided or the flight attendant's information.
>
> Thank you very much for choosing Airline X again today. We will do our best to ensure that you always travel safely and comfortably. Thank you.

---

39 해설

① 항공기에 대해 자세히 설명하기 위해
② 착륙 시 주의 사항 설명을 위해서
③ 비행기 출발 안내를 위해서
④ 항공사 광고를 하기 위해서

39 주어진 글의 목적으로 가장 적절한 것은?

① To explain the aircraft in detail
② To explain the precautions for landing
③ To guide the departure of the plane
④ To promote the airline

---

40 해설

① 전자기기 사용
② 흡연 (전자담배 포함)
③ 외부 음식 반입 및 취식
④ 옆 사람과의 시끄러운 대화

40 주어진 글에서 '기내 금지 행위'로 언급한 것은 무엇인가?

① Using electronic devices
② Smoking (including e-cigarettes)
③ Bring and eating outside food
④ Conversing loudly with neighbors

정답 39 ③ 40 ②

※ 기출문제를 복원한 것으로 실제 시험과 일부 차이가 있으며, 저작권은 SD에듀에 있습니다.

※ 다음 중 빈칸에 들어갈 말로 가장 적절한 것을 고르시오. (01 ~ 10)

01

They _____ it with water and spray it on fields of wheat, lettuce and carrots to keep bugs away.

① dilute
② convert
③ erode
④ dissolve

02

Thanks to a large gift from an _____ donor, the charity was able to continue the work.

① angry
② respectful
③ famous
④ anonymous

01
- dilute 희석하다
- convert 전환시키다[전환되다], 개종자, 전향자
- erode 침식시키다[침식되다], 무너지다[무너뜨리다]
- dissolve 녹다, (고체를) 녹이다

해석
그들은 그것을 물에 <u>희석시키고</u> 밀, 상추, 당근 밭에 그것을 뿌려 벌레들을 쫓는다.

02
- angry 화난, 벌겋게 곪은
- respectful 존경심을 보이는, 공손한
- famous 유명한
- anonymous (글·기부 등이) 익명으로 된, 특색 없는

해석
<u>익명의</u> 기부자가 보낸 큰 선물 덕분에 그 자선 기관은 그 사업을 계속할 수 있었다.

정답 01 ① 02 ④

03
- on the verge of 막 ~하려고 하는, ~의 직전에
- bankrupt 파산자, 파산한
- put out 내쫓다, (불을) 끄다, 생산하다, 출판하다
- hand in 제출하다, 건네주다
- put off 연기하다
- turn on 틀다, 점화하다

해석
그는 회사가 망해서 길거리에 나앉을 지경이었다.

03

> He was on the verge of being _____ on the street because his company went bankrupt.

① put out
② hand in
③ put off
④ turn on

04
- dispense with ~을 필요 없이 하다, 면제시키다, 없애다

해석
마이크가 실직한 이후 그들은 많은 사치품 없이 지내야만 했다.

04

> They've had to dispense _____ a lot of luxuries since Mike lost his job.

① at
② of
③ to
④ with

05
- take in (몸속으로) ~을 섭취[흡수]하다

해석
인간은 산소를 들이마시고 이산화탄소를 내뿜는다.

05

> Humans take _____ oxygen and breathe out carbon dioxide.

① in
② of
③ for
④ with

정답 03 ① 04 ④ 05 ①

06

_____ he's only just started, he knows quite a lot about it.

① considered
② considering
③ to consider
④ considers

07

You should behave _____ accordance with common sense.

① on
② at
③ in
④ for

08

I'm a real coward _____ it comes to going to the dentist.

① what
② which
③ when
④ that

---

06 • considering ～을 고려[감안]하면

해석
그가 시작한 지 얼마 안 된 것을 <u>고려</u><u>하면</u> 그것에 대해 상당히 많이 안다.

07 • in accordance with ～에 의하여, ～에 따라

해석
당신은 상식<u>에 따라</u> 행동해야 한다.

08 • when it comes to ～에 관한 한, ～에 대해서라면
• coward 겁쟁이

해석
치과<u>에 가는 일이라면</u> 난 정말 겁쟁이야.

정답 06 ② 07 ③ 08 ③

09
- demonstrate 증명하다, 설명하다
- enhance (가치·능력·매력 따위를) 높이다
- distribute 분배하다
- distinguish 구별하다, 분별[식별]하다(from/by), 분류하다(into)

해석
그 쌍둥이 한 명을 다른 쌍둥이 한 명과 <u>구별하기가</u> 어려웠다.

09

> It was hard to _____ one twin from the other.

① demonstrate

② enhance

③ distribute

④ distinguish

10
- in place of ~ 대신에
- on behalf of ~을 대표하여, ~ 대신에
- instead of ~ 대신에
- in favor of ~을 위하여

해석
부서를 <u>대표하여</u> 여러분 모두에게 감사를 드리고 싶습니다.

10

> On _____ of the department, I would like to thank you all.

① place

② behalf

③ instead

④ favor

11
- bakery 빵집
- drug store 약국
- hardware store 철물점
- convenience store 편의점

해설
아스피린을 사다 달라는 A의 말에 대한 답변이므로, 빈칸에는 drug store(약국)가 들어가는 것이 가장 적절하다.

해석
A : 아스피린 좀 있어요?
B : 아니요, 없는데요.
A : 좀 사다 줄 수 있어요?
B : 물론이죠, 여기 근처에 <u>약국이</u> 있나요?

11 다음 대화의 빈칸에 들어갈 말로 가장 적절한 것은?

> A : Do you have any aspirin?
> B : No, I am afraid I don't.
> A : Could you go get some?
> B : Sure, Is there a _____ near hear?

① bakery

② drug store

③ hardware store

④ convenience store

정답 09 ④ 10 ② 11 ②

12 다음 대화의 빈칸에 들어갈 말로 가장 적절한 것은?

> A : I am _____ . I need a snack.
> B : Let's see what we have in the refrigerator.
> A : Hmm. It looks pretty empty.
> B : You're right.

① exhausted

② thirsty

③ starving

④ nervous

13 다음 중 밑줄 친 부분과 문맥상 의미가 가장 가까운 것은?

> Their white new carpet showed every <u>mark</u>.

① goal

② stain

③ sign

④ target

14 다음 대화의 빈칸에 들어갈 말로 가장 적절한 것은?

> A : What are you doing for lunch?
> B : I'm meeting my friends at a restaurant. Why?
> A : My lunch meeting was _____ , so I wanted to meet you for lunch.

① canceled

② added

③ stopped

④ eliminated

---

12 • exhausted 지친
• thirsty 목마른
• starving 배고픈
• nervous 초조한

해설
간식이 필요하다는 다음 문장을 봤을 때, 빈칸에는 starving(배고픈)이 들어가는 것이 가장 적절하다.

해석
A : 나 배고파. 간식이 필요해.
B : 냉장고 안에 뭐가 있는지 보자.
A : 음 완전 비었네.
B : 그러게.

13 • mark 표시하다, 흔적[자국]을 내다, 흔적[자국]
• goal 목적
• stain 얼룩, 흔적
• sign 기호
• target 과녁

해석
그들의 하얀 새 카펫은 모든 흔적을 보여주었다.

14 • cancel 취소하다
• add 추가하다
• stop 멈추다
• eliminate 제거하다

해설
B와 점심을 먹으려고 했다는 빈칸의 다음 문장을 봤을 때, 빈칸에는 canceled가 들어가는 것이 가장 적절하다.

해석
A : 점심시간에 뭐해?
B : 레스토랑에서 친구들 만나. 왜?
A : 내 점심 모임이 취소되었어. 그래서 너와 점심 먹으려고 했어.

정답 12 ③   13 ②   14 ①

15

- should have p.p ~했어야 했다
- may have p.p ~였을지도 모른다
- must have p.p ~였음이 틀림없다
- could have p.p ~할 수 있었을 텐데

해석

A : 너 피곤해 보인다.
B : 우리 밴드가 어젯밤에 콘서트를 했어.
A : 집에 분명히 늦게 왔겠네.

16

- turn 돌다, 돌리다, 회전, 차례
- turn down 낮추다

해석

- 그들은 자신들의 <u>차례</u>를 기다리며 초조하게 피식피식 웃었다.
- 열쇠를 시계 방향으로 <u>돌려라</u>.
- 소리 좀 <u>낮춰</u> 주세요.

17

- call off 취소하다
- cut off 차단하다
- pay off 모두 다 갚다, 청산하다

해석

- 비 때문에 우리는 모든 걸 <u>취소해야</u> 했다.
- 그들은 적의 퇴각을 <u>차단했다</u>.
- 그는 빚을 <u>갚으라고</u> 나에게 협박했다.

정답 15 ③ 16 ④ 17 ④

---

15 다음 대화의 빈칸에 들어갈 말로 가장 적절한 것은?

> A : You look tired.
> B : My band had a concert last night.
> A : You _____ have gotten home late.

① should
② may
③ must
④ could

※ 다음 문장들의 빈칸에 공통으로 들어갈 말을 고르시오. (16 ~ 17)

16

> - They giggled nervously as they waited for their _____.
> - _____ the key clockwise.
> - Please _____ the volume down.

① get   ② take
③ make   ④ turn

17

> - We had to call _____ everything on account of rain.
> - They cut _____ the enemy's retreat.
> - He threatened me to pay _____ debts.

① for   ② of
③ in   ④ off

※ 밑줄 친 부분 중 어법에 맞지 <u>않는</u> 것을 고르시오. (18 ~ 19)

18

> If you ① <u>had studied</u> ② <u>harder</u> last year, you ③ <u>might</u> ④ <u>have pass</u> the exam.

① had studied

② harder

③ might

④ have pass

19

> • I would rather ① <u>die</u> than surrender.
> • Let's discuss ② <u>about</u> the matter.
> • He or you ③ <u>are</u> in the wrong.
> • What do you say to ④ <u>taking</u> a walk?

① die

② about

③ are

④ taking

18 **해설**

제시된 문장은 과거 사실의 반대를 가정하는 가정법 과거완료 문장이다. 가정법 과거완료의 기본 형태는 "If + 주어 + had p.p, 주어 + would/should/could/might + have p.p"이다. 따라서 문장에서 might have pass가 might have passed로 수정되어야 한다.

해석

네가 작년에 더 열심히 공부했더라면, 너는 그 시험에 통과했을 것이다.

19 • surrender 항복하다, 포기하다

해설

discuss는 타동사로 뒤에 전치사가 올 수 없으므로 전치사 about을 쓰면 안 된다.

① '차라리 ~하는 편이 낫다'를 의미하는 "would rather + 동사원형" 표현이 쓰인 문장이다.

③ A or B 형태의 주어는 동사를 B에 수 일치시킨다. 따라서 you와 일치하는 are로 쓰는 것은 적절하다.

④ '~하는 것이 어때?'(권유)를 의미하는 표현은 다음과 같다.
What do you say to ~ing?
= How about ~ing?
= What about ~ing?
= Why don't you + 동사원형?

해석

• 나는 항복하느니 차라리 죽겠어.

• 그 문제에 대해서 의논 좀 하자.

• 그나 너 중에 문제가 있어.

• 산책하는 게 어때?

정답 18 ④ 19 ②

20 **해설**

제시문은 일을 미루는 것과 게으른 것을 비교함으로써 두 개념의 차이를 설명하고 있다.

해석

사람들은 종종 미루는 것(질질 끌거나 꾸물거리는 것)이 게으름과 같은 것이라고 잘못 생각하거나, 미루는 것이 항상 게으름 때문이라고 잘못 생각한다. 미루는 것은 결정이나 행동을 불필요하게 연기하는 행위이다. 일을 미루는 것은 일반적인 현상으로, 만성적으로 성인의 약 20%와 대학생의 50%에게 영향을 미친다. 그것은 더 나쁜 학업성취도, 더 나쁜 고용과 재정상태, 더 나쁜 정서적인 행복, 더 나쁜 정신건강, 더 나쁜 신체건강, 그리고 한 개인의 문제에 대한 치료의 지연과 같은 다양한 문제들과 관련이 있다. 게으름은 필요한 노력을 하는 것을 꺼리는 것으로 정의될 수 있다. 게으름은 모든 종류의 노력(예) 정신적 또는 육체적)을 포함할 수 있으며, 게으름을 보이는 사람들은 그들의 행동이 더 나쁜 성과나 기회를 놓치는 것과 같은 부정적인 결과로 이어질 것을 예측할 수 있음에도 불구하고 일반적으로 그렇게 한다. 미루는 것과 게으름은 다른 두 개념이다. 미루는 것은 불필요하게 지연시키는 것을 포함하는 반면에, 게으름은 필요한 노력을 하는 것을 꺼리는 것을 포함한다.

20 다음 글의 주제로 가장 적절한 것은?

People often wrongly assume that procrastination is the same thing as laziness, or that procrastination is always caused by laziness. Procrastination is the act of unnecessarily postponing decisions or actions. Procrastination is a common phenomenon, which chronically affects approximately 20% of adults and 50% of college students. It's associated with various issues, such as worse academic performance, worse employment and financial status, worse emotional wellbeing, worse mental health, worse physical health, and delay in getting treatment for one's issues. Laziness can be defined as reluctance to exert necessary effort. Laziness can involve any type of effort(e.g. mental or physical), and people who display laziness generally do so despite being able to predict that their behavior will lead to negative outcomes, such as worse performance or missed opportunities. Procrastination and laziness are two different concepts: procrastination involves delaying unnecessarily, whereas laziness involves being reluctant to exert necessary effort.

① What is procrastination
② What is laziness
③ How to overcome procrastination and laziness
④ The difference between procrastination and laziness

정답 20 ④

21 다음 글의 내용과 가장 일치하는 것은?

Falconry is the traditional art and practice of training and flying falcons(and sometimes eagles, hawks, buzzards and other birds of prey). It has been practised for over 4000 years. The practice of falconry in early and medieval periods of history is documented in many parts of the world. Originally a means of obtaining food, falconry has acquired other values over time and has been integrated into communities as a social and recreational practice and as a way of connecting with nature. Today, falconry is practised by people of all ages in many countries. As an important cultural symbol in many of those countries, it is transmitted from generation to generation through a variety of means, including through mentoring, within families or in training clubs. The modern practice of falconry focuses on safeguarding falcons, quarry and habitats, as well as the practice itself. And while falconers come from different backgrounds, they share universal values, traditions and practices, including the methods of breeding, training and caring for birds, the equipment used and the bonds between the falconer and the bird. The falconry community includes supporting entities such as falcon hospitals, breeding centers, conservation agencies and traditional equipment makers.

① 매사냥은 현대 시대에 생긴 훈련방식이다.
② 매사냥은 원래 식량을 얻는 것이 목적이었다.
③ 매사냥은 소수의 지역에서만 행해졌다.
④ 매사냥꾼들은 각자의 전통과 관행을 공유하지 않는다.

21
• falconry 매사냥
• breed 기르다, 양육하다
• entity 실재, 단체, 통일체

해설
① 매사냥은 4000년 이상 동안 행해진 오래된 행위이다.
③ 세계의 많은 지역에서 기록되어 있다.
④ 매사냥꾼들은 각자 다른 배경을 가지고 있어도 전통과 관행을 공유한다.

해석
매사냥은 매(때로는 독수리, 매, 대머리수리 및 다른 맹금류)를 훈련시키고 날리는 전통적인 예술이자 행위이다. 그것은 4000년 이상 동안 행해져 왔다. 역사의 초기와 중세 시기의 매사냥 행위는 세계의 많은 지역에서 기록되어 있다. 원래 식량을 얻기 위한 수단이었던 매사냥은 시간이 지나면서 다른 가치를 얻었고, 사회적·오락적 관행으로서 그리고 자연과 연결되는 방법으로서 사회에 통합되었다. 오늘날, 매사냥은 많은 나라에서 모든 연령대의 사람들에 의해 행해지고 있다. 많은 나라에서 중요한 문화적 상징으로서, 그것은 가족들 또는 훈련 클럽 내에서 멘토링(가르쳐 줌)을 포함한 다양한 방식을 통해 세대에서 세대로 전해진다. 현대의 매사냥 행위는 매, 사냥감, 서식지 보호뿐만 아니라 매사냥 그 자체에 초점을 맞추고 있다. 매사냥꾼들은 다른 배경에서 왔지만 그들은 새를 사육하고 훈련하고 돌보는 방법, 사용되는 장비, 매사냥꾼과 새 사이의 유대감을 포함하여 보편적인 가치, 전통과 관행을 공유한다. 매사냥 공동체에는 매 병원, 사육 센터, 보존 기관 및 전통적인 장비 제조업체와 같은 지원 단체가 포함된다.

정답 21 ②

22
- Epicureanism 에피쿠로스 철학
- Stoicism 스토아 철학

해설
① 에피쿠로스는 미신과 신의 존재에 관해 깊이 생각했다. → 에피쿠로스의 물질주의는 그를 미신과 신의 개입에 대한 일반적인 공격으로 이끌었다.
② 에피쿠로스는 데모크리토스에게 유물론을 소개하였다. → 에피쿠로스는 데모크리토스의 전철을 밟은 원자 유물론자였다.
③ 에피쿠로스와 그의 추종자들은 정치학에 관심이 많은 관심이 있었다. → 에피쿠로스와 그의 추종자들은 일반적으로 정치에서 물러났다.

해석
에피쿠로스 철학은 고대 그리스 철학자 에피쿠로스의 가르침에 기초하여 기원전 307년경에 창시된 철학 체계이다. 에피쿠로스는 데모크리토스의 전철을 밟은 원자 유물론자였다. 그의 물질주의는 그를 미신과 신의 개입에 대한 일반적인 공격으로 이끌었다. 에피쿠로스 철학은 원래 플라톤주의에 대한 도전이었다. 나중에 그것의 주요 상대는 스토아 철학이 되었다. 에피쿠로스 철학은 쾌락을 유일한 본질적인 목표로 선언하는 한 쾌락주의의 한 형태이지만, 고통과 두려움의 부재가 가장 큰 쾌락을 구성한다는 개념과 단순한 삶에 대한 옹호는 구어체로 이해되는 "쾌락주의"와 매우 다르게 만든다. 키레네 철학자 아리스티포스에 이어 에피쿠로스는 세상의 일에 대한 지식과 제한하는 욕망을 통해 아타락시아(평온함과 두려움으로부터의 자유)와 아포니아(신체적 고통의 부재)의 형태로 겸손하고 지속 가능한 쾌락을 추구하는 것이 가장 큰 선이라고 믿었다. 그에 상응하여, 에피쿠로스와 그의 추종자들은 일반적으로 정치에서 물러났다. 왜냐하면 정치는 그들의 미덕과 마음의 평화를 추구하는 것과 상충되는 좌절과 야망으로 이어질 수 있기 때문이다.

정답 22 ④

---

22 다음 글의 내용과 가장 일치하는 것은?

Epicureanism is a system of philosophy founded around 307 B.C. based upon the teachings of the ancient Greek philosopher Epicurus. Epicurus was an atomic materialist, following in the steps of Democritus. His materialism led him to a general attack on superstition and divine intervention. Epicureanism was originally a challenge to Platonism. Later its main opponent became Stoicism. Although Epicureanism is a form of hedonism insofar as it declares pleasure to be its sole intrinsic goal, the concept that the absence of pain and fear constitutes the greatest pleasure, and its advocacy of a simple life, make it very different from "hedonism" as colloquially understood. Following the Cyrenaic philosopher Aristippus, Epicurus believed that the greatest good was to seek modest, sustainable pleasure in the form of a state of ataraxia(tranquility and freedom from fear) and aponia(the absence of bodily pain) through knowledge of the workings of the world and limiting desires. Correspondingly, Epicurus and his followers generally withdrew from politics because it could lead to frustrations and ambitions that would conflict with their pursuit of virtue and peace of mind.

① Epicurus thought deeply about superstitions and the existence of God.
② Epicurus introduced materialism to Democritus.
③ Epicurus and his followers were very interested in politics.
④ Epicurus regarded the greatest good as to seek modest, sustainable pleasure.

23 다음 글의 요지로 가장 적절한 것은?

Listening to lullabies can help premature babies feed and sleep better, according to new research. Playing soothing music to the newborns can also help to slow their heart rates. The researchers found that slowing a premature baby's heart rate and improving their sleep and feeding behaviors, helps them to gain weight which means they may be able to leave hospital sooner. However, the study authors at New York Presbyterian Phyllis and David Komansky Centre for Children's Health also discovered that different types of music have different effects. They found that lullabies sung by a parent can influence a baby's cardiac and respiratory function, while melodies have a positive effect upon a premature baby's feeding. More than 24 hospitals in the U.S. now offer music therapy as treatment in their neonatal intensive care units and the popularity of the treatment is increasing rapidly. It is believed that the soothing sounds of music can mimic the sounds a baby can hear in the womb and that this means it offers comfort of babies often too sick to be held.

① 자장가는 미숙아의 회복에 도움을 준다.
② 연구자들은 미숙아들마다 다양한 체중을 조사했다.
③ 자장가가 아닌 다른 종류의 음악은 미숙아에게 도움이 되지 않는다.
④ 미숙아에게 음악은 수면의 질을 저하시킨다.

23
- lullaby 자장가
- premature baby 미숙아
- cardiac 심장의
- respiratory 호흡의
- neonatal 신생아의
- soothing 달래는 듯한, 마음을 진정시키는

해설

제시문은 미숙아들에게 자장가를 들려주는 것이 그들의 건강한 성장에 도움이 된다는 내용이다.

해석

새로운 연구에 따르면, 자장가를 듣는 것은 미숙아들이 더 잘 먹고 더 잘 수면할 수 있도록 도와줄 수 있다고 한다. 신생아들에게 마음을 진정시키는 음악을 들려주는 것 또한 그들의 심박수를 늦추는 데 도움이 될 수 있다. 연구원들은 미숙아의 심박수를 늦추고 그들의 수면과 섭식 행동을 개선하는 것이 체중 증가에 도움이 된다는 것을 발견했는데, 이것은 그들이 더 빨리 병원에서 퇴원할 수 있다는 것을 의미한다. 그러나 뉴욕의 프레즈베리안 필리스와 데이비드 코만스키 어린이 건강 센터의 연구자들은 다른 종류의 음악 역시 다른 효과를 가지고 있다는 것을 발견했다. 그들은 부모가 부르는 자장가가 아기의 심장과 호흡 기능에 영향을 줄 수 있는 반면, 음악 멜로디는 미숙아의 수유에 긍정적인 영향을 미친다는 것을 발견했다. 현재 미국 내 24개 이상의 병원이 신생아 집중치료실에서 치료로 음악치료를 제공하고 있으며, 그 치료제의 인기가 급속도로 높아지고 있다. 마음을 진정시키는 음악 소리는 아기가 자궁에서 들을 수 있는 소리를 흉내 낼 수 있다고 여겨지고, 이것은 너무 아파서 버티기 힘든 아기들에게 편안함을 제공한다는 것을 의미한다.

정답 23 ①

24 **해설**

제시문은 인간이 과학으로부터 많은 혜택을 받으며, 과학이 인간 생활의 모든 분야에서 광범위하게 사용된다는 내용이다.

해석

당신은 우리가 에어컨, 선풍기, 그리고 냉각기 앞에서 어떻게 시원하게 지낼 수 있는지 궁금한 적이 있는가? 인간은 과학으로부터 엄청나게 이익을 얻었다. 더욱이 동물, 화학, 힘, 지구, 식물, 그리고 다른 주제들은 물리학, 화학, 생물학과 같은 여러 과학 분야에서 연구된다. 일상생활에서 과학을 사용한 예는 다음과 같다. 우리는 한 장소에서 다른 장소로 가기 위해 자동차, 오토바이, 또는 자전거를 이용하는데, 이것들은 모두 과학의 발명품들이다. 우리는 비누를 사용하는데, 이것들 또한 과학에 의해 주어진다. 우리는 요리를 위해 LPG 가스와 스토브 등을 사용하는데, 이것들 모두 과학에 의해 주어진다. 더군다나 우리가 사는 집도 과학의 산물이다. 우리가 옷을 다릴 때 사용하는 다리미는 과학의 발명품이며, 심지어 우리가 입는 옷도 과학에 의해 주어진다. 과학의 마법과 중요성을 관찰하면서, 우리는 그것이 인간 생활의 모든 분야에서 광범위하게 사용된다고 말할 수 있다. 우리의 삶을 더 쉽게 만드는 것은 매우 중요하다.

25 • for instance 예를 들어
• in particular 특히
• furthermore 더욱이
• on the other hand 반면에

해설

문맥상 '더욱이, 더군다나'를 의미하는 furthermore가 들어가는 것이 가장 적절하다.

정답 24 ③ 25 ③

※ 다음 글을 읽고 물음에 답하시오. (24 ~ 25)

Have you ever wondered how we manage to stay cool in the face of air conditioning, fans, and coolers? Human beings have benefitted immensely from science. _____ _____ Animals, chemicals, the force, the earth, plants, and other subjects are studied in several fields of science such as physics, chemistry, and biology. The use of science in everyday life are as follows: We use cars, bikes, or bicycles to go from one place to another; these all are inventions of science. We use soaps; these are also given by science. We use LPG gas and stove etc. for cooking; these are all given by science. _____ the house in which we live is a product of science. The iron which we use to iron our clothes is an invention of science even the clothes we wear are given by science. Observing the magic and importance of science, we can say that it has a vast use in all fields of human life. It is of great importance to make our life easier.

24 주어진 글의 제목으로 가장 적절한 것은?

① 과학의 발명품들
② 과학의 학문 분야들
③ 과학의 중요성과 혜택
④ 과학이 주는 호기심

25 문맥상 빈칸에 공통으로 들어갈 표현으로 가장 적절한 것은?

① for instance
② in particular
③ furthermore
④ on the other hand

※ 다음 글을 읽고 물음에 답하시오. (26 ~ 27)

Emily Dickinson was born on December 10, 1830, in Amherst, Massachusetts. She attended Mount Holyoke Female Seminary ㉠ she attended only for one year. (A) Her father was actively involved in state and national politics. Her brother, Austin, lived next door with his wife. (B) Dickinson's younger sister, Lavinia, also lived at home, and she and Austin were intellectual companions for Dickinson during her lifetime. Dickinson's poetry was heavily influenced by the Metaphysical poets of seventeenth-century England, as well as her reading of the Book of Revelation and her upbringing in a Puritan New England town, ㉡ encouraged a Calvinist, orthodox, and conservative approach to Christianity. (C) She admired the poetry of Robert and Elizabeth Barrett Browning, as well as John Keats. (D) The first volume of her work was published posthumously in 1890 and the last in 1955. She died in Amherst in 1886.

26 다음 문장이 들어갈 위치로 가장 적절한 것은?

> While Dickinson was extremely prolific and regularly enclosed poems in letters to friends, she was not publicly recognized during her lifetime.

① (A) ② (B)
③ (C) ④ (D)

27 빈칸에 들어갈 말로 가장 적절한 것은?

	㉠	㉡
①	which	where
②	where	which
③	what	who
④	who	which

26 해설

(D) 뒤에서 에밀리 디킨슨의 사후에 시집이 출판되었다고 설명한다. 따라서 이 문장의 앞에 그녀의 시가 공식적으로 인정받지 못했다는 내용이 오는 것이 적절하다.

해석

에밀리 디킨슨은 1830년 12월 10일 매사추세츠 주 애머스트에서 태어났다. 그녀는 마운트 홀리요크 여성 신학교에 다녔는데, 겨우 1년 동안만 다녔다. 그녀의 아버지는 주와 국가 정치에 적극적으로 관여했다. 그녀의 오빠 오스틴은 그의 아내와 함께 옆집에서 살았다. 디킨슨의 여동생 라비니아도 같은 집에서 살았고, 그녀와 오스틴은 평생 디킨슨의 지적인 동반자였다. 디킨슨의 시는 성경의 계시록 독서와 뉴잉글랜드 청교도 마을에서 성장뿐만 아니라, 17세기 영국의 형이상학 시인들에게 크게 영향을 받았고, 이들은 칼뱅주의자, 정교회, 그리고 기독교에 대한 보수적인 연구를 장려하였다. 그녀는 존 키츠뿐만 아니라 로버트 그리고 엘리자베스 배럿 브라우닝의 시에 감탄했다. 디킨슨은 매우 다작을 하였고 친구들에게 보내는 편지에 정기적으로 시를 동봉했지만, 그녀는 생전에 공식적으로 인정받지 못했다. 그녀 작품의 첫 시집은 1890년 사후에 출판되었고, 마지막 시집은 1955년에 출판되었다. 그녀는 1886년 애머스트에서 사망했다.

27 해설

선행사 Mount Holyoke Female Seminary가 장소이므로 ㉠에는 관계부사 where이 와야 한다.
계속적 용법의 관계대명사에서 앞 절 전체를 선행사로 받을 때는 which를 사용하므로 ㉡에는 which가 들어가는 것이 적절하다.

정답 26 ④ 27 ②

28 ~ 29

해석

갈릴레오 갈릴레이는 1564년 이탈리아 피사에서 태어났다. 1592년 갈릴레오는 대학교의 수학 교수가 되었다. 그는 여기서 기하학, 천문학, 군사기술 등을 가르치며 18년 동안 재직하였고 자신의 연구를 계속했다. 1609년 갈릴레오는 당시 막 개발되었던 망원경을 접하게 되었다. 그는 곧바로 망원경의 개량에 착수했고, 자신이 개발한 망원경을 가지고 1609년 후반부터 1610년 초에 걸쳐 밤하늘을 관찰하면서 인류 최초로 목성의 위성들을 발견했다. 이 발견은 모든 천체는 지구를 중심으로 회전한다는 기존의 관념을 깨부수는 것이었고, 지구와 다른 행성들의 움직이는 방식을 연구하는 데 큰 영향을 주었다. 갈릴레오의 반대 세력도 당연히 존재했다. 아리스토텔레스의 우주관을 지지하는 사람들은 갈릴레오에게 끊임없이 태클을 걸었다. 갈릴레오는 코페르니쿠스 가설의 정당성을 옹호하며, 아리스토텔레스의 철학자들을 피상적이며 불성실한 종교적 열성을 가진 천박하고 저속한 자들이라고 공격했다. 갈릴레오는 실험을 통해 자신의 가설을 증명하려고 했다. 그는 연구에 대한 새로운 방식을 시도하였다. 즉, 그는 다른 과학자들과는 다르게 실험을 중요시했다. 그가 직접 과학적 실험을 할 때, 사람들은 그 실험이 어떻게 일어나는지를 궁금해 했다.

※ 다음 글을 읽고 물음에 답하시오. (28 ~ 29)

Galileo Galilei (A) was born in Pisa, Italy, in 1564. In 1592, Galileo became a professor of mathematics in University. He spent 18 years teaching geometry, astronomy, and military technology, continuing his research. In 1609, Galileo was introduced to a telescope that had just been developed. He immediately began to improve the telescope and discovered Jupiter's satellites for the first time in mankind, observing the night sky from late 1609 to early 1610 with the telescope he developed. This discovery broke the conventional notion that all celestial bodies revolve around the Earth and greatly influenced the study of (B) the way the Earth and other planets move. Galileo's opposition also naturally existed. Supporters of Aristotle's view of the universe constantly tackled Galileo. Galileo defended the legitimacy of the Copernican hypothesis and attacked Aristotle's philosophers as shallow and vulgar with superficial and insincere religious zeal. Galileo tried to prove his hypothesis through experiments. He tried (C) a new way of working. In other words, he valued experiments unlike other scientists. When he did his own scientific experiment, people wondered (D) how happened.

28 주어진 글의 주제로 가장 적절한 것은?

① 수학 교수로서 갈릴레오의 업적

② 과학적 관념을 실험을 통해 바꾼 갈릴레오

③ 갈릴레오가 세운 가설의 중요성

④ 갈릴레오와 코페르니쿠스

28 **해설**

제시문은 갈릴레오 갈릴레이가 실험을 통해 자신의 가설을 증명하려고 하였으며, 연구에 대한 새로운 방식을 시도하였다는 것을 말하고 있다.

29 밑줄 친 부분 중 어법에 맞지 <u>않는</u> 것은?

① (A)

② (B)

③ (C)

④ (D)

29 **해설**

한 문장 안에 의문사가 이끄는 절이 있을 때, 의문사가 이끄는 절을 간접의문문이라고 한다. 간접의문의 경우 일반적으로 "의문사 + 주어 + 동사"의 어순으로 쓴다. 그러나 (D)에서는 의문사 다음에 주어가 나오지 않았다. 따라서 (D)는 how the experiment happened로 수정되어야 한다.

정답 28 ② 29 ④

30 ~ 31

해석

조지 캐틀린은 아메리카 원주민 초상화 500점과 48개 인디언 부족의 일상생활(버 팔로 사냥, 춤, 게임, 오락, 의식, 종교 의식 등)의 장면들을 그렸는데, 이는 그가 1832 년, 1834년, 1835년, 1836년 여름 여행에 서 목격한 것이었다. 이 그림들은 캐틀린이 자신의 인디언 갤러리라고 부르는 것으로 묶여 전시되었다. 캐틀린은 파리에 머무는 동안 프랑스의 왕 루이 필립과 친밀한 관계 를 맺었다. 프랑스 왕은 심지어 캐틀린의 인디언 갤러리의 전시를 위해 루브르에 방 을 예약했고, 왕실 가족과 손님들을 위한 개인 관람 일정을 잡았다. 훗날 그림, 공예 품, 인디언 대표들(영국에서 캐틀린에 합류 한 12명의 아이오와 인디언)의 컬렉션이 파 리의 Salle Valentino에 전시되었다. 프랑 스 언론의 반응은 열광적이었다. 비평가들 은 그 작품을 진정한 미국 작품으로 보았다.

※ 다음 글을 읽고 물음에 답하시오. (30 ~ 31)

George Catlin painted 500 Native American portraits and scenes of everyday life of 48 Indian tribes — buffalo hunts, dances, games, amusements, rituals, and religious ceremonies — that he witnessed on summer excursions in 1832, 1834, 1835, and 1836. Collectively, these paintings exhibited as what Catlin referred to as his Indian Gallery. Catlin cultivated a close relationship with the king of France, Louis-Philippe during his stay in Paris. The French king even reserved a room in the Louvre for the display of Catlin's Indian Gallery and scheduled a private viewing for the royal family and guests. Later, the collection of paintings, artifacts, and Indian representatives (twelve Iowa Indians who had also joined Catlin in England), exhibited at the Salle Valentino in Paris. The reception of the French press was enthusiastic. Critics viewed the work as a genuinely American product.

30 주어진 글의 제목으로 가장 적절한 것은?

① 아메리카 인디언 부족의 일상생활

② 아메리카 인디언의 프랑스 방문

③ 아메리카 인디언의 예술세계

④ 아메리카 인디언을 그린 캐틀린

31 밑줄 친 부분과 의미가 가장 유사한 단어는?

① tender

② amorous

③ zealous

④ considerate

30 해설

제시문은 아메리카 원주민 초상화와 인디언 부족의 일상생활을 그린 조지 캐틀린에 대한 내용이다.

31 • enthusiastic 열광적인, 열렬한
• tender 부드러운, 씹기 쉬운
• amorous ～을 연모하고 있는
• zealous 열성적인
• considerate 사려 깊은

정답 (30 ④ 31 ③)

32 ~ 33

해석

박테리아는 토양, 물, 식물, 동물, 방사성 폐기물, 지각 깊숙한 곳, 북극 얼음과 빙하, 온천에서 발견될 수 있다. 호기성 박테리아는 산소가 있는 곳에서만 자랄 수 있다. 일부 유형은 부식, 오염, 물의 투명성 문제, 악취와 같이 인간 환경에 문제를 일으킬 수 있다. 혐기성 박테리아는 산소가 없는 곳에서만 자랄 수 있다. 인간의 경우, 이것은 대부분 위장에 있다. 그들은 또한 가스, 괴저, 파상풍, 보툴리누스 중독증, 그리고 대부분의 치과 감염을 일으킬 수 있다. 일시적인 박테리아는 보통 몸에서는 발견되지 않는 미생물을 말한다. 추가적으로, 피부의 일시적인 박테리아는 일반적인 피부 거주자가 아니고, 다른 신체 부위로부터 일시적으로 옮겨지는 박테리아를 의미할 수 있다. 통산성 혐기성 박테리아 또는 통성 혐기성 박테리아는 산소가 있든 없든 살 수 있지만, 산소가 있는 환경을 선호한다. 그들은 주로 토양, 물, 초목 그리고 인간과 동물의 일반적인 식물군에서 발견된다.

※ 다음 글을 읽고 물음에 답하시오. (32 ~ 33)

Bacteria can be found in soil, water, plants, animals, radioactive waste, deep in the earth's crust, arctic ice and glaciers, and hot springs. Aerobes, or aerobic bacteria, can only grow where there is oxygen. Some types can cause problems for the human environment, such as corrosion, fouling, problems with water clarity, and bad smells. Anaerobes, or anaerobic bacteria, can only grow where there is no oxygen. In humans, this is mostly in the gastrointestinal tract. They can also cause gas, gangrene, tetanus, botulism, and most dental infections. Transient bacteria refers to microorganisms that are usually not found in the body. Additionally, transient bacteria of the skin could mean bacteria that is not a common skin dweller but is transferred, temporally from other body sites. Facultative anaerobes, or facultative anaerobic bacteria, can live either with or without oxygen, but they prefer environments where there is oxygen. They are mostly found in soil, water, vegetation and some normal flora of humans and animals.

32 주어진 위 글의 제목으로 가장 적절한 것은?

① What Bacteria Are

② How to Avoid Bacteria

③ Where Bacteria Are Found

④ The usefulness of Bacteria

32 • radioactive 방사성의, 방사능의
• Aerobe 호기성(好氣性) 생물
• corrosion 부식, 침식
• Anaerobe 혐기성(嫌氣性) 생물
• gastrointestinal 위장의
• gangrene 괴저(壞疽)
• tetanus 파상풍(균)
• microorganism 미생물
• flora 식물(군)

해설
제시문은 박테리아가 서식하는 장소와 환경에 대한 설명을 하면서 박테리아가 발견되는 장소들에 대해 논하고 있다.

33 밑줄 친 부분과 의미가 가장 유사한 단어는?

① abundant

② short-lived

③ enduring

④ long-lasting

33 • transient 일시적인
• abundant 풍부한
• short-lived 일시적인
• enduring 영구적인
• long-lasting 오래 지속되는

정답 32 ③ 33 ②

34 해설

바비큐 파티를 연다는 B의 말에 A가 어떤 부위의 고기를 원하는지 묻고 있는 상황으로 보아, 대화가 일어나는 장소로는 butcher's shop(정육점)이 가장 적절하다.

해석

A : 좋은 아침이에요. 무엇을 도와드릴까요?

B : 이번 주에 바비큐 파티가 있어서 제 친구들을 저녁 식사에 초대했어요.

A : 와우, 좋겠네요. 어떤 부위의 고기를 원하세요?

B : 글쎄요, 다양하면 좋겠어요. 예를 들면, 어떤 사람은 붉은 고기보다 흰 고기를 더 좋아해서요.

※ 다음 대화를 읽고 물음에 답하시오. (34 ~ 35)

> A : Good morning, What can I do for you?
>
> B : We had a barbecue this weekend and invited my friends to dinner.
>
> A : Wow, that sounds good. What kinds of meat do you want?
>
> B : Well, It's good if it's various meat parts. <u>Some people prefer white meat to red meat</u>, for example.

34 대화가 일어나는 장소로 가장 적절한 것은?

① airport

② fast food restaurant

③ butcher's shop

④ hotel

---

35 해설

"prefer A to B"는 'B보다 A를 더 좋아하다'라는 의미이다.

35 밑줄 친 문장을 가장 적절하게 해석한 것은?

① 어떤 사람은 흰 고기를 붉은 고기보다 더 좋아한다.

② 어떤 사람은 붉은 고기를 흰 고기보다 더 좋아한다.

③ 어떤 사람은 흰 고기와 붉은 고기를 모두 좋아한다.

④ 어떤 사람은 흰 고기와 붉은 고기를 모두 좋아하지 않는다.

정답 34 ③ 35 ①

36 주어진 글을 아래와 같이 설명할 때, 문맥상 빈칸에 들어갈 말로 가장 적절한 것은?

> What is leisure? Leisure has historically been defined in various ways by many people. In ancient Greece, philosophers defined leisure as learning or mental discipline. Therefore, leisure was applied in various fields such as language, mathematics, science, music, and art. In addition, leisure played a role in expanding the individual's intellectual sphere to become a better citizen. Leisure was not only a way to provide intelligent education to individuals, but also to lead them to full adulthood.

> → The perspective of leisure described in this article _____ the perspective of the 20th century(recreation and for fun).

① is mostly due to

② depends heavily on

③ is in stark contrast to

④ is not very different from

36 해설

제시된 글은 20세기의 관점(여가를 휴양과 재미로 보는 것)과 대조되는 내용으로 여가를 설명하고 있다.

① is mostly due to 주로 ~ 때문이다
② depends heavily on ~에 크게 의존하다
③ is in stark contrast to ~와 두드러진 대조를 이루다
④ is not very different from ~와 많이 다르지 않다

해석

여가란 무엇인가? 여가는 역사적으로 많은 사람들에 의해 다양한 방식으로 정의되어 왔다. 고대 그리스에서, 철학자들은 여가를 배움 또는 정신적 훈련으로 정의했다. 따라서 여가는 언어, 수학, 과학, 음악, 그리고 예술과 같은 다양한 분야에 적용되었다. 게다가 여가는 더 나은 시민이 되기 위해 개인의 지적 영역을 확장시키는 것에 역할을 했다. 여가는 개인들에게 지적 교육을 제공하는 방법이었을 뿐만 아니라, 그들을 완전한 성인으로 이끄는 방법이었다.

→ 이 기사에서 설명하는 여가의 관점은 20세기의 관점(휴양과 재미를 위한 것)과 극명한 대조를 이룬다.

정답 36 ③

37 해설

'나도 그래'라는 동의의 표현 중 "So am I"는 be동사가 사용된 말에 대한 동의 표현이고, "So do I"는 일반동사가 사용된 말에 대한 동의 표현이다. 상대방의 말이 not이 들어간 부정문일 때는 Neither를 사용한다. "I'm not good at this."는 부정문이며 be동사가 쓰인 문장이므로 이 문장에 대한 동의 표현으로는 Neither am I가 적절하다.

해석

A : 내가 정말 미안해, 너 괜찮니?
B : 나 괜찮아, 그런데 나는 이걸 잘 못해.
A : 나도 그래.

37 다음 대화에서 밑줄 친 부분을 가장 적절하게 영작한 것은?

> A : I'm really sorry, are you ok?
> B : I'm fine, But I'm not good at this.
> A : <u>나도 그래</u>.

① I'm too
② Neither am I
③ So do I
④ Neither do I

※ 다음 문장을 영어로 가장 적절하게 바꾼 것을 고르시오.
(38 ~ 40)

38 해설

현재완료 진행시제는 과거에 시작한 동작이 현재까지 계속되고 있다는 것을 표현한다. 계속의 의미를 나타내므로 보통 since나 for를 사용한다. since는 동작이 시작된 시점을 표현할 때 '~한 이후로'의 의미로, for는 '~ 동안'의 의미로 쓴다.

38

> 나는 9시 이후로 계속 기다리고 있습니다.

① I was waiting since 9:00 o'clock.
② I'm waiting since 9:00 o'clock.
③ I've been waiting since 9 o'clock.
④ I've been waiting for 9 o'clock.

정답 37 ② 38 ③

39

> 얼마나 오래 걸리는지는 문제가 되지 않는다.

① It's not matter how long it takes.

② It's not matter how it long takes.

③ It doesn't matter how it long takes.

④ It doesn't matter how long it takes.

39 • matter 문제가 되다, 중요하다
• take 시간이 걸리다

해설

matter가 일반동사이므로 부정문을 만들 때 do 또는 does를 써야 한다. matter는 주로 의문·부정·조건문에서 it을 주어로 하며, '문제가 되다, 중요하다'의 의미를 가진다.
'얼마나 ~한'은 "How + 형용사/부사"로 나타낼 수 있으며, How와 long은 분리할 수 없다.

40

> 우리는 그곳에서 매년 2주를 보내곤 했어.

① We have spent there two weeks every year.

② We used to spend there two weeks every year.

③ We were spending there two weeks every years.

④ We spent there two weeks every years.

40 **해설**

과거에 반복적으로 일어났던 행위를 나타낼 때 '~하곤 했다'의 의미인 "used to + 동사원형"을 쓴다. every는 명사를 수식하고 단수 취급하므로 "every + 단수명사 (+ 단수동사)"이다.

정답 39 ④ 40 ②

※ 기출문제를 복원한 것으로 실제 시험과 일부 차이가 있으며, 저작권은 SD에듀에 있습니다.

01
- appropriate for + 명사 ～에 적절한
- appropriate to + 동사 ～에 적절한
- thematic 주제의
- readable 읽기 쉬운
- similar 유사한

해석
기말시험은 그 학기 동안 배운 모든 과목의 중요한 내용들을 포함하는 것이 적절할 수 있다.

02
- impurity 불순물
- permission 허가
- immunity 면역력
- susceptibility 민감성

해설
4형식 수여동사 give의 뒤에는 '간접목적어(받는 사람)-직접목적어(물건)'의 순서로 쓴다. 따라서 문맥상 적절한 '면역력(immunity)'이 직접목적어 자리에 위치해야 한다.

해석
그 백신은 6개월 동안 당신에게 그 병에 대한 면역력을 제공해준다.

정답 01 ③ 02 ③

※ 다음 빈칸에 들어갈 말로 가장 적절한 것을 고르시오. (01 ～ 09)

01

> The Final exam may be _____ to include important contents about every subject learned during the semester.

① thematic

② readable

③ appropriate

④ similar

02

> The Vaccine gives you _____ to the disease for six month.

① impurity

② permission

③ immunity

④ susceptibility

03

> _____ is the subject people talk about.

① That is the I'm interested in
② What I'm interested in
③ What is I'm interesting
④ Whether I'm interesting

04

> We regret _____ that Flight 457 has been delayed due to bad weather.

① announcing
② announcement
③ to announce
④ to be need

05

> People use perfume because they want _____ _____ more attractive to other people.

① make them
② make themselves
③ to make them
④ to make themselves

06

해설

every는 '(빈도를 나타내어) 매…[… 마다/꼴]'을 의미한다. few는 수가 많지 않은 복수 명사와 함께 쓰인다. 주어진 문장은 '몇 분마다'의 의미이므로 "every few + 복수명사"가 오는 게 적절하다.

해석

우리가 저녁을 먹는 동안 전화기가 <u>몇 분마다</u> 울렸다.

06

The telephone rang _____ while we're eating dinner.

① every few times

② every few minutes

③ few every minute

④ few every minutes

07

해설

carry는 주로 운송수단을 이용하여 실어 나르거나, 직접 안고 가거나 지니고 있을 때 사용한다. bring은 '(사람이나 사물을) 데리고 오다'이다.

해석

여행하는 동안 독서하기 위해 책을 <u>가지고 다니는</u> 것을 계획하셨나요? 그랬다면, 그건 무겁기도 하고 비행기나 호텔에서 분실의 우려도 있습니다. 당신이 여행하는 동안 독서를 원하신다면, 태블릿을 구입하거나 호텔에서 책을 구입하는 것도 좋은 방법입니다.

07

Did you plan to _____ books to read while you were travelling? If you so, it can be heavy and there is a risk of losing it in an airplane or hotel. If you want to read while traveling, it's also a good idea to buy a tablet or a book at a hotel.

① buy

② bring

③ carry

④ leave

08

해설

(셔츠 등의) 가격을 묻는 표현은 다음과 같다.

• How much is the shirt?

• How much does the shirt cost?

• What's the price of the shirt?

• What does the shirt cost?

해석

A : 그 셔츠는 얼마입니까?

B : 20달러입니다.

08

A : _____ does the shirt cost?

B : It is 20 dollars.

① How

② How much for

③ What

④ How many

정답 06 ② 07 ③ 08 ③

09

Max and Charlie are brothers. They are in their mid-thirties. Max _____ a beard and mustache.

① is
② are
③ have
④ has

09
- beard 턱수염
- mustache 콧수염

해설
문맥상 Max가 턱수염과 콧수염을 지닌 것이므로, 3인칭 단수형 has가 오는 게 적절하다.

해석
맥스와 찰리는 형제이다. 그들은 삼십대 중반이다. 맥스는 수염과 콧수염이 있다.

10 다음 빈칸에 공통으로 들어갈 단어는?

- He _____ make last month.
- He _____ malaria.
- He _____ refund.

① got
② did
③ took
③ made

10
- get make 승진하다
- get 병에 걸리다, 얻다, 획득하다, 받다

해석
- He got make last month. 그는 지난달에 승진했다.
- He got malaria. 그는 말라리아에 걸렸다.
- He got refund. 그는 환불받았다.

※ 밑줄 친 단어의 의미와 가장 가까운 단어를 고르시오. (11 ~ 13)

11

My flight has been delayed because of a <u>mechanical</u> problem.

① automatic
② manual
③ conscious
④ moral

11
- mechanical 기계로 작동되는, 기계[엔진]와 관련된, 기계적인(= routine)
- automatic (기계장치가) 자동적인
- manual 손으로 하는
- conscious 의식하는
- moral 도덕의

해석
비행기가 <u>기계적인</u> 결함 때문에 지연되었다.

정답 (09 ④ 10 ① 11 ①)

12
- implement 실행하다, 이행하다
- imply 암시하다
- delay 미루다
- hinder 방해하다
- conduct 행동하다

해석
나는 그것을 즉시 <u>실행한다</u>고 말하고 싶다.

13
- catchy 기억하기 쉬운, 흥미를 끄는
- forgettable 잊기 쉬운
- memorable 기억할 만한
- heedless 부주의한
- abstract 추상적인

해석
보통 나는 오토튠을 좋아하는 편은 아닌데 그의 새로운 노래는 정말로 <u>신나고 기억하기 쉽다</u>.

14
해설
요구(demand, ask, require, request), 제안(suggest, propose), 주장(insist), 필요(necessary, essential), 명령(order, command) 등을 나타내는 동사, 형용사, 명사 뒤의 that절 내용이 당위성(~해야 한다)을 의미하는 경우 that절에 "(should) + 동사원형"을 쓴다. should가 생략되면 동사원형만 남는다. ③은 should가 생략되어 있으므로 be로 고쳐야 한다.

해석
나는 모든 방에 소화기가 갖추어져 있어야 한다고 주장한다.

정답 12 ④ 13 ② 14 ③

12
> I want to say we <u>implement</u> it immediately.

① imply
② delay
③ hinder
④ conduct

13
> Normally I'm not a fan of auto-tune, but his new song is really <u>catchy</u>.

① forgettable
② memorable
③ heedless
④ abstract

14 밑줄 친 부분 중 어법에 맞지 <u>않는</u> 것은?

> I insist ① <u>that</u> every ② <u>room</u> ③ <u>is</u> provided ④ <u>with</u> a fire extinguisher.

① that
② room
③ is
④ with

15 두 문장의 의미가 같도록 바꾸어 쓸 때, 빈칸에 들어갈 말로 가장 적절한 것은?

> The influenza resulted in no less than 100 deaths in the region.
> → The influenza resulted in ＿＿＿＿＿＿ 100 deaths in the region.

① not less than

② at least

③ at most

④ as many as

16 두 문장을 하나로 만들 때, 빈칸에 들어갈 말로 가장 적절한 것은?

> You can face a situation in life. You have to make a choice between two options in it.
> → You can face a situation in life ＿＿＿＿ you have to make a choice between two options.

① which

② who

③ when

④ where

15
- result in ~로 끝나다
- no less than ~보다 더 적지 않은, ~나 되는(= as many as/as much as)
- not less than 적어도(= at least)
- not more than 많아봐야(= at most)

해석
유행성 감기는 그 지역에서 100명이나 죽음에 이르게 했다.

16 해설
빈칸 뒤에 주어와 동사를 포함하는 완전한 문장이 이어지고, 선행사 a situation이 상황을 나타내므로 관계부사 where이 필요하다. where의 선행사는 point, case, circumstance, situation, condition과 같은 추상적인 공간인 경우도 있다. 관계사 바로 앞의 life를 선행사로 착각하지 않도록 주의한다.

해석
당신은 인생에서 두 선택 사이에서 결정을 해야 하는 상황에 직면할 수 있다.

정답 15 ④ 16 ④

17 **해설**

밑줄 친 they는 전체 문장의 주어인 most penguins를 지칭한다.

해석

펭귄은 날지 못하는 수생 조류이다. 그들은 거의 남반구에서만 사는데, 갈라파고스 펭귄만이 적도 북쪽에서 발견된다. 물속 생활에 매우 적응한 펭귄은 어둡고도 하얀 깃털과 수영을 위한 지느러미를 가졌다. 대부분의 펭귄들은 크릴새우, 물고기, 오징어 그리고 <u>그들이</u> 물속에서 수영하는 동안 잡는 다른 형태의 바다 생물들을 먹고 산다. 그들은 삶의 거의 절반을 육지에서 보내고 나머지 절반은 바다에서 보낸다. 거의 모든 펭귄 종들이 남반구에 자생하지만, 남극과 같은 추운 기후 지역에서만 발견되는 것은 아니다. 사실, 극소수의 펭귄만이 그렇게 남쪽에서 살고 있다. 몇몇 종은 온대 지역에서 발견되며, 갈라파고스 펭귄은 적도 부근에서 서식한다. 현존하는 가장 큰 종은 평균적으로 황제 펭귄이며, 성체는 키가 약 1.1m이고 몸무게가 35kg이다. 가장 작은 펭귄 종은 요정 펭귄이라고도 알려진 작은 파란 펭귄으로, 키는 약 33cm이고 몸무게는 1kg이다. 오늘날 일반적으로 더 큰 펭귄은 더 추운 지역에 살고, 더 작은 펭귄은 온대 또는 열대 기후 지역에 산다. 몇몇 선사시대의 펭귄 종들은 거대했는데 그들은 성인 어른만큼 키가 크거나 무거웠다.

17 다음 글에서 밑줄 친 부분이 의미하는 것은?

Penguins are a group of aquatic flightless birds. They live almost exclusively in the southern hemisphere : only one species, the Galápagos penguin, is found north of the Equator. Highly adapted for life in the water, penguins have countershaded dark and white plumage and flippers for swimming. Most penguins feed on krill, fish, squid and other forms of sea life which <u>they</u> catch while swimming underwater. They spend roughly half of their lives on land and the other half in the sea. Although almost all penguin species are native to the southern hemisphere, they are not found only in areas with cold climates, such as Antarctica. In fact, only a few species of penguin live that far south. Several species are found in the temperate zone, and one species, the Galápagos penguin, lives near the Equator. The largest living species is the emperor penguin on average, adults are about 1.1m tall and weigh 35kg. The smallest penguin species is the little blue penguin, also known as the fairy penguin, which stands around 33cm tall and weighs 1kg. In general today, larger penguins inhabit colder regions, and smaller penguins inhabit regions with temperate or tropical climates. Some prehistoric penguin species were enormous : as tall or heavy as an adult human.

① flightless birds
② flippers
③ other forms of sea life
④ most penguins

정답 17 ④

18 다음 글의 주제로 가장 적절한 것은?

In 2001, Brad Pitt co-founded Plan B Entertainment with Brad Grey and then-wife Jennifer Aniston. Their first production was, naturally, a Brad Pitt movies, 2004's "Troy." In the years since, Plan B has had a remarkable run of high-profile and award-nominated films, including Best Picture nominees "The Departed", "The Tree of Life", "Moneyball", "12 Years a Slave", "Selma", "The Big Short", "Moonlight" and "Vice". A turning point for Brad Pitt came in 2005 when he co-starred with Angelina Jolie in Doug Liman's "Mr. & Mrs. Smith". That same year, he divorced Aniston, and would later end up marrying Jolie, although the they have said that Pitt and Aniston didn't have a contentious split. Jolie and Pitt have revealed that they did fall in love on the set of the Liman film, but that they didn't start dating until the divorce was final. Either way, the controversy made it one of the biggest Brad Pitt films.

① Films starring Brad Pitt and the company that produced them
② Brad Pitt's Movie Activities and Private Life in 2000s
③ The reason why Brad Pitt got divorced
④ the award of a film starring Brad Pitt

해설

주어진 글은 2000년대 초반 영화배우 브래드 피트의 영화 제작과 출연 및 그의 결혼생활과 이혼을 이야기하고 있다.
① 브래드 피트 주연의 영화들과 그 영화들을 제작한 회사
② 2000년대 브래드 피트의 영화 활동과 사생활
③ 브래드 피트가 이혼한 이유
④ 브래드 피트 주연 영화의 수상

해석

2001년에 브래드 피트는 브래드 그레이와 그 당시의 아내인 제니퍼 애니스톤과 함께 Plan B Entertainment 회사를 공동 창립하였다. 첫 번째 작품은 2004년, 당연히 브래드 피트의 영화인 "Troy"였다. 그 이후로 Plan B Entertainment 회사는 "The Departed", "The Tree of Life", "Moneyball", "12 Years a Slave", "Selma", "The Big Short", "Moonlight" and "Vice"와 같은 작품상을 비롯하여 수상후보로 지명되는 영화들을 제작하였다. 브래드 피트 인생의 전환점은 2005년, 그가 안젤리나 졸리와 Doug Liman 감독의 "Mr. & Mrs. Smith" 영화에서 함께 주연을 맡은 순간이다. 그 해애 그는 애니스톤과 불화가 없었다고 말했음에도 이혼하였고, 이후 그는 졸리와 결혼하였다. 졸리와 피트는 리만의 영화 세트에서 사랑에 빠졌다고 밝혔다. 그러나 그들은 이혼이 끝날 때까지 데이트를 시작하지 않았다고 했다. 어느 쪽이든 그 사건은 브래드 피트의 영화에 매우 큰 영향을 주었다.

정답 18 ②

19 **해설**

① 분실물 보관소에 보관기한은 최대 90일이다.
② 분실물 보관소 위치는 1층 터미널 A에 있다.
④ 분실물은 직원의 근무시간 동안 방문하여 찾는 것이 가능하다.

해석

웨이크포드 국제공항에 오신 것을 환영합니다. 웨이크포드 국제공항의 분실물 보관소는 1층 터미널 A에 있습니다. 보관소는 매일 오전 5시부터 자정까지 열려 있습니다. 공항 터미널, 인도 가장자리 구역, 주차 구역, 또는 공항 셔틀버스에서 발견된 물건들은 폐기되기 전 90일 동안 보관됩니다. 비행기 안에서 발견된 물건이 있으시면, 바로 항공사에 연락을 부탁드립니다. 분실하신 물건에 대한 도움을 요청하시려면 이 페이지에 있는 "분실물 상황"을 클릭하십시오. 분실하신 물건에 대하여 가능한 한 상세하게 설명을 해주세요. 분실한 날짜, 저희와 만날 적당한 날짜, 그리고 이메일 주소나 전화번호를 포함하여 써 주세요. 일단 저희가 작성이 완료된 양식을 받으면 저희는 분실하신 물건을 찾고자 모든 시도를 할 것이고 가능한 한 빨리 알려드리겠습니다. 저희 근무시간에 직접 오시거나 택배비용을 부담하시고 고객님의 사무실 또는 집으로 습득된 고객님의 물건을 받으실 수 있습니다. 두 방식 역시 영수증에 서명이 요구됩니다.

19 다음 글의 내용과 일치하는 것은?

Welcome to Wakeford International Airport. The Lost and Found Office at Wakeford International Airport is located in Terminal A on the ground level. The office is open daily from 5:00 A.M. to midnight. Items found in the airport terminals, curbside areas, parking areas, or airport-operated shuttles are stored for 90 days before being discarded. For belongings that were left or discovered in an aircraft, please contact the airline directly. To request assistance with locating a missing item, click the "Lost Property Report" link on this page. Describe the missing property in as much detail as possible. Include the date that you lost the item, a good time for us to contact you, and your telephone number or e-mail address. Once we receive your completed form, we will make every attempt to locate your lost item and notify of its availability as soon as possible. Items can be claimed in person during our regular business hours or sent to your office or house for the cost of shipping and handling. Either way, a signature will be required upon receipt.

① 분실물 보관소에 보관기한은 최대 30일이다.
② 분실물 보관소 위치는 터미널 주차구역 옆에 있다.
③ 분실물 신고접수 시, 분실한 날짜와 물건에 대한 설명, 전화번호와 이메일 등이 필요하다.
④ 분실물은 오전 5시부터 자정까지 방문하여 찾는 것이 가능하다.

정답 19 ③

20 다음 대화의 어조로 가장 적절한 것은?

A : Daniel, what are you doing?

B : I'm watching a documentary about e-waste.

A : E-waste? You mean electronic waste?

B : Yes. The documentary says thrown-away electronic devices like cell phones cause serious problems.

A : Oh, I learned about that in class. Harmful metals from e-waste pollute drinking water and soil, right?

B : Exactly. Besides, e-waste from developed countries is illegally exported and dumped in poor nations.

A : It must be a serious threat to the environment in those countries.

B : Right. I think action should be taken to solve this problem.

A : I agree with you.

① hostile

② humorous

③ aggressive

④ affirmative

20
- hostile 적대적인
- humorous 유머러스한
- aggressive 공격적인
- affirmative 긍정하는, 동의하는

해설

A와 B 모두 '버려진 전자제품 쓰레기'가 환경오염을 일으킨다는 것을 인지하고, 이를 해결하기 위해 올바른 조치가 취해져야 한다는 것에 동의하고 있다.

해석

A : 다니엘, 뭐하고 있어?

B : e-waste에 관한 다큐멘터리를 보고 있어.

A : E-waste? 전자제품 쓰레기를 말하니?

B : 응. 휴대폰 같은 버려진 전자제품 쓰레기가 심각한 문제를 일으킨대.

A : 아, 나 수업에서 그것에 관해 배웠어. 전자제품 쓰레기의 해로운 금속이 식수와 땅을 오염시키는 거잖아. 맞지?

B : 맞아. 게다가 선진국의 전자제품 쓰레기가 불법으로 가난한 나라에 수출되어 버려진대.

A : 그 나라의 환경에 심각한 문제임이 틀림없네.

B : 그렇지. 나는 이 문제를 해결하기 위해 조치가 취해져야 한다고 생각해.

A : 나도 그렇게 생각해.

정답 20 ④

21
- be into something ~에 관심이 많다, ~을 좋아하다
- be good at ~을 잘하다
- be relevant to ~와 관련이 있다
- be tolerant of ~에 관대하다
- be interested in ~에 관심이 있다

해석
여러분은 헤비메탈 음악에 관심이 없을지도 모르지만, 여러분이 생선을 먹는 사람이라면, 여러분의 내면에는 헤비메탈(많은 금속 물질)이 있습니다. 크고 깊은 바다의 생선에 들어 있는 오메가-3 지방산은 심장에 좋지만, 해양 먹이 사슬의 꼭대기에 있는 물고기의 살도 오염 물질로 연결되는 경향이 있습니다. 그것들 중 가장 주된 것인 수은은 심장병의 위험을 증가시킬 수 있습니다. 낚시를 해야 하나요? 아니면 미끼를 잘라야 하나요? 지금까지는 두 가지 주요 연구가 정반대의 결론에 도달하는 무승부였습니다. 더 많은 연구가 완료될 때까지 의사들은 수은 노출로부터 아기를 보호하기 위해 황새치와 상어를 피해야 하는 임산부와 수유모를 제외하고는, 생선을 먹는 이점이 수은 노출의 위험보다 크다고 믿습니다.

22 **해설**
③ 물고기는 안에 있는 수은 때문에 인간의 건강에 해로울 수 있다. → 수은이 심장병의 위험을 증가시킬 수도 있다고 얘기하므로 적절한 내용이다.
① 생선의 이점에 대한 논란은 없다. → 생선의 이점에 대해서는 논란이 계속되고 있으므로 적절하지 않다.
② 임산부는 아기를 위해 큰 생선을 많이 먹어야 한다. → 임산부는 아기를 위해 황새치와 상어 먹는 것을 피해야 한다.
④ 물고기가 클수록, 그들은 더 적은 수은을 가질 가능성이 있다. → 해당 내용은 알 수 없다.

정답 21 ④　22 ③

※ 다음 글을 읽고 물음에 답하시오. (21 ~ 22)

You may not <u>be into</u> heavy-metal music, but if you are a fish eater, heavy metals are inside you. The omega-3 fatty acids in big, deep-ocean fish are good for the heart, but the flesh of fish at the top of the marine food chain also tends to be laced with pollutants. Chief among them : mercury, which can increase the risk of heart disease. Should you fish or cut bait? So far it's a draw, with two major studies coming to opposite conclusions. Until more studies are completed, doctors believe that the benefits of fish outweigh the risks, except for pregnant women and nursing moms, who should avoid swordfish and shark to protect their babies from mercury exposure.

21 밑줄 친 부분의 의미와 가장 가까운 것은?

① be good at
② be relevant to
③ be tolerant of
④ be interested in

22 주어진 글에서 추론할 수 있는 것은?

① There are no controversies about the benefits of fish.
② Pregnant women must take a lot of big fish for their babies.
③ Fish can be harmful to human health due to mercury inside it.
④ The bigger the fish are, the less mercury they are more likely to have.

※ 다음 글을 읽고 물음에 답하시오. (23 ~ 24)

Have you been feeling stressed lately? (A) <u>Do you get headaches?</u> Do you find yourself often out of energy at the end of the day? What do you usually do? (B) <u>Eat an aspirin?</u> Have an energy drink? Well, STOP! We have a better idea : VITA-WELL vitamins. Our company was started in 1936. (C) <u>We know a lot about health!</u> Each bottle of vitamins has everything you need for a healthy life. (D) <u>These vitamins are selling quickly.</u> Don't be the unlucky customer who doesn't get a bottle - which only costs $29.95. Hurry! Act now, by calling 1-555-6784.

23 주어진 글의 종류로 가장 적절한 것은?

① Lecture
② Product Review
③ Advertisement
④ Medical Journal

24 밑줄 친 부분 중 어법에 맞지 <u>않는</u> 것은?

① (A)
② (B)
③ (C)
④ (D)

---

23 해설
비타민 비타웰을 구매하도록 광고하고 있는 글이다.
① Lecture 강연
② Product Review 제품 리뷰
③ Advertisement 광고
④ Medical Journal 의학저널

해석
최근에 스트레스를 받았습니까? (A) <u>두통이 있으신가요?</u> 여러분은 하루의 끝에 종종 에너지가 고갈되는 자신을 발견하나요? 당신은 주로 무엇을 하시나요? (B) <u>아스피린을 드십니까?</u> 에너지 드링크를 드십니까? 자, 멈추세요! 더 좋은 아이디어가 있습니다. 비타민 비타웰이 그것입니다. 우리 회사는 1936년에 설립되었습니다. (C) <u>우리는 건강에 대해 많이 알고 있어요!</u> 각각의 비타민 병은 건강한 삶을 위해 필요한 모든 것을 가지고 있습니다. (D) <u>이 비타민들은 빠르게 팔리고 있습니다.</u> 29달러 95센트밖에 안 하는 비타민 병을 사지 않는 불운한 손님이 되지 마세요. 서두르세요! 지금 당장 1-555-6784로 전화하세요.

24 해설
• get[develop] a headache 두통이 생기다
• have a headache 머리가 아프다
ache/broken/pain으로 아픔을 이야기할 때 보통 부정관사 'a'를 함께 사용한다.
예 I have a headache. I have a pain in my head.

정답 23 ③ 24 ①

25
- trivial 하찮은
- expensive 비싼
- affordable 값이 알맞은
- traditional 전통적인

해설

문맥상 '(값이) 저렴한, 알맞은'을 의미하는 affordable이 들어가는 것이 적절하다.

해석

입을 무언가가 필요하신가요? 서울에 옷을 살 수 있는 흥미로운 장소들이 많이 있습니다. 강남의 백화점들은 최신 유행패션을 판매하지만, 그것들은 가격이 비쌉니다. 더 저렴한 가격을 원한다면, 동대문 시장을 방문하세요. 이 큰 쇼핑 지역에는 20개 이상의 쇼핑몰과 25,000개 이상의 작은 가게가 있습니다. 당신의 모든 구입품을 담을 가방과 <u>현금을 가지고 가는 것을 기억하세요</u>. 동대문 시장처럼 남대문 시장도 매우 크고 상점들이 많습니다. 이 가게들은 의류, 가정용품 그리고 많은 다른 물건들을 모두 <u>저렴한</u> 가격에 판매합니다.

26
해설
- remember + 동명사 ~한 것을 기억하다
- remember + to부정사 ~할 것을 기억하다

동명사가 올 경우에는 이미 벌어진 과거를, to부정사가 올 경우에는 미래에 벌어질 일을 의미한다.

현금(cash)이란 지폐와 동전을 통합한 개념이지, 구체적 사물이 아니므로 cash는 셀 수 있는 대상이 될 수 없다. 따라서 cash 앞에 부정관사 'a'가 오거나 복수형이 될 수 없다. coin이나 bill은 셀 수 있는 명사이므로 부정관사 'a'가 오거나 복수형이 될 수 있다.

정답 25 ③ 26 ①

※ 다음 글을 읽고 물음에 답하시오. (25 ~ 26)

Need something to wear? Seoul has a lot of interesting places to shop for clothes. Department stores in Gangnam neighborhood sell the latest fashions, but they are expensive. For something more ＿＿＿＿＿＿, visit Dongdaemun Market. This large shopping area has over 20 malls and more than 25,000 smaller stores. <u>현금을 가지고 가는 것을 기억하세요</u> and a shopping bag to hold all your items! Like Dongdaemun Market, Namdaemun Market is very large and has a lot of shops. These shops sell clothing, items for home, and many other things - all at ＿＿＿＿＿＿ prices.

25 문맥상 빈칸에 공통으로 들어갈 말로 가장 적절한 것은?

① trivial
② expensive
③ affordable
④ traditional

26 밑줄 친 한국어를 영어로 가장 올바르게 옮긴 것은?

① Remember to bring cash
② Remember bringing cash
③ Remember to bring a cash
④ Remember bringing a cash

※ 다음 글을 읽고 물음에 답하시오. (27 ~ 28)

In Uganda, many people use wood for fuel. Using wood makes the air dirty. (A) Also many children, usually girls, don't go to school to get the wood. (B) Sanga Moses started a company called Eco-Fuel Africa. (C) The company invented a new kind of oven. (D) It changes extra or unused food parts into fuel. This kind of fuel, _____ wood, is clean.

27 다음 문장이 들어갈 위치로 가장 적절한 것은?

But now things are changing.

① (A)
② (B)
③ (C)
④ (D)

28 빈칸에 들어갈 말로 가장 적절한 것은?

① unlike
② such as
③ mostly
④ for example

27 해설
'하지만 이제는 상황이 변하고 있다.'는 에코–퓨얼 회사 창립으로 현재의 오염상황이 개선되는 것을 의미하므로 (B)에 오는 것이 적절하다.

해석
우간다에서는 많은 사람들이 연료로 나무를 사용한다. 나무를 사용하는 것은 공기를 오염시킨다. (A) 또한 많은 아이들, 보통 소녀들은 나무를 줍느라 학교에 가지 않는다. (B) 상가 모세는 에코–퓨얼 아프리카라는 회사를 창립했다. (C) 그 회사는 새로운 종류의 오븐을 발명했다. (D) 그것은 여분의 음식이나 사용하지 않은 음식을 연료로 바꾼다. 이런 종류의 연료는 나무와는 다르게 깨끗하다.

28 해설
• unlike ~와 다른
• such as ~와 같은
• mostly 대개는
• for example 예를 들면

해석
나무를 연료로 사용하면 공기가 오염되고 이를 개선하는 다른 연료를 말하고 있으므로 '나무와 다른'으로 써야 한다.

정답 27 ② 28 ①

29 해설

quarter는 4분의 1이고 한 시간(60분)의 4분의 1은 15분이다. "It's a quarter to midnight."에서 to는 '~전(~로 가기 전)'이므로 현재 시간은 자정 15분 전인 밤 11시 45분이다.

해석

샘 : 안녕하세요, 샘 포드입니다. 센트럴 파크에서 취재 중입니다. 공원에는 약 2,000명의 사람들이 있습니다. 제가 그들 중 한 분과 얘기해 보겠습니다. 소피아 씨, 안녕하세요. 어디서 오셨나요?

소피아 : 멕시코에서 방학을 맞아 여기에 왔어요.

샘 : 우리 도시에 온 걸 환영해요. 새해 전야에 여기 공원에 계신데요. 지금은 자정 15분전입니다. 여기에 왜 오신건가요?

소피아 : 달리기 대회를 하러 왔어요. 매년 새해 전야에 대회가 있는데 올해는 제가 출전해요!

샘 : 신나 보여요.

30 • I'm in it ~에 참여(참가)하다, ~에 종사하다

※ 다음 글을 읽고 물음에 답하시오. (29 ~ 30)

Sam : Hi, this is Sam Ford. I'm reporting from Central Park. There are about 2,000 people in the park. I'm talking to one of them. Hello, Sofia, where are you from?

Sofia : I'm from Mexico. I'm here on vacation.

Sam : Welcome to our city, and you're standing here in the park on New Year's Eve. It's a quarter to midnight. Why are you here?

Sofia : I'm here to run in a race. Every year there's a New Year's Eve race and this year I'm in it!

Sam : You sound excited.

29 인터뷰가 진행되고 있는 시간은?

① 11:45 A.M.

② 12:15 A.M.

③ 11:45 P.M.

④ 12:15 P.M.

30 밑줄 친 부분의 의미로 가장 적절한 것은?

① 올해 나는 경주에 참가한다.

② 올해 나는 뉴욕에 살고 있다.

③ 이번 해에는 내가 우승을 한다.

④ 이번 해에는 나도 달리기 동호회의 일원이다.

정답 29 ③ 30 ①

※ 다음 대화를 읽고 물음에 답하시오. (31 ～ 32)

Kurt   : Hey, Maggie. What movie are you watching tonight?

Maggie: It's a <u>movie that shows real events</u>. It's called Man on Wire. It's my second time watching it. Do you know it?

Kurt   : Yeah, I do. It's a great movie.

Maggie: I agree. The guy in the movie was really brave.

Kurt   : Oh, I know. And it was in New York. I love New York City!

Maggie: Me, too. Hey, do you want to watch the movie with me?

Kurt   : Sure. _____

31 밑줄 친 부분과 같은 의미의 단어는?

① action

② discovery

③ fiction

④ documentary

32 빈칸에 들어갈 말로 옳은 것은?

① Why not?

② Never mind.

③ It's boring.

④ Fair enough.

---

31 • action 활동, 행위
• discovery 발견, 폭로
• fiction 소설
• documentary 서류, 사실 기록 영화

해석

커트 : 안녕, 매기. 오늘 밤에 어떤 영화를 보니?

매기 : 그건 실제 사건을 보여주는 영화야. '맨 온 와이어'라고 내가 두 번째 보는 영화야. 너 그 영화 알고 있니?

커트 : 응, 알지. 그 영화 멋진 영화지.

매기 : 나도 그렇게 생각해. 영화 속 그 남자가 아주 용감해.

커트 : 응, 알아. 그리고 그 영화의 배경이 뉴욕인데, 난 뉴욕을 사랑해!

매기 : 나도 그래. 나랑 같이 그 영화 볼래?

커트 : 물론이지. 왜 아니겠어, 좋지.

32 **해설**

Sure 다음에 오는 말을 찾는 것이므로 문맥상 '좋다'라는 표현이 들어가야 적절하다.
① Why not? 왜 아니겠어, 좋지.
② Never mind. 신경 쓰지 마.
③ It's boring. 지루해.
④ Fair enough. 괜찮아.

정답 31 ④ 32 ①

33 해석

켄 : 레이첼, 나 지금 우리 바비큐를 위한 쇼핑 목록을 만들고 있어. 치킨은 있고, 또 뭐가 필요해?

레이첼 : 어디보자.. 감자 몇 개가 필요해.

켄 : 응, 알았어.

레이첼 : 샐러드 하려면 상추와 토마토도 필요해.

켄 : 그리고 음료수는?

레이첼 : 음.. 탄산음료가 있긴 해.

켄 : 좋아, 그럼 내가 주스 좀 살게. 좀 있다 봐!

34 해설

"You will be fun"은 '네가 (장난을 치거나 해서) 재미있을 것'이라는 뜻이다. 주어진 대화에서는 테니스 경기를 보는 것이 재미있을 것이라는 의미이므로 "It will be fun"이라고 해야 한다.

해석

코니 : (A) 어디 가?

지나 : 테니스 치러 가는 중이야. 같이 갈래?

코니 : 미안해, 난 못 가. (B) 공부를 좀 해야 해서.

지나 : 그럼, 나중에 와. 우린 오후 내내 테니스를 칠거야.

코니 : 멋지다. 그런데 (C) 나는 테니스를 잘 치지 못해.

지나 : 그건 걱정하지 마. 안 쳐도 돼. 그냥 구경해도 돼. 가자. (D) 재미있을 거야.

코니 : 음, 좋아. 한 시간 후에 보자.

정답 33 ① 34 ④

---

33 밑줄 친 Ken의 쇼핑 목록에 포함되지 않는 것은?

> Ken : Rachel, I'm making a shopping list for our barbecue. We have chicken. What else do we need?
> Rachel : Let's see.. we need some potatoes.
> Ken : Okay, got it.
> Rachel : We also need lettuce and tomatoes for the salad.
> Ken : And what about drinks?
> Rachel : Let's see.. we have soda.
> Ken : Okay. I'll buy some juice then. See you!

① soda

② potatoes

③ juice

④ tomatoes

34 다음 대화에서 밑줄 친 부분 중 가장 어색한 표현은?

> Connie : (A) Where are you going?
> Gina : I'm going to play tennis. Do you want to come?
> Connie : Sorry, I can't. (B) I need to study.
> Gina : Well, come later then. We're playing all afternoon.
> Connie : It sounds nice, but (C) I'm not very good at tennis.
> Gina : Don't worry about that. You don't have to play. You can just watch. Come on, (D) you will be fun.
> Connie : Well, OK. I'll see you in an hour.

① (A)　　　　　② (B)

③ (C)　　　　　④ (D)

35 다음 문장을 한국어로 가장 적절하게 바꾼 것은?

> Is it all right if I try the shoes on here?

① 이곳에 신발을 두어도 될까요?

② 이곳에서 신발을 벗어도 될까요?

③ 이곳에서 신발을 신어 봐도 될까요?

④ 이곳에서 신발을 신고 있어도 될까요?

35 • try (something) on (옷이나 신발 등을) 입어[신어] 보다

36 다음 문장을 영어로 가장 적절하게 바꾼 것은?

> 그들은 시도할 수밖에 없다.

① They have no choice but to try.

② They have no choice but trying.

③ They cannot help to try.

④ They don't have no choice but trying.

36 해설
~할 수밖에 없다 → cannot help ~ing, have no choice but to부정사

37 다음 대화가 일어나는 장소는 어디인가?

> A : Hi, Where are you travelling to?
> B : I am going to LA. Here is my ticket and passport.
> A : Do you want to window seat or aisle seat?
> B : Window seat please.
> A : OK. How many suitcases do you have?
> B : I have just one.

① 공항

② 영화관

③ 경찰서

④ 분실물 보관소

37 해설
티켓과 여권을 제시하고 좌석을 지정하며 가방 개수를 확인하는 것으로 보아, 주어진 대화가 일어나는 장소는 공항으로 보는 것이 적절하다.

해석
A : 안녕하세요, 어디로 여행가시나요?
B : LA로 갑니다. 여기 티켓과 여권입니다.
A : 창가 쪽 자리를 드릴까요, 통로 쪽 자리를 드릴까요?
B : 창가 쪽 자리로 부탁합니다.
A : 네. 가방은 몇 개인가요?
B : 한 개입니다.

정답 35 ③ 36 ① 37 ①

38 해설

① How does feel it here? 이곳은 어떻게 느껴지세요?
② What seems to be the problem? 어디가 안 좋은 것 같으세요?
③ Have you suffered from similar diseases? 전에 비슷한 질병에 걸려 본 적 있으세요?
④ Do you have medical insurance? 의료보험을 들고 계십니까?

해석
A : 이전에 내원하신 적이 있나요?
B : 네, 이번이 두 번째입니다.
A : 어디가 안 좋은 것 같으세요?
B : 열이 나고 마른기침이 납니다. 그리고 쉽게 피곤해요.
A : 언제부터죠?
B : 일주일 되었어요.

39 해설

A가 약 2년 전에 샀다고 대답을 했으므로 빈칸에는 언제 차를 구입했는지 묻는 말이 들어가야 한다.
① When did you last see it? 그것을 언제 마지막으로 보았니?
② When shall I call on you? 언제 방문할까?
③ What kind of car did you buy? 어떤 종류의 차를 샀니?
④ When did you buy your car? 언제 차를 샀어?

해석
A : 나 지난주에 내 친구랑 자동차 모터쇼를 다녀왔어.
B : 왜! 새로운 멋진 차들이 많이 있었겠다.
A : 응, 시승하는 서비스가 있어서 여러 차들을 타 보았는데 정말 좋더라. 거기에 정말 내가 원하는 차가 있었어.
B : 너 차 언제 샀지?
A : 한 2년 전에 샀지.
B : 친구야! 남의 떡이 더 커 보이는 법이야.

정답 38 ② 39 ④

※ 빈칸에 들어갈 말을 고르시오. (38 ~ 39)

38

A : Have you been here before?
B : Yes, this is my second time.
A : _____
B : I have a fever and dry coughs. and I feel easily tired.
A : When did it happen?
B : I've been sick for a week.

① How does feel it here?
② What seems to be the problem?
③ Have you suffered from similar diseases?
④ Do you have medical insurance?

39

A : I went to a motor show with my friend last week.
B : Yeah wow! There must have been a lot of nice new cars.
A : Yes, there's a service for a test drive, so I've ridden a lot of cars and it's really nice. There was a car I really wanted there.
B : _____
A : I got it about two years ago.
B : Hey! The grass is always greener on the other side.

① When did you last see it?
② When shall I call on you?
③ What kind of car did you buy?
④ When did you buy your car?

40 빈칸에 들어갈 말로 옳지 <u>않은</u> 것은?

A : Hi Mike! How are you?

B : I'm fine thanks, What did you do during this vacation?

A : I went traveling.

B : Wow! really? where did you go?

A : I went to malaysia.

B : _____

A : Malaysia, you know it is a very hot country.

B : Wow! How long did you stay there?

A : About a week. From 2nd of August until the 7th of August.

B : Oh, I really want to go there. Let's go there sometime together.

A : Sure. That would be great.

① I'm sorry?

② I beg your pardon?

③ Do you suppose so?

④ Can you say that again?

---

40 해설

"Do you suppose so?"는 '너는 그렇게 생각하니?'의 의미이다.

'다시 말해줄래?'를 나타내는 표현은 다음과 같다.

- Could you tell me again?
- Can you say that again?
- I'm sorry?
- I beg your pardon?
- Sorry?
- Pardon me?

해석

A : 마이크, 안녕! 어떻게 지내?

B : 잘 지내. 너는 방학동안 뭐 했어?

A : 난 여행 갔었어.

B : 왜! 정말? 어디로 여행 갔는데?

A : 말레이시아 갔었어.

B : 다시 말해줄래?

A : 말레이시아, 너도 알다시피 아주 더운 곳.

B : 왜! 얼마나 오래 있었어?

A : 한 일주일쯤. 8월 2일부터 7일까지.

B : 아, 나도 정말 거기 가고 싶다. 나중에 같이 가자.

A : 물론이지, 그러면 정말 좋겠다.

정답 40 ③

교육은 우리 자신의 무지를 점차 발견해 가는 과정이다.

- 윌 듀란트 -

교육이란 사람이 학교에서 배운 것을 잊어버린 후에 남은 것을 말한다.

– 알버트 아인슈타인 –

제 1 장

어휘 및 숙어

핵심이론

실전예상문제

우리 인생의 가장 큰 영광은 결코 넘어지지 않는 데 있는 것이 아니라
넘어질 때마다 일어서는 데 있다.

- 넬슨 만델라 -

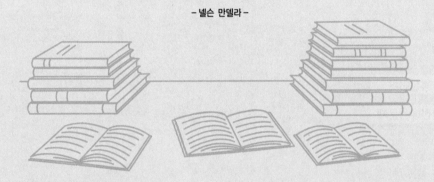

제 1 장 | 어휘 및 숙어

1 주요 어휘 정리

- alter ～을 바꾸다
- enhance ～을 강화하다
- occupation 직업
- describe ～을 묘사하다
- convenient 편리한
- vital 생명의, 중대한
- commercially 상업적으로
- attain ～을 달성하다
- deny ～을 부인하다
- retirement 은퇴, 퇴직
- reasonable 적당한
- institution 기관, 단체
- wanting 부족한
- refute ～을 반박하다
- inspire ～을 격려하다, 영감을 주다
- glance 힐끗 보다
- sufficient 충분한
- properly 적절하게, 바르게
- occur (사건이) 일어나다, (생각이) 떠오르다 **기출** 21
- represent ～을 나타내다, 대표하다
- point of view 관점
- simultaneously 동시에
- invest 투자하다
- productive 생산적인, 생산력을 가진
- professional 직업의, 전문의
- preserve ～을 보존하다
- decay 부패, 썩다
- psychologist 심리학자 **기출** 24
- responsibility 책임
- negotiation 협상, 교섭
- encounter ～와 직면하다, 우연히 만나다

- remedy 치료법, ～을 개선하다
- incorporate 추가하다, 통합시키다
- recall 상기하다, 회수하다
- ensure ～을 보증하다, 확실하게 하다 **기출** 24
- evolve 진화하다, 서서히 발달하다
- flexibility 유연성, 융통성
- inclination 기호, 성향
- compromise 타협하다
- serenity 평온, 침착
- distinguish ～을 구별하다, 구분하다 **기출** 23
- capacity 수용력, 능력
- official 공식적인, 공무원
- consume ～을 소비하다
- genetically 유전적으로
- modify ～을 변경하다, 개조하다 **기출** 20
- aware 알아차린
- interactive 상호작용하는
- dominance 지배, 우월 **기출** 24
- suspect ～에 혐의를 두다
- benefit 이익, 수당
- regulate ～을 규제하다, 조절하다
- fluid 액체, 유동성의
- evaluation 평가
- ridicule 비웃음, ～을 비웃다
- reflect 반사하다, 반영하다, 숙고하다 **기출** 24
- adjust ～을 조정하다, 적응하다
- morally 도덕적으로
- considerate 이해심 많은
- seep 스며들다
- delicate 섬세한, 미묘한
- publish (서적 등을) 출판하다

- momentary 일시적인
- gradually 점차로
- wicked 나쁜, 사악한
- ashamed 부끄러워하는
- obscure 애매한, 모호한
- impersonal 비인간적인, 냉정한
- appreciate ~을 감상하다, ~을 감사하다, ~의 가치를 인식하다
- expose ~을 노출시키다
- penetrate ~을 관통하다, ~에 침투하다
- vow 맹세하다
- residence 주거, 거주
- regenerate ~을 재생시키다
- imitate ~을 흉내내다
- recognize ~을 인식하다, 알아보다 **기출** 24
- enormous 거대한
- affect ~에 영향을 미치다
- acceptable 받아들일 수 있는
- volunteer 자원봉사, 자원하다
- intend ~할 작정이다
- so-called 소위, 이른바
- threaten 위협(협박)하다
- mere 단순한, 단지 ~한
- manufacture 제조하다, 생산하다
- serve 봉사하다, 음식을 내다, 주문을 받다, 복무하다, ~에 도움이 되다
- insignificant 중요하지 않은
- life expectancy 평균 수명, 기대 수명
- bilingual 2개 국어를 하는
- formerly 이전에
- degree 학위, 정도
- bow 절하다, 굴복하다
- superior 우수한, 상관
- self-esteem 자존감, 자부심
- fulfill ~을 수행하다, 달성하다
- potential 가능성, 잠재능력, 잠재하는
- composition 구성, 작문

- chronological 연대순의
- attach ~을 붙이다
- ethnicity 민족성
- explore 탐험하다
- reluctantly 마지못해
- imprisonment 감금, 투옥
- enforce ~을 시행하다, 실시하다
- magnify ~을 확대하다
- melt 녹다
- be taught 배우다
- utilize ~을 활용하다
- depression 우울증, 불경기 **기출** 24
- desire ~을 갈망하다, 욕구
- restrict ~을 제한하다
- defense 방어(수단)
- survive 생존하다
- validation 입증, 확인
- evolution 발달, 진화
- offensive 불쾌한, 공격적인
- direct 지시하다, ~을 보내다
- promptly 즉시
- occupy (장소를) 차지하다 **기출** 24
- permit ~을 허락하다
- marvel 경이로움, ~에 놀라다
- coin 동전, (신조어를) 만들어내다
- plunge 뛰어들다
- drip 물방울이 떨어지다
- progress 진행, 진척, 진보하다
- promote ~을 증진하다, 촉진하다, 승진시키다
- contribution 기여, 공헌
- trial 재판, 시도, 고난
- crucial 결정적인, 중대한
- ignorant 모르는, 무지한
- a number of 많은 **기출** 24
- veterinary 수의학의
- inborn 타고난
- instant 즉시의, 순간

- fraction 조금, 소량
- imprudent 경솔한
- instinct 본능, 직감
- intuition 직관
- innovation 혁신
- diversity 다양성
- aid 도움, ～을 돕다
- treasure 보물, ～을 높이 평가하다
- derive ～을 끌어내다
- poverty 가난, 빈곤
- pollution 오염, 공해 기출 24
- orphan 고아, ～을 고아로 만들다
- combine ～을 결합시키다
- commit (죄를) 범하다, 맡기다 기출 24
- overwhelm ～을 압도하다, 장악하다
- intensely 강하게, 격렬하게
- possess ～을 소유하다
- labor-saving 노동 절약의
- devise ～을 고안하다
- barely 거의 ～ 않는, 간신히
- sight 보기, 시력, 광경
- accumulation 집적, 축적
- nutrition 영양(섭취)
- assimilate ～을 동화하다, 소화하다
- mystify ～을 당혹스럽게 하다
- alleviation 경감, 완화
- onlooker 구경꾼, 방관자
- universally 보편적으로, 두루
- significance 중요성, 의미심장
- collision 충돌, 대립
- compassion 동정심
- lottery 복권
- existence 존재, 생활
- linger 꾸물거리다, 남아 있다
- boundary 경계(선)
- vanish 사라지다
- rigid 단단한, 엄격한

- assumption 가정
- available 이용 가능한 기출 24
- intimate 친밀한
- tendency 경향
- prominent 두드러진, 저명한
- pointless 무의미한
- vast 거대한, 광대한
- multitude 다수, 대중
- privilege 특권
- enclose ～을 둘러싸다, 동봉하다 기출 20
- remit ～을 송금하다
- compensate ～을 보상하다
- brutal 야만적인
- override ～을 번복하다, 무효로 하다
- constantly 계속해서, 변함없이
- govern ～을 지배하다
- garment 의류, 옷
- absurd 불합리한, 어리석은
- statesman 정치가
- criminal 범죄자, 범죄의
- contend 싸우다, 논쟁하다
- lay ～을 눕히다, ～을 놓다, (알을) 낳다
- absorb ～을 흡수하다
- force 힘, ～을 강요하다
- susceptible (병에) 걸리기 쉬운, 취약한
- fascinating 매혹적인
- adapt 적응하다, ～을 적응시키다
- quote ～을 인용하다
- reduction 감소
- impoverishment 곤궁
- excel 능가하다, 뛰어나다
- atrocity 악행
- presume 추정하다
- skyrocket 치솟다
- drastic 과감한, 격렬한
- fate 운명, 종말
- unsettling 심란하게 하는

- deprived 열악한
- cleanse ∼을 씻다
- define ∼을 정의하다
- transcend ∼을 초월하다
- obstacle 장애물
- barrier 장벽
- sincere 성실한, 진지한
- fascination 매혹
- pursue ∼을 뒤쫓다, 추구하다
- imply ∼을 내포하다, 함축하다
- cover ∼을 덮다, ∼을 취재하다
- fraud 사기

- thrifty 절약하는
- insipid 재미없는
- subscription 정기구독
- appearance 용모, 외모
- destination 목적지
- headquarters 본사
- irreversible 되돌릴 수 없는
- typical 일반적인 기출 24
- uneasy 불안한
- dull 재미없는

2 주요 숙어 정리

- come out 나가다, (꽃이) 피다
- on foot 걸어서
- be late for ∼에 늦다
- be interested in ∼에 흥미가 있다 기출 22
- on one's way to ∼에 가는 도중에
- take care of(= care for, look after) ∼을 돌보다
- be over 끝내다
- consist in ∼에 달려 있다
- get rid of(= do away with, abolish) 기출 24 제거하다, 없애다
- not less than(= at least) 적어도
- take it easy(= relax) 편히 쉬다
- pass away(= die) 죽다
- say hello to ∼에게 안부를 전하다
- belong to ∼의 소유이다
- make a noise 떠들다
- call off(= cancel) 취소하다
- be fond of 좋아하다

- take part in(= join, participate in) 참가하다
- figure out(= understand) 이해하다
- turn down(= reject) 거절하다
- give up(= abandon) 포기하다, 그만두다
- beside oneself(= insane, out of one's mind) 제정신이 아닌
- attend on(= serve) 시중들다
- give in(= yield) 굴복하다
- look for(= search for, be in search of) ∼을 찾다
- used to ∼하곤 했다
- look up to(= respect) 존경하다
- take over 인수받다
- look forward to(= expect) ∼을 기대하다
- in time 때를 맞춰
- turn pale 창백해지다
- make friends with ∼와 친구가 되다
- be on good terms with ∼와 사이가 좋다

- remain silent 침묵을 지키다
- be held(= take place) 개최되다
- keep good time (시간이) 잘 맞다
- be famous for ~로 유명한
- be made up of(= consist of, be composed of) ~으로 구성되다
- overwork oneself 과로하다
- be proud of(= take pride in, pride oneself on) ~을 자랑하다
- suffer from ~을 앓다
- instead of ~ 대신에
- have no choice but to ~할 수밖에 없다
- go abroad 외국에 가다
- be afraid of ~을 두려워하다
- leave for ~을 향해 떠나다
- at one time 동시에
- be sure of ~을 확신하다
- all the way 내내, 항상
- be good at ~에 익숙하다
- shake hands with ~와 악수하다
- be tired with ~으로 지치다
- be tired of ~을 싫증내다
- come across(= happen to meet) ~을 우연히 만나다
- as a matter of fact(= in fact) 사실상
- be worn out 닳아빠지다
- keep one's word(= keep one's promise) 약속을 지키다
- fall ill 병에 걸리다
- help oneself to ~을 마음대로 먹다
- be present at ~에 참석하다
- in a sense 어떤 의미로는
- send for ~을 부르러 (사람을) 보내다
- be through(= finish) 끝내다
- out of the question(= impossible) 전혀 불가능한
- in other words 즉, 다시 말해서
- take off (모자, 옷, 신발 등을) 벗다

- little by little 조금씩, 점점
- speak ill of ~을 비난하다
- at hand 가까이에, 항상 사용할 수 있는
- in principle 원칙적으로
- behind the times 시대에 뒤떨어진
- per capita 1인당
- in place of ~의 대신에
- far from 전혀 ~ 아닌, ~이기는커녕
- free from ~이 없는
- bring about ~을 야기하다
- in relation to ~에 관한, ~에 관련된
- A be characterized by B A는 B로 특정지어진다
- be told ~라고 듣다
- be outdone(= out do) 지다
- be bereaved of ~을 여의다
- be overcome with ~에 압도되다
- take turns 차례대로 하다
- be informed of ~을 알다
- be advised to ~하는 것이 좋다
- engage in ~에 종사하다, 참가(참여)하다, 수행하다
- depend on(= rely on) ~에 달려 있다
- take ~ for granted ~을 당연히 여기다
- come to terms with ~와 타협하다, ~을 감수하다
- be convinced of(= be assured of) ~을 확신하다
- come into being 생성되다
- trace back to (기원이) ~까지 거슬러 올라가다
- in exchange for ~와 교환으로, ~의 대가로
- go beyond ~을 넘어서다
- put together ~을 짜맞추다, 구성하다
- face up to ~에 정면으로 맞서다
- put on ~을 착용하다
- work on ~에게 영향을 주려 하다
- come along 나타나다
- so(as) long as ~하기만 하면
- in terms of ~에 의하여, ~의 관점에서
- keep up with ~에 뒤처지지 않다
- be concerned with ~와 관련되다

- person to person 사람마다
- earn one's living 생계를 꾸리다
- at the expense of ~의 비용으로, ~을 희생시켜서
- be engrossed in ~에 열중하다
- be headed for ~으로 향하다
- stand for ~을 나타내다
- get on 출세(성공)하다
- for one's sake ~을 위하여
- go through ~을 겪다(견디다)
- bring through 이겨내게 하다, 구하다
- run into ~와 충돌하다, ~와 우연히 만나다
- dwell on ~을 되풀이해서 생각하다
- lead to ~을 초래하다 기출 24
- be familiar with ~을 잘 알고 있다
- be composed of ~로 구성되다
- once and for all 최종적으로, 완전히
- A account for B A가 B의 원인이다
- call on ~을 방문하다
- negotiate with ~와 협상하다
- turn out(= prove) ~임이 판명되다
- step into ~에 들어서다, ~을 시작하다
- let go (of) 놓아주다, 눈감아 주다
- put~ into practice ~을 실행하다
- move toward (타협·해결책 등에) 가까워지다,
  ~을 지향하다
- cope with ~에 대처하다
- superior to A A보다 우수한
- break one's promise 약속을 어기다
- take up ~에 착수하다, (장소를) 차지하다, 이어가다
- devote oneself to ~에 헌신하다
- refer to A as B A를 B라고 부르다 기출 24
- fend for oneself 자활하다
- when it comes to ~에 관하여는 기출 23
- remind A of B A에게 B를 상기시키다
- were it not for 만약 ~이 없다면
- be stricken + 형용사 ~한 상태가 되다
- make(take) note of ~에 주목하다, 유념하다

- but for 만약 ~이 없(었)다면
- make the best of ~을 최대한 이용하다
- have to do with ~와 관계가 있다
- and the like(= and so on, and so forth) 등등

※ 다음 밑줄 친 부분과 비슷한 뜻을 가진 말을 고르시오. (01 ~ 10)

01

> I was all ears when he whispered.

① was very reluctant to hear
② was very eager to hear
③ was almost deaf
④ was very happy

02

> Everything is all set for your early morning departure.

① all ready
② all disrupted
③ all unprepared
④ all free

03

> She is as good as her word, so you can trust her.

① very kind
② very talkative
③ sure to keep promise
④ apt to break her promises

---

01 • be all ears 열심히 귀를 기울이다, 열심히 듣다
• eager to 몹시 ~하고 싶어 하다
[해석]
나는 그가 속삭일 때 열심히 귀를 기울였다.

02 • all set 준비가 되다 → all ready
[해석]
네가 아침 일찍 출발하도록 모든 것이 준비되어 있다.

03 • as good as one's word 약속을 잘 지키다
[해석]
그녀는 약속을 잘 지키니까 믿을 수가 있다.

정답 01 ② 02 ① 03 ③

04
- be on the point of~ 바야흐로 ~ 하려고 하다 → be about to ~
- turn away 외면하다, 떠나다

해석
내가 그 방에 들어갔을 때 그는 막 떠나려고 하고 있었다.

04

He <u>was on the point of leaving</u> the room when I entered.

① was talking about leaving

② had to leave

③ was about to leave

④ turned away to leave

05
- for all one know ~가 아는 한에서는
- bring up 기르다, 가르치다 → rear, educate

해석
내가 아는 바로는 그는 뉴욕에서 나서 자랐다.

05

<u>For all I know</u>, he was born and brought up in New York.

① As far as I know

② So far as I am concerned

③ Though I know him well

④ Though I don't know him well

06
- for nothing
  - 거저, 무료로 → for free
  - 이유 없이, 헛되이 → in vain
    → I don't do it for nothing.
    (내가 헛되이 (괜히) 그러는 것이 아니다.)

해석
돈이 없다고 해서 걱정하지 말아라. 너는 공짜로 그것을 얻을 수 있다.

06

Don't worry if you have no money. You can have it <u>for nothing</u>.

① for free

② cheap

③ in vain

④ by giving me something

정답 04 ③ 05 ① 06 ①

07

> I wouldn't hurt his feeling <u>for the world</u>.

① for his benefit
② for anything in the world
③ for the security of the world
④ for all the people of the world

08

> No, this seat is not taken. Please <u>go ahead</u>.

① go away
② don't hesitate
③ don't make haste
④ try

09

> The line is busy now. Please <u>hold on</u>.

① call again   ② don't speak
③ speak right now   ④ wait

10

> He <u>had words with</u> his friend and then struck him.

① talked with   ② promised to
③ dealt with   ④ quarreled with

---

07 • not ~ for the world 절대로 ~이 아니다(~하지 않았다) → not for anything in the world
• in the world (의문문) 도대체
해석
나는 절대로 그의 감정을 상하게 하려 하지 않았다.

08 • go ahead
– (구어) 자, 먼저(드시오, 가시오 등)
– (구어) 좋아요, 하세요.
– 전진하다, 진보하다
해석
아니요, 이 자리는 비어 있습니다. 자, 앉으시지요.

09 • hold on
– (전화를 끊지 않고) 기다리다
– 계속하다, 지속하다
→ You must hold on in this job.(넌 이 일을 계속 해야만 한다.)
해석
통화 중이니 기다려 주십시오.

10 • have words with + 사람 ~와 말다툼을 하다
• deal with ~와 교제하다, ~을 다루다
해석
그는 친구와 말다툼을 하고서 그를 쳤다.

정답 (07 ②   08 ②   09 ④   10 ④)

※ 괄호 안에 들어갈 적당한 말을 고르시오. (11 ~ 20)

11
- used to : 불규칙적인 습관
- does → (smokes) : do는 선행하는 동사 또는 동사를 포함하는 어군을 대용하여, 여기선 he가 3인칭 단수이므로 does 사용

【해석】
A : 그는 담배를 너무 많이 피웁니다.
B : 글쎄요, 그는 지금보다 옛날에 더 많이 피웠답니다.

11

> A : He smokes too much.
> B : Well, he used to smoke more than he (　　) now.

① does
② did
③ could
④ has

12
- demand that ~ (should) + 동사원형 ~ 해달라고 요구하다(should는 생략 가능)

【해석】
A : 왜 그렇게 갑자기 되돌아갔습니까?
B : 글쎄, 그가 가달라고 하더군요.

12

> A : Why did you return so suddenly?
> B : Well, he demanded that I (　　).

① left
② have left
③ leave
④ must leave

13
- the number of는 단수 취급
- limit … to ~ …을 ~로 제한하다

【해석】
그 학급의 학생 수는 15명으로 제한되어 있다.

13

> The number of students in the class (　　) limited to fifteen.

① have
② has
③ are
④ is

14
- have a dream 꿈꾸다

【해석】
여동생은 어젯밤 악몽을 꾸었다고 한다.

14

> My sister says that she (　　) a dreadful dream last night.

① had
② saw
③ looked
④ held

정답 11 ① 12 ③ 13 ④ 14 ①

15

> We must prevent that kind of disaster at all (　　).

① expenses
② events
③ risks
④ costs

15 • at all costs 어떠한 희생을 치르더라도, 꼭 → at any cost
• at all events 어쨌든 → in any case

해석
어떠한 일이 있어도 그러한 종류의 재난을 막아야 한다.

16

> Knowledge of the cause of disease (　　) rapidly to its more effective prevention and treatment.

① went
② increased
③ brought
④ led

16 • lead to~ ~에 이르다, ~으로 이어지다, 결국 ~이 되다

해석
병의 원인에 대한 지식은 신속하게 좀 더 효과적인 예방과 치료로 이어진다.

17

> The early nineteenth century (　　) the rapid industrial and agricultural development of the United States.

① gave
② looked
③ saw
④ took

17 • see 보다, 보이다

해석
19세기 초 미국에 산업과 농업에 급격한 발전을 보였다.

정답 (15 ④　16 ④　17 ③)

18
- be due to + (명사) ~에 기인하다
- be due to + (동사) ~할 예정이다
- due to(owing to) ~ 때문에

해석
종교개혁의 성공은 대부분 독일의 제후들과 교황 간의 정치적 충돌에 기인한다.

18

The success of the Protestant Reformation was ( ) in great part to the political conflict between the German princes and the Pope.

① added
② resulted
③ engaged
④ due

19
- occupy a position of ~의 위치를 점하다

해석
근대 음악사 전반에 걸쳐 바흐의 이름은 매우 중요한 위치를 차지하고 있다.

19

In most histories of modern music the name of Johann Sebastian Bach ( ) a position of unique importance.

① places
② occupies
③ leaves
④ marks

20
- Mind you ~ 잊지 말고 ~하라

해석
잊지 말고 나에게 엽서를 보내다오.

20

( ) you send me a postcard.

① Remember
② Remind
③ Mind
④ Bet

정답 18 ④ 19 ② 20 ③

※ 다음 밑줄 친 부분과 비슷한 뜻을 가진 말을 고르시오. (01 ~ 60)

01

Let's finish it <u>right away</u>.

① correctly   ② nicely
③ on the right   ④ immediately

02

Thanks to him, we knew about it <u>in advance</u>.

① as it went ahead   ② much later
③ completely   ④ beforehand

03

To what <u>extent</u> will you be able to help us?

① purpose   ② intention
③ favor   ④ degree

04

All his plans <u>came to nothing</u>.

① were free   ② failed
③ were successful   ④ got away

---

01 • right away[off, now] 곧, 즉시, 당장
→ 즉시, 당장: at once(= imme diately, without delay)
해석
당장 그것을 끝냅시다.

02 • in advance
– 미리, 앞당겨, 사전에
– 선불로(pay in advance)
해석
그 덕분에 우리는 <u>미리</u> 그것을 알았다.

03 • to what extent 어느 정도까지
해석
너는 어느 정도까지 우리를 도울 수 있니?

04 • come to nothing 실패로 끝나다, 수포로 돌아가다
• get away 떠나다, 제거하다
해석
그의 모든 계획은 <u>실패로 끝났다</u>.

정답   01 ④   02 ④   03 ④   04 ②

05
- get on top of ~을 정복하다
- become aware of ~을 알게 되다

해설
그는 그의 새 일을 <u>해냈다</u>.

05

> He <u>got on top of</u> his new job.

① mastered
② rose to the top of
③ was promoted to
④ became aware of

06
- apprehensive 염려하는, 걱정하는, 불안한
- cannot help ~ing ~하지 않을 수 없다
  → I can't help thinking that we've made a big mistake.

해설
나는 우리가 큰 실수를 저지른 것을 <u>생각하지</u> 않을 수 없다.

06

> I cannot help feeling <u>apprehensive</u> about the danger.

① worried
② regretful
③ helpless
④ appreciative

07
- hand in (보고서 등을) 제출하다
  → present

해설
너는 이달 말까지 보고서를 <u>제출해야만</u> 한다.

07

> You must <u>hand in</u> your report by the end of the month.

① present
② receive
③ collect
④ copy

정답 05 ① 06 ① 07 ①

08

> I <u>have given up</u> tennis and have started to play golf.

① am enthusiastic for
② have made progress in
③ have stopped playing
④ am very good at

08 • give up
- 포기하다, 그만두다(abandon)
- 양보하다, 내주다
  → He gave up his seat to an old man.(그는 노인에게 자리를 양보했다.)
• enthusiastic for ~에 열광적인, 열심인
• make progress in ~에 진전을 거두다

해석
나는 테니스를 <u>그만두고</u> 골프를 치기 시작했다.

09

> I can't <u>put up with</u> you any longer.

① encourage
② bear
③ blame
④ praise

09 • put up with 참다, 견디다 → bear, endure, stand

해석
나는 더 이상 너를 <u>참</u>을 수 없다.

10

> This is what really <u>matters to</u> me.

① is wrong with
② is happening to
③ is difficult for
④ is important to

10 • matter to~ ~에게 중요하다 → be important to

해석
이것은 나에게 너무도 <u>중요한</u> 것이다.

정답 08 ③   09 ②   10 ④

11
- take charge of~ ~을 책임지다, ~을 맡다
  → look after, take care of, be responsible for

해석
Jones 씨는 항상 그 소년들을 돌보고 있다.

11

> Mr. Jones always <u>takes charge of</u> the boys.

① pays the expenses of

② looks after

③ fights with

④ accuses

12
- never fail to~ 반드시 ~하다

해석
나는 자기 전에 반드시 이를 닦는다.

12

> I <u>never fail to brush</u> my teeth before going to bed.

① often forget to brush

② dislike brushing

③ always brush

④ do not succeed in brushing

13
- take the place of~ ~을 대신하다

해석
플라스틱은 종래에 사용되던 많은 물질을 대체해 왔다.

13

> Plastics have <u>taken the place of</u> many conventional materials.

① controlled

② been superior to

③ substituted

④ taken the share of

정답 11 ② 12 ③ 13 ③

14

> If you come our way, <u>drop in on</u> us.

① contact
② find
③ phone
④ visit

14 • drop in on~ ~에게 잠깐 들르다
→ to visit unexpectedly or informally

해석
근처에 오시는 일이 있으면 <u>잠깐 들러</u> 주십시오.

15

> You should never <u>look down on</u> a person merely because he is poor.

① despise
② disappoint
③ pity
④ be sorry for

15 • look down on 멸시하다, 경시하다
cf. look up to~ ~을 존경하다 (respect)

해석
단지 가난하다고 해서 사람을 <u>멸시해서는</u> 안 된다.

16

> I could not use the telephone because it was <u>out of order</u>.

① engaged
② not in working condition
③ under construction
④ old fashioned

16 • out of order
– 고장난
– 규칙에 벗어난(against the rules)

해석
그 전화는 <u>고장이 나서</u> 사용할 수가 없었다.

정답 14 ④ 15 ① 16 ②

17 • break out (전쟁, 화재 따위가) 일
어나다, 돌발하다

해석
전쟁이 발발했을 때 그는 런던에 있
었다.

17

> He stayed in London when the war broke out.

① finished

② started

③ became severe

④ became near to its end

18 • have something to do with~ ~와
관계가 있다
• have nothing to do with~ ~와
조금도 관계가 없다

해석
흡연은 암과 관계가 있다고 알려져
있다.

18

> It is said smoking has something to do with cancer.

① worsens

② develops

③ doesn't affect

④ is connected with

19 • take[have] a day off 하루 휴가를
얻다

해석
아무리 바빠도 나는 하루 휴가를 낼
수 있다.

19

> No matter how busy I am, I can take a day off.

① be present

② have a date

③ be free at night

④ be away from work for a day

정답 (17 ② 18 ④ 19 ④)

20

> Many a quarrel <u>comes about</u> through a misunder-standing.

① increases
② is caused
③ is solved
④ becomes worse

21

> He <u>got over</u> the shock of his father's death.

① experienced
② received
③ endured
④ recovered from

22

> The development of nuclear energy, on the other hand, can mean increased <u>revenues</u> for the government.

① headaches
② agreements
③ productions
④ incomes

---

20 • come about (사건이) 일어나다, 생기다

해석
많은 싸움이 오해로부터 생겨난다.

21 • get over
　　－ (곤란 따위를) 이겨내다
　　－ (병 따위에서) 회복하다
• recover from (기운을) 되찾다

해석
그는 아버지의 죽음에서 받은 충격을 이겨냈다.

22 • revenue 세입, 수입 → income that which the government receives as tax

해석
다른 한편으로 핵에너지의 개발은 정부의 증가된 세입을 의미한다고 할 수 있다.

정답 20 ② 21 ④ 22 ④

23
- incompetent 무능력한 → unqualified
- unquestioning 의심하지 않는, 절대적인
- greedy 탐욕스러운

해석
물론 가장 위험한 것은 <u>무능력한</u> 의사 결정권자들이다.

24
- one's personal history 경력, 이력
- public office 공직
- study 조사하다

해석
어떤 사람을 공직에 채용하기 전에 그 사람의 <u>경력</u>을 조사해 보아야 한다.

25
- yearn for~ ~을 갈망하다, 동경하다
- dedicated 헌신적인

해석
어느 곳에 있는 사람이든지 세계 평화에 헌신적인 대중적인 지도자를 <u>갈망한다</u>.

정답 23 ③ 24 ② 25 ③

23

The greatest danger, of course, is <u>incompetent</u> decision-makers.

① unquestioning
② intellectual
③ unqualified
④ greedy

24

Before we elect a person to public office, we should study his <u>personal history</u>.

① promise
② record of past
③ decision-making ability
④ financial background

25

People everywhere <u>yearn for</u> public leaders dedicated to world peace.

① dedicate
② attempt to find
③ desire keenly
④ respect

26

You'll have to <u>brush up</u> your English before going abroad.

① review
② trace
③ inherit
④ rub

26 • brush up (어학 따위를) 다듬다, 복습하다 → review

해석
당신은 외국에 나가기 전에 영어를 다시 <u>복습해야</u> 한다.

27

At the press interview the prime minister <u>hinted at</u> the possibility of an early election.

① reluctantly revealed
② indirectly indicated
③ accurately suggested
④ openly admitted

27 • hint at~ ~을 넌지시 알리다, 시사하다

해석
신문과의 인터뷰에서 수상은 조기 선거의 가능성을 <u>시사했다</u>.

28

The possibility cannot be <u>ruled out</u> that the disease might be caused by a certain virus.

① granted
② dismissed
③ accepted
④ recognized

28 • rule out (규정에 따라) 제외하다, 금지하다

해석
어떤 바이러스에 의해 그 병이 발생했을 가능성을 <u>배제할</u> 수 없다.

정답 26 ① 27 ② 28 ②

29
- go over
  - 면밀히 조사하다
  - 반복하다(repeat)
- sums 계산 문제

해석
네 계산 문제를 자세히 검토해 보는 것이 어떻겠니? 내가 틀린 것을 몇 개 발견했어.

29

> Why don't you <u>go over</u> your sums? I found some of them mistaken.

① dominate
② consider
③ check
④ add up

30
- look up to ~ ~을 존경하다, ~을 올려다 보다

해석
그는 보이스카우트 지도자로서의 경력 때문에 소녀들 사이에서 항상 존경받는다.

30

> Among the girls he is always <u>looked up to</u> for his experience as a leader of boy scouts.

① respected
② searched
③ sought
④ regarded

31
- finally
  - 마침내, 결국 → ultimately, at length
  - 최종적으로, 결정적으로 → decisively
- on end
  - 계속하여, 연달아
  - 똑바로 서서

해석
마침내 그 협상에서 진전이 있었다.

31

> <u>Finally</u> there was a step forward in the negotiations.

① At length
② Conclusively
③ On end
④ To a finish

정답 29 ③ 30 ① 31 ①

32

> She knew <u>precisely</u> where everything should be.

① by inches
② in an inch
③ to an inch
④ within an inch of

33

> I was <u>about to discover</u> the secret of this work of art.

① at the verge to discover
② on the verge of discovering
③ at the margin to discover
④ on the margin of discovering

34

> His proposal is <u>out of the question</u>.

① clear
② easy
③ difficult
④ impossible

32 • precisely 정확히(exactly), 틀림없이 → to an inch
• by inches
  − 하마터면, 간신히
  − 조금씩
• within an inch of 거의 ~할 정도까지

해석
그녀는 모든 것이 어디에 있어야 하는지 <u>정확히</u> 알고 있었다.

33 • be about to do 이제 막[바야흐로] ~하려 하다 → be just about doing
• on the verge of ~하기 직전에, 바야흐로 ~하려 하여

해석
나는 이 예술 작품의 비밀을 <u>막 발견하려던</u> 차였다.

34 • out of the question 전혀 불가능한
• out of[without] question 틀림없이, 확실히

해석
그의 제안은 <u>전혀 불가능한</u> 것이다.

정답 32 ③ 33 ② 34 ④

35
- once (and) for all
  - 단호하게
  - 마지막으로
- one and all 누구나, 한결같이
- all at once 즉시, 갑자기

해석
Mary는 그에게 그와 데이트하지 않겠다고 <u>단호하게</u> 말했다.

35

Mary told him <u>once and for all</u> that she wouldn't go out with him.

① in the first place
② in a final manner
③ all at once
④ several times

36
- by turns 교대로, 차례로

해석
회원들은 <u>차례로</u> 나에게 그 이상한 경험을 이야기했다.

36

The members told us about the strange experience <u>by turns</u>.

① alternately
② contentedly
③ persuasively
④ successfully

37
- incentive to do ~하도록 격려(장려)하는, 자극하는

해석
학교를 싫어하는 학생들은 공부하도록 <u>격려</u>받아야 한다.

37

Pupils who dislike school must be given <u>incentive</u> to learn.

① gift
② discipline
③ encouragement
④ miscalculate

정답 35 ② 36 ① 37 ③

38

> The <u>pious</u> parents gave their children a religious upbringing.

① historic

② devout

③ permissive

④ fortunate

38 • pious 신앙심이 깊은, 경건한 → devout

해석

<u>신앙심이 깊은</u> 부모들은 자녀들에게 종교적인 교육을 했다.

39

> Prospects for world peace have been generally <u>enhanced</u> by the Pope's trips abroad.

① improved

② impeded

③ reviled

④ returned

39 • enhance 향상하다, (가치, 능력 등을) 높이다, 더하다

해석

교황의 해외 순방으로 인해 세계 평화에 대한 기대가 대체로 <u>높아졌다</u>.

40

> Our deepest fear at the moment is that a nuclear war would leave the earth <u>barren</u>.

① bullied

② brutalized

③ broken into

④ lifeless

40 • barren 불모의, 황폐한
• lifeless 생물이 살지 않는, 불모의
• brutalize 잔인하게 하다
• break into~ ~에 침입하다

해석

지금 우리에게 있어 가장 커다란 공포는 핵전쟁이 지구를 <u>황폐하게 할지도 모른다는 것이다</u>.

정답 38 ② 39 ① 40 ④

41
- dogmatic 독단적인, 독선적인
- tedius 지루한, 싫증나는

해석

이런 중요한 문제들을 다른 사람과 논의하는 데 있어 독단적으로 되는 것을 피해야 한다.

41

In discussing these vital matters with others, we should avoid being dogmatic.

① tedious

② over-authoritative without adequate grounds

③ vague

④ complicated

42
- crude
  - 버릇없는, 조야한, 무례한
  - 천연의, 가공하지 않은
- see eye to eye (with a person) ~와 견해가 일치하다

해석

독선적인 사람들은 그들과 의견이 맞지 않는 사람들에게 무례하게 말하는 경우가 있다.

42

Dogmatic people are often crude in their remarks to those who might not see eye to eye with them.

① angry

② envious

③ impolite

④ generous

43
- by and large 전반적으로, 대체로
  → on the whole, generally (speaking)

해석

그러나 대체로 우리 모두에게 장점과 단점이 있다고 할 수 있다.

43

But, by and large, we can say there is good and bad in all of us.

① rarely

② under the surface

③ individually

④ generally speaking

정답 41 ② 42 ③ 43 ④

44

> In dealing with others, it is the <u>prudent</u> man who is less likely to give offense.

① educated　　　　② reluctant

③ discreet　　　　④ cynical

45

> I was <u>prevailed on</u> to go to the party.

① persuaded

② invited

③ encouraged

④ pleased

46

> You should <u>reckon with</u> her obstinate character.

① tolerate

② point out

③ take into consideration

④ reform

47

> He usually <u>drops in at</u> my place.

① takes a nap at

② comes by

③ has something to eat at

④ calls informally

---

44 • prudent
- 신중한, 조심성 있는 → careful, discreet
- 분별 있는, 총명한 → wise
• give offense to ~을 화나게 하다

해석
다른 사람과 거래를 할 때 <u>신중한</u> 사람은 다른 사람의 감정을 상하게 하지 않는다.

45 • prevail on 설득하다, 설복하다

해석
나는 그 파티에 참석하도록 <u>설득당했다</u>.

46 • reckon with~ ~을 고려하다
• point out 나타내다, 지적하다

해석
너는 그녀가 고집불통이라는 것을 <u>고려해야</u> 한다.

47 • drop in at~ ~에 잠깐 들르다(장소)

해석
그는 평소에 나의 집에 <u>잠깐씩 들르</u>곤 한다.

정답 44 ③ 45 ① 46 ③ 47 ②

48 • give out
  – (공급, 물건이) 떨어지다, 다 되다
  – 배포하다, 공표[발표]하다
    → The fuel gave out.(연료가 다 떨어졌다)
    → The secret was given out after his death.(그의 사후에 그 비밀이 공개되었다)
  해석
  공급품이 <u>바닥나고</u> 있다.

48

> The supplies are beginning to <u>give out</u>.

① be used up
② be distributed
③ be sufficient
④ appear on the market

49 • lay aside 저축해 두다, 비켜두다
  해석
  그는 매주 몇 달러씩 <u>저축해 두었다</u>.

49

> He <u>laid aside</u> a few dollars each week.

① wasted
② earned
③ gave to others as charity
④ saved for future use

50 • be punctual for (시간을) 엄수하다, 지키다
  해석
  그는 항상 수업 시간을 꼭 <u>지킨다</u>.

50

> He is always <u>punctual for</u> class.

① eagerly participating in
② precisely on time for
③ thoroughly prepared for
④ faithfully devoted to

정답 48 ① 49 ④ 50 ②

51

> He <u>hit on</u> the plan after long meditation.

① adopted
② supported
③ criticized
④ discovered

51 • hit on~ (묘안 따위를) 생각해 내
다, 우연히 ~이 발견되다
• adopt (의견, 방침 따위를) 채택하
다, 골라잡다
해석
그는 오랫동안 심사숙고한 끝에 그
계획을 <u>생각해 냈다.</u>

52

> My elder brother has <u>looked after</u> our grandfather for many years.

① resembled
② taken care of
③ searched for
④ respected

52 • look after 보살피다, 돌보다 →
take care of
해석
형은 수년 동안 할아버지를 <u>돌보아</u>
왔다.

53

> He broke the flower vase <u>on purpose</u>.

① secretly
② unconsciously
③ carelessly
④ intentionally

53 • on purpose 의도적으로, 고의로,
일부러
해석
그는 <u>고의로</u> 꽃병을 깨뜨렸다.

정답 51 ④ 52 ② 53 ④

54
- be susceptible to~ ~하기 쉽다, ~의 영향을 받다

해석
그는 아첨에 쉽게 넘어간다.

54

> He is susceptible to flattery.

① not influenced by
② angry about
③ easily affected by
④ not interested in

55
- be supposed to do~ ~하기로 되어 있다, ~할 것이 기대된다

해석
너는 아침 일찍 출발해서 그녀를 마중 나가기로 되어 있다.

55

> You are supposed to start early in the morning and pick her up.

① are expected to
② are believed to
③ are ordered to
④ are requested to

56
- bring[come] home to~ ~을 절실히 느끼게 하다, ~을 간절히 호소하다
- bring a crime home to a person 저지른 죄를 ~에게 깊이 깨닫게 하다

해석
나는 이번에는 그가 틀렸다는 사실을 그에게 인식시켜야 한다.

56

> I must bring home to him the fact that he is wrong in this case.

① take him home to realize
② make him remember
③ make him talk about
④ make him realize

정답 54 ③ 55 ① 56 ④

57

> Quite <u>by chance</u>, I met my old friend in the airport.

① strangely

② accidentally

③ deliberately

④ swiftly

57 • by chance 우연히

해석

정말로 <u>우연히</u> 공항에서 옛 친구를 만났다.

58

> I am very thirsty, but I don't <u>care for</u> beer.

① mind drinking

② need to drink

③ want to drink

④ have to drink

58 • care for

　 – ~을 원하다

　 – 관심을 갖다

해석

나는 몹시 갈증이 나지만 맥주는 마시고 싶지 않다.

59

> Please <u>drop by</u> Sunday afternoon when we are all at home.

① take a ride

② call us formally

③ stop at our home

④ stay with us

59 • drop by[around] 불시에 들르다

• take a ride (말, 마차 따위에) 한 번 타다

해석

우리 모두가 집에 있는 일요일 오후에 <u>들러</u> 주십시오.

정답 57 ② 58 ③ 59 ③

60
- a good many 꽤 많은 → a lot of
- a good few people 적지 않은 사람들
- many good things 많은 좋은 물건

[해석]
오늘 해야 할 일이 꽤 많다.

60

There are a good many things to be done today.

① a couple of
② many good
③ many interesting
④ a lot of

※ 괄호 안에 들어갈 적당한 말을 고르시오. (61 ~ 180)

61
- A is followed by B A 다음에 B가 나오다

[해석]
어떤 모임에서는 성대한 만찬 후에 보통 맛있는 후식이 나온다.

61

In some societies, a big dinner is usually (   ) by a rich dessert.

① served
② followed
③ carried
④ entered

62
- learn by heart~ ~를 암기하다, 외우다

[해석]
너는 그 대사를 외울 때까지 계속 반복해야 한다.

62

You must keep repeating the lines until they are (   ) by heart.

① reminded
② noticed
③ received
④ learned

정답 60 ④ 61 ② 62 ④

63

> Susan delights (　　) reciting such poems.

① at 　　　② in
③ with 　　④ on

64

> Since World War Ⅱ, a great (　　) of change has occurred in many parts of the world.

① deal 　　② weight
③ size 　　④ aspect

65

> The president of the company, (　　) I introduced you last Friday, wants to see you again.

① whom
② of whom
③ to whom
④ who

66

> Please excuse (　　) you by your first name.

① me for calling
② for me to call
③ me to call
④ calling

63 • delight in ~ing ~하는 것을 즐기다
해석
Susan은 그런 시들을 암송하기를 좋아한다.

64 • a great deal of~ 상당한, 많은
해석
2차 세계대전 이후에 세계의 많은 지역에서 상당한 변화가 일어났다.

65 • introduce + 사람 + to ~ …를 ~에게 소개하다
해석
지난 금요일 내가 너에게 소개해줬던 회사 사장이 너를 만나보길 원한다.

66 • excuse… for ~ …가 ~하는 것을 용서하다, 허용하다
해석
당신의 이름만 부르는 것을 용서하십시오.

정답 63 ② 64 ① 65 ③ 66 ①

67 • hold one's tongue 입을 다물다
해석
다른 사람이 말할 때는 입을 다물고 있어야 한다.

67
You should ( ) your tongue while someone else is talking.

① check
② stop
③ halt
④ hold

68 • see through ~ ~을 꿰뚫어보다, 간파하다
해석
정말 David가 네 계획을 간파하지 못할 정도로 어리석다고 생각하니?

68
Do you really think David is such a fool that he can't see ( ) your scheme?

① in
② over
③ through
④ aside

69 • be read into ~ ~ (뜻으로) 해석되다
해석
그 문장은 너무 애매해서 하나 이상의 의미로 해석될 수 있다.

69
The sentence is so vague that it can be read ( ) more than one meaning.

① of
② about
③ into
④ upon

정답 67 ④ 68 ③ 69 ③

70

Betty cannot ( ) any secret to herself for a long time.

① make
② keep
③ take
④ retain

71

To ( ) home the point he was making, John spoke in a loud voice.

① stress
② drive
③ hit
④ move

72

Mary will call you back as soon as she ( ) her homework.

① finished
② finishes
③ will finish
④ will have finished

70 • keep ~ to oneself ~을 비밀로 해 두다

해석
Betty는 어떤 비밀도 오랫동안 간직하지 못한다.

71 • drive ~ home (생각, 견해 따위를) 충분히 납득시키다
• hit(strike) home 급소를 찌르다, 감동시키다

해석
자신이 말하는 요점을 충분히 납득시키기 위해 John은 큰소리로 말했다.

72 때와 조건을 표시하는 부사절의 경우 미래를 현재 동사로 쓴다.

해석
Mary는 숙제를 마치는 대로 금방 답신전화를 할 것이다.

정답 70 ② 71 ② 72 ②

73 • absent oneself from ~ ~에 결석하다

해석
그는 어제 학교에 결석했다.

74 • I wish A could have p.p (A가) ~
할 수 있었으면 좋겠다고 여기다
→ 가정법

해석
나는 그가 1년 전에 운전을 할 수 있었더라면 좋았을 거라고 생각한다.

75 • demend that ~ (should) ~하라고 요구하다

해석
나는 그에게 즉시 그 계산서를 지불하라고 요구했다.

73

He (   ) from school yesterday.

① absented
② had absented
③ absented himself
④ failed

74

I wish he (   ) a car a year ago.

① drove
② could have driven
③ didn't have to drive
④ could drive

75

I demanded (   ) the bill immediately.

① him to have paid
② that he must have paid
③ that he paid
④ that he pay

정답 73 ③ 74 ② 75 ④

76

He's not going home, and (　　).

① nor do I
② I am neither
③ neither do I
④ I'm not either

77

He (　　) his home town after he graduated from a college.

① returned
② returned to
③ came back for
④ turned back

78

I wonder how much (　　).

① these books cost
② do these books cost
③ cost these books are
④ cost are these books

79

(　　) John, Tom is the tallest boy.

① Aside　　　　② Beside
③ After　　　　④ Except that

---

76 • either (부정문 뒤에서) ~도 또한
　　… 아니다
　해석
　그는 집에 가지 않았고 나 역시 그렇다.

77 • return to ~ ~에 돌아가다
　해석
　그는 대학을 졸업한 후에 고향으로
　돌아갔다.

78 • cost
　－ ~의 비용이 들다
　－ (시간, 노력 등이) 걸리다, 요하다
　해석
　이 책들이 얼마인지 궁금하다.

79 • after ~ ~ 뒤에, ~ 다음에
　해석
　John 다음으로 Tom이 가장 크다.

정답 　76 ④　77 ②　78 ①　79 ③

80 지각동사 다음에는 원형부정사를 쓴다. 그러나 수동태로 전환되면 to가 다시 살아난다.

해석
그녀는 도와달라고 외치는 소리를 들었다.

81 • in(with) astonishment (깜짝) 놀라서

해석
"당신이 선생님이세요?" Mary는 Jack을 올려다 보면서 깜짝 놀란 듯이 물었다.

82 • be short for ~의 약자이다

해석
EU는 'European Union(유럽연합)'의 약자이다.

80

She was heard (   ) for help.

① cry

② to cry

③ of crying

④ to crying

81

"Are you a teacher?" Mary asked, looking up at Jack (   ) astonishment.

① for

② much

③ long

④ in

82

EU is (   ) for 'European Union.'

① standing

② symbolic

③ sign

④ short

83

You can go out, as (   ) as you promise to be back before 10 o'clock.

① far
② much
③ long
④ little

84

We thought he was hurt, but it was not really (   ).

① truth
② a truth
③ the case
④ a case

85

You'll be given the ticket free of (   ).

① expense
② bill
③ charge
④ price

83 • as long as ~ ~하는 한에서는, ~라면

해석
네가 10시 전에 돌아오겠다고 약속을 하면 나가도 좋다.

84 • That's not the case 그것은 사실과 다르다

해석
우리는 그가 다쳤다고 생각했으나 그것은 정말 사실이 아니었다.

85 • free of charge 무료로

해석
너는 무료로 그 티켓을 받을 수 있다.

정답 83 ③ 84 ③ 85 ③

86 • join ~에 들다, 가입하다

해석
오늘날 많은 사람이 운동을 하기 위해서 테니스 클럽에 가입한다.

86

Many people these days (　　) tennis clubs to get some exercise.

① participate
② introduce
③ join
④ play

87 • exhaust
　　– 소비하다, 다 써버리다(used up)
　　– 지쳐버리게 하다(tired out)

해석
난민들은 공급받은 식량을 곧 소비해버렸다.

87

The refugees soon (　　) their supply of food.

① expected
② exhausted
③ executed
④ exclaimed

88 • fold ~을 접다
• put away (언제나 두는 곳에) 치우다, 비축하다

해석
그녀는 테이블보를 조심스럽게 개어 서랍 속에 넣어 두었다.

88

She (　　) the tablecloth carefully and put it away in a drawer.

① divided
② pleated
③ bent
④ folded

정답 86 ③　87 ②　88 ④

89

A : Let's go for a walk in the park.
B : Yes, that is a good (   ).

① idea
② breed
③ discovery
④ omen

90

You shouldn't leave your bicycle outside in the rain. It will get (   ).

① dry
② stollen
③ rusty
④ fixed

91

(   ) does the castle look like?

① How
② What
③ Whether
④ Where

92

She bought two dresses. One is red and (   ) is blue.

① other
② the other
③ another
④ others

---

89 • go (out) for a walk 산책하러 가다
• take(have) a walk 산책하다

해석
A : 공원에 산책하러 가자.
B : 그래, 좋은 생각이야.

90 • get rusty 녹슬다

해석
비 오는데 자전거를 밖에 두지 마라. 녹이 슬게 된다.

91 • look like ~ ~와 비슷하다, ~처럼 보이다

해석
그 성은 무엇처럼 보입니까?

92 • the other 2개 중 다른 하나
• another 여러 개 중의 또 하나

해석
그녀는 옷 2벌을 샀다. 하나는 빨간색이고 다른 하나는 파란색이다.

정답 89 ① 90 ③ 91 ② 92 ②

93
- put on
  - (전기, 라디오 등을) 켜다
  - (옷 등을) 입다

해석
불 좀 켜주시지 않으시겠습니까? 방이 너무 어두워지는군요.

93

> Would you mind (　　) the light on? It's getting very dark in this room.

① setting　　　② getting
③ putting　　　④ letting

94
- give permission to ~ ~할 수 있도록 허가하다

해석
누가 당신에게 로얄 궁전 앞에 차를 둘 수 있도록 허가했습니까?

94

> Who gave you (　　) to leave your car there, in front of the Royal Palace?

① possibility
② free
③ lawyer
④ permission

95
- blush 얼굴을 붉히다

해석
그녀는 매우 부끄럼이 많아서 남자가 그녀에게 말을 걸 때마다 얼굴을 붉힌다.

95

> She is very (　　), and blushes whenever a boy speaks to her.

① frightened
② doubtful
③ shy
④ imprudent

96
- in the treatment of ~ ~의 치료로

해석
바비튜레이트 약제는 정서 장애 치료에 자주 쓰이는 약이다.

96

> Barbiturates are drugs which are often used in the (　　) of emotional disorders.

① recover　　　② statement
③ taking　　　④ treatment

정답 93 ③　94 ④　95 ③　96 ④

97

> The patient cried that she could not ( ) the pain any longer.

① put up with
② put down to
③ put out for
④ put in for

97 • put up with ~ ~을 참다, 견디다
   (= bear, tolerate, endure)

해석
그 환자는 더 이상 고통을 참을 수 없다고 소리쳤다.

98

> Do you ( ) visiting Bob and Mary?

① feel upon
② feel of
③ feel like
④ feel after

98 • feel like ~ing ~하고 싶다
   • feel after ~ ~을 더듬어 찾다
   • feel of ~ ~을 손으로 만져보다

해석
너는 Bob과 Mary를 방문하고 싶니?

99

> He ( ) not to hear me.

① handed in
② canceled out
③ worked out
④ made believe

99 • make believe to do ~로 보이게
   (믿게) 하다, ~체하다

해석
그는 내 말을 못 들은 척했다.

정답 97 ① 98 ③ 99 ④

100 • stir up
- 흔들다, 잘 젓다
- 일으키다, 선동하다

[해석]
그는 어째서 우리 사이에 분란을 일으키려고 하는가?

100

Why does he try to (　　) trouble among us?

① apply to

② stir up

③ put on

④ give out

---

101 • keep abreast of (시대에) 뒤지지 않고 따라가다
• deprive of ~ ~을 빼앗다
• boil down to ~ 결국 ~이 되다

[해석]
의사들은 최신 의학 발달에 보조를 맞추어야 한다.

101

Doctors should (　　) all the latest developments in medicine.

① boil down to

② keep abreast of

③ amount to

④ deprive of

---

102 • stand for ~ ~을 나타내다, 뜻하다
• settle up 결말짓다, 지불하다
• run out of ~ ~을 다 써버리다
• make up for 보충하다, 만회하다

[해석]
미국 국기의 각각의 별들은 무엇을 뜻합니까?

102

What does each star of the flag of the United states (　　)?

① settle up

② run out of

③ make up for

④ stand for

[정답] 100 ② 101 ② 102 ④

103

Mary is ( ) worried about the examination to eat her supper.

① very

② so

③ too

④ such

103 • too ~ to… 너무 ~해서 …할 수 없다

해석

Mary는 너무 시험 걱정을 해서 저녁을 먹을 수 없다.

104

( ) work hard, he preferred to spend his time visiting friends.

① Instead of

② Rather than

③ In order to

④ Besides

104 • rather than ~ ~보다는

해석

그는 열심히 일하기보다는 친구를 방문해 시간 보내기를 더 좋아한다.

105

What do you ( ) to having a cup of coffee?

① say

② think

③ mean

④ like

105 • What do you say to ~ing? → How about ~? ~하는 것이 어떻습니까?

해석

커피 한 잔 하시겠습니까?

정답 103 ③ 104 ② 105 ①

106 to do형을 취할 수 있는 것은 prefer 이다.

[해석]
우리는 안내인에게 박물관에 가는 것이 더 좋다고 말했다.

106

We told our guide that we (　　) to go to the museum.

① advised
② suggested
③ preferred
④ thought

107 • look forward to ~ing ~하는 것을 기대하다, 고대하다(= anticipate)

[해석]
그녀는 Charles를 만나 보기를 학수고대하고 있다고 말했다.

107

She said she was looking forward to (　　) Charles very much.

① meet
② have met
③ be meeting
④ meeting

108 • make + 사람 + 동사원형 (사람을) ~하게 하다

[해석]
그 영화는 너무 감동적이어서 모든 소녀를 아기처럼 울게 만들었다.

108

The film was so moving that it made all the girls (　　) like babies.

① cry
② to cry
③ crying
④ have cried

정답 106 ③　107 ④　108 ①

109

She didn't enjoy reading that novel because it had (　　) ending.

① a so sad
② so sad an
③ such sad an
④ so a sad

• so + 형용사 + a(an) + 명사
= such + a(an) + 형용사 + 명사

해석
그녀는 그 소설의 결말이 너무도 슬펐기 때문에 즐겁게 읽지 못했다.

110

Everyone said that they expected (　　).

① her that she would arrive soon
② she arrives soon
③ her arrive soon
④ her to arrive soon

110 • expect ~ to do … ~가 …하는 것을 기대하다

해석
그들은 모두 그녀가 곧 도착하기를 바란다고 말했다.

111

The specialist (　　) told me I needed an operation.

① who saw last week
② who saw me last week
③ whom I've seen last week
④ whom I had seen last week

111 • operation 수술

해석
지난주 나를 진찰했던 전문의가 수술이 필요하다고 말했다.

정답   109 ②   110 ④   111 ②

112 • suggest that ~ (should) 종속절
(여기서 should는 생략 가능하다.)

해석
나는 그에게 일찍 출발하라고 권했다.

112

I suggested (　) start early.

① him to
② that he
③ to him to
④ for him to

113 • practice ~ing ~을 연습하다
• play the violin 악기에는 the가 붙는다.
• play tennis 운동에는 the가 안 붙는다.

해석
너는 매일 바이올린 연습을 해야 한다.

113

You should practice (　) violin everyday.

① playing
② playing the
③ to play
④ to play the

114 • be convinced that ~ ~을 납득하다, 이해하다

해석
너는 곧 내가 옳다는 것을 이해할 것이다.

114

You will soon (　) that I am right.

① convince
② be convinced
③ be convincing
④ be convinced with

정답 112 ② 113 ② 114 ②

115

> I stayed home all day (　　) going to work.

① beside

② except

③ instead of

④ without

115 • instead of ~ ~ 대신에

[해석]
나는 일하러 나가는 대신에 하루 종일 집에 있었다.

116

> On (　) account should you leave the door unlocked while driving.

① good

② no

③ every

④ some

116 • on no account 무슨 일이 있어도 ~ 않다

[해석]
무슨 일이 있어도 운전 중에 문을 열어 놓으면 안 된다.

117

> (　) a cold night in February I had an unexpected visit from him.

① At

② To

③ In

④ On

117 특정한 날의 아침, 오후, 밤 따위에 전치사 on을 쓴다.

[해석]
2월의 어느 추운 날 밤에 그는 뜻밖에도 나를 방문했다.

정답　115 ③　116 ②　117 ④

118 해석
　Jim : 오늘 그녀가 옵니까?
　Sue : 못 올 것 같습니다. 그녀는 아
　　　픕니다.

118

> Jim : Is she coming today?
> Sue : I (　　). She is sick.

① don't suppose
② suppose her not
③ suppose not
④ don't suppose her to

119 • By the time someone gets ~ 누
　군가 도착할 때쯤이면
　해석
　그녀가 그곳에 도착할 때쯤이면 거
　의 날이 저물 것이다.

119

> By the time she (　　) there, it will be nearly dark.

① get
② gets
③ getting
④ will get

120 • choose between ~ ~ 중에서 선
　택하다
　해석
　그 둘 중에는 고를 것이 전혀 없다.
　둘 다 싫증난다.

120

> There was not much to (　　) between the two: they were both boring.

① choose
② match
③ meet
④ resemble

정답 118 ③　119 ②　120 ①

121

Several members preferred the resolution and spoke in (　　) of it.

① benefit

② favor

③ opinion

④ opposition

121 • in favor of ～ ～을 찬성하여, ～의 편을 들어
• against ～ ～을 반대하여
[해석]
몇 명의 회원이 그 결의안을 선호해서 그것에 찬성하는 발언을 하였다.

122

Bill was disappointed at (　　) with him.

① your refusing into working

② your refuse to work

③ your refusal to work

④ your refusal working

122 • be disappointed at ～ ～에 실망하다
[해석]
Bill은 네가 그와 함께 일하는 것을 거절한 것에 실망했다.

123

Mr. Jones is angry (　　) never being invited to the parties.

① about

② with

③ to

④ against

123 • be angry about(at) + 사물 ～에 대해 화를 내다
• be angry with(at) a person ～에게 화를 내다
[해석]
Jones 씨는 어느 파티에도 초대받지 못한 것에 화를 내고 있다.

정답　121 ②　122 ③　123 ①

124 • be true to the original 원문에 충실하다, 일치하다

해석
그 번역은 원본에 매우 충실하다.

125 • be anxious about ~ ~을 걱정하다, 근심하다
• be anxious to + (동사) ~하기를 갈망하다
• be anxious for + (명사) ~을 갈망하다

해석
그녀는 마지막 열차를 놓칠까봐 걱정했다.

126 • on sale 판매하고 있는

해석
나는 각종 프랑스 제품이 그 상점에서 판매되고 있다는 것을 알았다.

정답 124 ① 125 ③ 126 ①

124

The translation is quite true ( ) the original.

① to
② of
③ with
④ on

125

She was ( ) about missing the last train.

① idle
② dreadful
③ anxious
④ patient

126

I found all kinds of French goods on ( ) in the store.

① sale
② bargain
③ purchase
④ deal

127

It is no (　) that a man of his ability is so successful.

① right
② wonder
③ thought
④ matter

128

So (　) as I am concerned, you may leave whenever you like.

① far
② many
③ much
④ long

129

(　) you and me, John's idea doesn't appeal to me very much.

① Both
② Either
③ Among
④ Between

127 • It is no wonder that ~ ~은 당연하다, 놀랄 것 없다

해석
능력 있는 사람이 그처럼 성공하는 것은 당연하다.

128 • So far as I am concerned 나로서는

해석
나로서는 당신이 가고 싶을 때 떠나도 좋습니다.

129 • between you and me(= between ourselves) 우리끼리의 이야기지만, 이것은 비밀인데

해석
우리끼리의 이야기지만 John의 생각은 내 마음에 전혀 들지 않는다.

정답 127 ② 128 ① 129 ④

130 • be on good(friendly) terms with ~
~와 사이가 좋다

해석
그들은 이웃과 사이좋게 지낸다.

130

They are on good (　　) with their neighbors.

① accounts
② conditions
③ terms
④ relatives

131 • on purpose 고의로, 일부러

해석
그는 고의로 나를 기다리게 한 것 같다.

131

It is likely that he kept me waiting (　　).

① nature
② in time
③ at heart
④ on purpose

132 • put(bring) ~ into(in) practice ~
을 실행에 옮기다

해석
그는 자신의 생각을 실행에 옮기는
것이 늦었다.

132

He was slow in putting his idea (　　) practice.

① on
② at
③ for
④ into

정답 130 ③　131 ④　132 ④

133

As we went around the corner, the lake came
(   ) view.

① to
② upon
③ into
④ across

134

She looked at several dolls and decided (   )
the most beautiful one.

① in
② to
③ at
④ on

135

Oil has (   ) an important part in the progress
of civilization.

① taken
② made
③ played
④ kept

136 • lead to ~ ~로 이끌다, ~의 원인이 되다, 결국 ~이 되다

해석

질문에 답할 때는 주의를 하십시오. 잘못된 답은 심각한 오해를 불러일으킵니다.

136

Be careful when answering questions. Incorrect answers (   ) to serious misunderstanding.

① cause
② bring
③ result
④ lead

137 • consult a dictionary 사전을 찾다

해석

그는 언제든지 찾아볼 수 있도록 항상 사전을 책상 위에 놓아두었다.

137

He always kept dictionary on the desk so that he could (   ) it at any time.

① consult
② draw
③ refer
④ look

138 • face ~ ~을 마주보다, 향하다

해석

내 서재의 창은 번화가 쪽을 향해 있다.

138

The window of my study (   ) the busy streets.

① is faced
② fronts
③ looks
④ faces

정답 136 ④ 137 ① 138 ④

139

> If I had not been so poor, I would never (　　) it.

① been parted from
② parted of
③ have parted with
④ part to

139 • part with + 물건 손을 떼다, 내주
　　다(give something up)
　 • part from + 사람 ～와 헤어지다
　　(separate oneself from)

해석
내가 그렇게 가난하지 않았더라면 결
코 그것을 내주지 않았을 것이다.

140

> I was so nervous that I was (　　) awake half the night.

① open
② all
③ in
④ wide

140 • be wide awake 한숨도 자지 않다

해석
나는 너무 신경이 날카로워서 그날
밤 거의 한숨도 못 잤다.

141

> I had (　　) difficulty finding his place.

① little
② scarce
③ narrow
④ small

141 • have difficulty ～ing ～하는 데 고
　　생하다

해석
나는 그가 있는 곳을 찾는 데 별로
어렵지 않았다.

정답 139 ③ 140 ④ 141 ①

142 • insist that ~ ~하다고 주장하다,
강조하다(= insist on ~ing)

해석
그는 그 시간에 거기 있지 않았다고
주장한다.

142

He insists (　　) he was not there at that time.

① on
② on that
③ that
④ in that

143 • keep early(good, regular) hours
일찍 자고 일찍 일어나다

해석
일찍 자고 일찍 일어나는 사람이 오
래 살 것이다.

143

Those who (　　) early hours will live long.

① rise
② take
③ have
④ keep

144 • as is usual with ~ ~이 언제나
그렇듯이, ~에게는 언제나 있는
일이지만

해석
언제나 그렇듯이 그녀는 결코 제시
간에 오지 않을 것이다.

144

She will never come on time, (　　) is usual with her.

① what
② as
③ she
④ so

정답 142 ③ 143 ④ 144 ②

145

This is the conclusion she has ( ) after examining all the materials carefully.

① arrived
② come to
③ made up
④ taken up

145 • come to ~
  – ~에 이르다, ~에 달하다
  – (말 따위가) 갑자기 떠오르다
  – 의식을 찾다

해석
그녀가 모든 물질을 자세히 조사한 후에 다다른 결론이 바로 그것이다.

146

The typhoon will be at its ( ) about midnight.

① high
② most
③ worst
④ strong

146 • at (the) worst 최악의 상태에

해석
태풍은 한밤중쯤에 최악의 상태가 될 것이다.

147

The children could not understand the ( ) of his joke.

① point
② mark
③ true
④ center

147 • the point of ~의 의미, 초점

해석
아이들은 그 농담의 의미를 이해할 수 없었다.

정답 145 ② 146 ③ 147 ①

148
- still more (긍정을 받아) 하물며, 더군다나
- still less (부정을 받아) 하물며 ~ 않다, 더군다나 ~가 아니다

해석
모든 사람은 자신의 자유를 향유할 권리가 있다. 하물며 자신의 인생은 더욱 그러한 것이다.

148

Everyone has a right to enjoy his liberty, (   ) his life.

① still better
② still more
③ much still
④ much better

149
- meeting 회의

해석
오늘 오후 여기서 회의가 있을 예정이다.

149

There is going to (   ) a meeting here this afternoon.

① have
② be
③ hold
④ open

150
- stand(keep) at a respectful dist-ance from ~ 삼가서 ~에 가까이 하지 않다, ~을 경원하다
- respectable 존경할 만한
- respectful 경의를 표하는

해석
그 학생은 선생님 곁에 감히 가까이 가지 않았다.

150

The student stood at a (   ) distance from his teacher.

① respectable
② respective
③ respected
④ respectful

정답 (148 ② 149 ② 150 ④)

151

It never (　　) me that I should visit my parents more often.

① happened
② remembered
③ occurred
④ struck

152

The Prime Minister is (　　) Washington very soon.

① leaving for
② leaving to
③ starting to
④ going for

153

I will try to (　　) you over the weekend.

① contact
② contact to
③ contact with
④ contact for

151 • strike ~ (생각 등이) 떠오르다

[해석]
부모님을 더 자주 방문해야 한다는 생각이 전혀 떠오르지 않았다.

152 • leave for ~ ~를 향해 출발하다

[해석]
수상은 바로 워싱턴으로 떠날 것이다.

153 • contact ~와 접촉하다, 연락하다
→ 타동사

[해석]
주말 중에 너와 연락이 닿도록 노력해 보겠다.

정답　151 ④　152 ①　153 ①

154 • lie – lay – lain 눕다, 자다
  • lay – laid– laid ~을 눕히다, 재우다
  • lie – lied – lied 거짓말하다

해석
어릴 적에 내 아들은 항상 점심을 먹고 난 후면 누워서 낮잠을 잤다.

154

As a child my son usually (   ) down for a nap after lunch.

① lay
② laid
③ lain
④ lied

155 **해석**
A : 뭐하고 있니?
B : 장미 향기를 맡고 있어. 향기가 너무 좋구나.

155

A : What are you doing?
B : I'm smelling the roses. They (   ) so sweet.

① smell
② are smelling
③ smelled
④ were smelling

156 • become
  – ~이 되다
  – ~답다
  – ~에 어울리다

해석
그런 행동은 신사답지 못하다.

156

Such conduct does not (   ) a gentleman.

① begin
② become
③ belong
④ behave

정답 (154 ① 155 ① 156 ②)

157

> "Look! Two boys (   )."

① fight

② are fighting

③ fought

④ have fought

158

> He (   ) a heroic death in the cause of democracy.

① caused

② regretted

③ had

④ died

159

> I'd like to go with you, but I can't. I have to (   ) up on my English.

① brush

② pull

③ push

④ stand

157 해석

"저것 봐! 두 소년이 싸우고 있어."

158 • die a heroic death 영웅적인 죽음을 하다

해석

그는 민주주의를 위해 영웅적으로 죽었다.

159 • brush up (on) (어학 따위를) 다듬다, 고쳐외다

해석

나는 너와 함께 가고 싶지만 그럴 수가 없다. 영어를 다시 공부해야 한다.

정답 157 ② 158 ④ 159 ①

160 • feel up to ~ ~을 견디어 내다, 감
당하다

[해석]
나는 다음 시험을 준비해야 하는데
지금으로서는 도무지 감당해 낼 수
없다.

161 • see about ~ing
– 준비하다, 취급하다
– 주의하다, 고려하다
• I'll see about it. 어떻게 해보죠.

[해석]
6시네. 나 저녁준비 해야 돼.

162 • take advantage of something ~
을 이용하다
• take advantage of somebody ~
을 속이다(= deceive)

[해석]
나는 그 기회를 이용해서 파리 관광
을 했다.

정답 160 ③ 161 ④ 162 ④

160

> I ought to prepare for the next examination, but I just don't (　) up to it now.

① go
② grow
③ feel
④ follow

161

> It's 6 o'clock. I must (　) about making the dinner.

① care
② wonder
③ look
④ see

162

> I (　) advantage of the opportunity of visiting the sights of Paris.

① brought
② caught
③ obtained
④ took

163

She always (   ) things over with her parents before she makes an important decision.

① says
② talks
③ tells
④ states

164

She (   ) great promise as a pianist.

① proves
② makes
③ gives
④ shows

165

(   ) your step, or you might fall into the water.

① See
② Watch
③ Miss
④ Look at

163 • talk over
　– ~에 관해 상담하다
　– 설득하다
해석
그녀는 중요한 결정을 하기 전에 항상 부모님과 상의한다.

164 • promise 기대, 가망
해석
그녀는 피아니스트로서의 무한한 가능성을 보여준다.

165 **해석**
발밑을 조심해라, 그렇지 않으면 물에 빠질지도 모른다.

정답　163 ②　164 ④　165 ②

166 • make up for ~ ~을 보충하다, 만회하다(= compensate for)
• shortcut 지름길
【해석】
우리는 지름길로 가서 허비한 시간을 만회할 작정이다.

166

We are going to ( ) up for our lost time by taking a shortcut.

① make
② take
③ find
④ put

167 • It serves someone right! 꼴좋다, 고소하다
【해석】
그가 마지막 기차를 놓쳤다니 꼴좋다.

167

It ( ) him right that he missed the last train.

① causes
② does
③ gives
④ serves

168 • let bygones be bygones 과거사는 물에 흘려보내다(속담), 화해하다
【해석】
Betsy가 한 말을 잊어버리고 그만 화해하지 그래?

168

Why don't you forget what Betsy said and ( ) bygones be bygones?

① bid
② help
③ let
④ make

【정답】 166 ① 167 ④ 168 ③

169

> I've (　　) track of the Deckers. Where are they living now?

① lost
② missed
③ forgot
④ left

170

> She is always ready to (　　) him halfway when she has an argument with him.

① sit
② see
③ meet
④ stand

171

> The girls were almost identical that even their parents could not (　　) them apart sometimes.

① have
② make
③ tell
④ keep

172 • give in to ~ (양보하여) ~에 응하
다, ~에 굴복하다

해석

그는 결코 유혹에 빠지지 않았다.

172

He never (　　) in to temptation.

① found
② gave
③ made
④ took

173 • on end
– 계속해서, 연속해서
– 똑바로(upright)

해석

3일간 계속해서 비가 내렸다.

173

It rained three days (　　).

① to no end
② no end
③ on end
④ in end

174 • not for the life of me (보통 부정문
에서) 아무리 해도 ~ 않다

해석

나로서는 이 구절의 의미를 도대체
이해할 수가 없다.

174

I cannot, for the (　　) of me, understand the
meaning of this passage.

① death
② risk
③ sake
④ life

정답 172 ② 173 ③ 174 ④

175

> When did the word 'miniskirt' come (   )?

① out to common use

② for common using

③ into common use

④ forward in common use

176

> It is (   ) to play with a cat.

① great fun

② a great fun

③ the great fun

④ very fun

177

> Your kind words comfort (   ).

① to my sorrow

② of my sorrow

③ me in my sorrow

④ me in a sorrow

175 • come into common use 일반적으로 사용되다

해석
미니스커트라는 말이 언제부터 일반적으로 사용되었나요?

176 • great fun(fun은 추상명사) 대단한 재미

해석
고양이와 노는 것은 매우 즐겁다.

177 comfort my sorrow라고는 쓰지 않는다.
• comfort ~을 위로하다, 위문하다

해석
너의 친절한 말이 나의 슬픔을 위로해 준다.

정답 175 ③ 176 ① 177 ③

178 • in that ~ ~한 점에서, ~하므로
• differ from ~ ~과 다르다

해석
인간은 생각하고 말할 수 있다는 점에서 동물과는 다르다.

178

> Human beings differ from animals (　　) they can think and speak.

① in that
② for that
③ at which
④ with which

179 convenient는 서술적 용법에서 사람을 주어로 하지 않는다.
• be convenient for ~ ~에 편리한, 형편이 좋은

해석
네가 편한 때에 언제라도 나를 만나러 오너라.

179

> Come and see me whenever (　　).

① you are convenient
② you will be convenient
③ it is convenient for you
④ it will be convenient of you

180 의문사가 이끄는 절이 문장 속의 종속절인 경우 평서문의 어순을 취한다.

해석
A : 거리가 얼마나 멉니까?
B : 아, 그에게 거리가 얼마나 되는지 물어 본다는 것을 잊어버렸습니다.

180

> A : How far is it?
> B : Oh, I forgot to ask him (　　).

① how far is it
② how far it is
③ it is far
④ is it far

정답 178 ① 179 ③ 180 ②

※ 다음의 관계에서 괄호 안에 들어갈 말로 가장 알맞은 것을 고르시오. (181 ~ 183)

181

positive : negative = (   ) : (   )

① agree – deny
② nervous – tense
③ respect – admire
④ thin – slim

181 두 어휘는 반의 관계이다.
• positive 긍정적인
• negative 부정적인

182

empty : vacant = (   ) : (   )

① similar – different
② immense – enormous
③ hollow – full
④ height – weight

182 두 어휘는 유의 관계이다.
• empty 빈
• vacant 공허한

183

objective : subjective = (   ) : (   )

① scope – extent
② announcement – release
③ respect – esteem
④ accept – reject

183 두 어휘는 반의 관계이다.
• objective 객관적인
• subjective 주관적인

정답 181 ① 182 ② 183 ④

미래가 어떻게 전개될지는 모르지만, 누가 그 미래를 결정하는지는 안다.

- 오프라 윈프리 -

제 2 장

문법과 구조

얼마나 많은 사람들이 책 한 권을 읽음으로써 인생에 새로운 전기를 맞이했던가.

– 헨리 데이비드 소로 –

제 2 장 | 문법과 구조

제1절 구두점

1 구두점이란?

구두점이란 글을 마치거나 쉴 때 찍는 마침표와 쉼표이다. 문장의 길이와 뜻을 분명히 하기 위해 알맞은 위치에 적당한 점을 찍는 것이며, 정확한 문장을 쓰기 위해서는 구두점 하나도 소홀히 해서는 안 된다.

2 구두점의 종류

(1) **아포스트로피[Apostrophe] (')**

① 단어 옆에 있는 아포스트로피(')는 소유격의 기능을 하며, 재산이나 소유물을 나타낸다.
  • This is Billy's web site.
② 회화체 글에서 짧은 단어의 생략된 단어를 보여 주기 위해서도 사용한다.
  • It's a nice day today, isn't it?

(2) **감탄 부호[Exclamation Mark] (!)**

감탄 부호는 마침표와 같은 역할을 하며 충격, 놀람, 공포, 기쁨 등을 나타내기 위해 사용한다.
  • It was shocking!
  • How beautiful she is!

(3) **콤마[Comma] (,)**

콤마는 복잡한 문장에서 잠시 멈추거나, 길게 열거된 문장에서 단어 혹은 단어군 사이를 짧게 분리하기 위해 사용한다.
  • There were a lot of people in the room, grandparents, parents, two sisters, and three brothers.
    방에는 많은 사람들이 있는데, 할머니, 부모님, 2명의 자매, 3명의 형제이다.
  • The teachers were sitting, the students were listening, and the parents were just worrying.
    선생님들은 앉아있고, 학생들은 듣고 있으며, 부모님들은 단지 걱정만 하였다.

(4) 콜론[Colon] (:)

콜론은 내포되는 종류를 들거나 작은 표제 뒤에 간단한 설명이 붙을 때 쓰며, 저자명 다음에 저서명을 적거나 시(時)와 분(分), 장(章)과 절(節) 따위를 구별할 때, 그리고 둘 이상을 대비할 때에 사용한다.

- There are three genders in German: masculine, feminine and neuter.
  독일어에는 남성, 여성, 중성의 세 가지 성이 있다.
- We decided not to go on holiday: we had too little money.
  우리는 너무 돈이 없어서 휴가를 가지 않기로 결정했다.

(5) 세미콜론[Semicolon] (;)

문장을 일단 끊었다가 이어서 설명을 더 계속할 경우에 쓴다. 주로 예를 들어 설명하거나 설명을 추가하여 덧붙이는 경우에 사용한다.

- I'm looking forward to our next class; I'm sure it'll be a lot of fun.
  나는 다음 수업이 기대된다; 아주 재미가 있을 것이라고 확신한다.
- My grandmother is coming to visit us; she is only staying for a few days.
  우리 할머니는 우리를 방문하러 올 것이다; 그녀는 며칠 동안만 머물 것이다.

(6) 마침표[Full Stop] (.)

마침표는 평서문에서 문장의 끝에 쓰여 한 문장이 끝남을 나타낸다.

- My name is David. I am a teacher.

(7) 하이픈[Hyphen] (-)

하이픈은 단어나 음절을 연결하거나 단어를 부분으로 나눌 때 사용한다.

- There were ninety-nine red balloons.

(8) 대쉬[Dash] (—)

문장의 중간이나 마지막에 끼어들어 의미를 보충하거나 추가적으로 덧붙여 설명할 때 사용한다.

- Bob — my son — and Jane will come to the party.

(9) 물음표[Question Mark] (?)

① 물음표는 질문을 할 때, 즉 의문문에서 문장 끝에 사용한다.
- What do you do?
- Are you a teacher?

② 부가의문문의 문장 끝에 물음표가 사용되기도 한다.
- He is a scientist, isn't he?
- You can ride a bicycle, can't you?

(10) 따옴표[Quotation Mark] (" " / ' ')

따옴표는 큰따옴표(" ")와 작은따옴표(' ')가 있으며, 다른 사람의 말을 직접 인용할 때 사용한다.

- "This box is a present from your aunt in Seoul." she said.

  "이 상자는 서울에 있는 너의 숙모로부터 온 선물이다."라고 그녀는 말했다.

- He said, "The boy cried 'Watch out!'"

  그는 "그 소년은 '조심해'라고 외쳤다."라고 말했다.

01 아포스트로피는 단어 옆에서 소유격의 기능을 하며, 재산이나 소유물을 나타낸다.

01 구두점에 대한 다음 설명 중 <u>잘못된</u> 것은?

① 아포스트로피 – 단어 옆에서 주격의 기능을 한다.

② 콜론 – 내포되는 종류를 들거나 작은 표제 뒤에 간단한 설명이 붙을 때 쓰인다.

③ 세미콜론 – 문장을 일단 끊었다가 이어서 설명을 계속할 경우 쓰인다.

④ 콤마 – 복잡한 문장에서 잠시 멈출 때 사용한다.

02 ① 콤마 : (,)
③ 아포스트로피 : (')
④ 하이픈 : (–)

02 구두점을 올바르게 표기한 것은?

① 콤마 : (" ")

② 세미콜론 : (;)

③ 아포스트로피 : (' ')

④ 하이픈 : (_)

정답 01 ① 02 ②

제2절 　 문법

1 　 문장의 구성

(1) 문장의 구성

① 단어들을 일정한 규칙에 의해 나열하여 생각이나 느낌, 사실을 전달하는 한 줄거리의 말을 문장이 라 한다. 영어에서는 통상 문장을 대문자로 시작하며 마침표, 느낌표 또는 물음표로 끝낸다.

- He kept me waiting about thirty minutes.

  그는 나를 30분이나 기다리게 했다.

- Here comes the taxi!

  택시가 온다!

- When is your wedding to be?

  너의 결혼식은 언제 있을 예정이니?

② 영어의 한 문장은 주어·술어·목적어·보어·수식어 등 다섯 가지의 성분으로 구성된다. 이 중 주어 와 술어를 문장의 필수 성분이라 하고, 주어·술어·목적어·보어를 합쳐 문장의 주성분이라 한다.

- <u>The day</u> <u>breaks</u>. 날이 밝는다.
  　　주어　　　술어

- <u>This book</u> <u>seems</u> <u>very difficult</u>. 이 책은 대단히 어려워 보인다.
  　　주어　　　술어　　　　보어

- <u>We</u> <u>have</u> <u>much rain</u> <u>in September</u>. 9월에는 비가 많이 온다.
  　주어　술어　　목적어　　　　수식어

③ 문장은 필수 성분인 주어와 술어가 모두 있어야 완성된 문장이다. 다만 명령문이나 감탄문, 습관적 으로 주어나 술어를 생략하는 표현의 경우는 예외이다.

- He sure to come. (×) → He is sure to come.

  그는 꼭 올 것이라고 믿는다.

- He foolish rather than honest. (×) → He is foolish rather than honest.

  그는 정직하기보다는 오히려 바보이다.

(2) 문장성분

① 주어

한 문장의 주체를 나타내는 **명사, 대명사 또는 명사 상당어구**를 말한다.

- An ambulance ran in the direction of the park at full speed. (명사)

  구급차가 공원 쪽을 향해 전속력으로 달려갔다.

- He little knows that the police are about to arrest him. (대명사)

  경찰이 체포하려 하고 있다는 것을 그는 전혀 모르고 있다.

- To love and to be loved is the greatest happiness in the world. (부정사)

  사랑을 하고 사랑을 받는 일은 이 세상에서 가장 큰 행복이다.

- Reading good books is important for young people. (동명사)

  좋은 책을 읽는 것은 젊은이들에게 중요한 일이다.

- Even the great have their weaknesses. (the + 형용사)

  위인에게도 약점은 있다.

- I waited and waited, but no bus came. (부정어)

  아무리 기다려도 버스는 오지 않았다.

- What brought you here? (의문사)

  당신은 무슨 일로 이곳에 왔는가?

- It is very important to learn early to rely on ourselves.

  (형식주어 it : 일기, 시간, 거리, 명암, 막연한 상황 등)

  어려서부터 자신을 믿는 습관을 배우는 것은 대단히 중요하다.

② 술어

주어의 동작, 상태 등을 나타내는 동사 또는 동사구를 술어라 한다. 일반동사는 단독으로 술어가 될 수 있지만, 조동사나 보조동사는 단독으로 술어가 될 수 없으며 항상 일반동사와 구를 이루어 술어로 쓰인다.

- I know the boy who broke the window. 나는 창문을 깬 소년을 알고 있다.

- I would like to be a teacher. 나는 선생님이 되고 싶어요.

- It is you that are wrong. 잘못한 것은 바로 너다.

- Without your timely advice, he would have been ruined.

  당신의 시기적절한 충고가 없었더라면, 그는 파멸했을 것이다.

③ 목적어

동사가 나타내는 동작의 대상인 명사, 대명사, 명사 상당어구를 목적어라 한다. 목적어는 '~을(를)'로 해석된다. 인칭대명사가 목적어로 될 때에는 목적격의 형태를 취한다. 타동사에는 한 개의 목적어를 취하는 것과 두 개의 목적어, 즉 직접목적과 간접목적을 취하는 것이 있다. 행위의 대상이 되는 사물을 직접목적어, 그 행위의 영향을 받게 되는 사람을 간접목적어라 한다.

- She wants five pencils. (명사)

  그녀는 다섯 자루의 연필을 원한다.

- The designer hoped that the style would go over. (명사절)

  그 디자이너는 그 스타일이 성공할 것으로 기대했다.

- We believe him kind. (대명사)

  우리는 그가 친절하다고 믿는다.

- The boy promised not to tell a lie any more. (부정사)

  그 소년은 더 이상 거짓말을 하지 않기로 약속했다.

- We should like perfecting ourselves better than making a reputation for ourselves. (동명사)

  우리는 자신들의 명성을 얻으려고 하기보다는 자기완성을 택하지 않으면 안 된다.

- I consider it important to choose good friends. (형식목적어)

  좋은 친구를 고르는 것은 중요한 일이라고 생각한다.

- He asked his teacher(간접목적어) a question(직접목적어).

  그는 선생님에게 질문을 했다.

④ **보어**

보어는, 그 어원적 의미에서는 '보충하는 것' 또는 '완전히 하는 것'으로서 문법상은 보통 '**동사를 보충하는 것**'이 된다. 동사에 어떤 어구가 수반되어, 그 어구가 없으면 동사가 '불완전'하게 되며 기능을 잃게 될 때 문제의 어구를 보어라고 한다. 보어가 될 수 있는 것에는 명사, 대명사, 명사 상당어구, 형용사, 형용사 상당어구 등이 있다.

㉠ 주격 보어 : 주어의 성질이나 상태를 설명하는 어구

- They are students. (명사)

  그들은 학생들이다.

- "Who is it?" "It's me." (대명사)

  "누구세요?" "나예요." (문을 노크할 때)

- This apple tastes good. (형용사)

  이 사과는 맛이 좋다.

- To see her is to love her. (부정사)

  그녀를 보면 그녀가 좋아진다.

- My hobby is collecting foreign stamps. (동명사)

  내 취미는 외국 우표를 수집하는 것이다.

- He seemed satisfied with the result. (과거분사)

  그는 결과에 만족하는 것 같았다.

- The dictionary is of no use. (구)

  그 사전은 아무런 소용도 없다.

- This is what I have learned from the book. (절)

  이것이 바로 내가 그 책에서 배운 것이다.

- He died a beggar. (유사보어) = He was a beggar when he died.

  그는 거지로 죽었다.

㉡ 목적격 보어 : 목적어의 성질·상태를 설명하는 어구

- The boys called him a fool. (명사)

  소년들은 그를 바보라고 불렀다.

- We thought it her. (대명사)

  우리는 그것이 그녀라고 생각했다.

- My saying so made her angry. (형용사)

  내가 그렇게 말했기 때문에 그녀가 노했다.

- Most people supposed him to be honest. (부정사)

  대부분의 사람들은 그가 정직하다고 생각한다.

- We haven't heard him speak badly of others. (원형부정사)

  우리는 그가 남을 욕하는 소리를 들어 본 적이 없다.
- I saw him walking in the rain. (현재분사)

  나는 그가 빗속을 걷는 것을 보았다.
- I had my watch repaired. (과거분사)

  나는 내 시계를 고쳤다.
- Please make yourself at home. (구)

  편히 하십시오.
- You may call it what you like. (절)

  그것을 당신 좋을 대로 불러도 좋소.

⑤ **수식어**

문장의 주성분인 주어, 술어, 목적어, 보어를 설명하거나 꾸며주는 형용사, 형용사 상당어구, 부사, 부사 상당어구를 수식어라 한다.

㉠ 형용사적 수식어 : 문장의 주어, 목적어, 보어로 쓰이는 명사, 대명사, 명사 상당어구를 수식하는 수식어
  - He has a handsome house to live in. 그는 살기 좋은 집을 가지고 있다.
  - They climbed the mountain to find a small lake on the top.

    그들이 그 산에 올라가 보니 정상에는 작은 호수가 있었다.

㉡ 부사적 수식어 : 술어나 형용사, 형용사 상당어구, 부사, 부사 상당어구를 수식하는 수식어
  - The traffic rule is to be observed at all times by all drivers.

    모든 운전자는 언제나 교통규칙을 지켜야 한다.
  - He came in quietly so as not to wake the family.

    그는 가족들이 깨지 않도록 하기 위해 조용히 들어왔다.

(3) 품사

의미를 갖고 있는 언어의 최소 단위를 낱말 또는 단어라 한다. 단어는 그 의미와 기능에 따라 분류되기도 하는데 이를 품사의 분류라 한다. 영어의 단어는 크게 명사, 대명사, 동사, 형용사, 부사, 접속사, 전치사, 감탄사의 8품사로 나눌 수 있다.

> **더 알아두기**
>
> **8품사**
> - **명사** : 사람이나 사물의 이름. 주어, 목적어, 보어로 쓰임
>   예 book, teacher, Jane, Seoul …
> - **대명사** : 명사 대신에 쓰임. 주어, 목적어, 보어로 쓰임
>   예 I, it, this …

> • **동사**: 사람이나 사물의 동작, 상태를 나타냄
> 예 be, have, give …
> • **형용사**: 명사나 대명사를 수식함
> 예 pretty, rich …
> • **부사**: 동사, 형용사, 부사, 명사, 대명사를 수식함
> 예 very, too, well …
> • **전치사**: 명사와 대명사 앞에 사용함
> 예 in, on, at …
> • **접속사**: 단어와 단어, 구와 구, 절과 절을 서로 연결시킴
> 예 and, but, or …
> • **감탄사**: 놀람, 슬픔, 기쁨 등의 감정을 나타냄
> 예 oh, ah …

① **명사**

　㉠ 명사는 사람이나 사물의 이름 또는 추상적인 개념을 일컫는 말이다. 명사는 주로 **주어, 목적어, 보어**로 사용된다.

　　• Tom hurried to catch the bus. 톰은 버스를 타려고 서둘렀다.

　　• A pot is teeming with ants. 개미떼가 설탕 단지 안에 우글거리고 있다.

　㉡ 원래는 다른 품사의 단어이지만 명사의 기능을 하는 단어나, 하나의 명사처럼 기능하는 구 또는 절을 명사 상당어구라 한다.

　　• The trouble is that we are short of money. 문제는 우리에게 돈이 부족하다는 것이다.

　　• Teaching is learning. 가르치는 것은 배우는 것이다.

　　• The old sat reading, with his dog sleeping beside him.
　　　노인은 앉아서 책을 읽고 있었고, 그 곁에 그의 개가 자고 있었다.

② **대명사**

　대명사는 명사를 대신해 쓰는 말이다. 명사처럼 **주어, 목적어, 보어**로 사용된다.

　• They are books. 그것들은 책이다.

　• This is Jane. 이 아이는 제인이다.

　• These are her uncles. 이분들은 그녀의 아저씨들이다.

　• His house is not such a large one. 그의 집은 그렇게 큰 집이 아니다.

③ **동사** 중요

　㉠ 동사는 동작이나 상태를 나타내는 말이다. 문장 안에서는 **술어**로 쓰인다.

　　• He told me about what he had seen and heard in Europe.
　　　그는 유럽에서 보고 들은 것을 나에게 말해주었다.

　　• None of the books were helpful.
　　　그 책 중에서 도움이 되는 것은 아무것도 없었다.

   ⓛ 일반동사는 단독으로 술어가 될 수 있지만 조동사나 보조동사는 단독으로 술어가 될 수 없으며
      항상 일반동사와 구를 이루어 술어로 쓰이게 된다. 단, 보조동사 중 be, do, have 등은 일반동사
      로도 쓰일 수 있다.

      • They live in a house which was built in 1920. 그들은 1920년에 지어진 집에 살고 있다.

      • He had met her before. 그는 전에 그녀를 만난 적이 있었다.

      • I will go to the school to meet him. 나는 그를 만나러 학교에 갈 것이다.

      • I do my best. 나는 최선을 다한다.

④ **형용사**

   ㉠ 형용사는 명사나 대명사, 명사 상당어구의 **상태 또는 성질**이 어떠함을 나타내는 말이다. 문장
      에서는 보어 또는 수식어로 사용된다. 통상 관사 a/an, the를 포함한 한정사(my, your, every,
      this 등)도 형용사의 일부로 본다.

      • I can't get hold of this bad headache. 이 지독한 두통이 좀처럼 낫지 않는다.

      • He was so curious that he opened the letter.

        그는 호기심에 못 이겨 편지를 뜯어보고 말았다.

   ⓛ 본래 다른 품사의 단어이지만 형용사의 기능을 하는 단어나 하나의 형용사처럼 기능하는 구 또
      는 절을 형용사 상당어구라 한다.

      • He is a good baseball player. 그는 훌륭한 야구선수이다.

      • My mother will make you something to eat.

        내 어머니가 당신에게 음식을 만들어 드릴 것입니다.

      • What is the name of the city where you were born?

        당신이 태어난 도시의 이름은 무엇입니까?

⑤ **부사**

   ㉠ 부사는 동작이나 상태의 정도 또는 양태를 나타내는 말이다. 문장 안에서는 **동사, 형용사 또는
      다른 부사와 문장 전체**를 수식하는 수식어로 사용된다.

      • He ran so quickly that I could not catch up with him.

        그는 어찌나 빨리 달렸는지 내가 따라잡을 수 없었다.

      • Butter cuts easily. 버터가 쉽게 잘라진다.

   ⓛ 본래 다른 품사의 단어이지만 부사의 기능을 하는 단어나 하나의 부사처럼 기능하는 구 또는
      절을 부사 상당어구라 한다.

      • According to the weather forecast, we shall have rain tomorrow.

        일기예보에 의하면 내일은 비가 온다.

      • I had intended to ring him up last night.

        나는 어제 저녁 그에게 전화를 걸 작정이었다.

⑥ **접속사**

   접속사는 단어와 단어, 구와 구, 절과 절을 연결하는 구실을 한다.

   • The train starts at five and it arrives at Manchester just at seven.

    그 열차는 5시에 출발하여 정각 7시에 맨체스터에 도착한다.

- Everyone was more or less interested in the arts, as was only right and proper in Florence.

  플로렌스에서는 당연한 일에 불과했지만 누구든 예술에 다소의 관심은 가지고 있었다.

- I went back not because of the rain, but because I was tired.

  나는 비 때문이 아니라 피로 때문에 되돌아갔다.

ㄱ 중문: 자체에 문장의 필수성분, 즉 주어와 술어를 갖춘 절이 대등한 관계로 연결되어 있는 문장으로 등위접속사(and, but, or, for 등)가 이끄는 절(등위절)이 포함되어 있다.

- The war was over and my mother and I were in a little town in East Germany.

  전쟁이 끝나고 어머니와 나는 동독의 작은 마을에 살고 있었다.

ㄴ 복문: 절이 한 문장으로 쓰이는 문장

- I waited until he arrived. 나는 그가 도착할 때까지 기다렸다.

ㄷ 대등한 관계로 연결된 절과 문장의 한 성분으로 쓰이는 절이 모두 존재하는 문장

- I waited until he arrived, and finally he appeared.

  나는 그가 도착할 때까지 기다렸고 마침내 그가 나타났다.

⑦ **전치사**

전치사는 명사나 **명사 상당어구의 앞에** 쓰여 형용사구나 부사구를 만든다.

- I found him working at his desk. 그는 책상에 앉아서 일을 하고 있었다.

- When you've finished, put the reference book back on the shelf.

  참고서를 다 보았으면 서가에 다시 갖다 놓으시오.

- He is good at write. (×) → He is good at writing. (전치사의 목적어로는 동사가 아니라 동명사가 온다.) 그는 글을 매우 잘 쓴다.

⑧ **감탄사**

감탄사는 기쁨, 놀라움, 슬픔, 분노 등의 감정을 나타내는 말이다. 문장 안에서는 독립된 요소로 쓰이며, 문장의 성분으로 보지 않는다.

- Wow, it's amazing. 야, 대단한데.

- Oh, it's already dark outside! 오, 벌써 밖이 어두운데!

(4) 문장성분의 위치 중요

① 주어와 술어의 위치

ㄱ 한 문장이나 절의 필수성분인 주어와 술어는 통상 주어 뒤에 술어가 쓰이는 어순을 취한다.

- I was impatient for the door to be opened.

  나는 문이 열리기를 초조하게 기다렸다.

- I understand how to drive. 나는 운전하는 법을 알고 있다.

- The place where is the treasure buried is not very far. (×)

  → The place where the treasure is buried is not very far.

  보물이 묻혀 있는 곳은 그리 멀지 않다.

ⓛ 단 의문문, if가 생략된 조건절, 부정의 강조를 위한 도치의 경우 조동사나 보조동사, be동사가 주어의 앞에 쓰이기도 한다.

- Do you know the room where they slept? 그들이 잔 방을 알고 있니?
- Were I in your place, I wouldn't take such a risk.
  = If I were in your place, I wouldn't take such a risk.
    내가 너의 입장이라면 그런 모험은 하지 않겠다.
- Never have I seen him so angry! 나는 그가 그렇게 화내는 걸 본 적이 없다!

② **목적어의 위치**

㉠ 목적어는 통상 술어의 뒤에 쓰인다. 또 하나의 동사가 두 개의 목적어를 갖는 경우 간접목적어가 직접목적어 앞에 쓰이는 어순을 취한다.

- We had great fun during the summer vacation.
  우리는 여름방학 동안 아주 재미있었다.
- My teacher gave me(간접목적어) this book(직접목적어).
  나의 선생님이 이 책을 나에게 주셨다.
- He killed himself. 그는 자살했다.

㉡ 강조를 위해 목적어가 문장의 첫머리에 쓰이기도 한다.

- A headache I have. 나는 머리가 아프다.

③ **보어의 위치**

㉠ 주격보어는 술어의 뒤에, 목적격보어는 목적어의 뒤에 쓰인다.

- Our teacher looks gentle, but he is very strict while teaching.
  우리 선생님은 유순해 보이지만 수업을 하실 때는 아주 엄격하시다.
- I consider it a good idea. 나는 그것은 좋은 착상이라고 생각한다.
- He painted the wall green. 그는 벽을 녹색으로 칠했다.

㉡ 강조를 위해 보어가 문장의 첫머리에 오기도 하는데, 이 경우 주어와 술어가 도치되기도 한다.

- Sweet this flower smells. (×) → Sweet smells this flower (○) 이 꽃은 향기롭다.
- Cracked sounds the bell. 그 종은 깨진 소리가 난다.

④ **수식어의 위치**

㉠ 형용사는 통상 수식의 대상이 되는 명사의 앞에 쓰인다. 그러나 형용사 중 일부는 명사의 뒤에 쓰인다. 또 -thing, -body, -one으로 끝나는 부정대명사를 수식하는 형용사는 그 뒤에 쓰인다.

- Standing as it does on the hill, the hotel commands a fine view.
  저렇게 언덕 위에 서 있으므로 그 호텔은 전망이 좋다.
- He was a wise man who could solve the problem.
  그는 그 문제를 해결할 수 있었던 현명한 사람이었다.
- He is about six feet tall. (단위의 명사를 수식하는 형용사 tall, deep, wide 등은 그 뒤에 쓰인다) 그는 키가 약 6피트이다.
- I went over the car, but found nothing wrong.
  차를 잘 조사해 보았지만 아무 데도 이상은 없었다.

ⓛ to부정사 및 분사, 형용사절과 같은 형용사 상당어구는 통상 수식의 대상이 되는 명사의 뒤에 쓰인다.
- There is another problem to solve. 풀어야 할 문제가 하나 더 있다.
- The boy reading a book is Tom. 책을 읽고 있는 소년은 톰이다.
- She is staying in a hotel which is very modern.
  그녀는 무척 현대적인 호텔에 머물고 있다.

ⓒ 두 개 이상의 형용사적 수식어가 한 명사를 수식할 경우 관사를 포함한 한정사, 서수의 수량형용사, 기수의 수량형용사, 일반형용사, 형용사 기능의 명사의 어순을 취한다.
- He lives in a small house. 그는 작은 집에 살고 있다.
- I saw an interesting movie yesterday. 나는 어제 재미있는 영화를 보았다.
- The three young girls are of an age. 그 어린 세 소녀들은 나이가 같다.
- The first two days of this month were holidays. 이번 달의 첫 이틀은 휴가였다.

ⓔ 술어나 문장 전체를 수식하는 부사 및 부사 상당어구는 원칙적으로 정해진 위치를 갖고 있지 않다. 다만 습관적으로 흔히 쓰이는 위치가 있는 경우도 있다.
- He drives a car carefully. (○)
- He carefully drives a car. (○)
- Carefully, he drives a car. (○)

ⓜ 형용사나 다른 부사를 수식하는 부사는 수식의 대상이 되는 형용사나 부사의 앞에 쓰인다. 단, enough는 수식의 대상이 되는 형용사나 부사의 뒤에 쓰인다.
- I am very glad to see you. 너를 보니 너무나 반갑다.
- She was kind enough to help me. 그녀는 친절하게도 나를 도와주었다.

ⓗ 부사는 통상 한정사와 수량형용사의 뒤에 쓰이지만 such, quite, rather, so 등과 같은 부사는 한정사와 수량형용사의 앞에 쓰이기도 한다.
- I was surprised at such a man of sense saying such a thing.
  나는 그와 같이 분별 있는 사람이 그런 말을 하는 데 놀랐다.
- Well, let me see, she is rather beautiful. 응, 글쎄, 그녀는 미인이라고 할 수 있지.
- The doctor was so kind that everyone took to him at once.
  그 의사는 아주 친절하였기 때문에 누구나 곧 그를 좋아하게 되었다.

⑤ **생략** 중요

ⓐ 중문 또는 복문에서는 문장의 필수성분이라도 반복을 피하기 위해 생략할 수 있다.
- My train starts at six and (it) will arrive in New York at ten.
  내가 탄 열차는 6시에 출발하여 뉴욕에 10시에 도착한다.
- I can't run as fast as he (can). 나는 그만큼 빨리 달리지 못한다.

ⓑ when, after, before, if, as, though 등으로 시작되는 부사절이나 감탄문, 구어체에서는 습관적으로 주어와 술어를 생략하기도 한다.
- His father died when (he was) ten years old.
  그가 열 살 때 그의 아버지가 돌아가셨다.

- You should be careful when (you are) crossing the road.

  길을 건널 때 주의해야 합니다.
- How brave (you are)! 당신은 정말 용감하군요!
- (I'm) Glad to meet you! 만나서 반갑습니다!

ⓒ 명사절을 이끄는 접속사 that이나 목적격 관계대명사도 흔히 생략된다. 또 흔히 분사절이라고
  부르는 것도 주격 관계대명사와 술어 또는 접속사, 주어, 보조동사가 생략된 형태로 볼 수 있다.
- He insists (that) he would marry her.

  그는 그녀와 결혼하겠다고 주장한다.
- The house (which) I wanted to buy was too expensive.

  내가 사려 했던 집은 너무 비쌌다.
- The girl (who is) wearing the blue jeans is Tom's sister.

  청바지를 입고 있는 여자는 톰의 동생이다.

2 동사와 문장 형식

(1) 다섯 가지 문형(Five Sentence Patterns)

동사는 크게 자동사(intransitive verb)나 타동사(transitive verb)로 나눌 수 있으며, 타동사는 목적어
(object)를 가지며 자동사는 목적어와 함께 쓰이지 않는다. 그리고 자동사건 타동사건 보어를 필요로
하는 것이 있는데 이를 불완전자동사(2형식), 혹은 불완전타동사(5형식)라 한다. 이에 반해 보어를 필
요로 하지 않는 동사를 완전자동사(1형식) 혹은 완전타동사(3형식)라 한다. 또한, 타동사에는 직접목
적어와 간접목적어를 동시에 취하는 소위 수여동사(4형식)가 있다.

동사	**자동사(목적어 無)**	완전자동사(보어 無) → 1형식
		불완전자동사(보어 有) → 2형식
	타동사(목적어 有)	완전타동사(목적어 1개) → 3형식
		수여동사(목적어 2개) → 4형식
		불완전타동사(목적어&보어) → 5형식

① **제1문형**: 주어 + 술어동사(S + V)

주어의 작용이나 영향을 받은 대상, 즉 목적어가 없고 보충적인 말, 즉 보어(complement)도 없이
독자적으로 주어의 상태나 동작을 설명할 수 있는 동사(완전자동사, complete intransitive verb)만
으로 가능한 문장형태이다. 제1형식에서 쓰이는 완전자동사는 자동사 자체가 주어의 동작이나 상
태를 완전하게 나타내므로, 보어를 필요로 하지 않는다.

ⓐ 완전자동사는 보어나 목적어의 도움 없이 단독으로 주어의 동작이나 상태를 나타내는 동사이다.
  그러나 동사를 수식하는 부사(구), 주어나 목적어를 수식하는 형용사(구) 등이 수반되어 1형식
  문형도 얼마든지 그 길이가 늘어나고 복잡해질 수 있다.

- The day breaks. 날이 밝는다.
- The earth moves round the sun. 지구는 태양 주위를 돈다.
- An explosion occurred in the factory. 그 공장에서 폭발사고가 일어났다.
- The weather often changes in Britain. 영국에서는 일기[날씨]가 자주 변한다.
- The stream makes into the lake. 시냇물이 호수로 들어간다.
- This wine drinks very well. 이 포도주는 마시기가 아주 좋다.
- There is a beautiful river in that village. 그 마을에는 아름다운 강이 (흐르고) 있다.

ⓛ 완전자동사의 도치 구문

There + 완전자동사(be, live, come, stand 등) + 주어 : 이때 there는 특별한 뜻이 없다(유도부사).

- There came in a young man with an enormous nose.

  거대한 코를 가진 젊은 남자가 왔다.

ⓒ 자동사 + 전치사 = 타동사구

- I graduated from Korea University. 나는 고려대학교를 졸업했다.
- The sound of radio upstairs interferes with my work.

  위층의 라디오 소리는 내 일을 방해한다.

더 알아두기

자동사 + 전치사

wait for/on, add to(증가시키다), interfere with, attend on(= wait on), reply to, result in/from, attend to(유의하다), graduate from, complain of/about, consist of, answer for, conform to, insist on, participate in(참가하다), experiment with(실험하다), arrive at, allow for(참작하다), call on, call for(요구하다), operate on, look after, admit of(~의 여지가 있다), laugh at

---

ⓔ 수동의 뜻을 가지는 자동사

- The book sells well. 그 책은 잘 팔린다.
- The pen writes smoothly. 그 펜은 부드럽게 써진다.
- The car drives well. 그 차는 운전이 잘 된다(운전하기 쉽다).
- The cloth washes easily. 그 옷은 빨래가 잘 된다.
- The book reads well. 그 책은 읽기 쉽다.

ⓜ 자동사로 사용되어 특별한 뜻을 갖는 동사

pay(수지에 맞다)	make(~을 향해 가다)	be(있다)
do(충분하다)	matter(중요하다)	count(중요하다)
last(지속되다)		

ⓑ 3형식으로 착각하기 쉬운 1형식 동사

> graduate(~을 졸업하다)　　complain(~을 불평하다)　　wait(~을 기다리다)
> experiment(~을 실험하다)　　sympathize(~을 동정하다)　　consent(~을 승낙하다)
> interfere(~을 간섭하다)　　read(~을 읽다)

② **제2문형** : 주어 + 술어동사 + 보어(S + V + C) 기출 21

무엇인가를 보충해 주어야 의미가 완결되는 자동사(불완전자동사)가 이루는 문형이다. 대표적인 동사
는 be와 become이고, 보어가 되는 것은 주로 명사 상당어구와 형용사 상당어구이며 부사보어도 있다.

- The singer is blind. 그 가수는 맹인이다[눈이 멀었다].
- The love of money is the root of all evils. 돈에 대한 욕심이 온갖 악의 근원이다.
- The rumor appears (to be) true. 그 유언비어는 진짜[사실] 같다.
- My sick friend got well. 나의 앓던 친구가 (건강이) 회복되었다.
- This flower smells sweet. 이 꽃은 향기롭다.
- This soup tastes sour. 이 수프는 시다[신맛이 난다].
- His prediction came true. 그의 예언이 들어맞았다.
- He died a millionaire. 그는 백만장자로 죽었다.

ⓐ be의 부류 : 『있는 상태』 내지 『상태의 계속』을 가리킨다.
  - He remained single all his life. 그는 한평생을 독신으로 지냈다.
  - You must keep quiet. 조용히 해야 합니다.
  - He continued obstinate. 그는 계속 고집을 부렸다.

ⓑ become의 부류(become, get, grow, turn, go, come, run, fall, prove, make) :
  『… 상태로 되다』의 뜻을 나타낸다.
  - I got acquainted with a young poet. 나는 젊은 시인과 알게 되었다.
  - His face turned pale. 그의 얼굴이 창백해졌다.
  - His prediction proved correct. 그의 예언은 정확히 맞았다.

ⓒ seem의 부류(feel, taste, sound, smell, look) : 『외견상 …이다, …인 것처럼 보인다』의 뜻을
  나타내며, 이외에 『들리다, 느낌이 있다』 등 지각에 관계되는 동사이다.
  - The man seems honest. 저 분은 정직해 보인다.
  - The meadow looked pleasant. 목장은 시원해 보였다.
  - Roses smell sweet. 장미는 향기롭다.

ⓓ remain의 부류(remain, keep, lie, hold, continue, stand) : 『…인 상태가 지속되다』
  - She remained single[a bachelor woman] all her life.
    그녀는 일생(동안) 독신으로 살았다.
  - He works hard in order to keep his family in comfort.
    그는 가족들이 편안하게 살도록 하기 위해 열심히 일한다.
  - This weather will not hold long. (완전자동사)
    이런 날씨가 오래 지속되지는 않을 것이다.

더 알아두기

자동사와 타동사가 의미가 다른 경우
- become
  - ㉜ 되다 He became a teacher.
  - ㉗ 어울리다 Her new dress becomes her well. (= match, go well with)
- grow
  - ㉜ 되다 He grew old.
  - ㉗ 기르다 He is growing a beard.
- run
  - ㉜ 달리다 He ran in the rain. / 되다 The well ran dry.
  - ㉗ 경영하다 He runs a small shop.
- turn
  - ㉜ 되다 He turned pale.
  - ㉗ 돌리다 He turned his back.
- stand
  - ㉜ (서)있다 There stands a tall tree.
  - ㉗ 참다 He couldn't stand such manners.

③ **제3문형**: 주어 + 술어동사 + 목적어(S + V + O)

타동사에는 목적어[동작의 대상]만을 취하여 의미가 완결되는 완전타동사와 목적어 외에 목적보어를 취하지 않으면 뜻이 완결되지 않는 불완전타동사, 그리고 목적어 두 개를 취하는 수여동사 등 세 가지가 있다.

- She buys a new book every week. 그녀는 매주 새로운 책을 산다.
- He left Paris last week. 그는 지난 주 파리를 떠났다.
- I have a headache. 나는 머리가 아프다.
- We had great fun during the summer vacation.
  우리는 여름방학 동안 아주 재미있는 시간을 보냈다.
- He killed himself. = He committed suicide. 그는 자살했다(자신을 죽였다).
- I pride myself on[am proud of] this garden. 나는 이 정원이 자랑스럽다.
- She nodded her comprehension. 그녀는 이해하겠다는 뜻으로 고개를 끄덕였다.
- They regarded him as a man of genius. 그들은 그를 천재라고 생각했다.
- The rain prevented[kept] us from starting. 비 때문에 우리는 출발하지 못했다.

더 알아두기

완전타동사의 유형
- make, catch + 명사·대명사
  - He always keeps his word[promise].
  - I keep my promise. (like, wish, agree + 부정사)

- make, want, agree + 부정사
  - I don't want to say good-bye.
- mind, enjoy, finish + 동명사
  - Do you mind opening the window?
- live, dream, sleep, breathe + 동족목적어
  - He dreamed a strange dream.
- help, present, absent, pride + 재귀대명사
  - Please help yourself to the fruit.
- hope, say + 명사절

㉠ 자동사 + 전치사 = 타동사 : 목적어가 없는 자동사는 전치사가 있어야 목적어를 취할 수 있다. 반대로 타동사는 목적어가 바로 따라오므로 전치사가 필요 없다.

㉡ 자동사로 착각하기 쉬운 타동사 : (   ) 안의 전치사를 쓰면 틀린 문장이 된다. 기출 23

address (to)	accompany (with)	approach (to)	attend (at)
await (for)	reach (at)	discuss (about)	follow (after)
leave (from)	marry (with)	mention (about)	enter
resemble (with)	answer (to)	explain (about)	greet
affect	approach	board	contact
follow	join	meet	obey
report	surpass	survive 등	

- The new policy will not affect us. (× on)
- You must answer the question. (× to)
- I approached the top of the mountain. (× to, at)
- We will contact you sooner or later. (× with)
- He entered the building by a side door. (× into)
- They discussed the problem. (× about)
- He explained the accident. (× about)
- The man followed me out of the room. (× after)
- I'd like you to join the party. (× to)
- I had to leave the party early. (× from)
- He's going to marry her soon. (× with)
- When are you going to meet him? (× with)
- He forgot to mention a new movie. (× about, to)
- They had to obey the order. (× to)
- He reported the accident. (× about)
- She resembles you in appearance. (× with)
- She surpassed her mother in sports. (× on)
- She survived her husband. (× after)

© 타동사로 착각하기 쉬운 자동사 : 전치사와 함께 써야 목적어를 취할 수 있다.

account for	agree to	arrive at	complain about
graduate from	go into	listen to	look for
object to	reply to	start from	wait for
apologize to	assent to	compensate for	compete with
consent to	dissent from	interfere with	participate in

- You have to apologize to her for being late.
  너는 그녀에게 늦은 것에 대해 사과해야 한다.
- He assented to her proposals. 그는 그녀의 제안에 동의했다.
- That compensates for her lack of experience.
  그것은 그녀의 경험의 부족을 보충해 준다.
- No book can compete with this. 어떤 책도 이것과 경쟁할 수 없다.
- He couldn't consent to the marriage. 그는 그 결혼에 동의할 수 없었다.
- The boss dissented from the opinion. 그 사장은 그 의견에 반대했다.
- She graduated from Harvard. 그녀는 하버드 대학을 졸업했다.
- That doesn't interfere with my work. 그것은 내 일을 방해하지 않는다.
- He wanted to participate in the game. 그는 그 경기에 참가하기 원했다.
- She had to reply to his letter. 그녀는 그의 편지에 답장을 써야만 했다.

② 수여동사로 착각하기 쉬운 완전타동사 : 목적어 하나만을 가지는 완전 타동사이다.

announce	explain	suggest
endow	supply	provide
furnish	fill	present
deprive(~을 빼앗다)	rob(~을 강탈하다)	clear(~을 치우다)
strip(~을 벗기다)	release(~을 경감시키다)	cure(~을 치유하다)

- He suggested Mary that she take a walk every day. (×) → He suggested to Mary that
  she take a walk every day. (○)
- Tom explained me the situation. (×) → Tom explained the situation to me. (○)

⑩ 동족목적어

타동사가 어원적으로 같은 명사를 목적어로 취하는 경우가 있다. 이와 같은 목적어를 동족목적어(cognate object)라 부른다. 동족목적어는 종종 형용사를 수반한다.
- live a strenuous life 부지런히 노력하여 살아가다
- smile a happy smile 행복한 미소를 짓다
- die a violent death 뜻하지 않은 죽음을 당하다
- dream dreams 여러 가지 꿈을 꾸다

④ **제4문형**: 주어 + 술어동사 + 간접목적어 + 직접목적어(S + V + I · O + D · O)

4형식은 수여동사가 사용되는 문장이다. 완전타동사 중 목적어를 두 개 필요로 하는 동사를 수여동사라 한다. 수여동사가 두 개의 목적어를 갖는 경우, 『~를』의 뜻을 나타내는 목적어를 직접목적어라고 하고, 『~에게』의 뜻을 나타내는 목적어를 간접목적어라고 한다.

• My father bought me a camera. 아버지가 나에게 카메라를 사 주셨다.

• Tom showed her an album. 톰은 그녀에게 사진첩을 보여주었다.

• He asked his teacher a question. 그는 선생님에게 질문을 했다.

• Bring me the book. = Bring the book to me. 그 책을 가져오너라.

㉠ 직접목적어로 to부정사 또는 that절을 쓸 수 있는 동사

advise(조언하다)	persuade(설득하다)	remind(생각나게 하다)
teach(가르치다)	tell(말하다)	

• They advise me to take the job.

   = They advise me that I should take the job.

      그들은 그 일을 맡으라고 내게 충고한다.

㉡ 직접목적어로 to부정사만을 쓸 수 있는 동사

expect(바라다)	offer(제안하다)	order(제안하다)
propose(제안하다)	recommand(추천하다)	require(요구하다)
request(요청하다)	suggest(제안하다)	want(바라다)

• She expected you to telephone her. (○)

• She expected you that you would telephone her. (×)

   그녀는 당신이 전화하기를 바랐습니다.

㉢ 직접목적어로 '의문사 + to부정사' 또는 의문사로 시작되는 절을 쓸 수 있는 동사

advise(충고하다)	ask(묻다)	instruct(가르치다)
remind(생각나게 하다)	show(보여주다)	teach(가르치다)
tell(말하다)	explain(설명하다)	

• The clerk showed us how to lock the window.

   = The clerk showed us how we could lock the window.

      그 종업원은 우리에게 어떻게 창문을 닫는지 보여주었다.

㉣ 4형식의 전환

간접목적어는 [전치사(to, for, of) + 간접목적어]의 형태로 직접목적어 뒤에 올 수 있다. 이때 [전치사 + 간접목적어]는 부사구이므로 3형식 문형이 된다. 직접목적어를 강조하여 앞으로 뺄 때는 간접목적어 앞에 전치사 to 혹은 for를 놓는다(결국 간접목적어는 부사구로 둔갑하고 목적어가 하나뿐인 3형식 문장이 된다). '방향'을 주로 나타내면 to를, '~을 위하여'라는 이해를 나타낼 때는 for를 사용한다. 그러나 애매하기 때문에 관용적으로 암기할 수밖에 없다.

> **더 알아두기**
>
> **동사에 따른 전치사의 유형**
> - to : pay, bring, hand, deny, sell, send, lend, give, show, teach, tell, write
> - for : buy, build, make, get, order, leave, choose, cook
> - of : ask, inquire
> - on : play, impose, bestow, confer

- I gave her the book. (4형식) → I gave the book to her. (3형식)
- He gave me a book. → He gave a book to me.
- She'll make you some tea. → She'll make some tea for you.
- I paid him the money. → I paid the money to him.
- I will buy you a watch. → I will buy a watch for you.
- I asked him a question. → I asked a question of him.
- He played me a trick. → He played a trick on me.
- He asked me a difficult question. → He asked a difficult question of me.
- She showed the lady another hat. → She showed another hat to the lady.
- Mr. Smith bought his son a bicycle. → Mr. Smith bought a bicycle for his son.
- May I ask you a favor? → May I ask a favor of you?

ⓜ 3형식으로 전환될 수 없는 동사

envy	save	forgive	pardon 등

- I envy him his patience. (○) → I envy his patience to him. (×)

ⓗ 수여동사로 착각하기 쉬운 3형식 동사

동사 뒤에 전치사를 동반하기 때문에 오해하기 쉽다.

> introduce A to B(A를 B에게 소개하다)
> announce A to B(A를 B에게 알리다)
> confess A to B(A를 B에게 고백하다)
> sentence A to B(B에게 A를 선고하다) 등

⑤ **제5문형**: 주어 + 술어동사 + 목적어 + 보어(S + V + O + C) 기출 21

목적어와 보어를 동시에 요구하는 '불완전타동사'가 이루고 있는 문형이다. 제2문형의 보어는 주어를 설명하여 '주격보어'(subjective complement)라고 하는 데 반해 5문형의 보어는 목적어를 설명하기 때문에 '목적격보어'(objective complement)라고 한다.

- The parents named their son Tom. 그 부모는 아들을 톰이라고 명명했다.
- What do you call this flower? 이 꽃 이름은 무엇인가?
- He left the door open. 그는 문을 열어 놓았다.

- She dyed her hair brown. 그녀는 머리를 갈색으로 물들였다.
- I consider it a good idea. (나는) 그것이 좋은 착상이라고 생각한다.
- I found the box empty. 나는 그 상자가 비어 있다는 것을 알았다.
- Nobody noticed the man enter. 그가 들어오는 것을 아무도 몰랐다.
- I made him write a letter of apology. 나는 그에게 사과문을 쓰게 했다.

체크 포인트

목적보어가 될 수 있는 품사는 형용사나 명사, 현재분사, 과거분사, 부정사, 또는 명사절 등이다.
- **현재분사가 목적보어인 경우**

   He kept me waiting for three hours. 그는 나를 세 시간 동안 기다리게 했다.
- **과거분사가 목적보어인 경우**

   I could not make my voice heard. 나는 내 목소리가 들리게 할 수 없었다.
- **부정사가 목적보어인 경우**

   We expect him to be diligent. 우리는 그가 근면하기를 기대한다.
- **명사절이 목적보어인 경우**

   Diligence has made him what he is. 근면이 오늘날의 그를 만들었다.

---

(2) 사역동사와 지각동사 중요

① 사역동사 기출 24

㉠ 사역동사란 뒤에 오는 동사(원형부정사)의 동작을 하도록 '…를 시킨다'는 사역의 의미를 지닌, 의미상 일종의 조동사적 역할을 하는 동사이다. 사역동사에는 let, make, have, bid 등이 있으며, 보어는 동사원형이나 과거분사가 온다.
- He did not let Tom use his dictionary. = He let Tom not use his dictionary.

   그는 톰이 그의 사전을 이용하지 못하게 했다.
- I made him write a letter of apology. 나는 그에게 사과문을 쓰게 했다.
- His words made her feel uneasy. 그의 말이 그녀를 불안하게 만들었다.
- The teacher bade me stand up. 선생님이 나를 일어나라고 명령했다.
- I love to have you tell me about it. 당신이 그것을 나에게 이야기하도록 하고 싶다.

㉡ have나 get의 보어로 과거분사가 오면 have의 '목적어가 동작을 받는' (수동의) 뜻이 된다.
- I had my hair cut yesterday. 나는 어제 머리를 깎았다.
- He had his watch repaired. 그는 그의 시계를 수리했다(수리해 받았다).
- He had his shoes shined[polished]. 그는 구두를 닦았다(닦게 했다).
- He got his right arm broken in the accident. 그는 사고로 오른팔이 부러졌다.

㉢ 사역동사의 구문이 수동태가 되면 지각동사의 경우와 마찬가지로 to가 살아나 'to부정사'로 된다. 다만 let과 have의 경우는 수동태로 할 수 없다.
- I'll have him do it at once. (○) → He will be had to do it at once by me. (×)
- I let the boy come here at once. (○) → The boy was let to come here at once. (×)

㉣ get, cause는 사역의 의미가 있는 동사이나 보어에 반드시 to부정사를 취한다.

    • We could not get her to accept the offer.

    우리는 그 여자가 그 제의를 받아들이도록 할 수가 없었다.

㉤ help 동사는 to를 넣어도, 안 넣어도 좋으나 미국영어에서는 보통 생략된다.

    • I help my father [to] water our crops.

    나는 아버지가 농작물에 물 주는 것[일]을 돕는다.

② **지각동사**

㉠ 지각동사에는 '신체적 지각'을 나타내는 협의의 지각동사와 이해, 판단의 '인식적 지각'을 나타내는 동사가 있으나 여기서는 주로 앞의 경우이다. 지각동사에는 feel, hear, notice, observe, perceive, see, watch, listen to, look at 등이 있다.

    • I saw him dance. 나는 그가 춤을 추는 것을 보았다.

    • I heard those girls sing a beautiful song.

    나는 그 소녀들이 아름다운 노래를 부르는 소리를 들었다.

    • Did you feel the earth shake? 땅이 흔들리는 것을 느꼈는가?

    • Look at the boy run. 소년이 뛰어가는 것을 보라.

    • I listened to the rain patter on the roof of my hut.

    나는 비가 나의 오두막 지붕 위에 후두둑 후두둑 내리는 소리에 귀를 기울였다.

㉡ 지각동사는 '완결된 동작'을 나타낼 때에는 '원형부정사'를 쓰고 '진행 중의 동작'을 나타낼 때는 '현재분사'를 보어로 취한다.

    • I saw the man cross[crossing] the road.

    나는 그 남자가 도로를 가로질러 간[가로질러 가고 있는] 것을 보았다.

㉢ help는 원형부정사를 동반할 수 있다.

    • Will you come and help me develop some photos?

    와서 사진현상을 좀 도와주겠니?

㉣ know가 see, hear와 동의어로 쓰일 때는 원형부정사를 보어로 동반한다.

    • I have never known him tell a lie(내가 들은 바로는 그는 거짓말을 한 일이 없다).

    이 경우는 know가 완료형이나 과거형일 때만 쓰인다(경험적인 의미가 강해서).

    cf. I know the author to be him.

    나는 저자가 그라는 사실을 알고 있다.

㉤ 지각동사 또는 사역동사의 보어로 쓰인 부정사(to do형)는 to가 생략된 원형부정사(root -infinitive, bare-infinitive)이다. 그러나 **지각동사가 수동태가 되면 to가 다시 살아난다.**

    • I saw him fall. → He was seen to fall by me. 나는 그가 넘어지는 것을 보았다.

    • They made him work too hard. → He was made to work too hard (by them).

    그들은 그에게 많은 일을 하게 했다.

(3) 부정문 _{기출} 21

① not을 이용한 부정

㉠ 조동사나 보조동사, be동사가 술어에 쓰이는 문장은 맨 앞에 오는 조동사나 보조동사, be동사의 바로 뒤에 not을 붙여 부정문을 만든다. 이때 흔히 not의 단축형(n't)이 쓰인다.

- The color which Elizabeth was fond of was blue.
    → The color which Elizabeth was fond of was not blue.
- Smith is the young man whom we have been looking for.
    → Smith is not the young man whom we have been looking for.

㉡ be동사를 제외한 일반동사만이 술어로 쓰인 문장은 주어와 동사 사이에 'do(does/ did) + not'을 써서 부정문을 만든다. 이때, 보조동사 do(does/did)의 뒤에는 항상 동사원형이 온다.

- This cloth feels soft. → This cloth do not feels soft. (×)
- He allowed her to smoke. → He did not allowed her to smoke. (×)

㉢ to부정사 및 현재분사는 바로 앞에 not을 써서 부정형을 만든다.

- He told us not to go to the movies.
- I couldn't bear for us not to be friends.
- Not taking this train, you will not arrive in London at six.

② not 이외의 부정어구를 이용한 부정

㉠ 'not'과 뜻이 거의 비슷한 준 부정어로 'hardly, scarcely, rarely, seldom, little' 등과 같은 부사들이 있다. 이와 같은 준 부정어들은 be동사나 조동사 다음에 쓰고, 일반동사 앞에 쓰는 것이 원칙이다.

- My mother can hardly drive a car. 어머니는 자동차를 거의 운전하지 못한다.
- I scarcely know him. 나는 그를 거의 모른다.
- They seldom go to the movies. 그들은 영화를 보러가는 경우가 극히 드물다.
- He rarely watches TV. 그는 거의 텔레비전을 보지 않는다.
- I little slept last night. 나는 간밤에 잠을 거의 못 잤다.
- He little expected to fall in love with her.
    그는 그녀를 사랑하게 되리라고는 결코 생각하지 못했다. (강한 부정)

㉡ no를 명사 앞에 쓰거나 부정대명사 none, nobody, no one, nothing으로 부정문을 만들기도 한다.

- Maintaining a large family is no easy task.
    대가족을 부양한다는 것은 쉬운 일이 아니다.
- She met several men, none of whom she recognized.
    그녀는 몇 명의 남자들을 만났지만, 그중 한 사람도 알아보지 못했다.
- Nothing he says is true.
    그가 말하는 것은 아무것도 진실된 것이 없다.
- Strange as it may seem, nobody was injured in the fire.
    이상하게 보일지는 모르지만 그 화재로 부상당한 사람은 한 사람도 없다.

(4) 의문문

① yes/no 의문문

yes 또는 no로 대답할 수 있는 의문문인 yes/no 의문문은 평서문의 주어 앞에 조동사 또는 보조동사를 위치시키고 문장의 끝에 의문부호를 붙여 만든다.

㉠ 조동사나 보조동사, be동사가 술어에 쓰이는 문장은 맨 앞에 오는 조동사나 보조동사, be동사와 주어의 위치를 바꾸어 yes/no 의문문을 만든다.

- They are in the room. 그들은 방 안에 있다.
  - → Are they in the room? 그들은 방 안에 있습니까?
- You have bet 20 dollars on the horse. 당신은 그 말에 20달러를 걸었다.
  - → Have you bet 20 dollars on the horse? 당신은 그 말에 20달러를 걸었습니까?

㉡ be동사를 제외한 일반동사만이 술어로 쓰이는 문장은 주어 앞에 보조동사 do를 써서 yes/no 의문문을 만든다. 보조동사 do(does/did)의 뒤엔 항상 동사의 원형이 온다.

- He seemed to be ill. 그는 아픈 것 같았다.
  - → Did he seem to be ill? 그는 아픈 것 같았습니까?
  - → Did he seemed to be ill? (×)
- He wants to make a doctor of his son. 그는 아들을 의사로 만들고 싶어 한다.
  - → Does he want to make a doctor of his son?
    그는 아들을 의사로 만들고 싶어 합니까?

② 의문사로 시작되는 의문문

의문사 who, whom, whose, what, where, when, why, which, how 등으로 시작되는 의문문은 그 의문사가 문장의 주어인 경우와 그렇지 않은 경우에 따라 어순을 달리한다. 의문사가 그 문장의 주어인 경우 평서문과 같은 어순을 취하며 문장의 끝에 의문부호 '?'만을 붙인다. 의문사가 그 문장의 주어가 아닌 경우 의문사로 시작한 다음에는 yes/no 의문문과 같은 어순을 취한다.

㉠ Who는 사람의 이름이나 관계를 물을 때 사용한다. 따라서 대답을 할 때에도 이름이나 관계로 답을 해야 한다.

- Who are you? 네가 누구니? → I am Tom. 저는 톰이에요.
- Who is she? 그녀는 누구니? → She is my sister. 그녀는 제 여동생이에요.

㉡ What은 물건의 이름을 물을 때 주로 쓰인다. 사람에 쓰이면 직업이나 신분을 물을 때 사용된다.

- What is this? 이것이 무엇이냐? → It is a book. 그것은 책입니다.
- What are these? 이것들은 무엇이냐? → They are apples. 그것들은 사과입니다.
- What is your father's job? 너의 아버지는 직업이 무엇이시니?
  - → He is a doctor. 의사입니다.

㉢ What을 사용해서 선택의문문을 만들 수 있다. 선택의문문은 Yes나 No로 답을 하지 않는다.

- What's this; a book or a pen? → It's a book. 또는 It's a pen.

㉣ Which는 '어느 것'이란 뜻으로 정해져 있는 사람이나 물건 중에서 상대방에게 선택을 하게 하는 의문문이다.

- Which is your book? → This is my book. 또는 That is my book.

③ **부가의문문** 기출 21

긍정 또는 부정의 평서문 뒤에 [조동사/보조동사/be동사 + 대명사]의 부가의문부를 붙여 만드는 일종의 yes/no 의문문을 부가의문문이라 한다.

⊙ 조동사/보조동사/be동사가 술어로 쓰이는 문장은 제일 앞에 조동사나 보조동사, be동사에 주어를 대신한 대명사를 붙여 부가의문부를 만든다. 단, 긍정의 평서문 뒤에는 조동사/보조동사/be동사에 not을 붙인 부정의 부가의문부가 쓰이는데 이러한 not은 통상 단축형(n't)으로 쓰인다.

• He is a teacher, isn't he? 그는 선생님이죠?
• Mary isn't a student, is she? 메리는 학생이 아니죠?

⊙ be동사를 제외한 일반동사만이 술어로 쓰인 문장은 보조동사 do(does/did)에 주어를 대신한 대명사를 붙여 부가의문부를 만든다. 역시 긍정의 평서문 뒤에는 조동사/보조동사/be동사에 not을 붙인 부정의 부가의문부가 쓰이는데 이러한 not은 대개 단축형(n't)으로 쓰인다.

• You like Jane, don't you? 당신은 제인을 좋아하죠?
• Tom can play tennis, can't he? 톰은 테니스를 칠 줄 알죠?

ⓒ 좀 더 완곡한 명령을 위해 명령문 뒤에 'will(would/can/could) you?'와 같은 부가의문부를 붙이기도 한다. 또 부정명령문의 뒤에는 흔히 'Will you?'가 부가의문부로 쓰인다.

• Study hard, won't you? 열심히 공부할 거지?
• Let's go, shall we? 자, 우리 갈까?
• Bring the plates, can you? 그 접시 좀 갖다 주시겠습니까?
• Don't forget to post the letters, will you? 이 편지 부치는 것을 잊지 마라.

④ **간접의문문** 중요 기출 23, 22, 20

독립된 의문문(직접의문문)이 다른 문장의 일부가 되어 절을 이루어서 간접적인 의문형식이 되는 것을 간접의문문이라 한다. 간접의문문에는 2가지 경우가 있는데, 하나는 의문사가 없는 경우이고 다른 하나는 의문사가 있는 경우이다.

⊙ 의문사가 없는 경우

be동사나, 조동사, 또는 do동사로 시작한 의문문이 다른 문장의 일부가 되는 경우에는, 문장을 연결시키는 접속사로 '…인지 아닌지'의 뜻을 갖는 if나 whether를 사용하며, 의문문 형식(동사+주어)이 평서문 형식(주어+동사)으로 바뀐다.

• I don't know. + Does she like you?
→ I don't know if she likes you.
→ I don't know whether she likes you.
나는 그녀가 너를 좋아하는지 아닌지 모른다.
• I don't know. + Is he a student?
→ I don't know if he is a student.
→ I don't know whether he is a student.
나는 그가 학생인지 아닌지 모른다.

ⓛ 의문사가 있는 경우

의문사 있는 의문문은 의문사가 접속사의 역할을 하기 때문에 접속사를 따로 쓸 필요가 없다. 물론 의문사 뒤에 오는 문장의 형식은 '주어 + 동사'가 된다. 따라서 의문사가 있는 의문문이 간접의문문으로 쓰일 때의 어순은 '의문사 + 주어 + 동사'이다.

- I don't know. + Who is he?
  - → I don't know who is he. (×)
  - → I don't know who he is. (○)
    나는 그가 누구인지 모른다.

ⓒ 의문사가 주어인 경우

의문문은 의문사 다음에 동사가 온다.

- I don't know. + Who is right? → I don't know who is right.
  누가 옳은지 나는 모른다.

ⓔ think, believe, guess, imagine, suppose, say 등의 동사로 묻는 의문문

뒤따라 간접의문문이 오는 경우에는 의문사가 문장 처음에 위치하며, Yes나 No의 대답은 할 수 없다.

- Do you think? + What do they want?
  - → Do you think what they want? (×)
  - → What do you think they want? (○)
    그들이 무엇을 원한다고 생각하니?

(5) 명령문

① 명령문은 주어를 생략하고 동사의 원형으로 시작해 '~하라'와 같은 명령, 또는 권유, 의뢰, 충고 등을 나타내는 문장을 명령문이라 한다. 명령문은 상대방에게 사용하는 것이기 때문에 주어가 일정하다고 볼 수 있으며, 항상 원형동사로 시작한다.

- Open the door. 문을 열어라.
- Close your books. 여러분의 책을 덮으시오.
- Come here. 이쪽으로 오너라.
- Go there. 저기로 가라.

② 명령문은 '~해라, ~하시오'의 뜻인데, '~하지 마라, ~하지 마시오'라고 부정으로 명령을 할 때에는 동사 앞에 don't를 쓰면 된다. 또한 명령문을 부정하는 방법으로 동사 앞에 never를 쓰는 방법이 있는데 never는 '결코 ~ 않는, 절대 ~ 않는'이란 뜻으로, not보다 부정의 뜻이 강하다.

- Open the door. 문을 열어라. → Don't open the door. 문을 열지 마라.
- Please come here. 제발 이리로 오세요.
  - → Please don't come here. 제발 이리로 오지 마세요.
- Open the door. 문을 열어라. → Never open the door. 절대로 문을 열지 마라.

③ let을 사용한 명령문(간접명령문)은 상대방에게 직접적으로 명령을 하지 않고 간접적으로 명령을 한다. Let's는 동사 let과 인칭대명사 we의 목적격 us를 줄인 말이다.

- Let's study hard. 우리 열심히 공부하자.
- Let's go there. 우리 그곳에 가자.
- Let him come. 그를 오게 해라.
- Don't let him go. 그를 가게 하지 마라.

(6) 직접화법과 간접화법 [기출] 24

① 개요

직접화법은 어떤 사람이 한 말을 변화시키지 않고 그대로 전달하는 방법이고, 간접화법은 어떤 사람이 한 말을 내용에 맞게 변화시켜 간접적으로 전달하는 방법을 말한다.

- He said, "I am too busy." (직접화법)

  "너무 바쁘다."라고 그는 말했다.
- He said that he was too busy. (간접화법)

  그는 너무 바쁘다고 말했다.

② 전달동사

ⓐ say

들는 이를 밝히지 않을 경우에 사용하며, say 다음에 듣는 이가 나오는 경우 그 앞에 전치사 to를 쓴다.

- She says, "I am poor but honest." → She says that she is poor but honest.

  그녀는 자신이 가난하지만 정직하다고 이야기했다.

ⓑ tell

tell은 듣는 이를 밝히는 경우에만 사용되며, tell에 연결되는 듣는 이의 앞에는 전치사 to를 사용하지 않는다. 듣는 이를 밝힐 경우 say to보다 tell을 사용하는 것이 일반적이다.

- He said to me, "Listen! Can you hear someone talking?"

  = He told me to listen, and asked if I could hear someone talking.

    그는 나에게 누군가 말하는 것이 들리지 않느냐고 말했다.

ⓒ ask

의문문을 간접화법으로 전달할 경우 가장 흔히 사용되는 전달동사는 ask이다. ask 뒤에 듣는 이가 나오는 경우 전치사 to를 쓰지 않는다.

- I said to him, "What do you want?" → I asked him what he wanted.

  나는 그에게 원하는 것이 무엇이냐고 물었다.

③ **시제의 전환**

과거시제의 전달동사가 사용될 경우 피전달부의 시제는 전달부보다 앞선 시제로 전환된다.

㉠ 전달문의 시제가 현재인 경우에는 피전달문의 시제는 변하지 않는다.
- He says to me, "I like you and your dog."
  → He tells me that he likes me and my dog.
  그는 나에게 나와 내 개를 좋아한다고 말한다.

㉡ 전달문의 시제가 과거이면 피전달문의 시제는 현재는 과거로, 과거는 과거완료로 바뀐다.
- He said, "I am doing my homework."
  → He said that he was doing his homework. (간접화법)
  그는 숙제를 하고 있다고 말했다.

㉢ 피전달문이 미래 시제인 경우에는 will과 shall을 의지미래 및 단순미래에 맞게 바꾸어 써야 한다.
- She said to me, "I will stay here." → She told me that she would stay there.
  그녀는 그곳에 머물 것이라고 나에게 말했다.
- She said, "I shall be punished." → She said that she would be punished.
  그녀는 자신이 처벌될 것이라고 말했다.

④ **인칭의 전환**

피전달부 속의 인칭대명사의 인칭은, 그 내용에 따라서 모두 전달자(말하는 사람)의 입장에서 본 것으로 바꾼다.
- I said to him, "Do you love her?" → I asked him if[whether] he loved her.
  나는 그에게 그녀를 사랑하느냐고 물었다.
- He said, "If I were not ill, I would do it at once."
  → He said that if he were not ill, he would do it at once.
  그는 만일 그가 아프지 않으면 이것을 즉시 할 것이라고 말했다.
- The teacher said, "The Korean War broke out in 1950."
  → The teacher said that The Korean War broke out in 1950.
  선생님은 한국전쟁이 1950년에 발발했다고 말했다.

⑤ **화법전환에서 형용사와 부사(구)의 변화**

시간과 장소를 나타내는 형용사나 부사(구)가 피전달문에 사용된 경우 화법이 바뀌면 적절하게 고쳐 써야 한다.

now → then	this → that
here → there	today → that day
ago → before	tomorrow → the next day
yesterday → the day before	last night → the night before
next week → the next week	

(7) 수동태 중요 기출 24

어떤 행위를 하거나 상태를 만든 주체보다는 그 행위를 당하거나 어떤 상태가 된 대상을 강조할 때 수동태를 사용한다. 능동태의 목적어가 수동태의 주어가 되므로 목적어를 가지는 타동사만이 수동태로 전환될 수 있다.

① **일반문형의 수동태**

일반동사만이 쓰이는 문장에는 「be + 과거분사」가 술어로 쓰인다.

- John broke my window. → My window was broken by John.

  우리 집 창문이 존에 의해 깨뜨려졌다.

- Did the noise frighten you? → Were you frightened by the noise?

  (당신은) 그 소리에 놀랐어요[겁났어요]?

② 조동사 또는 보조동사 have(has/had)가 쓰이는 문장에는 그 조동사나 보조동사 뒤에 「be + 과거분사」가 술어로 쓰인다.

- The traffic lights has already been installed. 신호등이 이미 세워졌다.

- Application forms should be returned by tomorrow. 지원서는 내일까지 보내져야 한다.

③ **수여동사의 수동태**

㉠ 두 개의 목적어를 취하는 타동사는 직접목적어와 간접목적어를 주어로 하는 두 가지 수동태를 만들 수 있다.

- A friend lent me this book.

  → This book was lent to me by a friend.

  → I was lent this book by a friend.

    나는 이 책을 친구에게서 빌렸다.

㉡ 수여동사들 중 afford, carry, ensure, get, hand, intend, make, mean, pass, reach, read, sell, write, yield 등의 경우는 간접목적어를 주어로 하지 않는다. 실제로 말이 안 되기 때문이다.

- Mother made Mary a new dress.

  → Mary was made a new dress by mother. (×)

  → A new dress was made for Mary by mother. (○)

    새 드레스가 어머니에 의해 메리에게 만들어졌다.

④ **지각동사, 사역동사의 수동태**

지각·사역 동사가 수동태가 되면 뒤의 원형부정사 앞에는 to가 살아난다. 그리고 watch는 수동태가 안 된다.

- I saw the train come. → The train was seen to come by me.

  열차가 오는 것이 보였다.

- They won't let us go. → We won't be allowed to go.

  우리는 가도록 허락받지 못할 것이다.

- She watched me pack. → I was watched to pack by her. (×)

  그녀는 내가 짐 싸는 것을 지켜보았다.

⑤ **조동사가 있는 경우**

- You must write the answers in ink. → The answers must be written in ink.

  해답은 잉크로 써야 한다.

- I don't think anyone can do it. → I don't think it can be done.

  나는 그것이 될 수 있으리라고 생각하지 않는다(할 수 없다고 생각한다).

⑥ **진행형과 완료형의 수동태**

- They are repairing the bridge. → The bridge is being repaired.

  그 다리는 수리 중이다.

- They have offered Tom a very good job.

  → Tom has been offered a very good job.

  → A very good job has been offered to Tom.

  톰에게 좋은 일자리가 제시되었다.

⑦ **to부정사/동명사의 수동태**

to부정사는 「to be + 과거분사」, 동명사는 「being + 과거분사」의 형태로 수동태를 취한다.

- They warned me not to be late. (= I was warned not to be late.)

  나는 지각하지 않도록 경고를 받았다.

- He felt sure of being elected to parliament. 그는 국회의원에 당선될 것을 확신했다.

⑧ **'by + 동작자'가 생략되는 경우**

ㄱ 동작자[행위자]가 일반인 또는 모르는 사람이어서 구태여 나타낼 필요가 없을 때 수동태로 되면서 행위자는 생략된다.

- We heat the room by electricity.

  → The room is heated by electricity.

  방은 전기로 데워진다.

- No one could possibly have known the secret.

  → The secret could not possibly have been known.

  그 비밀은 누구에 의해서도 탄로 나지 않았다.

ㄴ They(People) say that ~

- They say that he knows the thief.

  → It is said that he knows the thief.

  → He is said to know the thief.

  그는 도둑을 안다고 알려졌다.

(8) 형식주어 it과 there 중요 기출 24

① **형식주어 it**

ㄱ 날씨, 시간, 거리, 명암, 막연한 상황 등을 이야기하는 문장에서 필수성분인 주어를 갖추기 위해 그 자체로는 별다른 의미가 없는 it으로 시작하기도 한다.

- It is snowing outside. 눈이 온다.

- It is four years since he died. 그가 죽은 지 4년이 지났다.
- It is about half past two by my watch. 내 시계로는 두 시 반이다.
- It is very pleasant here. 이곳은 아주 쾌적하다.
- It is all over now. 이제 완전히 끝났다.
- It is all over with poor Tom. 가엾게도 톰은 더 이상 가망이 없다.

ⓛ it은 간략한 주어를 선호하는 영어의 특성상 to부정사나 동명사, 명사절과 같은 명사상당어구를 대신해 문장의 주어로 사용되기도 한다.

- It is very important to learn early to rely on ourselves.

  어려서부터 자신을 믿는 습관을 배우는 것은 대단히 중요하다.
- It's worth taking the risk. 그 위험은 감수할 만하다.

ⓒ it은 강조의 표현을 위해 쓰이는 'It ~ that …' 형식의 문장을 만들기도 한다.

Tom saw some swallows flying to the south.

톰은 제비 몇 마리가 남쪽으로 날아가고 있는 것을 보았다.

→ It is Tom that saw some swallows flying to the south.

제비 몇 마리가 남쪽으로 날아가고 있는 것을 본 것은 톰이다.

→ It is some swallows flying to the south that Tom saw.

톰이 본 것은 제비 몇 마리가 남쪽으로 날아가고 있는 것이다.

ⓔ it은 'it seems(happens/appears) that ~'과 같은 형식의 문장에서 막연한 상황을 나타내는 주어로 사용되기도 한다.

- He seems to know something about it.

  → It seems that he knows something about it.

    그는 그것에 관하여 무엇인가를 알고 있는 것 같다.
- He appears to be suffering from a sore throat.

  → It appears that he is suffering from a sore throat.

    그는 목구멍이 아픈 모양이다.
- I happened to be at home that day.

  → It happened that I was at home that day. 나는 그날 우연히 집에 있었다.

② **형식주어 there**

⊙ there는 be동사(또는 come, begin)를 술어로 하여 존재나 수량을 이야기하는 문장에서 명사 또는 명사 상당어구를 대신해 문장의 주어로 사용된다. 따라서 be동사의 단/복수형은 뒤에 이어지는 명사 또는 명사 상당어구에 따라 결정된다.

- There is no time to lose. 한시도 지체할 수 없다.
- There are many students in the park. 공원에는 학생들이 많다.

ⓛ there는 'There seems(happens/appears) to be ~'와 같은 형식의 문장에서 막연한 상황을 나타내는 주어로 사용되기도 한다.

- There seems[appears] to be no doubt about it.

  그것에 관해서는 의문의 여지가 없는 것 같다.

- There happened to be a convenient train.
  우연히도 손쉽게 탈 수 있는 열차편이 있었다.
- There must have been a big earthquake somewhere.
  어디에선가 대지진이 있었음에 틀림없다.
- There ought to be a university in this city.
  이 도시에는 대학이 있어야 마땅하다.

3 동사의 시제

(1) 동사의 활용

동사는 원형·과거·과거분사의 세 형태로 변하며, 규칙동사와 불규칙동사가 있다.

① 규칙동사

원형에 -(e)d를 붙여 과거·과거분사를 만든다.

㉠ 원형의 어미에 -ed를 붙인다.
- play - played - played
- work - worked - worked
- want - wanted - wanted

㉡ -e로 끝나는 동사는 -d를 붙인다.
- live - lived - lived
- like - liked - liked

㉢ [자음 + y]로 끝나는 동사는 y를 i로 고쳐 -ed를 붙인다.
- study - studied - studied
- try - tried - tried

㉣ 1음절어로서 어미가 [단모음 + 단자음]으로 끝나는 동사는 자음을 겹쳐 쓰고 -ed를 붙인다.
- stop - stopped - stopped
- beg - begged - begged

㉤ [단모음 + 2개의 자음 또는 장모음(또는 2개의 모음자) + 단자음]일 때는 끝의 자음자를 더 쓰지 않고 그대로 -ed만을 붙인다.
- help - helped - helped
- seat - seated - seated

㉥ 2음절 동사에서 끝의 음절에 accent가 올 땐 자음자를 하나 더 쓴 뒤에 -ed를 붙인다.
- admit - admitted - admitted
- commit - committed - committed

      Ⓢ 2음절 동사에서 앞음절에 accent가 오면 그대로 -ed만을 붙인다.

- visit – visited – visited
- limit – limited – limited

② **불규칙동사**

    ㉠ A – B – C형

see – saw – seen	do – did – done
lie – lay – lain	know – knew – known

    ㉡ A – B – B형

find – found – found	say – said – said
lie – lied – lied	welcome – welcomed – welcomed

    ㉢ A – B – A형

run – ran – run	come – came – come
become – became – become	

    ㉣ A – A – A형

put – put – put	hit – hit – hit
cut – cut – cut	hurt – hurt – hurt

③ **현재분사(동명사) 만드는 법**

    ㉠ 동사의 원형에 -ing를 붙인다.

- study – studying
- work – working
- buy – buying

    ㉡ -e로 끝나는 동사는 e를 빼고 -ing를 붙인다.

- live – living
- write – writing

    ㉢ -ie로 끝나는 동사는 ie를 y로 고쳐서 -ing를 붙인다.

- die – dying
- lie – lying

    ㉣ 1음절어로서 「단모음 + 단자음」으로 끝나는 1음절의 말은 자음을 겹쳐 쓴 다음 -ing를 붙인다.

- swim – swimming
- run – running

ⓜ 2음절 이상의 말로서 「단모음 + 단자음」으로 끝나고 마지막 음절에 강세가 있으면 자음을 겹쳐 쓰고 -ing를 붙인다. 그러나 첫 음절에 강세가 있으면 자음을 겹쳐 쓰지 않는다.
- begin – beginning
- visit – visiting
- limit – limiting

(2) 현재 · 과거 · 미래시제

① 현재시제

be 동사의 am, are, is 및 동사원형을 술어로 하는 현재시제는 주로 『지금』이라는 시간개념을 중심으로 한 상황을 이야기할 때 사용된다.

㉠ 현재의 사실 · 동작 · 상태를 나타낼 때
- He studies English hard. 그는 영어를 열심히 공부한다.
- I am happy now. 나는 지금 행복하다.

㉡ 현재의 습관 · 반복적 동작을 나타낼 때
- I brush my teeth before I go to bed.
  나는 자기 전에 이를 닦는다.
- She reads the newspaper every morning.
  그녀는 그 신문을 매일 아침 본다.

㉢ 객관적인 진리, 사실, 격언, 사회적인 통념을 이야기할 때
- Light travels faster than sound.
  빛은 소리보다 빨리 움직인다.
- The sea covers two thirds of the earth.
  바다는 지구의 3분의 2를 차지한다.

㉣ 미래의 대용
- go, come, arrive, leave, begin, start 등 왕래발착을 나타내는 동사는 미래를 나타내는 부사구와 같이 쓰여 예정이 확실한 미래의 일을 나타낸다.
  - The train arrives at 7:30 this evening. 기차는 오늘 저녁 7시 30분에 도착한다.
  - He comes here tomorrow. 그는 내일 여기에 온다.
- 달력을 통해 미래의 일을 이야기할 때에도 현재시제를 사용한다.
  - Tom's vacation starts next Monday and ends on the next Friday.
    톰의 휴가는 다음 주 월요일에 시작해서 금요일에 끝난다.

㉤ 시간과 조건의 부사절에서는 현재형이 미래를 대신한다. **종요**
- Let's go to meet him before it rains. 비가 오기 전에 그를 만나러 가자.
- If it rains, we won't go on a picnic. 비가 오면 우리는 피크닉을 가지 않을 것이다.

② **과거시제**

be 동사의 was, were 및 동사의 과거형을 술어로 하는 과거시제는 주로 지나간 일들을 이야기할 때 사용된다.

㉠ 과거의 동작·상태를 나타낸다.

- They went to America last year. 그들은 작년에 미국에 갔다.
- Walking along the street, I met a friend.

  길거리를 걸어 다니다가 친구 한 명을 만났다.

㉡ 과거의 습관적 동작·반복을 나타낸다.

- Dad often told us ghost stories on summer evenings.

  아버지는 여름 저녁에는 유령 이야기를 하곤 했다.

- He regularly attended the class meeting.

  그는 반회의에 빠짐없이 참석하곤 했다.

㉢ 과거의 경험을 나타낸다.

- Did you ever hear of such a thing? 너는 그런 일을 들어 본 적이 있느냐?
- Did you ever make a cake? 케이크를 만들어 본 적이 있는가?

㉣ 현재의 의사를 묻는 공손한 표현

드문 경우이긴 하나, 상대방의 의사를 묻거나 도움을 청하는 공손한 표현을 위해 현재 시제 대신 과거시제를 사용하기도 한다.

- Do you want to leave now? (○)
- Did you want to leave now? (○)

  지금 떠나시겠습니까?

㉤ 어떤 일의 지속기간을 나타내는 표현

'is ~ since …', 'How long is it since ~'의 since 절에는 과거시제만이 사용된다.

- It is two years since they got married.

  그들이 결혼한 지 2년이 된다.

- How long is it since he came in America?

  그가 미국에 온 지 얼마나 됩니까?

③ **미래시제**

'will/shall + 동사의 원형'을 술어로 하는 미래시제는 주로 미래에 있을 일을 이야기할 때 사용된다. shall은 I 혹은 we가 주어인 경우에만 사용된다.

㉠ 미래에 있으리라 예상되는 일을 이야기할 때

'will/shall + 동사의 원형'의 미래시제가 사용된다.

- By the time she comes back, he will have finished all the homework.

  그녀가 돌아올 때까지 그는 숙제를 전부 끝내게 될 것이다.

- We shall have an examination in world history the day after tomorrow.

  우리는 모레 세계사 시험을 친다.

    ⓛ 순간적인 결정사항이나 약속을 이야기할 때

      'will/shall + 동사의 원형'의 미래시제가 사용된다.

- I'll get a bus. 나는 버스를 탈 것이다.
- I'll give it to you tomorrow. 내일 당신에게 그것을 드리겠습니다.

    ⓒ 'shall I/we ~?'로 상대방의 의사를 묻기도 한다.

- Shall I make coffee for you? 커피를 드릴까요?
- Father is out now. Shall I take(give) your massage to him?

      아버님은 지금 안 계시는[외출 중인]데요. 말씀 전해드릴까요?

    ⓔ am/are/is going to

    현재 진행되고 있는 일의 결과나, 이미 계획된 일의 결과로 나타날 미래의 일을 이야기할 때 'am/are/is going to + 동사의 원형'의 미래시제가 사용된다.

- I am going to visit Mr. Kim this afternoon.

      나는 오늘 오후에 김씨를 만날 것이다.

- I'm going to take the train leaving[that will leave] at eleven.

      나는 11시발[11시에 떠나는] 열차를 탈 예정이다.

(3) 완료시제 중요 기출 20

완료시제란 'have + 과거분사'형을 취하며 현재완료, 과거완료, 미래완료 등 세 가지가 있다.

① **현재완료** : have(has) + 과거분사

    현재완료는 과거시제도 현재시제도 아니고 **과거로부터 현재의 어느 시점까지** 동작의 '완료', '경험', '결과', '계속' 등을 나타내는 용법이다.

    ㉠ 완료

    『방금, 이미 ~하였다』의 의미로 해석되며, 보통 just, already, yet 등의 부사를 동반한다.

- I have just finished reading today's evening paper.

      나는 오늘 석간신문을 방금 다 봤다.

- My sister has just come home from shopping.

      나의 누이가 방금 장을 봐 가지고 돌아왔다.

체크 포인트

현재완료시제에는 yesterday, just now(= a few minutes ago), last year, last week 등과 같은 명확한 과거의 부사구나 의문부사 when과 함께 쓰지 못하며, 과거(진행)시제에만 사용된다.

- I have just now eaten lunch. (×)
- I ate lunch just now. (○)

  나는 방금 점심을 먹었다.

ⓛ 경험

『지금까지 ~한 적이 있다』의 의미로 해석되며, before, often, sometimes, once, ever, never 등의 부사가 자주 쓰인다.

- I have read 'War and Peace' before. 나는 전에 '전쟁과 평화'를 읽은 적이 있다.
- The child has never eaten raw fish. 그 아이는 생선회를 먹어본 적이 없다.

ⓒ 결과

『~해 버렸다』의 의미로 해석된다.

- He has gone to Europe.

  그는 유럽에 가 버렸다[가 있다].
- They have gone to the neighboring town to escape the disaster.

  그들은 재난을 피하기 위해 이웃마을에 가 있다.

ⓔ 계속

『…부터 줄곧 ~하여 왔다』의 의미로 해석된다.

- It has been raining for a week.

  일주일 동안 내내 비가 내리고 있다.
- Three years have passed since he died.

  그가 죽은 지 3년이 된다[지났다].

② **과거완료** : had + 과거분사

과거완료는 과거의 어느 때를 기준하여, 더 앞선 과거로부터 그때까지의 행위, 동작, 상태 등의 완료, 경험, 결과, 계속을 나타낸다.

㉠ 완료

과거 어느 때까지의 동작의 완료를 의미한다.

- He had published over twenty books when he was twenty years of age.

  그는 20세가 되었을 때 이미 20권 이상의 책을 출판했다.
- The thief had already run away when the police came.

  경찰이 왔을 때는 이미 도둑이 도망쳐 버렸다.

㉡ 경험

과거 어느 시점 이전의 경험을 의미한다.

- I had visited London before then.

  나는 그 이전에 런던을 방문한 적이 있었다.
- Man had tried to fly in the air before 1903.

  1903년 이전에도 인간은 하늘을 날려고 시도한 적이 있었다.

㉢ 결과

과거 어느 때의 어떤 결과로 『…한 지경이 되었다』로 해석된다.

- She could not pay her carfare, because she had lost her handbag.

  그녀는 핸드백을 잃어 버렸기 때문에 버스요금을 낼 수 없었다.

- Spring had come by the time she was well again.

  그녀가 완쾌되었을 때는 봄이 왔다.

ⓔ 계속

과거 어느 시점 이전부터 그때까지 계속되는 동작이나 상태를 나타낸다.

- They had been married for twenty years before they moved here.

  이곳으로 이사 오기 전 그들은 결혼한 지 20년이 되어 있었다.

- He had been studying English for five years before he went over to Britain.

  그는 영국에 건너가기 전에 5년 동안 영어를 공부하고 있었다.

ⓜ hope, expect, want, desire, intend, think 등 '소망'의 뜻이 있는 동사의 과거완료형은 '기대나 의지 등이 실현되지 못한' 경우를 나타낸다.

- We had hoped the war would come to an end much sooner.

  우리는 전쟁이 훨씬 더 빨리 끝났으면 하고 기대했었다.

- I had intended to make peace between them.

  나는 그들 사이를 화해시키려고 했지만 소용이 없었다.

③ **미래완료** : will(shall) have + 과거분사

ⓐ 미래의 어느 시점을 기준으로 하여 그때까지의 동작이나 상태의 완료, 경험, 결과, 계속을 나타내는 데 사용된다.

- By the time she comes back, he will have finished all the homework.

  그녀가 돌아올 때까지 그는 숙제를 전부 끝내게 될 것이다.

- My brother caught a cold last Friday. He will have been in bed for a whole week tomorrow.

  나의 남동생은 지난 주 금요일 감기에 걸렸다. 내일이면 그는 1주일 내내 병상에 있게 된다.

ⓑ when, while, until, if, unless 등으로 시작되는 시간 또는 조건의 부사절에서는 미래(완료)시제 대신 현재(완료)시제가 사용된다.

- Your father will have sold this house when you come back.

  네가 돌아올 때에는 너의 아버지가 이 집을 팔아버렸을 것이다.

- If she goes to France again, she will have been there three times.

  만약 그녀가 또 다시 프랑스에 간다면 세 번째 그곳에 가는 셈이 된다.

(4) 진행시제

① 현재진행형

ⓐ 'am/are/is + 현재분사'를 술어로 하는 현재진행시제는 말하고 있는 현재를 기준으로 진행되고 있는 일들을 이야기할 때 사용된다.

- They are repairing the bridge. 그 다리는 수리 중이다.

- It is raining now. 지금 비가 오고 있다.

ⓒ 말하고 있는 현재는 아니지만 근래에 계속되는 일이나, 습관 등을 이야기할 때 현재진행형을 쓰며, 종종 always, constantly, continually 등의 부사와 함께 쓰인다.
- Tom is studying for an exam these days. 톰은 요즘 시험공부를 하고 있다.
- He is always grumbling. 그는 항상 투덜거린다.

ⓒ 미래표시 부사구와 함께 쓰이면 현재 진행형이 **가까운 미래**를 나타낸다.
- We are leaving for Seoul tonight. 우리는 오늘 저녁에 서울로 떠난다.

ⓔ 현재완료진행형 **기출** 23
'have(has) been + 현재분사' 형태의 현재완료진행형은 과거에서 현재까지 어떤 동작이 계속되고 있음을 나타낸다.
- I have been studying English since last night. 나는 지난밤부터 계속 영어 공부를 하고 있다.
- He has been reading the book for two hours. 그는 두 시간째 책을 읽고 있다.

② **과거진행형**

ⓐ 'was/were + 현재분사'를 술어로 하는 과거진행시제는 과거의 일정시점을 기준으로 진행되고 있는 일들을 이야기할 때 사용된다.
- He was reading a novel when I entered the room.
  내가 그 방에 들어갔을 때 그는 소설을 읽고 있었다.
- I was studying English when you called on me yesterday.
  네가 어제 나에게 전화했을 때 나는 영어 공부를 하고 있었다.

ⓑ 과거에 있었던 어떤 일로 중단되었거나 그 일의 배경이 된 일을 이야기할 때에도 과거진행형을 사용한다.
- Phill was presenting his report when you arrived.
  당신이 도착했을 때 필은 그의 보고서를 발표하고 있었다.
- We were going to the airport when the car broke down.
  공항으로 가고 있을 때 차가 고장 났다.

ⓒ 과거완료진행형
'had been + 현재분사' 형태의 과거완료진행형은 과거의 어떤 시기 이전에 시작된 동작이나 상태가 그 과거 때까지 계속되었거나, 진행 중이었음을 분명히 나타낸다.
- I had been waiting about an hour when he came.
  나는 그가 올 때까지 1시간이나 기다렸다.
- He had been studying English for five years before he went over to Britain.
  그는 영국에 건너가기 전에 5년 동안 영어를 공부하고 있었다.

③ **미래진행형**

　㉠ 'will/shall be + 현재분사'를 술어로 하는 미래진행시제는 미래의 일정시점을 기준으로 진행되고 있을 일들을 이야기할 때 사용된다.

　　• He will be reading a novel when we go to bed.

　　　우리가 잘 때 그는 소설을 읽고 있을 것이다.

　　• We'll be thinking of you when we get to Paris.

　　　우리가 파리에 도착하면 우리는 너를 생각하고 있을 것이다.

　㉡ 미래완료진행형

　　'will/shall have been + 현재분사'를 술어로 하는 미래완료진행시제는 미래의 어느때까지 동작이나 상태가 계속되든가, 그때까지도 계속 중임을 나타낸다.

　　• It will have been raining for three days on end if it does not stop tomorrow.

　　　만일 내일 비가 그치지 않는다면 사흘간이나 계속 비가 오는 셈이다.

　　• That book will have been being read by Friday.

　　　그 책은 금요일까지는 읽혀질 것이다.

④ **진행형을 쓰지 않는 동사**

　㉠ 지속적인 상황이나 상태를 나타내는 동사

be (~이다)	equal (같다)
exist (존재하다)	seem (보이다)
look (보이다)	appear (나타내다)
resemble (닮다)	weigh (무게가 나가다)
contain (담고 있다)	

　㉡ 의식적이지 않은 지각을 나타내는 동사

feel (느끼다)	see (보다)
smell (냄새를 맡다)	hear (듣다)
taste (맛보다)	

체크 포인트

의식적인 행동을 나타내는 listen to(귀 기울여 듣다), look(눈여겨 보다), watch(관람하다) 등은 진행형으로 쓰인다.

ⓒ 의식적이지 않은 감정이나 인지를 나타내는 동사

prefer (선호하다)	love (사랑하다)
hate (미워하다)	want (원하다)
believe (믿다)	doubt (의심하다)
forget (잊어버리다)	know (알다)
remember (믿다)	

ⓐ 소유를 나타내는 동사

have (가지다)	belong (소유하다)
possess (소유하다)	own (가지다)
owe (빚지다)	

(5) 시제의 일치 기출 21

영어 문장이 주절과 종속절로 이루어진 경우(즉, 복문인 경우), 종속절의 시제가 주절 시제의 제한을 받게 되는 것을 시제의 일치라고 한다.

① **원칙**

ⓐ 주절의 시제가 현재, 현재완료, 미래인 경우에는 종속절의 시제는 12가지 시제 모두를 쓸 수 있다.

- He thinks that he is bright.

  그는 자신이 영리하다고 생각한다.

- She has thought she is beautiful.

  그녀는 자신이 아름답다고 생각하고 있다.

- He will believe that he will succeed.

  그는 성공할거라고 믿을 것이다.

ⓑ 주절의 시제가 과거, 과거진행 또는 과거진행완료인 경우에는 종속절에 과거와 과거완료 시제만 쓸 수 있다.

- I thought that he had been rich.

  나는 그가 부자였다고 생각했었다.

- I thought she had been on holiday.

  나는 그녀가 휴가 중이었다고 생각했었다.

ⓒ 조동사 would, should, might, could, must가 현재형으로서 쓰이는 경우나 ought to, used to, had better 등은 과거형이 없으므로 주절이 과거형으로 바뀌어도 모양이 변하지 않는다.

- He told me that I should go to bed.

  그는 내가 자야 했다고 말했다.

- She thought that it might rain.

  그녀는 비가 올 거라 생각했었다.

② **시제 일치의 예외**

다음의 경우 주절의 동사가 현재에서 과거로 바뀌어도 종속절의 시제가 변하지 않는다.

㉠ 자연적 현상이나 불변의 진리인 경우 항상 현재시제를 사용한다.

- The teacher tells me that the earth moves round the sun.
  → The teacher told me that the earth moves round the sun.
  선생님은 나에게 지구는 태양의 둘레를 돈다고 말했다.

㉡ 사회적 통념이나 관습, 지속적인 사실인 경우 현재시제를 사용한다.

- Mr. Smith says that the older one becomes the faster time flies.
  → Mr. Smith said that the older one becomes the faster time flies.
  스미스 씨는 나이가 들수록 시간이 더 빨리 간다고 말했다.

㉢ 역사적 사실은 과거시제만 쓴다.

- He says that Columbus discovered America in 1492.
  → He said that Columbus discovered America in 1492.
  그는 콜럼버스가 1492년에 아메리카를 발견했다고 말했다.

㉣ 종속절이 가정법인 경우에는 시제의 변화가 없다.

- Tom says that he would buy the car if he had enough money.
  → Tom said that he would buy the car if he had enough money.
  톰은 돈이 충분히 있었다면 그 차를 샀을 것이라고 말했다.

㉤ 시간과 조건의 부사절에서는 미래시제 대신에 현재시제를 쓴다.

- If it is fine tomorrow, we will go on a picnic. (○)
- If it will be fine tomorrow, we will go on a picnic. (×)
  내일 날씨가 좋으면 우리는 피크닉을 갈 것이다.

4 부정사

(1) 부정사의 쓰임 중요 기출 21

부정사는 'to + 동사의 원형'이 기본이고 to가 생략될 때를 원형부정사라고 하여 용법이 몇 가지로 한정되어 있다. to는 본래 동작이나 상태의 방향, 목적을 나타내는 전치사에서 전용된 것으로 보며, 문법적으로는 명사·형용사·부사와 같은 역할을 한다.

① **부정사의 명사 용법**

부정사는 명사 상당어구로서 주어, 목적어, 보어 및 전치사의 목적어로 사용된다.

- To obey the laws is everybody's duty. 법률에 복종하는 것은 모든 사람의 의무이다.
- It requires a lot of money to build a fine house.
  좋은 집을 짓는 데는 많은 돈이 든다.

- It was not easy for her to find the building.

  그녀에게는 그 건물을 찾기가 쉽지 않았다.

- It is kind of you to tell me the way to the railroad station.

  역으로 가는 길을 가르쳐 주셔서 고맙습니다.

- He pretended not to see me. 그는 나를 못 본 척했다.

- He promised to wake me up at six in the morning.

  그는 아침 6시에 나를 깨워 주기로 약속했다.

- I make it a rule to get up at six in the morning.

  나는 아침 6시 기상을 규칙으로 삼고 있다.

- She showed me how to solve the problem.

  그녀는 나에게 그 문제를 푸는 방법을 가르쳐 주었다.

- He is about to leave Seoul. 그는 서울을 막 떠나려 하고 있다.

- He ordered the room to be swept. 그가 방을 청소하라고 명령했다.

② **부정사의 형용사 용법**

‘to + 동사원형’의 상태로 명사 또는 대명사의 뒤에 놓여서 **명사, 대명사를 수식하는 용법**을 부정사의 형용사 용법이라고 한다. 이 용법에는 다음과 같이 크게 두 가지 종류의 수식 형태가 있다.

㉠ 한정 용법 : 부정사가 바로 앞의 명사, 대명사를 수식한다.

- He was not a man to do [such a man as would do] anything by halves.

  그는 어떤 일이든 중도에 불완전한 상태로 중단해 버리는 사람은 아니다.

- The next thing to be considered [that should be considered] is the matter of food. 다음으로 고려해야 할 일은 식량문제이다.

- He could think of nothing to say. 그는 할 만한 말이 하나도 생각나지 않았다.

- He had no one to talk to. 그에게는 이야기할 상대가 아무도 없었다.

- You have no need to hurry. 너는 서두를 필요가 없다.

- His refusal to help was a disappointment to me.

  그가 도움을 거절한 사실에 나는 실망했다.

㉡ 서술 용법 : 부정사가 불완전자동사(주로 be, seem, appear)를 사이에 두고 간접으로 명사, 대명사를 수식, 서술하는 (보어가 되는) 경우이다.

- We are to be married [We have agreed to marry] next year.

  우리는 내년에 결혼할 예정이다.

- The traffic rule is to be [should be] observed by all drivers.

  운전사는 누구나 교통규칙을 지켜야 한다.

- They seem to be seasick. (= Seemingly they are seasick.)

  그들은 배멀미를 하는 것 같다.

- She appeared to enjoy the concert. 그녀는 음악회가 즐거웠던 모양이었다.

'be + to부정사'의 용법

- 예정 : They are to meet at six. 그들은 6시에 만날 예정이다.
- 의무 : You are to do the work. 너는 그 일을 해야 한다.
- 가능 : Not a man was to be seen. 한 사람도 보이지 않는다.
- 운명 : She was never to return home. 그녀는 다시 집에 돌아오지 못했다.
- 의도 : If you are to have good friends, you must be good.
  네가 좋은 친구들을 사귀고 싶다면 잘 대해 줘야 한다.

③ **부정사의 부사 용법** 기출 24

부사는 동사, 형용사, 다른 부사를 수식하는 말인데, 부정사도 이 같은 부사의 역할을 할 수가 있다.

㉠ 목적 : ~하기 위하여, ~하러

- Tom hurried to catch the bus. 톰은 버스를 타려고 서둘렀다.
- He came in quietly so as not to wake the family.
  그는 가족들이 깨어나지 않도록 하기 위해 조용히 들어왔다.

㉡ 원인 : ~하니, ~하고서 (감정의 원인)

- She was very happy to get the birthday present.
  그녀는 생일선물을 받고 대단히 기뻤다.
- He was disappointed to know that our team had lost the game.
  그는 우리 팀이 경기에 졌다는 사실을 알고는 몹시 실망했다.

㉢ 결과 : ~해서 (그 결과) ~하다

- She grew up to be a lovely woman[a musician] like her mother.
  그녀는 자라서 모친과 같은 미인이[음악가가] 되었다.
- They climbed the mountain to find a small lake on the top.
  그들이 그 산에 올라가 보니 정상에는 작은 호수가 있었다.

㉣ 이유 · 판단의 근거 : ~을 보니, ~하다니

- He must be a fool to say such a thing. 그런 말을 하다니 그는 틀림없는 바보이다.
- She must be crazy to say such a thing.
  그런 말을 하다니 그녀는 미친 것이 틀림없다.

㉤ 조건 : ~한다면

- I should be happy to be [if I could be] of service to you.
  너에게 도움이 될 수 있다면 기쁘겠는데. (of service = useful = helpful)
- To look at him [If you were to look at him], you could hardly help laughing.
  그를 바라본다면 아마 너는 웃지 않을 수 없을 것이다.

㉥ 형용사를 수식하는 경우

- This river is dangerous to swim in. = It is dangerous to swim in this river.
  이 강에서 수영하는 것은 위험하다.

- You are free to go or stay.

    가든지 머물러 있든지 너의 마음대로다.

- I am ready to start at once.

    나는 당장 출발할 준비가 되어 있다.

- I am surprised to hear the news.

    나는 그 소식을 듣고 놀랐다.

  ⓐ 부사를 수식하는 경우

- He was too honest to tell a lie.

    그는 너무나 정직하기 때문에 거짓말을 할 수가 없었다.

- She was kind enough to help me.

    그녀는 친절하게도 나를 도와주었다[나를 도와줄 만큼 친절했다].

(2) 원형부정사 `중요`

'to가 없는 부정사'를 원형부정사라고 하는데, 다음과 같은 경우에 쓰인다.

① will, shall, can, may, must, do 등의 조동사의 뒤에 오는 경우

- You must walk. 너는 걸어야 한다.

- I do like it. 나는 사실 그것을 좋아한다.

② see, hear, feel, watch, smell, notice, observe 등의 지각동사 뒤에 쓰이는 목적격보어가 되는 경우

- I heard those girls sing a beautiful song.

    나는 그 소녀들이 아름다운 노래를 부르는 소리를 들었다.

- We saw him cross the street. 우리는 그가 길을 건너는 것을 보았다.

더 알아두기

부정사의 특별 용법

- know가 see, hear와 동의어로 쓰일 때는 원형부정사를 보어로 동반한다(이 경우는 know가 완료형이나 과거형일 때만 쓰인다).

    - I have never known him tell a lie. 내가 들은 바로는 그는 거짓말을 한 일이 없다.

- 수동태의 구문이면 to를 붙인다.

    - He was seen to cross the street. 그가 길을 건너는 것이 보였다.

- let, make, bid, have 등 사역동사의 뒤에 오는 경우, 수동태가 되면 to를 붙인다.

    - He made me laugh.

        → I was made to laugh. 나를 웃겼다.

---

③ help의 뒤

to가 없는 형태는 주로 미국에서 쓰이고, to가 있는 형태는 미·영에서 공통으로 사용된다.

- Will you come and help me (to) develop some photos? 와서 사진현상을 좀 도와주겠니?
- She helped (to) raise money. 그녀는 기금 조달에 조력하였다.

④ 관용구의 뒤

- You had better go to bed. 너는 이제 자는 게 좋겠다.
- I cannot but laugh. = I cannot help laughing. 나는 웃지 않을 수 없다.
- He does nothing but laugh. 그는 웃고만 있다.
- I had rather go now than wait another day.
  나는 하루 더 기다리느니 지금 가는 것이 낫다.

⑤ 수 개의 부정사가 계속될 때, 보통 두 번째 이하의 to를 생략

- I must learn to speak, read, and write English.
  나는 영어의 회화, 읽기, 쓰기를 배워야 한다.

⑥ 미국에서는 be동사 다음에

- What I've got to do is go and see him. 내가 해야 할 일은 그를 만나러 가는 일이다.
- All he does is complain. 그는 불평만 한다.

(3) 부정사의 의미상의 주어

① 막연한 일반인일 때나 또는 문장의 주어와 동일할 때는 구태여 표시할 필요가 없다.

- It is wrong to tell a lie. 거짓말을 하는 것은 나쁘다.
- I expect to succeed. 나는 성공할 것이라고 생각한다.

② '주어 + 동사 + 목적어 + 보어'의 문형에서 보어가 부정사일 때 목적어가 부정사의 의미상의 주어이다.

- I expect him to come at once. = I expect that he will come at once.
  그가 곧 올 것이라고 나는 생각한다.
- I know him to be a man of importance. = I know that he is a man of importance.
  나는 그가 중요한 인물이라는 것을 알고 있다.

③ 'for + 의미상의 주어 + to do'의 문형에서 전치사 for를 사용하여 의미상의 주어를 나타내는 경우

- It is important for us to be honest. 우리가 정직해야 한다는 것이 중요하다.
- It is necessary for you to finish it by tomorrow.
  당신은 이것을 내일까지 끝낼 필요가 있습니다.

더 알아두기

의미상의 주어

『for + 목적격』은 본주어로 고칠 수 없고, 『of + 목적격』은 본주어로 고칠 수 있다.

• It is difficult for Tom to master English. (○)

→ Tom is difficult to master English. (×)

→ English is difficult for Tom to master. (○)

　톰이 영어를 완벽히 구사하는 것은 어렵다.

• It is very cruel of him to kill a dog. (○)

→ He is very cruel to kill a dog. (○)

　개를 죽이다니 그는 정말 잔인하다.

④ 'of + 목적어 + to부정사'로 나타내는 경우

사람의 성질을 나타내는 형용사, 즉 kind, nice, careless, foolish, careful, good 등이 오면 for 대신에 of를 쓴다.

• It is kind of you to say so.

그렇게 말하다니 당신은 친절하군요.

• It was wise of him not to spend the money.

돈을 쓰지 않은 그는 현명했다.

⑤ necessary, natural, easy, important 등의 형용사는 사람을 주어로 할 수 없다.

• You are necessary to go there. (×)

→ It is necessary for you to go there. (○)

→ It is necessary that you should go there. (○)

　넌 거기에 가야(만) 할 필요가 있다.

• I am easy to go there. (×)

→ It is easy for me to go there. (○)

　내가 거기에 가는 건 어렵지 않다.

(4) 부정사의 시제

① 단순부정사인 경우, 부정사의 시제는 술어동사의 시제와 같은 시제를 나타낸다. 부정사는 술어동사의 시제보다 이전에 있었던 사실을 나타낼 때는 'to have + p.p'를 사용한다.

• He seems to be ill. = It seems that he is ill. 그는 아픈 것 같다.

• He seemed to be ill. = It seemed that he was ill. 그는 아픈 것 같았다.

• He seems to have long been ill. = It seems that he has long been ill.

그는 오랫동안 아팠던[아파 온] 것 같다.

• He seemed to have long been ill. = It seemed that he had long been ill.

그는 오랫동안 아팠었던[아파 왔던] 것 같았다.

② 주문의 술부동사가 hope, expect, intend, mean, want, be sure, be likely 등과 같이 미래와 관계된 일들을 서술하는 동사일 때는 'to + 원형'만으로도 부정사는 미래시제를 나타낸다. 이들 동사에 'to have + p.p'를 붙이면 미래완료형에 상당하는 의미가 된다.

- He expects to succeed.

  그는 자기가 성공하리라고 기대[생각]하고 있다.

- I want to be a doctor.

  나는 의사가 되고 싶다.

- I expect to have finished this work by tomorrow evening.

  나는 내일 저녁때까지는 이미 이 일을 끝내버릴 것으로 생각한다.

- I hope to have read this book by next week.

  다음 주까지는 이 책을 다 읽어버리고 싶다.

③ 술부동사가 hoped, expected, intended, meant, wanted, was to, should like to와 같이 의향, 기대, 예정을 나타내는 동사의 과거형 뒤에 '(to) have + p.p'가 오면 실제로 이루어지지 않은 비현실의 일을 나타낸다. 이 경우 'had hoped + to부정사'를 써도 같은 의미이다.

- I hoped to find something to eat.

  = I hoped I should[would] find something to eat.

  나는 뭔가 먹을 것을 좀 찾을까 하고 기대했다(단순한 사실).

- I hoped to have found something to eat.

  = I hoped to find something to eat, but I couldn't.

  = I had hoped to find something to eat.

  나는 뭔가 먹을 것을 좀 찾을까 하고 기대했지만 찾아내질 못했다.

④ 가정법 과거완료의 조건절에 상당하는 부정사는 'to + 원형'이나 'to have + p.p'가 올 수 있다.

- It would have been wiser for you to leave it unsaid [to have left it unsaid].

  = It would have been wiser if you had left it unsaid.

  너는 그것을 말하지 않고 두는 편이 더 현명했을 텐데.

(5) 부정사의 부정형과 수동형

① 부정사의 부정형은 부정사 바로 앞에 not 또는 never를 둔다.

- He did not try to smile.

  그는 웃으려고 하지 않았다.

- I make it a rule never to eat between meals.

  나는 간식을 먹지 않기로 했다.

② 부정사의 수동형은 'to be + p.p'가 올 수 있다.

- Is there anything left to be delivered today?

  오늘 배달되어야 할 것이 남았습니까?

- He seems to have been busy last week.

  그는 지난주에 바빴던 것 같다.

(6) 부정사의 주의할 용법

① 대부정사

부정사의 반복을 피하기 위해 to만 쓴다.

- He talks now much less than he used (to talk).

  그는 지금 전보다는 훨씬 말수가 적어졌다.

- You could have got a job in England if you'd wanted to (get a job in England), couldn't you?

  만약 당신이 원했더라면 영국에서 일자리를 얻을 수도 있었을 텐데, 그렇지요?

② 독립부정사

문장 전체를 수식하며 글 중의 다른 부분에 대하여 독립된 입장에 있는 부정사로서, 조건 또는 양보를 나타낸다.

- To be frank with you, he doesn't care much for your plan.

  솔직히 말해서, 그는 너의 계획을 그다지 좋아하지 않는다.

- To tell the truth, I can't agree with him.

  사실을 말하면, 나는 그에게 동의할 수 없다.

> **체크 포인트**
>
> 이 밖에 to return to the subject(본론으로 돌아가서) / to begin with(우선) / to do one justice(공정하게 말해서) / to be sure(확실히) / to make matters worse(설상가상) 등이 있다.

③ 분리부정사

부사가 부정사를 수식한다는 것을 분명히 하기 위해 'to + 부사 + 동사원형'의 형태로서 부정사가 부사에 의해 분리된 부정사라는 의미이다.

- He prepared to silently accompany her.

  그는 조용히 그녀와의 동행을 준비했다.

- He failed to entirely understand it.

  그는 그것을 완전히 이해하는 데 실패했다.

5 동명사

(1) 동명사의 의미와 용법

① 의미

동명사는 동사의 원형에 '-ing'를 붙인 형식으로 동사와 명사의 성질 및 기능을 겸하고 있다. 동사적 성질은 목적어와 보어를 동반하여 수동태와 완료형이 되고 부사어구의 수식을 받는다는 점이며, 명사적 성질은 문장의 주어, 목적어, 보어가 된다는 점이다.

ⓐ 부정사와 마찬가지로 동명사도 주어로 사용되지만 일반적인 것을 말할 때는 동명사를 사용하고 어떤 특정의 것을 말할 때는 부정사를 사용하는 경향이 있다.

- Maintaining a large family is no easy task. 대가족을 부양한다는 것은 쉬운 일이 아니다.
- Traveling broadens the mind. 여행을 하면 마음[견문]이 넓어진다.
- It is no use crying over spilt milk. 엎질러진 우유를 놓고 울어 봐도 소용없다.
- It is very inconvenient arriving in London on Sunday.
  일요일에 런던에 도착하면 아주 불편하다.

ⓑ 주어에 동명사를 사용했을 때는 보어도 역시 동명사를 쓰며 부정사를 쓰면 안 된다. 반대로 주어가 부정사면 보어도 부정사이다.

- Seeing is believing. 백문이 불여일견
  cf. To see is to believe.
- That will be giving you as much trouble.
  그렇게 되면 당신에게 똑같은 골칫거리를 안겨주게 될 것이다.

② **동명사와 현재분사** 〈중요〉

'-ing'를 어미로 갖는다는 점에서 양자는 같은 형태이지만, 동명사는 명사의 구실을 하고 현재분사는 형용사의 구실을 한다는 점에서 전혀 다른 기능을 갖는다. 동명사가 명사 앞에 있을지라도 본질적으로는 '명사 + 명사'로서 a school year가 복합어인 것처럼 복합어이다. 이와 반대로 '현재분사 + 명사'는 a beautiful flower(아름다운 꽃)의 경우에서와 같이 '형용사 + 명사'의 구실을 한다. 따라서 '동명사 + 명사'에서는 일반적으로 앞의 동명사에 1차적 강세를, 뒤의 명사에 2차적 강세를 두고 발음하지만 '현재분사 + 명사'의 경우에는 뒤의 명사에도 강세가 주어져 이중 강세가 된다.

- a smoking room (동명사) 흡연실
- a smoking dish (현재분사) (김이 나는) 따끈따끈한 요리

의미상으로 보아도 a smoking dish에서는 '요리가 김을 모락모락 내고 있다'이지만, a smoking room에서는 '방 자체가 담배를 피운다'는 것은 있을 수 없다.

(2) 동명사의 시제와 태

① 동명사의 시제

ⓐ 동명사의 시제는 술부동사의 시제에 의해 결정되거나 술부동사 또는 동명사가 나타내는 의미에 따라 판단된다.

- He is proud of his father being a famous artist.
  = He is proud that his father is a famous artist.
    그는 부친이 유명한 예술가라는 것을 자랑으로 여기고 있다. (현재)
- I remember hearing the song.
  = I remember that I heard the song.
    나는 그 노래 소리를 들은 기억이 있다. (과거)

- He admitted stealing the money.

  = He admitted that he had stolen the money.

  그는 그 돈을 훔쳤었다는 사실을 시인했다. (과거완료)

- There is no hope of his being set free.

  = There is no hope that he will be set free.

  그가 석방되리라는 가망은 없다. (미래)

ⓛ 술부동사가 나타내는 시제보다 전에 완료된 일을 나타내기 위해서는 완료동명사 'having + p.p' 형식을 사용한다.

- He repents of having been idle in his youth.

  = He repents that he was idle in his youth.

  그는 젊었을 때 게으름피웠던 것을 후회하고 있다.

- He denied having had anything with the matter.

  = He denied that he had had anything with the matter.

  그는 그 사건에 아무런 관련도 없다고 말했다.

② **동명사의 태**

ⓐ 동명사는 기본적으로 태(voice)에 무관하다.

- His house needs mending. 그의 집은 수리할 필요가 있다.

- The subject is not worth discussing. 이 문제는 토의할 가치가 없다.

ⓛ 다만 능동과 수동으로 의미상으로 틀린 경우에는 'being + 과거분사'의 형태로 수동태가 쓰인다. 또한 '-ing' 형태 그대로 수동태의 의미를 나타내기도 한다.

- He was afraid of being punished. 그는 벌받을 것을 두려워했다.

- That needs no accounting for. 그것은 설명될 필요가 없다.

- The wounded deserve as much looking after as the sick.

  부상자도 질병환자와 똑같이 간호를 받을 자격이 있다.

(3) 동명사의 의미상의 주어

① 동명사의 의미상의 주어는 소유격으로 나타내는 것이 원칙이지만, 명사일 경우에는 목적격을 쓸 수 있다.

- Your being here won't help us much.

  네가 이곳에 있다는 것이 우리에게 큰 도움이 안 될 것이다.

- She insisted on my attending the party.

  그녀는 내가 그 파티에 꼭 참석해야 된다고 주장했다.

- Illness prevented him going abroad. 병 때문에 그는 외국에 나갈 수가 없었다.

- She is proud of her mother having been educated in England.

  그녀는 모친이 영국에서 교육받았다는 것을 자랑스럽게 여기고 있다.

② 동명사의 의미상의 주어는 일정한 경우 생략될 수 있다.

    ⊙ 의미상의 주어가 본주어와 같은 경우

      • He is proud that he is a scholar.

        = He is proud of being a scholar.

          그는 학자가 된 것이 자랑스러웠다.

    ⓛ 의미상의 주어가 목적어와 같은 경우

      • I punished him because he was dishonest.

        = I punished him for being dishonest.

          그가 부정직했기 때문에 나는 그를 처벌했다.

    ⓒ 동명사의 의미상의 주어가 일반인을 가리킬 경우

      • Studying English is no easy task. 영어를 공부하는 것은 쉬운 일이 아니다.

      • Taking a walk is a good exercise. 걷는 것은 좋은 운동이다.

(4) 동명사의 관용법 중요

① There is no ~ing = It is impossible to~ (도저히 ~할 수 없다)

    • There is no climbing up such a steep cliff.

      = It is impossible to climb up such a steep cliff.

        그처럼 가파른 벼랑을 올라가는 것은 불가능하다.

② There is no use ~ing = It is no use ~ing (~해도 소용이 없다)

    • There is no use crying over spilt milk.

      = It is no use crying over spilt milk.

        엎질러진 우유를 놓고 울어도 소용없다.

③ cannot help ~ing = cannot but 동사원형 (~하지 않을 수 없다)

    • I cannot help thinking him foolish.

      = I cannot but think him foolish.

        나는 그가 바보라고 생각하지 않을 수 없다.

④ of one's own ~ing = ~ed by oneself (~가 직접 ~한)

    • These are trees of our own planting.

      = These are trees planted by ourselves.

        이 나무들은 우리가 직접 심은 것들이다.

⑤ feel like ~ing (~하고 싶은 심정이다)

    • I felt like crying to hear the news. 나는 그 뉴스를 듣고 울고 싶었다.

⑥ On ~ing = As soon as, When (~하자마자)

    • On hearing the sad news, she began to cry.

      = As soon as she heard the sad news, she began to cry.

        그 슬픈 뉴스를 듣자마자 그녀는 울기 시작했다.

⑦ go ~ing (~하러 가다)

- My wife often goes shopping at the department store.

  나의 아내는 종종 그 백화점에 물건을 사러 간다.

⑧ be worth ~ing (~할 가치가 있다)

- The book is worth reading at once. 이 책은 즉시 읽을 가치가 있다.

⑨ not [never] ~ without ~ing (~하면 반드시 ~하다)

- They cannot meet each other without quarreling.

  그들은 서로 만나기만 하면 다툰다.

⑩ It goes without saying (that) ~ (~은 말할 것도 없다)

- It goes without saying that man is mortal. 사람이 죽는다는 것은 운명이다.

(5) 동명사와 부정사의 비교 `중요` `기출` 24, 20

부정사도 주어·보어·동사의 목적어가 될 수 있으므로 다음과 같이 바꿀 수가 있다. 다만 동사의 목적어가 되는 경우에는 그 동사에 의하여 동명사를 취하든가 부정사를 취하든가 또는 양자를 다 취하든가의 차이가 있기 때문에 주의하여야 한다. 양자를 취하더라도 대개의 경우 의미상의 큰 차이는 없지만, 경우에 따라 의미의 차이가 있을 때도 있다.

- Seeing is believing. → To see is to believe.
- His business is selling books. → His business is to sell books.
- I like swimming. → I like to swim.

① 동명사만을 목적어로 취하는 동사 `중요`

admit 인정하다	enjoy 즐기다	forbid 금하다
adore 좋아하다	delay 연기하다	deny 거절하다
risk 감행하다	advise 충고하다	excuse 변명하다
mind 꺼리다	stop 그치다	avoid 피하다
fancy 상상하다	miss 놓치다	understand 이해하다
consider 고려하다	escape 모면하다	practice 연습하다
(can't) stand 견디다	defend 방어하다	finish 끝내다
resist 저항하다	go on 계속하다	give up 포기하다
have done[finish] 끝내다	(can't) help 피하다	keep (on) 계속하다
leave off[stop] 그만하다	put off[postpone] 연기하다 등	

- We could not help laughing at the sight. 우리는 그 광경을 보고 웃지 않을 수 없었다.
- He always avoids giving a definite answer. 그는 언제나 확답하기를 피한다.
- I advise reading the letter carefully before answering it.

  답장을 쓰기 전에 그 편지를 주의 깊게 읽도록 해야 한다.

- I cannot understand his deserting his wife.

  나는 그가 어째서 아내를 버렸는지 이해할 수가 없다.

② 부정사만을 목적어로 취하는 동사

want 원하다	hope 희망하다	decide 결정하다
plan 계획하다	promise 약속하다	choose 선택하다
wish 원하다	desire 바라다	learn 배우다
refuse 거절하다	manage 그럭저럭 해내다 등	

- I want to be a doctor. 나는 의사가 되고 싶다.
- Do you hope to see her again? 그녀를 다시 만나기를 원하는가?
- I have decided to go to a vocational high school.
  나는 직업고등학교에 가기로 결정했다.
- He promised never to smoke again. 그는 다시는 담배를 피우지 않기로 약속했다.

③ 부정사와 동명사 둘 다 목적어로 취할 수 있는 동사

begin 시작하다	continue 계속하다	fear 두려워하다
forget 잊어버리다	hate 미워하다	like 좋아하다
omit 빠뜨리다	prefer 선호하다	regret 유감스러워하다
remember 기억하다	start 시작하다	try 노력하다

- He began to cry[or crying]. 그는 울기 시작했다.
- I continued to read[or reading] at home all day.
  나는 하루 종일 집에서 계속 독서를 하고 있었다.

④ 다음 동사들은 목적어로 부정사, 동명사 중 어느 것이 오느냐에 따라 다른 의미로 쓰인다.

㉠ remember, forget 기출 22
  - I remember seeing her before. (동명사 : 과거의 일)
    나는 그녀를 전에 만났던 것을 기억한다.
  - I remember to see him tomorrow. (부정사 : 미래의 일)
    나는 내일 그와 만날 것을 기억한다.

㉡ stop
  - They stopped fighting. (동명사 : ~하는 것을 그만두다)
    그들은 싸움을 중지하였다.
  - They stopped to fight. (부정사 : ~하기 위해 멈추다)
    그들은 싸우기 위해 걸음을 멈추었다.

㉢ like
  - I like smoking very much. (동명사 : 일반적 습관, 진술)
    나는 담배 피우기를 아주 좋아한다.
  - I'd like to smoke here. (부정사 : 일시적이고 구체적인 진술)
    여기서 담배 피우고 싶다.

ⓔ try

- He tried doing it. (동명사 : 시험 삼아 ~하다)

  그는 시험 삼아 그것을 해 보았다.

- He tried to do it. (부정사 : ~하려고 시도하다)

  그는 그것을 해 보려고 노력했다.

ⓜ go on

- He went on talking about his accident. (동명사 : 계속해서 ~하다)

  그는 그의 사고에 관해 끊임없이 이야기했다.

- He went on to talk about his accident. (부정사 : 쉬었다가 다시 계속하다)

  그는 그의 사고에 관해 계속 이야기했다.

ⓗ hate

- I hate telling a lie. (평소에) 나는 거짓말하는 것을 싫어한다.

- I hate to tell a lie. (지금) 거짓말하고 싶진 않다.

6 분사와 분사구문

(1) 분사 기출 21

① 분사의 의미

분사는 부정사나 동명사의 경우와 마찬가지로 **동사로서의 성질 및 기능을 하면서 형용사의 성질·기능도 가지고 있으며**, 현재분사(present participle)와 과거분사(past participle)가 있다.

ⓐ 현재분사

현재분사는 동사의 원형에 -ing를 붙이는 형태이며, 능동형이나 동작이 계속 진행 중인 경우, 시작되는 경우에 쓰인다.

- I kept standing all the way. 나는 내내 서 있었다.

- The gentleman (who is) speaking to the mayor is my uncle.

  시장에게 말을 하고 있는 신사는 나의 삼촌이다.

ⓑ 과거분사

과거분사는 규칙동사인 경우는 -ed를 어미에 붙이면 되고 불규칙동사일 때는 형태가 각각 다르다. 과거분사는 동작이 완료된 것이나 시작된 것일 경우, 혹은 수동일 때에 쓰인다.

- You had better leave it unsaid. 너는 그것을 말하지 않은 채로 두는 편이 낫다.

- He cannot get obeyed. 그를 복종시킬 수는 없다.

② **분사의 용법**

　㉠ 보어가 될 경우

　　• He sat reading a novel. 그는 앉아서 소설을 읽고 있었다.

　　• The treasure is said to remain buried somewhere.

　　　그 보물은 어딘가에 묻혀 있다고 한다.

　　• We left her crying in the room.

　　　우리는 그 방에서 그녀가 울고 있는 채로 내버려 두었다.

　　• I want to have my car washed. 내 차를 세차하고 싶다.

　㉡ 수식어가 될 경우

　　• There is a large navigable river running[which runs] through the city.

　　　배가 다닐 수 있는 큰 강이 그 도시를 관류하고 있다.

　　• They are names (which are) well known in literature.

　　　그것은 문학 분야에서 잘 알려진 이름들이다.

　　• I was visited by a lady (who had) just come up to town.

　　　나는 방금 상경한 한 부인의 방문을 받았다.

　　• It rained five hours running. 5시간 연달아 비가 왔다.

③ **분사의 시제**

일반적인 현재분사, 과거분사 외에 완료분사, 완료진행분사가 있는데 이것들은 엄밀하게 말하여 시제의 구별을 나타내는 것은 아니다. 이것들은 현실적 시간과는 관계없이 대개는 문장의 술어동사의 시제와의 시간적 전후 관계를 나타내고 있는 데 불과하다.

　㉠ 현재분사

　　현재분사는 보통 주문의 동사와 같은 때를 나타낸다.

　　• He spends hours, reading books. 그는 몇 시간이고 책을 읽으면서 보낸다.

　　• The girl, peeling the onion, smiled shyly.

　　　양파를 벗기고 있던 소녀는 수줍은 듯이 미소를 지었다.

　㉡ 과거분사

　　과거분사는 주문의 동사에 의하여 나타낸 때보다도 시간적으로 앞선 때를 나타낸다.

　　• He sat surrounded by his children. 그는 자녀들에게 둘러싸여 앉아 있었다.

　㉢ 완료분사

　　완료분사도 과거분사 모양으로 주문의 동사에 의해 표시된 때보다 앞선 때를 나타내지만 완료분사는 과거분사보다도 능동, 수동의 뜻이 분명하다.

　　• The teacher, having summoned Tom, waited impatiently.

　　　선생님은 톰에게 출두를 명한 후 조바심 내며 기다리고 있었다.

　㉣ 완료진행분사

　　완료진행사도 과거분사와 같이 쓰이지만 능동태로만 쓰인다.

　　• Having been driving all day, we were rather tired.

　　　하루 종일 차를 몰았기 때문에 우리는 어지간히 피로했다.

(2) 분사구문 기출 24

① 분사구문의 개념

㉠ 의미

주절과 종속부사절로 이루어진 복문에 있어서 쌍방의 절의 주어가 같을 경우, 부사절의 술어동사를 분사형태로 고치고 주어와 접속사를 생략할 수 있다. 이렇게 하여 새로이 이루어진 부사구를 분사구문이라고 한다.

- When he saw me, he ran off. = Seeing me, he ran off.

  나를 보자 그는 도망쳤다.

- When he arrived at the hospital, he found his daughter critically ill.

  = Arriving at the hospital, he found his daughter critically ill.

  그가 병원에 도착했을 때 그는 그의 딸이 심각한 병에 걸린 것을 알았다.

- Other things being equal, a married woman is a more efficient schoolteacher than an unmarried one.

  다른 조건이 같다면 학교 교사로서는 기혼여성이 미혼여성보다 적임자다.

- Granted that he told you a lie, he did so out of kindness.

  설사 그가 너에게 거짓말을 했다 하더라도 어디까지나 친절한 마음에서[선의로] 그렇게 한 것이었다.

- Strictly speaking, his report is not true.

  엄밀히 말해서 그의 보고는 사실이 아니다.

  cf. Speaking strictly도 가능하다.

- Generally speaking, men are physically stronger than women.

  일반적으로 말해서 남자는 여자보다 육체적으로 강하다.

- Standing as it does on the hill, the hotel commands a fine view.

  저렇게 언덕 위에 서 있으므로 그 호텔은 전망이 좋다.

- Written as it is in plain English, the book is fit for the beginners.

  그와 같이 쉬운 영어로 쓰여 졌기 때문에 그 책은 초심자들에게 알맞다.

㉡ 분사구문의 의미상의 주어 중요

분사구문 그 자체에는 문법상의 주어가 없지만, **분사가 나타내는 동작의 행위자**를 분사 구문의 의미상의 주어라고 한다. 보통의 경우는 주문의 주어가 그대로 분사구문의 의미상의 주어가 되지만, 분사구문의 의미상의 주어가 주문의 주어와 일치하지 않을 경우는 분사 앞에 의미상의 주어가 표시된다. (독립분사구문)

- The cold wind drove him indoors because he wore nothing but a light sweater.

  = Wearing nothing but a light sweater, he was driven indoors by the cold wind.

  얇은 스웨터밖에 입지 않아 그는 찬바람에 쫓겨 집 안으로 뛰어 들어갔다.

- He was absent, so I took his place.

  = His being absent, I took his place. (독립분사구문)

  그가 결근하였으므로 내가 그를 대신하였다.

> **더 알아두기**
>
> **독립분사구문**
>
> 분사구문의 의미상의 주어가 일반인을 나타낼 때는 주절의 주어와 다를지라도 생략해야 되는데 이를 비인칭 독립분사구문이라 한다.
>
> If we judge from his accent, he must be a foreigner.
>
> = Judging from his accent, he must be a foreigner.
>
>   악센트로 판단하건대 그는 외국인임에 틀림없다.
>
> • generally speaking 일반적으로 말하면
>
> • frankly speaking 솔직히 말하면
>
> • considering ~을 고려하면 **기출** 23
>
> • compared with ~으로 비교해 보면
>
> • seeing that ~ 때문에

    ⓒ 분사구문의 위치

       분사구문은 문두에 놓는 경우가 가장 많지만 문중 또는 문미에 놓는 경우도 있다.

       • The boys saw the owner of the orchard and ran off.

        = The boys, seeing the owner of the orchard, ran off.

        = Seeing the owner of the orchard, the boys ran off.

         소년들은 과수원 주인을 보자 도망쳤다.

② **분사구문의 용법** **중요**

    부사구는 때, 이유, 원인, 조건, 양보, 부대상황 따위를 나타낸다.

    ⓐ 때를 나타내는 분사구문

       • Walking along the street, I met a friend.

        = When I was walking along the street, I met a friend.

         길거리를 걷다가 나는 친구 한 명을 만났다.

    ⓑ 이유·원인을 나타내는 분사구문

       • Having met the boy before, I could recognize him at once.

        = Since I had met the boy before, I could recognize him at once.

         전에 그 소년을 본 일이 있기 때문에, 나는 그를 당장 알아보았다.

    ⓒ 조건을 나타내는 분사구문

       • Turning to the left, you will find the building.

        = If you turn to the left, you will find the building.

         왼쪽으로 돌면 그 건물이 나올 겁니다.

    ⓓ 양보를 나타내는 분사구문

       • Admitting your plan to be right, I still think it very hard to carry it out.

        = Though I admit your plan to be right, I still think it very hard to carry it out.

         너의 계획이 옳다고 하더라도 실행은 대단히 어렵다고 생각한다.

　　　　ⓜ 부대상황을 나타내는 분사구문

　　　　　　• So saying, he went out of the room.

　　　　　　　= He said so and he went out of the room.

　　　　　　　　그렇게 말하면서 그는 방을 나갔다.

　　③ **분사구문의 시제와 태**

　　　　㉠ 분사구문의 시제

　　　　　분사구문의 시제는 주문동사의 시제에 따라 판단하지만, 분사구문의 시제가 주절의 시제보다

　　　　　이전일 때는 'having + 과거분사' 형태(완료분사)를 사용한다.

　　　　　• Never having seen him before, I didn't know who he was.

　　　　　　전에 한 번도 본 적이 없기 때문에 나는 그가 누구인지 몰랐다.

　　　　　• The moon having risen, we put out the light. 달이 떴으므로 우리는 등불을 껐다.

더 알아두기

분사의 형태와 시제

구분	단순형 분사		완료형 분사	
	능동형	**수동형**	**능동형**	**수동형**
형태	• doing • making	• being done • being made	• having done • having made	• having been done • having been made
시제	주절의 동사와 같은 시제		주절의 동사보다 하나 더 과거시제	

　　　　㉡ 분사구문의 태

　　　　　분사구문이 수동태를 나타낼 때는 'being + 과거분사', 'having been + 과거분사'를 사용한다.

　　　　　문두에 오는 분사구문에서는 being은 생략되고 과거분사만 남는 것이 보통이다.

　　　　　• Compared with what it was, it has improved greatly.

　　　　　　그것은 전과 비교하면 크게 개선되었다.

　　　　　• Having been deceived so often, I am now on my guard.

　　　　　　지금까지 자주 속아왔기 때문에 지금 나는 조심하고 있다.

7 　조동사

(1) 조동사의 의미

　　조동사(auxiliary verb)는 본래 본동사였던 것이 다른 동사의 부정사와 결합되어 어떤 보조적 의미를
　　첨가하게 된 특수한 동사를 말한다. 이에는 'will, shall, have+과거분사', 'be+현재분사' 등처럼 시
　　제를 나타내는 것, 'be+과거분사'처럼 수동을 나타내는 것, 또 shall, will, should, would, may,
　　must, have to, can, do 등처럼 말하는 사람의 태도를 나타내는 것이 있다.

① **일반동사의 부정문·의문문을 만드는 조동사 : do**

조동사 do는 be동사 이외의 일반 동사의 문장에서 의문문과 부정문을 만들며, 도치구문에서도 쓰인다.

㉠ 의문문

- Do you hear me? 내 말이 들립니까?
- Does she love her father? 그녀는 아버지를 사랑합니까?

㉡ 부정문

- I don't have a brother. 나에게는 형제가 없다.
- He doesn't like apples. 그는 사과를 좋아하지 않는다.

㉢ 부가의문문

- She talks too much, doesn't she? 그녀는 말을 너무 많이 해요, 안 그래요?
- You don't want to be a teacher, do you? 당신은 교사가 되고 싶지 않죠, 그렇죠?

㉣ 일반 의문문의 대답

- Did you go there? 당신은 거기에 갔습니까?
  - Yes, I did. 네, 그랬습니다.
  - No, I didn't. 아니, 안 그랬습니다.

㉤ 도치구문

- So well did she do the work. 그녀는 그 일을 아주 잘했다.
- Never did I see him again. 나는 다시는 그를 보지 못했다.

㉥ 강조의 do

조동사 do는 be동사 이외의 일반동사의 긍정문에서 본동사의 의미를 강조한다.

- I do hope you can come to the party.

  나는 당신이 파티에 올 수 있기를 정말로 바란다.

- I don't know how it works, but it does work.

  그것이 어떻게 작동하는지 모르지만 어쨌든 그것은 작동한다.

㉦ 대동사 do

do동사가 be동사 이외의 일반동사의 반복을 피하기 위하여 사용되는 경우가 있는데 이를 대동사 do라 한다.

- He said he wouldn't see her again, but he did.

  그는 다시는 그녀를 보지 않을 것이라고 말했다. 그러나 그는 그녀를 보았다.

- If you want to go out, do it now.

  나가고 싶으면 지금 나가시오.

② **시제를 나타내는 조동사**

㉠ be : 진행시제 (be + 현재분사)
- There is a chandelier hanging from the middle of the ceiling.
  천장 중앙에 샹들리에가 매달려 있다.
- The store is going to be opened next month.
  그 가게는 다음 달에 개점될 예정이다.

㉡ have : 완료시제 (have + 과거분사)
- I have just finished reading today's evening paper.
  나는 오늘 석간신문을 방금 다 봤다[읽기를 끝냈다].
- My sister has just come home from shopping.
  나의 누이가 방금 장을 봐 가지고 돌아왔다.

㉢ will/shall : 미래시제 (will/shall + 동사원형)
- By the time she comes back, he will have finished all the homework.
  그녀가 돌아올 때까지 그는 숙제를 전부 끝내게 될 것이다.
- We shall have an examination in world history the day after tomorrow.
  우리는 모레 세계사 시험을 친다.

③ **동사의 의미를 보충해주는 조동사** : can, must, may 등
- He can speak Russian, not to mention English, German and French.
  그는 영어, 독어, 불어는 말할 것도 없고 러시아어도 말할 수 있다.
- For a politician to be taken seriously by the public, it must first be made clear that he takes himself seriously.
  정치가가 대중으로부터 진실된 대접을 받으려면 우선 먼저 자신이 진실되게 행동하고 있음을 분명히 해야 한다.
- You may wear what clothes you please.
  어느 것이든지 네가 좋아하는 옷으로 입어라.

④ **조동사의 특징** 중요
㉠ 조동사는 술어의 가장 앞에 위치하며, 조동사 다음에 오는 보조동사나 일반동사는 원형을 취한다(be, have는 예외).
- She can play the piano. 그녀는 피아노를 연주할 수 있다.
- I have finished the report. 나는 보고서를 끝냈다.

㉡ 조동사는 주어의 인칭과 수에 관계없이 언제나 같은 형태이다(be, have, do는 예외).
- I can play the piano. 나는 피아노를 연주할 수 있다.
- You can play the piano. 당신은 피아노를 연주할 수 있다.
- She can play the piano. 그녀는 피아노를 연주할 수 있다.

㉢ 조동사의 부정은 '조동사 + not'으로 나타낸다.
- I have not finished the report yet. 나는 보고서를 아직 끝내지 못했다.
- They do not go to school on Sundays. 그들은 일요일에는 학교에 가지 않는다.

ㄹ 두 개 이상의 조동사가 나란히 쓰이지 **않는다.** 따라서 활용이나 두 개 이상의 조동사가 필요한 경우 흔히 have to, be able to, be supposed to, be allowed to 등의 동사를 사용한다.

- We have to leave quietly not to disturb other people.
  우리는 다른 사람들에게 방해가 되지 않도록 조용히 자리를 떠야 한다.
- We had hoped that we should be able to call on you.
  우리는 당신을 방문하고 싶었지만 그러지 못했다.
- You are supposed to clean the table. 당신은 이 테이블을 치워야 한다.
- Never again should such a situation be allowed to arise.
  이와 같은 사태가 두 번 다시 일어나게 해서는 안 된다.

ㅁ 조동사가 쓰인 문장의 의문문은 '조동사 + 주어 ~?'의 어순이 된다.

- Have you finished the report yet? 당신은 보고서를 이미 끝냈습니까?
- Can she play the piano? 그녀는 피아노를 연주할 수 있습니까?

(2) 조동사의 종류 [중요]

① Will

조동사 will은 일반동사와 함께 술어에 쓰여 **예상, 제안, 의지, 습성 및 이상** 등을 나타낸다. 한편 현대 영어에서는 shall의 특별용법 이외의 모든 경우에 미래시제 조동사로 will이 쓰인다.

- He will be free this evening. 오늘 저녁에는 그가 한가할 것이다. (예상)
- I won't tell anybody. 나는 아무에게도 이야기하지 않겠다. (의지)
- Will you pass me the salt? 소금을 건네주시겠습니까? (부탁)
- Will you have some more coffee? 커피를 좀 더 드실래요? (권유)

② Would

will의 과거형인 would는 will의 용법에 준하는 과거 의미를 갖는 것이 원칙이나 would만의 **특별한 의미를 갖기도 한다.**

ㄱ Will의 과거로 쓰이는 Would

- I thought he would do it. 나는 그가 그 일을 하리라고 생각했다.
- He said he would try. 그는 한번 해 보겠다고 말했다.

ㄴ 과거의 습관을 나타내는 Would

『~하곤 했다』라는 의미로 과거의 불규칙적인 습관을 나타낸다.

- She would often take a walk. 그녀는 종종 산책을 하곤 했다.
- She would often get up late in the morning. 그녀는 종종 아침에 늦게 일어나곤 했다.

> **더 알아두기**
>
> **습관을 나타내는 용법**
> • 과거의 불규칙적인 습관은 would로 나타내고, 과거의 규칙적인 습관이나 지속적인 상태는 「used to + 동사원형」으로 나타낸다. **기출** 23
> - He used to take a walk every morning.
>   그는 매일 아침 산책을 하곤 했다.
> - There used to be a book store around the corner.
>   예전에는 길모퉁이에 서점이 있었다.
> • '~에 익숙하다, ~에 익숙해 있다'라는 숙어는 「be used to + 명사」, 또는 「get used to ~ing」를 쓴다.
> - He is used to Korean customs.
>   그는 한국 관습에 익숙해져 있다.
> - She will get used to cooking the Korean food.
>   그녀는 한국 음식을 요리하는 데 익숙해질 것이다.

　ⓒ Would you ~?

　　Would you ~?는 『~해 주시겠습니까?』하는 뜻으로 Will you ~?보다 더 정중하고 완곡한 부탁의 표현이 된다.

　　• Would you do me a favor? 부탁 하나 들어주시겠습니까?

　　• Would you tell me the time? 몇 시인지 말씀해 주시겠습니까?

　ⓔ 강한 거절을 나타내는 Would

　　주로 부정의 형태로 『~하려고 하지 않았다』의 의미로 쓰인다.

　　• She would not take any money from me. 그녀는 나로부터 어떤 돈도 받으려 하지 않았다.

　　• He wouldn't go there instead of her. 그는 그녀 대신 시장에 가지 않으려 했다.

　ⓜ Would like to + 동사원형

　　「would like to + 동사원형」은 『~하고 싶다』는 의미의 표현이다.

　　• I would like to buy the book. 나는 그 책을 사고 싶다.

　　• Would you like to go shopping? 쇼핑하러 가시겠습니까?

③ Shall

　조동사 shall은 일반동사와 함께 술어에 쓰여 **예상, 제안, 권유** 등을 나타낸다.

　• We shall get there in time. 우리는 늦지 않게 도착할 것입니다. (예상)

　• Shall we watch movie this afternoon? 오늘 오후에 영화를 볼까요? (제안)

　• Shall I make some tea? 차를 좀 타다 드릴까요? (권유)

④ Should

　should는 shall의 과거형으로 쓰이는 이외에 다음과 같은 의미를 갖기도 한다.

　ⓐ 의무나 당연을 나타내는 Should

　　• You should obey the school rules. 교칙을 지켜야 한다.

　　• We should be polite to other people. 다른 사람들에게 공손해야 한다.

  ⓛ should have + 과거분사 [기출] 20

「should have + 과거분사」는 『~했어야만 했는데』하고 과거에 하지 못한 일에 대한 후회나 유감을 나타내는 표현이 된다.

- You should have done the work. 당신은 그 일을 꼭 했어야만 했다.
- We should have left 30 minutes earlier. 우리는 30분 일찍 출발했어야 했다.

  ⓒ that절에 쓰인 「should + 동사원형」 [기출] 22

필요, 당연, 명령, 주장, 권고, 요구, 유감 등을 나타내는 주절에 이어지는 that절에는 「should + 동사원형」이 쓰이게 된다. 이때 미국식 영어에서는 should 없이 동사원형만이 쓰이는 경우가 많다.

- It is necessary that you (should) work hard in your middle school days.
  중학교 시절에 열심히 공부할 필요가 있다.
- I insisted that he (should) be invited to the party.
  나는 그가 파티에 초대되어야 한다고 주장했다.
- I proposed that we (should) go there. 나는 우리가 거기에 가야 한다고 제안했다.
- I suggested that a doctor (should) be sent for. 나는 의사를 보내야 한다고 제안했다.

⑤ **Can**

can의 부정형은 can not 또는 cannot으로 쓰며, 그 축약형은 can't이다. 또 can의 과거형은 could이다.

  ㉠ 능력, 가능성을 나타내는 Can

- I can speak English well. 나는 영어를 잘할 수 있다.
- A man can make mistakes. 누구나 실수를 할 수 있는 것이다.

체크 포인트

can이 『~할 수 있다』는 능력이나 가능성을 나타낼 때는 be able to로 대신할 수 있다.
- I will be able to answer the question. 나는 그 문제에 대답할 수 있을 것이다.
- If I had been able to speak English well, I would have got a better job.
  만약 내가 영어를 잘 할 수 있었다면 더 좋은 직장을 얻었을 것이다.

  ⓒ 허가를 나타내는 Can

- Can I use your dictionary? 사전을 써도 될까요?
- You can borrow this story book. 너는 이 동화책을 빌려가도 좋다.

  ⓒ 추측을 나타내는 Can

- It cannot be true. 그것은 사실일 리가 없다.
- He cannot have done such a thing. 그가 그런 일을 했을 리가 없다.

⑥ **May**

  ㉠ 허가를 나타내는 May

- You may come whenever you are sad. 슬플 땐 언제든 와도 좋습니다.
- You may use my computer. 내 컴퓨터를 사용해도 좋다.
- You may go there. 그곳으로 가도 좋다.

    ⓛ 추측을 나타내는 May

- He may be late for school. 그는 학교에 늦을지도 모른다.
- The news may not be true. 그 소식은 사실이 아닐지도 모른다.

    ⓒ 기원을 나타내는 May

- May you succeed! 당신이 성공하기를!
- May you live long! 오래 사시기를!

    ⓔ May/Might가 쓰인 관용적 표현

- in order that … may ~ (~하기 위하여)
  - I'm studying English in order that I may be an English teacher.
    나는 영어교사가 되기 위하여 영어를 공부하고 있다.
- so that … may ~ (~할 수 있도록, ~하려고)
  - I will leave early so that I may get a good seat.
    나는 좋은 자리를 얻기 위해 일찍 떠날 것이다.
- may well ~ (~하는 것이 당연하다)
  - You may well be proud of your son. 당신이 아들을 자랑스럽게 생각하는 것은 당연하다.
- may as well ~ (~하는 것이 좋겠다)
  - He may as well be a diplomat. 그는 외교관이 되는 것이 좋겠다.
- may as well ~ as … (…보다는 차라리 ~하는 게 낫다, …하는 것은 ~하는 것과 다름없다)
  - You may as well not know a thing at all as know it imperfectly.
    어설프게 알고 있는 것보다는 차라리 전혀 모르는 게 낫다.

⑦ Must

    ㉠ 필요, 의무를 나타내는 Must

- We must quit smoking. 우리는 금연을 해야만 한다.
- I must be going now. 나는 이제 가야 한다.

    ⓛ 금지를 나타내는 Must not

- You must not tell a lie. 거짓말을 해서는 안 된다.
- I must not go now. 나는 지금 가서는 안 된다.

    ⓒ 강한 추측을 나타내는 Must

- What he said must be true. 그가 말한 것은 사실임에 틀림없다.
- She must be a scientist. 그녀는 과학자임에 틀림없다.

> **더 알아두기**
>
> **must의 용법**
> - must의 미래형 : will have to
> - must의 과거형 : had to
> - must의 부정형 : must not / don't have to / don't need to
> - 의무나 당위를 나타내는 must는 have to / has to / had to로 바꾸어 쓸 수 있다.
> - 강한 추측을 나타내는 must에 대한 부정은 『~일 리가 없다』라는 cannot을 사용한다.

⑧ **Ought to**

조동사 ought는 to부정사와 함께 쓰여 의무, 예상 등을 나타낸다. ought to의 부정형은 ought not to이다.

㉠ 의무
- You ought not to lose this chance. 당신은 이번 기회를 놓쳐서는 안 된다.
- You ought not to say such a thing. 그런 말을 해서는 안 된다.

㉡ 예상
- He ought to be here soon. 그는 곧 도착할 것입니다.

⑨ **Need/Dare**

㉠ Need

need는 『~할 필요가 있다』는 뜻으로 부정문과 의문문에서 조동사로 쓰인다. 긍정문에서는 본동사로만 쓰이므로 뒤에 목적어로 to부정사가 따르게 된다.
- You need not write a letter to her. 당신은 그녀에게 편지를 쓸 필요가 없다.
- You need not come here. 여기에 올 필요는 없다.
- Need Tom come here? 톰이 여기에 올 필요가 있나요?
- Need I stay here? 여기에 머물러야 합니까?
- My computer needs to be repaired. 내 컴퓨터는 수리가 되어야 한다.
- Tom needs to come here. 톰은 여기에 올 필요가 있다.

㉡ Dare

dare는 『감히 ~하다, ~할 용기가 있다』는 뜻으로 부정문과 의문문에서 조동사로 쓰인다. 긍정문에서는 본동사로만 쓰이므로 뒤에 목적어로 to부정사가 따르게 된다.
- He dare not say such a thing. 그는 감히 그런 말을 할 용기가 없다.
- She dare not do such a thing. 그녀는 감히 그런 일을 하지 못한다.
- Dare you say such a thing? 네가 감히 그런 것을 말하겠느냐?
- How dare you speak to me like that? 어떻게 감히 나에게 그렇게 말할 수 있느냐?
- She dared to say such a thing. 그녀는 감히 그런 것을 말했다.
- He dared to tell us the truth. 그는 용기 있게 우리에게 진실을 말했다.

⑩ Used to

　㉠ 과거의 규칙적인 습관

　　• Did you use to eat a lot of chocolate? 초콜릿을 많이 먹곤 했지?

　　• He used to be playing soccer. 그는 축구를 하고 있곤 했다.

　　　(used to 뒤에 완료형은 올 수 없지만 진행형은 올 수 있다)

　㉡ ~하는 데 익숙해 있다

　　'be used to + 명사/동명사'의 형태로 주어에는 사람, 동명사에는 행위가 와야 한다.

　　• I'm used to jogging everyday. 나는 매일 조깅을 하는 데 익숙해 있다.

　　• I'm used to the stress. 나는 스트레스에 익숙해 있다.

8 명사

(1) 명사의 종류

명사는 명칭에서 알 수 있듯이 사물의 이름을 일컫는 말이다. 명사는 여러 가지 관점에서 분류할 수 있으나 본서에서는 다음과 같이 나눈다.

① **보통명사(Common Noun)**

같은 종류의 동물・사물에 두루 쓰이는 명사로, 대부분 일정한 모양을 갖추고 있기 때문에 셀 수 있는 명사이다.

예 boy, pencil, table, flower 등

• I have an egg. (단수)

• He has two eggs. (복수)

② **고유명사(Proper Noun)**

인명・지명이나 특정한 사물의 이름으로 쓰이는 명사로서, 셀 수 없는 명사이다. 대문자로 시작하며, 원칙적으로는 복수로 할 수 없고 관사를 붙이지 못한다. 다만 건물명・하천명 따위에는 the를 붙인다.

• Mt. Everest is the highest mountain in the world.

　에베레스트는 세상에서 가장 높은 산이다.

• The United States of America is a very big country.

　미국은 매우 큰 나라이다.

③ **물질명사(Material Noun)**

물질의 이름을 나타내는 명사로서, 일정한 모양을 갖추고 있지 않으므로 셀 수 없는 명사이다.

예 sugar, gold, paper, gas, snow 등

• I like silver better than gold. 나는 금보다 은을 좋아한다.

• The committee went through every paper on the problem.

　위원회는 그 문제에 관한 모든 서류를 일일이 면밀하게 조사하였다.

물질명사의 수량을 나타낼 때에는 a cup of, a piece of, two cups of와 같이 단위를 표시하는 명사를 쓴다.

a cup of tea   two cups of tea
a glass of water   two glasses of water
a piece of chalk   four pieces of chalk
a pound of sugar   five pounds of sugar

④ **집합명사(Collective Noun)**

사람 또는 사물의 집합체를 나타내는 것으로 셀 수 있는 명사이다. 집합명사는 집합체 전체를 하나로 생각할 때는 단수로 받고, 그 집합체를 이루는 개개의 구성원을 생각할 때는 군집명사라 하여 복수로 다룬다.

예 class, family, people 등
• Our class is very large. (집합명사 – 단수취급) 우리 학급은 매우 크다.
• Our class are all diligent. (군집명사 – 복수취급) 우리 반 학생들은 모두 부지런하다.

⑤ **추상명사(Abstract Noun)**

사람이나 사물의 성질·동작·상태 등의 추상적인 개념을 나타내는 것으로 셀 수 없는 명사이다. 추상명사의 대부분은 동사·형용사에서 만들어진 것이 많다.

예 hope, life, kindness, beauty 등
• He was proud of his wife's beauty being made so much of.
  그는 자기 아내의 아름다움이 대단한 인기를 얻고 있다고 자랑했다.
• He came to see me in the hope that I would help him.
  그는 내가 도와 줄 수 있으리라는 희망을 갖고 나를 만나러 왔다.

(2) 명사의 수

영어에서는 하나, 둘 셀 수 있는 보통명사를 두 가지로 구분한다. 물건인 경우 한 개, 사람인 경우 한 명을 나타낼 때에는 「단수명사」라고 하고, 두 개나 두 명 이상을 나타낼 때에는 「복수명사」라고 한다.

① **규칙변화**

㉠ 단수형 명사에 -s를 붙인다.

book–books   map–maps
girl–girls   tree–trees

㉡ 명사가 s, z, sh, x, ch로 끝나면 -es를 붙인다.

bus–buses   box–boxes
bench–benches   dish–dishes

ⓒ [자음 + y]로 끝나는 말은 y를 i로 고치고 -es를 붙인다.

> city–cities   lady–ladies

ⓔ [모음 + y]로 끝나는 말은 그대로 -s를 붙인다. 발음은 [z]

> boy–boys   chimney–chimneys
> monkey–monkeys

ⓜ [자음 + o]로 끝나는 말은 -es를 붙인다. 발음은 [z]

> hero–heroes   potato–potatoes
> ※ 예외 : piano–pianos, photo–photos, radio–radios

ⓗ 어미가 f, fe로 끝나면 v로 고치고 -es를 붙인다. 발음은 [vz]

> leaf–leaves   wolf–wolves
> knife–knives   wife–wives
> ※ 예외 : roof–roofs, safe–safes(금고)

② **불규칙변화**

　　㉠ 모음을 변화시키는 경우

> man–men   woman–women
> foot–feet   tooth–teeth

　　㉡ 어미에 -en을 붙인다.

> ox–oxen   child–children

　　㉢ 단수와 복수의 형태가 같은 것

> fish–fish   deer–deer
> sheep–sheep   Japanese–Japanese
> Swiss–Swiss

③ **명사의 수에 따른 용법** 중요

ㄱ) 가산명사의 단수형 앞에는 관사 a/an이 쓰일 수 있으며, 가산명사의 단수형은 반드시 관사 a/an, the를 포함한 한정사(my, your, this, every 등)의 뒤에 쓰인다.

- I had waited an hour before the bus came. 한 시간을 기다려서야 겨우 버스가 왔다.
- Such things do not happen every day. 이 같은 일이 매일 일어나는 것은 아니다.

ㄴ) 가산명사의 복수형 앞에는 관사 a/an이 쓰이지 않으며, 가산명사의 복수형은 한정사(my, your, this, every 등) 없이 단독으로 쓰일 수 있다.

- I asked several questions of him. 나는 그에게 몇 가지 질문을 했다.
- They are twins and we can hardly know one from the other.
  그들은 쌍둥이이기 때문에 거의 구별을 할 수 없다.

ㄷ) 가산명사의 단수형이 주어로 쓰이는 경우에는 동사의 단수형이 술어로 쓰인다.

- This company has the know-how required to manufacture such items.
  이 회사는 이와 같은 품목들을 생산해 내는 데 필요한 전문적인 정보와 기술을 가지고 있다.
- The rain is letting up. 비가 그치기 시작했다.

ㄹ) 가산명사의 복수형이 주어로 쓰이는 경우에는 동사의 복수형이 술어로 쓰인다.

- Can you make out what these words are? 너는 이 낱말들이 무엇을 뜻하는지 알 수 있겠니?
- The little children are always running after their mother.
  저 아이들은 언제나 어머니를 졸졸 따라 다니고 있다.

④ **복수형 명사의 유의할 용법**

ㄱ) 항상 복수형으로 쓰이는 명사

glasses (안경)	shoes (신발)
boots (부츠)	socks (양말)
stockings (스타킹)	trousers (바지)
pants (바지)	gloves (장갑)
scissors (가위)	

ㄴ) 복수형이 되면 의미가 달라지는 명사

air (공기, 대기)	→	airs (분위기, 건방진 태도)
advice (충고, 조언)	→	advices (보고, 통보)
arm (팔)	→	arms (무기, 팔의 복수)
manner (방법, 방식)	→	manners (예절, 풍습)
pain (고통, 아픔)	→	pains (수고, 노력)
color (색, 빛깔)	→	colors (군기, 국기)
force (힘, 작용)	→	forces (군대)
custom (습관)	→	customs (관세, 세관)

ⓒ 부분을 나타내는 명사의 수일치

most of, the part of, the majority of, the rest of	+ 복수명사	→ 복수형 동사
	+ 불가산 명사 / 단수명사	→ 단수형 동사

(3) 명사의 격

'격'이란 명사 또는 대명사가 문장 중의 다른 어구에 대하여 가지는 문법적인 관계를 말한다.

① **주격의 용법**: 주어, 주격보어, 호격, 동격
- The boy is very strong. 저 소년은 힘이 세다.
- He is a good pianist. 그는 훌륭한 피아니스트이다.
- Tom, study hard. 톰, 공부 열심히 해라.
- That man is Mr. Smith, our English teacher. (Mr. Smith = Our English teacher)
  이 분은 우리 영어 선생님이신 스미스 씨입니다.

② **목적격의 용법**: 동사와 전치사의 목적어, 목적보어, 목적어의 동격
- He washed his hands. 그는 그의 손을 씻었다.
- Write in blue ink. 파란색 잉크로 써라.
- We call him Jim. 우리는 그를 짐이라 부른다.
- I met our teacher, Mr. Smith. 나는 우리 선생님이신 스미스 씨를 만났다.

③ **소유격의 용법**
  ㉠ 사람과 동물을 나타내는 명사는 어미에 's를 붙여 소유격을 만들고, -s로 끝나는 복수명사는 Apostrophe(')만 붙인다.
  - the boy's bag
  - the boys' books
  - a girls' school
  ㉡ 무생물인 경우에는 원칙적으로 of를 써서 소유격을 만든다.
  - the door of this classroom
  ㉢ 시간·거리·무게를 나타내는 경우는 's를 붙인다.
  - today's newspaper
  - an hour's walk
  - five mile's distance
  ㉣ 공동 소유와 개별 소유
  - He is Tom and Mary's uncle. (공동 소유)
    그는 톰과 메리의 삼촌이다.
  - These are Tom's and Mary's books. (개별 소유)
    이것들은 톰과 메리의 책들이다.

ⓜ 이중소유격

a(an), this, that, some, any 등과 같이 소유격을 쓸 때에는 of를 사용하여 이중소유격을 만든다.

- He is a friend of my brother's. 그는 내 형제의 친구이다.
- This dress of hers is not new. 그녀의 이 드레스는 새것이 아니다.
- Do you know any friends of his? 그의 친구 중에 아는 사람이 있습니까?
- Look at that house of Mr. Kim's. 김 씨의 저 집을 봐!

ⓗ 소유격 뒤의 명사를 생략하는 경우

명사의 반복을 피하거나, house, store 등이 소유격 뒤에 오면 보통 생략된다.

- This bag is my mother's (bag).

  이것은 우리 어머니의 가방이다.

- I will stay at my uncle's (house) during the winter vacation.

  나는 겨울 방학 동안 삼촌댁에 있을 것이다.

- My father went to the barber's (shop). 아버지는 이발소에 가셨다.

(4) 명사의 성(性)

① 남성명사와 여성명사

ⓒ 별개의 낱말을 사용하는 경우

- husband (남편) - wife (아내)
- nephew (조카) - niece (조카딸)
- wizard (남자마법사) - witch (마녀)
- monk (남자수도승) - nun (수녀)
- bull (황소) - cow (암소)
- bachelor (독신남) - spinster (독신녀)

ⓒ 남성명사의 어미에 -ess를 붙여 여성명사를 만드는 경우

- lion (숫사자) - lioness (암사자)
- prince (황태자) - princess (공주)
- host (남자주인) - hostess (여자주인)
- emperor (황제) - empress (황후)
- tiger (숫호랑이) - tigress (암호랑이)
- God (남신) - Goddess (여신)
- actor (남자 배우) - actress (여자 배우)
- heir (남자 상속인) - heiress (여자 상속인)

ⓒ 기타

- he-goat (숫염소) – she-goat (암염소)
- bridegroom (신랑) – bride (신부)
- widower (홀아비) – widow (과부)
- hero (영웅) – heroine (여장부)
- man-servant (남자 하인) – maid-servant (여자 하인)

② **통성명사와 중성명사**

㉠ 통성명사

통성은 남녀의 구별은 있어도 그 구별을 나타내지 않는 것으로, 동물을 나타내는 통성명사의 대명사는 it으로 받지만 사자, 개와 같이 사나운 동물은 남성 취급을 하여 he로 받고, 고양이, 앵무새 등과 같이 약한 동물은 여성 취급하여 she로, child, baby 등은 it으로 받는다. (parent, friend, child, reader, monarch, spouse 등)

㉡ 중성명사(무생물)의 의인화

- 강하고, 맹렬하고, 위대한 것 : 남성명사 (sun, war…)
- 아름답고, 우아하고, 가련한 것 : 여성명사 (moon, peace…)
- 국가명은 경제·사회·문화적 측면은 여성 취급, 국토나 지리적 측면은 중성 취급
  - England is justly proud of her poets. (국가, 여성)
  - America is rich in its natural resources. (국토, 중성)

(5) 명사의 주의할 용법 〔중요〕

① **The + 단수보통명사 = 추상명사**

- He is writing a letter with a pen. (보통명사)

  그는 펜으로 편지를 쓴다.

- The pen is mightier than the sword. (추상명사)

  펜(글)은 칼(무력)보다 강하다.

② **종족 대표** : 어떤 종족의 전체

㉠ A(an)/The + 단수보통명사 (대표단수)

- A dog is a useful animal.
- The dog is a useful animal.

  개는 유용한 동물이다.

㉡ 복수보통명사 (대표복수)

- Dogs are useful animal. 개는 유용한 동물이다.

③ **고유명사의 보통명사화**

ㄱ 국민 한 사람, 가족, ~의 집안사람
- He is a Korean. 그는 한국 사람이다.
- His father is a Smith. 그의 아버지는 스미스 가문의 사람이다.
- The Bakers loved to entertain others.

  베이커 씨 부부는 다른 사람들을 즐겁게 하는 것을 좋아한다.

ㄴ ~라는 사람
- A Mr. Lee called you up in your absence.

  당신이 부재중일 때 이 씨라는 사람이 당신에게 전화했었다.

ㄷ 제품, 작품을 나타낼 때
- He bought a Hyundai. 그는 현대 자동차를 한 대 샀다.
- There are two Rembrandts in the gallery. 갤러리에는 두 점의 렘브란트 작품이 있다.

ㄹ ~과 같은 사람, 사물(성질을 나타냄)을 나타낼 때
- A Newton cannot become a Shakespeare.

  뉴턴 같은 과학자가 셰익스피어 같은 문학가가 될 수는 없다.
- He is the Newton of the age. 그는 당대의 뉴턴 같은 과학자이다.

④ **추상명사의 보통명사 및 집합명사화**
- He was wild in his youth. (추상명사)

  그는 젊은 시절에 거칠었다.
- He is an ambitious youth. (보통명사)

  그는 야심 있는 젊은이이다.
- Youth should respect age. (집합명사)

  젊은이들은 노인들을 존경해야 한다.

⑤ **추상명사의 형용사적 · 부사적 용법**

ㄱ of + 추상명사 = 형용사
- a man of ability = an able man
- a man of wisdom = a wise man
- a matter of importance = an important matter
- a man of use = a useful man
- a man of learning = a learned man
- of use = useful, of value = valuable
- a man of experience = an experienced man

ㄴ [with, without, by, to, in] + 추상명사 = 부사
- with kindness = kindly
- with ease = easily
- with safety = safely
- without doubt = undoubtedly
- by accident = accidentally
- to perfection = perfectly
- in reality = really
- in earnest = earnestly

ⓒ all + 추상명사[추상명사 + itself] = very + 형용사 (매우 ~한)

• He is all kindness.

= He is kindness itself.

= He is very kind.

그는 매우 친절하다.

9 대명사

(1) 대명사의 종류

① **인칭대명사** : 말하는 자신이나 상대방, 그리고 제3자를 구별하여 나타내는 대명사

예 I, you, she, we, they 등

• I believe in this method. 나는 이 방법이 좋다고 생각한다.

• He made believe not to hear me. 그는 내 말을 못 들은 척 했다.

② **지시대명사** : 사람이나 사물을 가리키는 대명사

예 this, that, it 등

• This dress becomes her very well. 이 옷이 그녀에게 잘 어울린다.

• A true friend would not do a thing like that. 진정한 친구라면 그와 같은 일은 하지 않을 것이다.

③ **의문대명사** : 의문을 나타내는 대명사

예 who, what, which, where, why, how

• I was at a loss what to do. 나는 무엇을 해야 할지 몰라 당황했다.

• I don't know where to go or what to do. 나는 어디로 갈지, 무엇을 해야 할지 모르겠다.

④ **부정대명사** : 사람이나 사물을 막연히 가리키는 대명사

예 one, none, any, some, each, every, other, others, another

• Not all Canadians speak English. Some of them speak French.

캐나다인 전부가 영어를 말하는 것은 아니다. 프랑스어를 말하는 사람도 있다.

• None of my friends are here yet. 나의 친구들은 아직 아무도 여기 오지 않았다.

⑤ **관계대명사** : 대명사와 접속사의 역할을 동시에 하는 대명사

예 who, which, that, what 등

• He had three daughters, who have not married yet.

그는 딸이 셋인데, 모두 아직 결혼을 하지 않았다.

• I know a boy who can speak French. 나는 프랑스어를 할 줄 아는 한 소년을 안다.

(2) 인칭대명사

① 인칭대명사의 격변화

인칭	수		주격	소유격	목적격	소유대명사	재귀대명사
제1인칭	단수		I	my	me	mine	myself
	복수		we	our	us	ours	ourselves
제2인칭	단수		you	your	you	yours	yourself
	복수		you	your	you	yours	yourselves
제3인칭	단수	남성	he	his	him	his	himself
		여성	she	her	her	hers	herself
		중성	it	its	it	its	itself
	복수		they	their	them	theirs	themselves

- He speaks English very well. (주격)

  그는 영어를 잘한다.
- His parents are working in the garden. (소유격)

  그의 부모님은 정원에서 일을 하고 있다.
- His mother bought him a new watch. (목적격)

  그의 어머니가 그에게 새 시계를 사주었다.
- The books on the desk are his. (소유대명사)

  책상 위에 있는 그 책은 그의 것이다.
- He thinks of himself only. (재귀대명사)

  그는 자기만 생각한다.

② 소유대명사(= 소유격 + 명사)의 용법

명사 앞에 a, an, this, some, any, no 등과 소유격을 같이 쓸 때에는 '명사 + of + 소유대명사' 순서로 하여 이중소유격을 만든다.

- This book is mine. = This is my book. 이것은 내 책이다.
- Do you know any friends of hers? 너는 그녀의 친구 중에 아는 사람이 있니?

③ we, you, they의 특별용법

인칭대명사 중에서 we, you, they는 막연히 일반 사람을 나타내는 경우에도 쓴다.

- We have much rain in June. 6월에는 비가 많이 온다. (여기서 we는 날씨를 나타냄)
- They say that he is honest. 그는 정직하다고들 한다.

④ 재귀대명사의 용법

ⓐ 재귀적 용법 기출 22

주어의 동작이 자신에게 돌아가는 경우로, 동사 혹은 전치사의 목적어로 사용된다.

- He killed himself. 그는 자살했다.
- She looked at herself in the mirror. 그녀는 거울에 자신을 비추어 보았다.

ⓒ 강조적 용법

주어, 목적어, 보어의 뜻을 강조하기 위해 쓰이는 재귀대명사로 생략이 가능하다.

- Tom did the work himself. (주어 강조)

  톰은 그 일을 직접 했다.

- I want to see your father himself. (목적어 강조)

  나는 (다른 사람이 아닌) 너의 아버지를 보기를 원한다.

- It was Mary herself that met him in the park. (보어 강조)

  공원에서 그를 만난 건 메리 자신이었다.

ⓒ 전치사와 재귀대명사의 관용어 **중요**

- She went there by herself. (혼자서)

  그녀는 그 곳에 혼자 갔다.

- You can't live for yourself. (혼자 힘으로)

  너는 혼자서는 살 수 없다.

- The door opened of itself. (저절로)

  문이 저절로 열렸다.

- After her son died by accident she was beside herself. (제정신이 아닌, 미친)

  그녀의 아들이 사고로 죽은 후 그녀는 제정신이 아니었다.

- I kissed her in spite of myself. (자기도 모르게, 무의식적으로)

  나도 모르게 그녀에게 키스를 하였다.

- Between ourselves, there was no food left for me. (비밀이지만)

  우리끼리 이야기지만, 내가 먹을 음식은 하나도 남아 있지 않았다.

(3) it의 특별 용법

① 날씨 · 시각 · 거리 · 계절 · 요일 · 명암 등을 나타내는 it

- It is raining outside. (날씨)

  밖에 비가 온다.

- What time is it now? It is just ten o'clock. (시각)

  지금 몇 시니? 열 시 정각이야.

- How far is it from here to your school? (거리)

  여기서 너희 학교까지 얼마나 머니?

- It is winter now. (계절)

  지금은 겨울이다.

- What day (of the week) is it today? It is Monday today. (요일)

  오늘이 무슨 요일이지? 월요일이야.

- It is getting dark. (명암)

  점점 어두워진다.

② **가주어와 가목적어로 쓰이는 it** 기출 24

명사구나 명사절을 대신하여 형식상의 주어나 형식상의 목적어로 쓰인다.

- It is easy to read this book. 이 책은 읽기가 쉽다.
- I think it easy to read this book. 이 책을 읽는 것은 쉽다고 생각한다.

③ **It is ~ that의 강조구문**

- I saw Mary at the station yesterday.

  나는 어제 역에서 메리를 보았다.

  - It was I that saw Mary at the station yesterday. (주어 강조)
  - It was Mary that I saw at the station yesterday. (목적어 강조)
  - It was at the station that I saw Mary yesterday. (부사 강조)
  - It was yesterday that I saw Mary at the station. (부사 강조)

(4) 지시대명사의 주요 용법 중요

주위에 있는 사물이나 사람을 가리킬 때 쓰이는 대명사 this, that 및 그 복수형 these, those 등을 지시대명사라고 한다.

① this, these는 가까운 것, that, those는 먼 것을 가리킬 때 쓰이는데, 가깝고 먼 것은 주관적으로 판단된다.

- This gives us rest, and that gives us energy.

  이것은 우리에게 휴식을 주고, 저것은 우리에게 힘을 준다.

- Mary has a white and a red rose; the one is lovelier than the other.

  메리는 하얀 장미와 빨간 장미를 가지고 있다. 전자(하얀 장미)가 후자(빨간 장미)보다 사랑스럽다.

② 명사의 반복을 피하기 위하여 that(those)이 쓰인다.

- The winter of this year is colder than that of last year.

  올 겨울은 지난 해 겨울보다 더 춥다.

- The houses of Seoul are more expensive than those of other cities.

  서울의 주택은 다른 도시의 주택보다 비싸다.

③ 소개하려는 사람을 가리킬 때 또는 전화로 누구인지를 묻고 답할 때에도 지시대명사를 사용한다.

- Mr. Smith, this is Mr. Johnson. 스미스 씨, 이 분이 존슨 씨입니다.
- Hello, this is Mrs. Keeley. 여보세요, 저는 킬리 부인입니다.

④ 앞서 언급된 사항이나 앞으로 언급하려는 사항을 가리킬 때에도 지시대명사를 사용한다.

- This is why he went to Washington. 이것이 그가 워싱턴에 간 이유이다.
- I didn't say anything but that made him angry.

  나는 아무 말도 안했는데 그것이 그를 화나게 했다.

(5) 부정대명사

불특정한 사람이나 사물을 막연하게 나타내는 대명사 one, someone, anyone, something 등을 부정대명사라고 한다.

① **one의 용법**

one의 소유격은 one's이고, 목적격은 one이며, 복수는 ones이다.

ⓐ 일반사람을 나타내는 경우
- One had better choose one's occupation taking one's own disposition into consideration. 사람은 자기의 성격을 고려하여 직업을 택하는 편이 좋다.
- To do one's duty gives one an honor. 자기의 의무를 다하는 것은 명예로운 일이다.

ⓑ 앞에 나온 명사의 반복을 피하기 위해서 사용된다. 종류는 같으나 **다른 물건일 때** one이 쓰이고, 같은 물건일 때는 it이 사용된다.
- I have lost a pen; I must buy one. 펜을 잃어버렸다. 나는 펜을 하나 사야 한다.
- I bought the pen, and have lost it. 나는 펜을 샀는데 그것을 잃어버렸다.

ⓒ one(s) 앞에는 a/an, this, that, these, those 등을 쓸 수 있다. 단, a/an은 one 앞에 형용사가 있는 경우에만 쓸 수 있다.
- How about this one? 이건 어떻습니까?
- I'm looking for a tie. Do you have a black one?
  저는 넥타이를 고르려 합니다. 검정색 넥타이가 있습니까?

ⓓ no one은 단수로, none은 복수로 취급한다.
- No one is more beautiful than she. 그녀만한 미인은 없다.
- None of my friends are here yet. 나의 친구들은 아직 아무도 오지 않았다.

ⓔ 물질명사나 소유격 다음에서 one은 생략된다.
- I like red wine better than white. 나는 백포도주보다 적포도주를 좋아한다.
- My watch is smaller than Tom's (one). 내 시계는 톰의 것보다 작다.

② **some과 any의 용법**

some은 긍정문에, any는 의문문·부정문·조건문에 쓰이는 것이 원칙이다.

ⓐ some은 긍정문에 쓰이며, '좀, 얼마, 몇 개'의 뜻을 나타낸다. 셀 수 있는 명사(수)와 셀 수 없는 명사(양) 둘 다 사용이 되며, 수에 쓰이면 다음에 복수명사가 온다.
- I have some books. 나에게는 책이 몇 권 있다.
- I have some money with me. 나에게는 돈이 얼마 정도 있다.

ⓑ some 다음에 단수명사가 오면 『어떤』의 뜻이 된다.
- Some girl came to see you. 어떤 소녀가 당신을 만나러 왔습니다.
- He went to some place in Africa. 그는 아프리카의 어딘가에 갔다.

ⓒ some은 긍정문에 사용하는 것이 원칙이지만, **권유, 부탁, 긍정의 답을 기대할 때**(말하는 이의 마음속에 긍정의 기분이 강할 때)에는 의문문이나 조건절이라 하더라도 some을 쓸 수 있다.
- Won't you have some tea? (권유)
  차 좀 드시지 않겠습니까?

- Will you lend me some money? (부탁)

  돈 좀 빌려주시겠습니까?

- Don't you have some money? ('yes'의 답을 기대)

  돈 좀 가지고 있니?

② any는 '좀, 얼마, 몇 개'의 뜻이다. 셀 수 있는 명사(수)와 셀 수 없는 명사(양) 둘 다 사용되며, 의문문, 부정문, 조건절에 쓰인다.

- Do you have any money with you? 너는 돈을 좀 가지고 있니?

- I don't have any money with me. 나에게는 돈이 하나도 없다.

- If you have any money, lend me some money.

  너에게 돈이 얼마 있다면, 나에게 좀 빌려 다오.

⑩ any는 긍정문에 사용되면 '무엇이든지, 누구든지, 어떤 ~라도'의 뜻으로 every의 뜻이 강화된 것이다. 이 경우에는 any 다음에 단수명사가 온다.

- Any help is better than no help. 어떤 도움이라도 없는 것보다 낫다.

- Any book will do so far as it is interesting. 재미가 있는 한 어떤 책도 좋다.

⑭ any는 부정문에서 주어로 쓸 수 없다. any를 not과 함께 쓸 때에는 반드시 any를 not 다음에 오게 해야 한다.

- Any of them can not do it. (×)

- None of them can do it. (○)

  아무도 그것을 할 수 없다.

③ other, others, another의 용법 **중요**

㉠ other은 '다른 것, 다른 사람, 별개의 것, 이 이외의 것' 등의 뜻으로 쓰이며, 복수형은 'others'이다. 복수형인 'others'는 단독으로 쓰이나, 'other, the other, the others' 등은 다른 말과 함께 쓰인다.

- Give me some others. 뭔가 다른 것을 주시오.

- Be kind to others. 다른 사람들에게 친절하시오.

㉡ another은 '또 하나, 다른 하나(사람, 물건)'의 뜻이다.

- This hat is too small. Show me another.

  이 모자는 너무 작아요. 다른 것을 하나 보여주세요.

- Give me another cup of coffee. (another = one more) 커피 한 잔 더 주세요.

㉢ 둘 중의 하나는 one이고, 나머지 하나는 the other이다.

- They are twins and we can hardly know one from the other.

  그들은 쌍둥이이기 때문에 거의 구별을 할 수 없다.

- I have two dogs; one is black and the other is white.

  나는 개가 두 마리 있는데, 한 마리는 검고, 다른 한 마리는 흰색이다.

㉣ 막연한 나머지는 others로, 지정된 나머지는 the others로 나타낸다.

- Some boys like baseball, and others do not like it.

  어떤 소년들은 야구를 좋아하고, 나머지는 그렇지 않다.

• Four of them liked the idea; the others did not.

그들 중 넷은 그 아이디어를 좋아하지만, 나머지는 싫어한다.

ⓜ '서로 서로'의 뜻으로 'each other'은 '둘 사이', 'one another'은 '셋 이상 사이'에 쓰이는데 엄격히 구별하지 않고 바꾸어 쓰는 경우도 있다.

• They loved each other. (둘 사이) 그들은 서로 사랑했다.

• They loved one another. (셋 이상 사이) 그들은 서로 사랑했다.

ⓗ 'one after another'은 '차례차례로'란 뜻이고, 'one after the other'은 '번갈아'라는 뜻이다.

④ all과 both의 용법

all은 셋 이상인 경우, both는 둘인 경우에 쓰며 복수취급을 한다. all이 단수가 될 때도 있다.

• All of them are middle school students. 그들은 모두 중학생이다.

• All is silent. 만물이 고요하다.

• Both (of) the sisters are very pretty. 그 자매는 둘 다 예쁘다.

⑤ 부분부정과 전체부정 **종요**

ⓐ every, all, both, always, completely와 not을 같이 쓰면 부분부정이 된다.

• They don't know everything. (부분부정) 그들이 전부를 아는 것은 아니다.

• They don't know anything. (전체부정) 그들은 아무것도 모른다.

• I did not meet all of them. (부분부정) 나는 그들 모두와 만난 것은 아니다.

• I did not meet any of them. (전체부정) 나는 그들 중 누구와도 만나지 않았다.

ⓑ both, either, neither의 용법

both는 둘 다 긍정, either는 양자택일, neither는 둘 다 부정할 때 쓰인다.

• I like both of the books. 나는 그 책을 둘 다 좋아한다.

• Do you know either of them? 너는 그들 중 한 명을 아니?

• I have read neither book. 나는 책을 읽지 않았다.

(6) 의문대명사

용도	주격	소유격	목적격
사람	who	whose	whom
사물·동물	which	×	which
사람·사물·동물	what	×	what

① who의 용법

사람의 이름이나 가족관계를 물어볼 때 사용된다.

• Who is the gentleman? He is my uncle. 이 신사는 누구인가? 그는 내 삼촌이다.

• Whose book is this? 이 책은 누구의 것인가?

② which의 용법

동물이나 사물에 쓰인다.

• Which is faster, a bus or a train? 버스와 기차 중 어느 쪽이 빠른가?

③ what의 용법

사람에 쓰일 경우 직업이나 신분을 물을 때 쓰인다.

- What is she?(= What does she do?) She is a nurse.

  그녀의 직업은 무엇인가? 그녀는 간호원이다.

④ 의문대명사와 조동사

의문대명사가 주어이면 그 앞에 조동사를 쓰지 않는다.

- Who can solve this problem? (○)
- Can who solve this problem? (×)

  누가 이 문제를 풀 수 있는가?

10 형용사

(1) 형용사의 용법

happy, kind, long, large 등과 같이 사물의 성질을 나타내는 단어들을 '형용사'라고 한다. 한정적 용법과 서술적 용법이 있다.

① 한정적 용법

형용사가 명사를 수식하는 경우 한정적 용법(또는 제한적 용법)이라고 한다. 이때에 형용사의 위치는 원칙적으로 명사 앞에 오게 되어 있으나, 뒤에서 그 명사를 수식하는 경우도 있다.

- She is a kind girl. 그녀는 친절한 소녀이다.
- Please give me something cold. 시원한 것으로 주세요.

② 서술적 용법

동사 다음에 형용사가 보어로 쓰여 동사 앞에 있는 주어를 설명해 주는 용법을 형용사의 '서술적 용법'이라고 한다.

- The story is very interesting. (주격보어)

  그 이야기는 매우 흥미 있다.

- I found the story very interesting. (목적보어)

  나는 그 이야기가 매우 흥미 있는 것을 발견했다.

> **더 알아두기**
>
> **한정용법에만 쓰이는 형용사**
> drunken, elder, former, latter, only, inner, outer, lone, mere, sheer, upper, utmost, utter, very, wooden, sole, this, that 등
>
> **서술적 용법에만 쓰이는 형용사**
> 접두어 'a-'로 시작되는 형용사인 afraid, awake, alone, asleep, ashamed, alive, aware 등과 worth, content 등의 형용사가 모두 서술용법에만 쓰인다.

③ **한정용법과 서술용법에 따른 의미의 차이**

- He is the present king. (한정용법)

  그는 현재의 왕이다.

- Everybody was present. (서술용법)

  모두 출석했다.

- He arrived at a certain town. (한정용법)

  그는 어떤 마을에 도착했다.

- I'm certain that he saw me. (서술용법)

  나는 그가 날 보았다는 것을 확신한다.

- The late Mr. Brown was rich. (한정용법)

  죽은 브라운 씨는 부자였다.

- He was late for school. (서술용법)

  그는 학교에 지각했다.

(2) 형용사의 종류

① **대명형용사**

대명사가 명사를 수식하는 형용사의 역할을 하는 것이다.

- This pencil is different from that one. (지시형용사)

  이 연필은 저것과 다르다.

- In those times, religion was important to everyone. (지시형용사)

  그 당시에 종교는 모든 사람들에게 중요했다.

- What school do you want to go to? (의문형용사)

  어느 학교에 가고 싶은 거니?

- Any child can do that. (부정형용사)

  어떤 아이도 그것을 할 수 있다.

② **수량형용사**

수량을 표시한다.

㉠ 기수 : one, two, three, four 등

• 정수

 - 200 → two hundred

 - 2,000 → two thousand

 - 20,000 → twenty thousand

 - 25,687 → twenty five thousand, six hundred (and) eighty-seven

• 분수와 소수 분자는 기수로, 분모는 서수로 읽는다. 분자가 2 이상이면 분모에 s를 붙여 읽는다. 숫자가 두 자리 이상일 때에는 분자, 분모 모두 기수로 읽으며 전치사는 over를 사용한다.

 - $\frac{1}{2}$ → one half (or a half)

 - $\frac{1}{6}$ → a sixth (or one sixth)

 - $\frac{2}{7}$ → two-sevenths

 - 2와 $\frac{3}{4}$ → two and three-fourths

 - 3.14 → three point one four

 - $\frac{23}{32}$ → twenty-three over thirty-two

• 연호(年號) · 월일(月日) 연호는 보통 두 자리씩 나누어 읽는다.

 - 1979 → nineteen seventy-nine

 - 1900 → nineteen hundred

 - 1906 → nineteen (hundred)(and) six or nineteen [ou] six

 - August 4(th) → August (the) fourth 혹은 the fourth of August

• 시각과 전화번호 : 전화번호는 한 자씩 읽는다. 0은 [ou]라고 읽는 것이 보통이나, [zero]라고도 읽는다.

 - 10:20 am → ten twenty am[eiem]

 - 2:30 pm → two thirty pm[pi:em]

 - 23-4567 → two three, four five six seven

 - 776-2609 → seven seven six, two six 0[ou] nine

 - 3.50$ → three dollars and fifty cents

 - Room 506 → room five, 0[ou], six (506호실)

• 가감승제(加減乘除) : 승법에서는 단수와 복수가 모두 쓰이지만 감 · 제법은 단수로 쓰인다.

 - 2 + 3 = 5 → Two plus three is[are] five.

 Two and three makes[make] five.

 - 5 - 3 = 2 → Five minus three is[equals] two.

 Three from five leaves two.

- 6 × 4 = 24 → Six multiplied by four is twenty-four.
- 6 ÷ 2 = 3 → Six divided by two is three.
- 6 : 12 = 2 : 4 → Six is to twelve as[what] two is to four.

ⓛ 서수 : 서수 앞에는 보통 the를 쓴다.

기수	서수	기수	서수
one	first(1st)	eleven	eleventh(11th)
two	second(2nd)	twelve	twelfth(12th)
three	third(3rd)	thirteen	thirteenth(13th)
four	fourth(4th)	fifteen	fifteenth(15th)
five	fifth(5th)	twenty	twentieth(20th)
six	sixth(6th)	twenty-one	twenty-first(21st)
seven	seventh(7th)	thirty	thirtieth(30th)
eight	eighth(8th)	forty	fortieth(40th)
nine	ninth(9th)	one hundred	one hundredth
ten	tenth(10th)	one hundred one	one hundred (and) first

ⓒ 배수

배수사는 half(반의), double(두 배의), twice(두 배의) 등으로 표현하며, 3배 이상일 때는 '기수사 + times + as + 형용사 + as'의 형태로 표현한다. twice는 『두 배』와 『두 번』의 뜻이 있다.

• That house is twice as large as this one. 저 집은 이 집보다 두 배는 크다.
• I have been to Gwangju twice. 나는 광주에 두 번 가봤다.
• I have three times (or thrice) as many books as he (has).
  나는 그보다 책을 세 배 더 많이 가지고 있다.
• This is half[twice, ten times] as large as that.
  이것은 저것의 절반(두 배, 열 배)이다.

ⓔ 부정수량형용사 중요

some, any, few, little, many, much 등 막연한 수나 양의 정도를 표시하는 형용사

• few와 little의 용법 : few는 수에 쓰이고, little은 양에 쓰인다. a가 붙어 있으면(a few, a little) 『약간 있다』(긍정)의 뜻이고, a가 없으면(few, little) 『거의 없다』(부정)의 뜻이다.
- He has a few friends. 그는 친구가 조금 있다.
- He has few friends. 그는 친구가 거의 없다.
- I have a little money. 나는 돈이 조금 있다.
- I have little money. 나는 돈이 거의 없다.

- many와 much의 용법 : many는 수에 쓰이고, much는 양에 쓰인다.
  - There are many students on the playground. 운동장에는 많은 학생들이 있다.
  - We had much rain last summer. 지난 여름에는 비가 많이 왔다.
  - Many a book is on the table. (many + 단수명사는 단수취급)
  - Many books are on the table. (many + 복수명사는 복수취급)
- as many/as much
  - He keeps three dogs and as many cats. (같은 수)
    그는 세 마리의 개와 같은 수의 고양이를 키우고 있다.
  - He drank two bottles of beer and as much wine. (같은 양)
    그는 두 병의 맥주와 같은 양의 포도주를 마셨다.

더 알아두기

수와 양의 표현 중요

- 수(數) : few(a few), some(any), a lot of(lots of), a good(or great) many, plenty of, enough, all, no, many
- 양(量) : little(a little), some(any), a lot of, a good(or great) deal of, plenty of, enough, all, no, much
  - like so many ~ : 같은 수의 ~처럼
  - like so much ~ : 같은 양의 ~처럼
  - many, a good many, a great many, a great number of + 복수명사 : 수많은(수에 쓰임)
  - much, a great deal of, a good deal of + 물질명사·추상명사 : 많은 양의(양에 쓰임)
  - a lot of, lots of, (a) plenty of + 복수명사 또는 단수명사 : 많은(수 또는 양에 모두 쓰임)
  - not a few, no few, quite a few : 상당히 많은(수) = many
  - not a little, no little, quite a little : 상당히 많은(양·정도) = much

---

③ **성상형용사** : 사물의 성질·종류·상태를 나타내는 형용사
  ㉠ 본래의 형용사로 된 것 : a wise boy, a pretty doll
  ㉡ 물질명사에서 온 것 : a silver spoon, a gold watch
  ㉢ 고유명사에서 온 것 : a French girl, a Spanish gentleman
    고유형용사는 고유명사로부터 온 형용사이다. 고유형용사는 자체로서 그 국가의 언어를 나타내는 명사로도 쓰이나, 뒤에 language가 오면 정관사 the를 써야 된다.
    예 English = the English language (영어)

고유명사 (국명)	고유 형용사 (언어)	국민 전체	개인	
			단수(한 사람)	복수(여러 사람)
Korea	Korean	the Koreans	a Korean	Koreans
America	American	the Americans	an American	Americans
Germany	German	the Germans	a German	Germans
Italy	Italian	the Italians	an Italian	Italians
Russia	Russian	the Russians	a Russian	Russians
English	English	the English	an Englishman	Englishmen
France	French	the French	a Frenchman	Frenchmen
Japan	Japanese	the Japanese	a Japanese	Japanese
China	Chinese	the Chinese	a Chinese	Chinese
Spain	Spanish	the Spanish	a Spaniard	×

    ㉣ 분사에서 온 것 : lost time, a sleeping dog

(3) 형용사의 어순

① 형용사의 위치는 보통 [관사 + 부사 + 형용사 + 명사]의 순으로 되지만, 두 개 이상의 형용사면 그 순서는 [관사(또는 지시형용사) + 수량형용사 + 성상형용사 + 명사]가 된다.
- This is an interesting book. 이것은 재미있는 책이다.
- This is a very interesting book. 이것은 대단히 재미있는 책이다.
- Those two tall boys are her sons. 저 키 큰 두 소년들은 그녀의 아들들이다.

② 성상형용사가 중복되는 경우 일반적으로 다음과 같은 어순을 취한다.

> 관사 → 서수 → 기수 → 성질 → 크기 → 형태 → 색상 → 신·구 → 재료 → 출신

- My bag is large black leather one.

  내 가방은 크고 검은 색의 가죽 가방이다.
- I saw her in an old French film.

  나는 그녀를 한 오래된 프랑스 영화에서 보았다.

③ 성상형용사가 두 개 이상일 경우에는 명사와 의미상 가장 밀접한 것을 가까이 둔다.
- I saw a pretty French girl in the park.

  나는 공원에서 예쁜 프랑스 소녀를 보았다.

④ **형용사의 후위수식**

    ㉠ 두 개 이상의 형용사가 명사 수식
- She is a lady beautiful, kind and rich. 그녀는 아름답고 친절하며, 부유한 숙녀이다.

　ⓛ 형용사가 다른 요소와 결합되어 길어질 때

　　• This is a useful dictionary. 이것은 유용한 사전이다.

　　• I have a dictionary useful for children.

　　　나는 어린이들에게 유용한 사전을 가지고 있다.

　ⓒ ~thing, ~body를 수식하는 형용사는 후위수식

　　• I want to drink something hot. 뭔가 뜨거운 마실 것을 원한다.

　　• I saw nobody in the room. 나는 방 안에서 아무도 보지 못했다.

　ⓔ ~able, ~ible로 끝나는 형용사가 최상급 all, every 다음에 오는 명사를 수식할 때

　　• I have tried every means possible. 나는 가능한 모든 수단을 시도했다.

　　• This is the best method conceivable. 이것이 생각해 볼 수 있는 최선의 방법이다.

　ⓜ 단위의 명사와 함께 쓰이는 형용사 deep, high, old, tall, thick, wide 등도 그 뒤에 쓰인다.

　　• He lived to be eighty-five years old. 그는 85세가 되도록 살았다.

　　• The falls are forty feet high. 그 폭포는 높이가 40피트이다.

　ⓗ 서술용법의 형용사가 명사 수식

　　• He is the greatest poet alive. 그는 현존하는 가장 위대한 시인이다.

더 알아두기

관용어구
• from time immemorial 옛날부터
• Asia Minor 소아시아
• God almighty 전능의 신
• the sum total 합계, 총계
• the authorities concerned 관계당국
• a poet laureate 계관 시인

---

(4) 형용사의 비교급·최상급 종요

형용사와 부사는 '비교 변화'를 하는데, 비교 변화에는 '원급, 비교급, 최상급'의 3가지가 있다. 비교급은 '더 ~한', 최상급은 '가장 ~한'의 의미를 가진다. 원급은 형용사나 부사 다음에 아무 것도 붙이지 않은 형태를 말한다. 비교급과 최상급을 만드는 방법에는 규칙변화와 불규칙변화가 있다.

① 규칙변화

원급에 -(e)r, -(e)st를 붙여서 비교급·최상급을 만든다.

㉠ 원급에 -(e)r, -(e)st를 붙인다.

〈원급〉		〈비교급〉		〈최상급〉
old	–	older	–	oldest
young	–	younger	–	youngest
wise	–	wiser	–	wisest
large	–	larger	–	largest

㉡ [단모음 + 단자음]으로 끝나는 말은 그 어미의 자음을 겹치고 -er, -est를 붙인다.

hot	–	hotter	–	hottest
big	–	bigger	–	biggest

㉢ [자음 + y]로 된 말은 y를 i로 고쳐 -er, -est를 붙인다. 어미가 「모음 + y」인 경우는 -er, -est를 그대로 붙인다.

pretty	–	prettier	–	prettiest
happy	–	happier	–	happiest
easy	–	easier	–	easiest
gay	–	gayer	–	gayest

㉣ 대다수의 2음절어와 3음절어 이상의 긴 형용사는 more, most를 붙인다.

useful	–	more useful	–	most useful
difficult	–	more difficult	–	most difficult
interesting	–	more interesting	–	most interesting

② **불규칙변화** 중요

```
good (well) – better – best
bad (ill) – worse – worst
many(much) – more – most
little – less – least
old – older – oldest [나이 먹은, 늙은]
old – elder – eldest [연상의(혈연관계의 장유의 순서)]
late – later – latest [늦은, 나중의(시간의 개념)]
late – latter – last [마지막의(순서의 개념)]
far – farther – farthest [먼(거리의 개념)]
far – further – furthest [먼(정도의 개념)]
```

③ **원급의 용법**

    ㉠ as ~ as… [···만큼 ~하다]

      • Sports are as important as studies. 스포츠는 공부와 마찬가지로 중요하다.

      • You are as good a boy as he. 너도 그만큼 착한 소년이다.

    ㉡ the same … as (or that) ~ [~와 같은···]

      • This is the same camera as I have. 이것은 내가 가지고 있는 것과 똑같은 카메라이다.

      • He is the same boy that I met yesterday. 그는 내가 어제 만났던 바로 그 소년이다.

    ㉢ not so[as] … as [~만큼 (그렇게) …하지 않다]

      • He is not so young as he looks. 그는 보이는 것처럼 그렇게 어리지는 않다.

      • He is not so happy as Tom is. 그는 톰만큼 행복하지 않다.

    ㉣ ~ times as ~ as … [~의 ~배만큼 …하다]

      • The country is two times(twice) as large as England.

       = The country is two times larger than England. 그 나라는 영국의 2배만큼 크다.

      • This river is three times(thrice) as long as that river.

       = This river is three times longer than that river. 이 강은 저 강보다 3배만큼 길다.

④ **비교급의 용법** 중요

    ㉠ 비교급 다음에는 접속사 than을 쓴다. 접속사 than 뒤에는 문맥상 알 수 있는 중복 요소를 생략할 수 있으며, 특히 구어에서는 than이 전치사처럼 쓰이기도 한다.

      • He is stronger than I. (우등비교)

       = I am less strong than he. (열등비교)

       = I am not as strong as he. 그는 나보다 힘이 세다.

    ㉡ 막연한 강조를 위해 구체적인 비교의 대상 없이 비교급을 쓰기도 한다.

      • Tom is a harder worker. 톰은 성실한 일꾼이다.

      • Tomato is a healthier vegetable. 토마토는 몸에 좋은 채소이다.

    ㉢ the + 비교급 + of the two [둘 중에서 더 ~한]

    비교급의 형용사 다음에 'of the two' 또는 'of A and B'라는 말이 올 때에는 비교급 앞에 정관사 the를 쓴다.

      • Bill is the taller of the two boys. 빌은 두 소년 중에서 더 키가 크다.

      • This is the longer of the two. 이것은 둘 중에서 더 길다.

    ㉣ 비교급 + and + 비교급 [점점 더 ~한, 더욱더 ~한]

      • She became more and more beautiful. 그녀는 점점 더 예뻐졌다.

      • It is getting warmer and warmer. 날이 점점 더 따뜻해지고 있다.

    ㉤ the + 비교급 ~, the + 비교급 … [~하면 할수록, 더욱 더 …하는]

      • The more we have, the more we want. 많이 가지면 가질수록 더 많은 것을 원한다.

      • The more you learn, the wiser you become. 많이 배우면 배울수록 더 현명해진다.

ⓑ no more than ~ [겨우 ~뿐] (= only)

- He has no more than 200 dollars. = He has only 200 dollars.

  그는 가진 돈이 200달러뿐이다.

ⓢ no less than ~ [~만큼이나] (= as many[much] as ~) **기출** 22

- He has no less than 100 books. = He has as many as 100 books.

  그는 책을 백 권이나 가지고 있다.

ⓞ not less than ~ [적어도] (= at least)

- He has not less than 200 dollars. = He has at least two hundred dollars.

  그는 적어도 200달러는 가지고 있다.

ⓩ not more than ~ [기껏해야] (= at most)

- He has not more than 200 dollars. = He has at most two hundred dollars.

  그에게는 기껏해야 200달러밖에 없다.

ⓧ no longer/not ~ any longer/no more/not ~ any more [더 이상 ~ 아니다]

- The weather is no longer cold. = The weather is not cold any longer.

  날씨가 더 이상 춥지 않다.

- They visit her no more. = They don't visit her any more.

  그들은 더 이상 그녀를 방문하지 않는다.

ⓚ more A than B [B라기보다는 오히려 A인]

- He is more clever than wise. → He is cleverer than wise. (×)

  그는 현명하다기보다는 영리하다.

ⓣ Which ~ 비교급, A or B? [A와 B 중에서 어느 것이 더 ~한가?]

위에서처럼 비교급을 사용해서 선택의문문을 만들 수가 있다. 이 경우에는 'Yes'나 'No'로 대답을 할 수 없다.

- Which do you like better, spring or fall? 봄과 가을 중에서 어느 것을 더 좋아하니?

  - I like spring better. 나는 봄을 더 좋아해.

ⓟ 라틴어 계통의 비교를 나타내는 단어인 'superior, inferior, senior, junior' 등은 다음에 'than'을 쓰지 않고 'to'를 쓴다.

- He is superior to me in physics. 그는 나보다 물리를 잘한다.

- I prefer autumn to spring. 나는 봄보다 가을을 더 좋아한다.

⑤ **최상급의 용법**

㉠ 최상급은 그 성질, 정도 등이 '가장 ~한'의 뜻으로 쓰이며, 최상급의 형용사 앞에는 정관사 'the'를 반드시 써야 하며, 최상급의 부사 앞에는 정관사 'the'를 쓰기도 하고 생략하기도 한다.

- The farmer likes summer best. 그 농부는 여름을 가장 좋아한다.

- His mother gets up earliest in the family.

  그의 어머니는 가족 중에서 가장 일찍 일어난다.

ⓒ 최상급의 형용사 앞에는 the를 붙인다. 최상급 다음에는 of나 in이 오는 경우가 많은데, '~ 중에서'란 뜻이다. 지역이나 단체에는 in을 쓰고, 같은 종류의 비교는 of를 쓴다.

- Bill is the tallest of the three boys. 빌은 세 소년 중에서 가장 키가 크다.
- She is the most beautiful girl in the class. 그녀는 반에서 가장 아름답다.

ⓒ one of the + 최상급 + 복수명사 [가장 ~한 것 중의 하나]

- He is one of the best pianists in Europe.

  그는 유럽에서 가장 훌륭한 피아니스트 중 한 사람이다.

ⓔ the + 서수 + 최상급 + 명사 [~번째로 가장 ~하다]

- Tea is the second most popular drink in the world.

  차는 세계에서 두 번째로 인기 있는 음료수이다.

ⓜ the + 최상급 + 명사 + (that) + 현재완료 [지금까지 ~했던 것 중 가장 ~하다]

- Mr. Kang is the wisest man that I've ever met.

  강 씨는 내가 만난 사람 중에서 가장 현명한 사람이다.

ⓗ most의 여러 가지 용법

- It is the most beautiful flower. (최상급)

  그것은 가장 아름다운 꽃이다.

- This is a most beautiful flower. (= very)

  이것은 매우 아름다운 꽃이다.

- Most flowers are beautiful. (대부분)

  대부분의 꽃은 아름답다.

더 알아두기

최상급 의미를 나타내는 여러 가지 표현

Seoul is the largest city in Korea. (최상급)

= Seoul is larger than any other city in Korea. (비교급)

= No city in Korea is larger than Seoul. (비교급)

= No city in Korea is so large as Seoul. (원급)

= Seoul is as large as any other city in Korea. (원급)

서울은 한국에서 가장 큰 도시이다.

---

11 부사

(1) 부사의 용법과 위치

① **부사의 용법**

부사는 그 기능을 기준으로 분류하면 크게 동사와 문장 전체를 수식하는 부사 및 여타의 형용사와 부사를 수식하는 부사로 나눌 수 있다.

- He studies hard every day. (동사 수식)

  그는 매일 열심히 공부한다.
- This problem is very difficult. (형용사 수식)

  이 문제는 매우 어렵다.
- Thank you very much. (다른 부사 수식)

  정말 고맙습니다.
- Even a dog can swim. (명사 수식)

  심지어 개도 수영을 한다.
- Only he knows the fact. (대명사 수식)

  오직 그만이 사실을 안다.
- Happily he did not die. (문장 전체 수식)

  다행히도 그는 죽지 않았다.

② **부사의 위치**

㉠ 형용사와 부사를 수식하는 경우 그 말 바로 앞에 쓴다.

- The lady is very beautiful. 이 숙녀는 정말 아름답다.
- He can swim very fast. 그는 매우 빨리 수영할 수 있다.

㉡ 빈도부사는 be동사나 조동사 뒤에, 일반동사의 앞에 위치한다.

이에 해당하는 부사에는 usually, sometimes, always, often, hardly, never, almost, nearly 등이 있다.

- He always comes in time. 그는 항상 제시간에 온다.
- She is often late for the meeting. 그녀는 종종 모임에 늦는다.

㉢ 자동사를 수식하는 부사는 바로 그 뒤에 오고, 타동사를 수식할 경우에는 목적어 뒤에 온다.

- They were walking fast. 그들은 빨리 걷고 있었다.
- Do you study English hard? 너는 영어를 열심히 공부하니?

㉣ 일정한 시간을 나타내는 부사는 맨 앞이나 맨 뒤에 위치한다.

- Yesterday he came to help me. = He came to help me yesterday.

  어제 그는 나를 도우러 왔다.

㉤ 부사가 두 개 이상 겹칠 때에는 [장소 + 방법 + 시간], [시간(작은 단위) + 시간(큰 단위)]의 순서

- They arrived here safely last night. 그들은 어젯밤에 이곳에 안전하게 도착했다.
- We will leave Seoul at twelve this Sunday. 우리는 이번 일요일 12시에 서울을 떠날 것이다.

ⓗ 문장 전체를 꾸미는 부사는 문장의 맨 앞이나, 동사 앞에 놓일 수 있다.

- Fortunately he did not die. 다행스럽게도 그는 죽지 않았다.
- I really must go now. 나는 정말 지금 가야 한다.

ⓢ else는 수식하는 말 뒤에 온다.

- What else did you do? 그 밖에 너는 무엇을 했는가?
- Do you want to buy anything else? 그 밖에 달리 사고 싶은 것이 있니?

ⓞ 구·절을 수식하는 부사는 그 앞에 둔다.

- He left Seoul soon after breakfast. (구)

  그는 아침 식사 후 서울을 떠났다.
- I had arrived long before he came. (절)

  나는 그가 오기 오래 전에 도착했다.

ⓩ 부사어구의 배열 순서

장소의 부사어구 + 방법 또는 목적의 부사어구 + 시간의 부사어구

- 시간의 부사어구 : 작은 단위 + 큰 단위
- 장소의 부사어구 : 좁은 장소 + 넓은 장소

(2) 부사의 종류와 형태

부사는 고유부사와 형용사에 'ly'가 붙어 만들어진 파생부사가 대부분을 차지하며, 어떤 부사들은 그 자체가 형용사로 쓰인다.

① 부사를 만드는 법 - [형용사 + ly]

㉠ 형용사 + ly : quick → quickly, careful → carefully

㉡ -y로 끝나는 형용사 : easy → easily, happy → happily

㉢ -ue로 끝나는 형용사 : true → truly

㉣ -le로 끝나는 형용사 : gentle → gently

더 알아두기

[명사 + ly] = 형용사

- love → lovely
- man → manly
- friend → friendly

---

② 형용사와 부사의 형태가 같은 것

long river (형용사)	live long (부사)
hard work (형용사)	work hard (부사)
an early riser (형용사)	get up early (부사)
a fast runner (형용사)	run fast (부사)

③ 그 자체가 형용사이자 부사이고, 이에 ~ly를 붙여서 다른 뜻의 부사가 되는 경우 **중요**

high (높은 / 높이)	highly (매우)
hard (어려운 / 열심히)	hardly (거의 ~ 않는)
near (가까운 / 가깝게)	nearly (거의)
most (대부분의 / 제일)	mostly (대개)
short (짧은 / 짧게)	shortly (즉시)
late (늦은 / 늦게)	lately (최근에)

④ 부사로 오인하기 쉬운 형용사 **중요**

elderly (연상의)	friendly (상냥한)
lonely (외로운)	lovely (귀여운)
silly (어리석은)	

- She greets guests in a friendly way. (○)
- She greets guests friendly. (×)
  그녀는 손님들을 상냥하게 맞는다.

(3) 준 부정어

'not'과 뜻이 거의 비슷한 준 부정어로 'hardly, scarcely, rarely, seldom, little' 등과 같은 부사들이 있다. 이와 같은 준 부정어들은 be 동사나 조동사 다음에 쓰고, 일반동사 앞에 쓰는 것이 원칙이다.

① 'hardly'와 'scarcely'는 『거의 ~ 않다』의 뜻으로 'hardly'는 주로 'can, any, ever, at all' 등과 잘 쓰인다.
- My mother can hardly drive a car. 어머니는 자동차를 거의 운전하지 못한다.
- I scarcely know him. 나는 그를 거의 모른다.

② 'seldom'과 'rarely'는 『좀처럼 ~ 않다, 드물게 ~하다』의 뜻으로 쓰인다.
- They seldom go to the movies. 그들은 영화를 보러가는 경우가 극히 드물다.
- He rarely watches TV. 그는 좀처럼 텔레비전을 보지 않는다.

③ 'little'은 『거의 ~ 않는』의 뜻이지만, 'imagine, think, guess, know, expect, dream' 등과 같은 동사 앞에 쓰여서 강한 부정의 뜻을 가지기도 한다.
- I little slept last night. 나는 간밤에 잠을 거의 못 잤다.
- He little expected to fall in love with her.
  그는 그녀를 사랑하게 되리라고는 결코 생각하지 못했다.

(4) 주의할 부사의 용법 （중요）

① very와 much

㉠ very는 형용사와 부사를 수식하고(동사는 수식하지 않음), much는 동사를 수식한다. very가 형용사나 부사를 수식할 때에는 반드시 형용사나 부사 앞에 위치해야 한다.

- He is very honest. 그는 매우 정직하다.
- He runs very fast. 그는 매우 빨리 달린다.
- He helped me much. 그는 나를 많이 도와주었다.

㉡ very는 현재분사, much는 과거분사를 수식한다. 그러나 tired, pleased, satisfied, surprised 등은 과거분사이지만 형용사화되었으므로 very로 수식한다.

- That book is very interesting. 저 책은 매우 흥미롭다.
- He is much interested in music. 그는 음악에 흥미가 있다.

㉢ very는 원급, much는 비교급을 수식한다. 최상급의 수식에는 very와 much 둘 다 쓸 수 있다.

- He is very tall. 그는 매우 키가 크다.
- He can run much faster than I. 그는 나보다 훨씬 더 빨리 달릴 수 있다.

② too와 either

『역시』라는 뜻으로 쓰일 경우 too는 긍정문, either는 부정문에 쓰인다.

- He is an engineer, too. 그도 역시 엔지니어이다.
- He is not an engineer, either. 그도 역시 엔지니어가 아니다.

③ enough

부사로 쓰일 경우 수식하는 말의 뒤에 온다.

- He has enough money to buy a car. (money 수식)
  = He is rich enough to buy a car. (to buy a car 수식)
    그는 차를 살 만큼 충분한 돈이 있다.

④ already/yet/still

- He has finished his homework already. 그는 숙제를 벌써 끝냈다.
- Have you finished the work already? 너는 그 일을 벌써 끝냈니?
- I have not read this book yet. 나는 이 책을 아직 읽지 못했다.
- Have you read this book yet? 너는 이미 이 책을 읽었니?
- He is still asleep. 그는 여전히 자고 있다.
- He still doesn't like her. 그는 아직도 그녀를 좋아하지 않는다.

더 알아두기

already/yet/still의 쓰임
- already : 긍정문에 쓰임 (이미, 벌써)
- yet : 의문문·부정문에 쓰임 (이미, 아직)
- still : 긍정문·부정문·의문문에 쓰임 (지금도, 아직도, 여전히)

---

⑤ **ago와 before**

㉠ ago는 명백한 과거를 나타내는 표현이므로 **과거시제만 사용할 수 있고**, 현재완료 시제에는 사용할 수 없다. ago를 사용하면 that이나 when이 이끄는 절은 올 수 있으나, since가 이끄는 절은 뒤에 올 수 없다.

- We lived in Seoul ten years ago. 우리는 서울에서 10년 전에 살았다.
- I met him four years ago. 나는 그를 4년 전에 만났다.

㉡ before가 단독으로 쓰이면 막연히 '전에'란 뜻으로 현재완료, 과거, 과거완료의 어떠한 경우에도 쓸 수 있는데, **주로 과거완료와 함께 쓰인다.**

- She said that she had seen me before. 그녀는 전에 나를 봤었다고 말했다.
- I have seen the dog before. 나는 전에 그 개를 본 적이 있다.

⑥ **just와 just now**

just는 현재나 현재완료에, just now는 과거에 쓰인다.

- I have just finished it. 나는 방금 그것을 끝냈다.
- He came back just now. 그는 방금 돌아왔다.

⑦ **so와 neither**

'역시 ~하다'의 뜻으로 쓰일 경우 so는 긍정문에, neither는 부정문에 쓰인다.

- Mary gets up early in the morning. So does Jane.
  메리는 아침에 일찍 일어난다. 제인도 일찍 일어난다.
- She doesn't like coffee. Neither do I.
  그녀는 커피를 좋아하지 않는다. 나도 좋아하지 않는다.

(5) 의문부사 기출 21

① **Where/When/How/Why** : 장소, 시간, 방법, 이유

- Where are you going to go? 어디에 가려고 하니?
- When can I meet you? 언제 너를 만날 수 있니?
- How do you go to school? 학교에 어떻게 가니?
- Why do you come here? 왜 여기로 오니?

② **간접의문문**

㉠ '의문부사 + 주어 + 동사'

- I can't explain why he loves her. 난 그가 왜 그녀를 사랑하는지 설명을 못하겠어.

㉡ 주절의 동사가 think, suppose, believe, guess 등이면 의문사가 문두에 위치한다.

- Where do you think she comes from? 그녀가 어디에서 왔다고 생각하니?

12 전치사

(1) 전치사의 기능

전치사는 명사(또는 대명사)와 결합하여 하나의 구를 만드는데, 전치사의 주요 기능을 보면 다음과 같다.

① 형용사구나 부사구를 만든다.
- Yesterday I received a letter in French. (형용사구)
  어제 나는 프랑스어로 된 편지를 받았다.
- He studied music in France for two years. (부사구)
  그는 2년간 프랑스에서 음악을 공부했다.

② 전치사의 목적어는 목적격이 되어야 한다.
- Look at him. (○)
- Look at he. (×)

③ 전치사의 목적어가 동사가 될 때는 동명사이어야 한다.
- Thank you very much for inviting me. 저를 초대해 주셔서 감사합니다.
- Before going to bed, you must brush your teeth.
  자기 전에 너는 반드시 양치질을 해야 한다.

④ 전치사가 부사 또는 접속사의 구실을 할 때도 있다.
- We played tennis after school. (전치사)
- We played tennis after school was over. (접속사)
  우리는 방과 후에 테니스를 쳤다.
- She didn't want to hear the story again. She had heard it all before. (부사)
  그녀는 전에 그 이야기를 전부 들었기 때문에 다시 듣고 싶지 않았다.

(2) 전치사의 위치

① 전치사는 그 목적어의 앞에 두는 것이 원칙이다.
- The influence of drugs upon the masses is great in this country.
  이 나라에서는 마약이 대중에게 미치는 영향이 크다.
- He gave me a book with a torn cover. 그는 나에게 표지가 찢어진 책을 주었다.

② 다음과 같은 경우에는 **목적어 뒤에** 온다. 중요
  ㉠ 전치사의 목적어가 의문사인 경우
   - I don't know what she is talking about. 그녀가 무슨 말을 하는지 나는 모르겠다.
  ㉡ 전치사의 목적어가 관계대명사인 경우
   - That is the house (which) they live in. 저 집이 그들이 살고 있는 집이다.
  ㉢ 부정사가 형용사구를 이루는 경우
   - He has no friend to play with. 그는 같이 놀 친구가 없다.

ⓔ 전치사를 포함한 동사구가 수동형이 되는 경우

- A dog was run over by the bus. 개 한 마리가 버스에 치였다.

③ **전치사 · 부사에 따른 용법** (중요)

'자동사 + 전치사'와 '타동사 + 부사'의 구별은 자동사가 본래의 의미를 유지하고 있는지 아니면 본래의 의미와 멀어져 있는지로 구별하거나 목적어를 전치사 뒤로 보낼 수 있는지의 여부로 구별한다.

㉠ 자동사 + 전치사

전치사의 목적어는 반드시 전치사 다음에 오며, 자동사와 전치사 사이에 올 수 없다.

```
Look at the picture.    (○) → 자동사 + 전치사 + 명사
Look the picture at.    (×) → 자동사 + 명사 + 전치사
Look at it.             (○) → 자동사 + 전치사 + 대명사
Look it at.             (×) → 자동사 + 대명사 + 전치사
```

- I must call at his office. 나는 그의 사무실에 전화해야 한다.
- I'll speak to him about the matter. 나는 그 문제에 관해 그에게 말할 것이다.
- Our success depends on your help. 우리의 성공은 너의 도움에 달려 있다.
- You have to think of your family. 너는 너의 식구들을 생각해야 한다.

㉡ 타동사 + 부사

타동사의 목적어는 타동사 다음에 올 수도 있고, 부사 다음에 올 수도 있다. 다만 대명사는 반드시 타동사와 부사 사이에 온다.

```
Put on your coat.    (○) → 타동사 + 부사 + 명사
Put your coat on.    (○) → 타동사 + 명사 + 부사
Put on it.           (×) → 타동사 + 부사 + 대명사
Put it on.           (○) → 타동사 + 대명사 + 부사
```

더 알아두기

자주 나오는 표현

- call up (전화하다)
- give up (포기하다)
- put away (치우다)
- put off (연기하다)
- turn out (불을 끄다)

- carry out (수행하다)
- pick up (줍다, 도중에서 태우다)
- put down (진압하다, 내려놓다)
- see off (전송하다)
- use up (다 써버리다)

---

(3) 전치사의 종류

① **단순전치사** : on, in, at 등과 같이 한 낱말로 된 전치사
- Her hair became grey with the passing of the years.
  그녀의 머리는 세월이 지남에 따라 하얗게 되었다.
- With all his roughness, he has a heart of gold.
  그는 거칠긴 하지만 마음은 순진한 사람이다.

② **이중전치사** : from under, from behind 등과 같이 두 낱말로 된 전치사
  ㉠ from among : ~ 가운데
- A man came out from among the crowd. 군중 가운데서 한 남자가 나왔다.
  ㉡ from behind : ~의 뒤로부터
- The moon came out from behind the cloud. 달이 구름 뒤에서 모습을 나타냈다.
  ㉢ from under : ~ 밑에서
- Her hair came out from under her hat. 모자 밑으로 그녀의 머리카락이 나왔다.
  ㉣ 그 밖의 from + 전치사[부사]
- I met a man from across the street. 길 건너편에서 온 사람과 만났다.
- A voice was heard from above the house. 집 위에서 목소리가 들려왔다.
- That dates from before the war. 그 날짜는 전쟁 전으로 거슬러 올라간다.
- Rain falls from above. 비는 위[하늘]에서 내린다.
- A man emerged from beneath the truck. 화물차 밑에서 한 남자가 나왔다.
- Most of the children came from near the school.
  대부분의 어린이들은 학교 부근에서 왔다.
  ㉤ in between : ~ 사이에서
- There were flowers in between the trees. 수목 사이에 꽃이 있었다.
  ㉥ over against : 맞은편에, 마주 보고
- We live over against the church. 우리는 교회 바로 맞은편에 살고 있다.
  ㉦ till after : ~의 뒤까지
- We didn't see Joe till after the meeting. 우리는 회의가 끝날 때까지 조를 보지 못했다.
  ㉧ except for : ~을 제외하고는, ~이 없다면
- Your speech was very good except for a few errors in pronunciation.
  당신의 연설은 몇 군데 발음이 틀린 것을 제외하고는 아주 훌륭했다.

③ **구 전치사** : 'in spite of'처럼 구(句)로 된 전치사
- The blackboard is in front of the students and behind the teacher.
  칠판은 학생들의 앞에, 선생님의 뒤에 있다.
- The City Hall is in the middle of the city. 시청은 시의 한복판에 있다.

④ **전치사가 생략된 [명사들로 이루어진] 부사구**
'전치사 + 명사구'였으나 시간, 거리, 정도 혹은 대구를 이루는 부사구는 전치사가 생략되는 경우가 많다.

- We will never treat (by) you that way again.

  우리는 당신을 다시는 그런 식으로 대하지 않을 것이다.

- The girl sat there on the sofa, (with) her hands on her knees.

  그 소녀는 무릎 위에 손을 놓은 채 소파에 앉아 있었다.

(4) 전치사의 용법 중요 기출 24, 21

① 시간을 나타내는 전치사

㉠ at

하루 중의 일정한 시간이나 때 앞에 쓴다. 비교적 짧은 시간의 한 순간을 나타낸다. 단,
Christmas 등의 명절이나 night, weekend 앞에는 at을 쓴다.

- Our school begins at eight-thirty. 우리 학교는 8시 30분에 시작한다.
- They will arrive here at this night. 그들은 오늘 저녁에 여기에 도착할 것이다.

㉡ in

하루 중의 일부(in the morning, afternoon, evening, 단 at night)나 월·계절·해(年)·아침·
저녁 등 비교적 긴 시간을 나타낸다. '~(시간) 안에, ~ 지나서'의 뜻을 나타내는 부사구를 시작
할 때에는 전치사 in을 쓴다.

- We go on a picnic in the spring and the fall. 우리는 봄과 가을에 소풍을 간다.
- Columbus discovered America in 1492. 콜럼버스는 1492년에 아메리카를 발견했다.
- He will come home in a few days. 그는 며칠 안에 집에 올 것이다.
- He will come home within three days. 그는 3일 안에 집에 올 것이다.

㉢ on

요일이나 날짜 등 일정한 일시를 나타낸다. on time은 '정각에', in time은 '시간 안에, 제때'를
의미한다.

- We have no school on Sunday. 일요일에는 학교에 가지 않는다.
- Abraham Lincoln was born on February 12(th), 1809.

  아브라함 링컨은 1809년 2월 12일에 태어났다.

cf. in the morning	in May
on Saturday morning	on the fifteenth of May

㉣ till(until)/by

till/by는 둘 다 '~까지'를 의미하지만, till은 어떤 동작의 '계속'을 나타내는 반면, by는 일회적인
사건의 발생이나 어떤 동작의 '완료'를 나타낸다.

- I will wait here till five. 나는 5시까지 여기서 기다릴 것이다.
- We need to get home by five. 우리는 5시까지 집에 도착해야 한다.

ⓜ for/during/through

for/during/through는 모두 『~ 동안』을 의미하지만, for는 일정한 길이의 시간, 일반적으로 숫자 앞에서 쓰이고, during은 어떤 일이 계속되고 있는 특정한 기간에 쓰이며, through는 처음부터 끝까지라는 의미로 쓰인다.

- He has studied English for three hours. 그는 영어를 3시간 동안 공부했다.
- I went to my uncle's (house) during the summer vacation.
  나는 여름방학 동안 삼촌 댁에 갔다.
- It kept raining through the night. 밤새도록 비가 왔다.

ⓑ before/after

before는 『~ 전에』, after는 『~ 후에』라는 의미로 쓰인다.

- You must come back before dark. 너는 어두워지기 전에 돌아와야 한다.
- He came back after a few hours. 그는 몇 시간 후에 돌아왔다.

ⓢ from/since

from은 『~부터』라는 의미로 시간의 출발점을 나타내며, since는 『~ 이래로』라는 의미로 과거부터 현재까지의 계속을 나타낸다.

- He will live here from next month. 그는 다음 달부터 여기에 살 것이다.
- He has lived here since last year. 그는 작년부터 여기에 살았다.

② 방향을 나타내는 전치사

㉠ on/beneath/over/under/above/below

- My watch is on the desk. 내 시계는 책상 위에 있다.
- I put the pillow beneath my head. 나는 베개를 머리 밑에 베었다.
- Our plane is flying over the mountains. 우리 비행기는 그 산 위를 날고 있다.
- The dog is under the table. 그 개는 테이블 아래에 있다.
- The top of the mountain was seen above the clouds. 그 산의 정상이 구름 위로 보인다.
- We saw the whole city below us. 우리는 도시 전경을 우리 아래로 보았다.

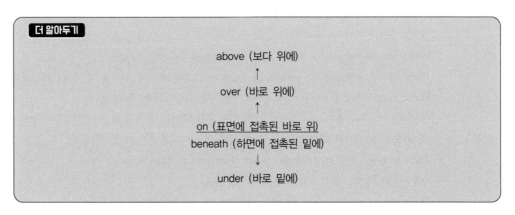

더 알아두기

above (보다 위에)
↑
over (바로 위에)
↑
on (표면에 접촉된 바로 위)
beneath (하면에 접촉된 밑에)
↓
under (바로 밑에)

ⓛ up/down/in/out/into/out of

- There is no climbing up such a steep cliff. 그처럼 가파른 벼랑을 올라가는 것은 불가능하다.
- They went down the hill. 그들은 그 언덕을 내려왔다.
- My parents are in the room. 우리 부모님은 방 안에 계신다.
- We went out in spite of the rain. 비가 오는데도 불구하고 우리는 밖에 나갔다.
- They came into the room. 그들은 방 안으로 들어왔다.
- They went out of the room. 그들은 방 밖으로 나갔다.

더 알아두기

up (위쪽으로)

into (~ 안으로) → in (~ 안에) → out of (~ 밖으로)

down (아래쪽으로)　　　　out (~ 밖에)

ⓒ to/for/toward/from

- to는 『~로(에)』라는 의미이며, go, come 등과 함께 쓰여 도착 지점을 나타낸다.
  - Father went to the church with my uncle. 아버지는 삼촌과 교회 쪽으로 갔다.
- for는 『~을 향하여』라는 의미이며, leave, start 등과 함께 쓰여 방향을 나타낸다.
  - They will start for Daegu tomorrow. 그들은 내일 대구로 떠날 것이다.
- toward는 『~ 쪽으로』라는 의미이며, 운동 방향을 나타낸다.
  - I saw them running toward the school. 나는 그들이 학교 쪽으로 뛰어 가는 것을 보았다.
- from은 『~로부터』라는 의미이며, 출발점을 나타낸다.
  - It takes five hours by train from Seoul to Busan.
    기차로 서울에서 부산까지 가는 데는 5시간이 걸린다.

③ 장소·위치를 나타내는 전치사

㉠ at/in/on

- 한 지점 또는 비교적 좁은 장소 앞에 at, 일정한 공간이나 지명의 한 곳 앞에 in, 표면 또는 지명 앞에는 전치사 on을 쓴다.
  - I met her at the coffee shop. 나는 그 커피숍에서 그녀를 만났다.
  - They have some branch offices in Europe. 그들은 유럽에 지사를 몇 개 가지고 있다.
  - Some people are lying on the grass. 몇 사람이 잔디 위에 누워 있다.
- 건물이나 장소의 고유기능을 염두에 두고 이야기할 때에는 전치사 at, 단순히 그 건물이나 장소의 공간을 이야기할 때에는 전치사 in, 건물의 층수 앞에는 on을 쓴다.
  - They usually stay at the hotel when they are in Europe.
    그들은 유럽에 올 때면 그 호텔에 숙박하곤 한다.
  - There are more than one hundred rooms in the hotel.
    그 호텔은 방이 백 개가 넘는다.
  - Their office is on the 2nd floor. 그들의 사무실은 2층에 있다.

- 주소의 앞에는 at, 거리의 이름 앞에는 in 또는 on을 쓴다.
  - Their office is at 83 West Avenue. 그들의 사무실은 West가 83번지에 있다.
  - Their office is in[on] West Avenue. 그들의 사무실은 West가에 있다.
- 도시나 마을을 어떤 공간이라는 점에서 이야기할 때에는 in을, 경유지나 지도상의 한점으로 이야기할 때에는 at을 쓴다.
  - He lives in Havana. 그는 하바나에 산다.
  - This train stops at Havana. 이 기차는 하바나에 정차한다.

> **더 알아두기**
>
> **at/in/on의 관용적 사용**
> - at home/work, at a party/meeting, at the station/airport
> - in a line/row, in a book/picture, in the sky/world
> - on the left/right, on a list/map, on a farm

ⓛ between/among

between은 『(둘) 사이에』, among은 『(셋 이상) 사이에』라는 의미이다.
- The town lies between Seoul and Daejeon. 그 마을은 서울과 대전 사이에 있다.
- Many birds are singing among the trees. 나무 사이에는 많은 새들이 노래하고 있다.

ⓒ before/behind/after

before는 『~의 앞에』, behind는 『~ 뒤에』, after는 『~의 뒤를 쫓아』라는 의미이다.
- He is standing before the house.(= in front of) 그는 집 앞에 서 있다.
- There is a hill behind our school.(= at the back of) 우리 학교 뒤에는 언덕이 있다.
- They ran after the thief. 그들은 도둑을 쫓았다.

ⓔ by/along/across/through

by는 『~ 옆에』, along은 『~을 따라서』, across는 『~을 건너』, through는 『~을 통하여』라는 의미이다.
- My desk is by the window. 내 책상은 창문 옆에 있다.
- They were walking along the street. 그들은 거리를 따라 걸었다.
- Be careful when you walk across the street. (walk across = cross)
  거리를 건널 때에는 조심해라.
- We drove through a forest. 우리는 숲을 통하여 차를 몰았다.

ⓜ round/around/about

round는 『~을 돌아서』라는 의미로 동작을 나타내고, around는 『~ 주위에, ~ 둘레에』라는 의미로 정지된 상태를 나타내며, about은 『~의 주위에』라는 의미로 막연한 주변을 나타낸다. 다만 round와 around는 엄격한 구별 없이 혼용되고 있다.
- The earth goes round(or around) the sun. 지구는 태양 주위를 돈다.
- They sat around(or round) the table. 그들은 테이블 주위에 앉았다.
- He walked about the street. 그는 거리를 걸었다.

④ **원료 · 방법의 전치사**

㉠ of/from

　of/from은 둘 다 『~로부터(되다)』라는 의미이나, of는 형태만 바뀌는 물리적 변화의 경우에 쓰이고, from은 형태와 성분이 바뀌는 화학적 변화에 쓰인다. be made into는 원료가 제품이 될 때 사용된다.

- The desk is made of wood. 그 책상은 나무로 만든다.
- Paper is made from wood. 종이는 나무로 만든다.
- Glass is made into bottles. 유리가 병이 된다.

㉡ in/by/with

　in/by/with는 모두 『~로, ~을 가지고』라는 의미이나, in은 재료, by는 수단이나 행위자, with는 도구의 경우에 사용된다.

- Don't write a letter in red ink. 편지를 빨간 잉크로 쓰지 마라.
- Do you come to school by bus? 너는 버스로 학교에 오니?
- This book was written by Mr. Park. 이 책은 박 씨에 의해 쓰여졌다.
- Don't cut bread with your knife. 네 칼로 빵을 자르지 마라.

⑤ **기타의 전치사 용법**

㉠ 가격/단위

　for는 『~어치의』라는 의미로 가격에 사용되고, by는 『~로』라는 의미로 단위에 사용된다.

- I bought the book for 5,000 won. 나는 그 책을 5,000원에 샀다.
- Sugar is sold by the pound. 설탕은 파운드 단위로 팔린다.

㉡ 찬성/반대

　for는 『찬성하는』의 의미로, against는 『반대하는』의 의미로 쓰인다.

- Are you for the plan? 당신은 그 계획에 찬성합니까?
- He is against the idea. 그는 그 아이디어에 반대한다.

㉢ 관련/제외

　on은 『~에 관하여』라는 의미로, except는 『~을 제외하고』라는 의미로 쓰인다.

- He has many books on mathematics. 그는 수학에 관한 책을 많이 가지고 있다.
- Everyone except him liked the idea. 그를 제외한 모든 이는 그 아이디어를 좋아했다.

㉣ ~ 같은/~로서 **기출** 20

　like는 『~ 같은』이라는 의미로, as는 『~로서』라는 의미로 쓰인다.

- She looks like actress. 그녀는 배우처럼 보인다.
- She's been working as a teller for two years. 그녀는 은행 수납원으로 2년간 일하는 중이다.

㉤ ~를 가진/~를 입고

　with는 『(신체상의 특징)을 가진』의 의미로, in은 『(옷 · 장신구)를 입고』라는 의미로 쓰인다.

- The woman with long hair is Jack's wife. 머리가 긴 그 여인은 잭의 아내이다.
- The man in the black suit is his father. 검은 양복을 입고 있는 남자는 그의 아버지이다.

13 관사 _{기출} 21

(1) 정관사의 용법

관사는 형용사의 일종으로 부정관사 a/an과 정관사 the가 있다. 기본적으로 부정관사 a/an은 무언가 정해지지 않은 것, 애매한 것 앞에 쓰이고, 정관사 the는 정해진 것, 명확히 알 수 있는 것 앞에 쓰인다.

① 정관사 the는 가산명사의 단수/복수형, 불가산명사 앞에 두루 쓰일 수 있으며, 자음 앞에서는 [더], 모음 앞에서는 [디]로 발음한다.

- The weather often changes in Britain. 영국에서는 일기(날씨)가 자주 변한다.
- The game made the spectators excited. 그 시합을 본 관중은 흥분했다.

② 정관사 the는 앞에 나온 명사가 뒤의 문장에 다시 나올 때, 또는 서로 알고 있는 것을 가리킬 때 사용된다.

- He gave me a book. The book is very interesting.

  그는 나에게 책 한 권을 주었다. 그 책은 매우 재미있다.
- Would you please open the window? 창문을 좀 열어 주시겠습니까?

③ 정관사 the는 형용사의 최상급이나 서수, same, only, last의 한정을 받거나 수식어구로 한정될 때 사용된다.

- He received the first prize in the speech contest. 그는 웅변대회에서 1등 상을 받았다.
- She is the tallest girl in her class. 그녀는 자기 반에서 가장 키가 크다.
- I have the same watch as you have. 나는 네가 가지고 있는 것과 같은 시계를 가지고 있다.
- The books on the desk are mine. 책상 위에 있는 그 책은 내 것이다.

④ 다음과 같이 세상에서 유일한 존재를 나타내는 명사 앞에 정관사 the를 쓴다.

- The sun gives us light and heat. 태양은 우리에게 빛과 열을 준다.
- We saw some swallows flying to the south.

  우리는 제비 몇 마리가 남쪽으로 날아가고 있는 것을 보았다.

⑤ 정관사 the는 기계, 발명품, 악기명 앞에 쓰인다.

- Does she play the piano well? (악기명)

  그녀는 피아노를 잘 치니?
- Edison invented the gramophone. (발명품)

  에디슨이 축음기를 발명하였다.

  cf. They are students of our school. (일부분의 학생들)

  They are the students of our school. (전교생)

  그들은 우리 학교의 학생들이다.

⑥ 대명사의 소유격 대신에 정관사 the를 쓰기도 한다. 신체의 일부를 수식하는 경우 catch(붙잡다)형 의 동사에는 「by the + 신체 일부」, strike(치다)형의 동사에는 「on the + 신체 일부」, look(보다) 형의 동사에는 「in the + 신체 일부」의 형식으로 쓰인다.

- He caught me by the hand. 그는 내 손을 잡았다.
- Uncle patted me on the shoulder. 삼촌은 내 어깨를 두드렸다.
- I looked him in the eye. 나는 그의 눈을 바라보았다.

⑦ 「the + 형용사」는 복수 보통명사로서 『~한 사람들』이란 의미로 쓰이며, 「the + 복수 보통명사」는 추상명사로 쓰인다.
- You must be kind to the old. (old people) 너는 노인에게 친절해야 한다.
- The pen is mightier than the sword. 펜(의 힘)은 칼(의 힘)보다 강하다.

⑧ 시간, 수량의 단위를 나타낼 때 정관사 the를 쓰기도 한다.
- They are paid by the day. 그들은 일당으로 고용되었다.
- Sugar is sold by the pound. 설탕은 파운드 단위로 팔린다.

(2) 부정관사의 용법 기출 20

a는 자음으로 시작되는 말 앞에, an은 모음으로 시작되는 말 앞에 쓴다. 그러나 철자가 자음으로 시작되지만 모음으로 발음되는 낱말 앞에는 'an'을, 철자가 모음으로 시작되지만 자음으로 발음되면 'a'를 붙인다.

예 an hour, a useful animal

① 부정관사 a/an은 가산명사의 단수형 앞에만 쓰인다.
- He is an honest boy. 그는 착한 소년이다.
- They are an honest boys. (×) 그들은 착한 소년들이다.

② 부정관사 a/an은 one(하나, 일)의 뜻을 나타내기도 한다.
- There are twelve months in a year. 일 년에는 12달이 있다.
- Rome was not built in a day. 로마는 하루에 이루어지지 않았다.

③ 「a/an + 보통명사의 단수형」, 「The + 보통명사의 단수형」, 「보통명사의 복수형」은 어떤 종류 전체를 대표하기도 한다.
- A dog is a clever animal.
- The dog is a clever animal.
- Dogs are clever animals. 개는 영리한 동물이다.

④ 부정관사 a/an은 a certain(어떤) 또는 some(얼마간의)의 뜻을 나타내기도 한다.
- An old man came to see you. 어떤 노인이 당신을 보러 왔다.
- It rained for a time this morning. 오늘 아침 잠시 비가 내렸다.

⑤ 부정관사 a/an은 per(~에 대해, ~마다), the same(같은)의 뜻을 나타내기도 한다.
- We work eight hours a day. 우리는 하루에 8시간을 일한다.
- They are not of an age. 그들은 같은 나이가 아니다.

(3) 정관사와 고유명사(the + 고유명사)

고유명사 앞에는 원칙적으로 관사를 붙일 수 없으나, 다음과 같은 경우는 예외로 한다.

① 강, 바다, 선박, 해협, 반도, 군도, 산맥 등의 이름

　　예 the Thames, the Han River, the Rocky Mountain, the Korean Peninsula, the Malay Peninsula, the Pacific(Ocean)

> **체크 포인트**
>
> 단, 산이나 섬의 이름 앞에는 정관사 the를 쓰지 않는다.
> Mt. Everest, Mt. Baekdu, Sicily 등

② 어떤 나라의 이름이나 지명은 무관사가 원칙이지만, 복수나 'of 한정구'가 붙으면 the를 쓴다.

　　예 the United States of America, the Bank of Korea, the Tower of London, the Netherlands

③ 언어를 말할 때는 English, Spanish처럼 관사 없이 사용하지만 language를 함께 쓰면 반드시 the를 사용한다.

　　예 the English language, the Spanish language

④ 관공서, 공공건물을 나타낼 때

　　예 the White House, the National Museum, the State Department

> **체크 포인트**
>
> 단, 역, 항구, 호수, 다리, 공항, 공원에는 일반적으로 the를 붙이지 않는다.
> Seoul Station, Pagoda Park, Busan Harbor, Gimpo airport 등

⑤ 철도, 열차, 항공기, 배, 신문, 잡지, 학회의 이름 앞

　　예 the New York Times, the Digest, the Mayflower(메이플라워 호)

⑥ 인명 앞에 성질 형용사가 올 때. 단, honest, old, young, poor, little 등의 일상생활에서 흔히 쓰이는 형용사가 인명 앞에 올 때에는 the를 사용하지 않는다.

　　예 the ambitious Caesar(야망에 찬 시저)

(4) 관사의 위치

① so, as, too, how, however 등의 부사가 오면 부정관사는 형용사 뒤에 놓인다.

> so, as, too, how, however + 형용사 + a(부정관사) + 명사

- This is too difficult a book for me to read. 이것은 내가 읽기에는 너무 어려운 책이다.
- We had so good a time. = We had a very good time. 우리는 좋은 시간을 가졌다.

② such, quite, half, many, what, whatever 다음에 부정관사가 온다.

> such, quite, half, many, what, whatever + a(부정관사) + 형용사 + 명사

- You can't do the work in such a short time. 너는 그렇게 짧은 시간에 그 일을 할 수 없다.
- How pretty a girl she is! = What a pretty girl she is! 그녀는 정말 아름답군!

③ all, both, double 다음에 the가 온다.
- All the members went there. 모든 회원이 그곳에 갔다.
- Both the brothers were brave. 형제는 둘 다 용감했다.

(5) 관사의 생략

① 상대방을 부를 때(호격)
- Waiter, give me a glass of water. 웨이터, 물 한잔만 주세요.

② 자기 가족의 구성원을 가리킬 때
- Father chose me a nice present. 아버지는 나에게 좋은 선물을 골라주셨다.
- Mother bought me this book. 어머니는 나에게 이 책을 사 주셨다.

③ 관직·신분을 나타내는 말이 보어로 쓰일 때
- We elected him President. 우리는 그를 대통령으로 뽑았다.

④ 건물·기구가 본래의 목적으로 쓰일 때. 단, 건물 등의 용도가 아니라 건물 자체로 간다는 뜻일 때에는 관사를 붙인다.
- The scholarship enabled her to go to school. 그녀는 장학금에 의해 학교에 갈 수 있었다.
- I will go to the school to meet him. 나는 그를 만나러 학교에 갈 것이다.

⑤ 운동·식사·질병 이름 앞에는 the를 붙이지 않는다. 단, 악기 이름에는 the를 붙인다.
- They are playing soccer. 그들은 축구를 하고 있다.
- I had milk and bread for breakfast. 나는 아침으로 우유와 빵을 먹었다.

⑥ 교통·통신수단 앞에는 the를 붙이지 않는다.
- I'll go there by bus. (교통수단)
  나는 그곳에 버스로 갈 것이다.
- I informed him by telephone. (통신수단)
  나는 그에게 전화로 알렸다.

⑦ 2개 또는 2개 이상의 명사가 and로 이어질 때, 뒤의 관사를 생략하는 경우와 반복하는 경우 그 뜻이 다르다.
- A teacher and poet was present at the meeting. (동일 인물)
  교사이자 시인인 사람이 모임에 참석했다.
- A teacher and a poet were present at the meeting. (다른 인물)
  한 교사와 한 시인이 모임에 참석했다.

14 접속사

(1) 등위접속사

접속사는 단어와 단어, 구와 구, 절과 절을 연결하는 구실을 한다. 접속사에는 등위접속사와 종속접속사의 두 종류가 있다. 등위접속사는 and, but, or, for 등 단어·구·절을 문법상 대등한 관계로 연결하는 접속사이다.

① and

　㉠ 접속사 and는 『~ 그리고 …』, 『~와 …』의 의미로 단어와 단어, 구와 구, 절과 절을 문법상 대등한 관계로 연결시킨다.

　　• Tom and John are good friends. (단어와 단어)

　　　톰과 존은 좋은 친구다.

　　• I went to Paris and I bought this picture. (절과 절)

　　　나는 파리에 가서 이 그림을 샀다.

　㉡ 접속사 and는 절과 절을 연결하여 『~하고 나서 …』와 같이 동작의 순서를 나타내기도 한다.

　　• They pulled down the old houses and built modern dwellings.

　　　그들은 오래된 집들을 철거하고 현대적 거주지를 건설했다.

　　• I pulled off my sweater and placed it on the table.

　　　나는 스웨터를 벗어서 테이블 위에 놓았다.

　㉢ 접속사 and는 명령문 뒤에서 『~하라, 그러면 …』의 의미로 그 결과를 나타내는 절을 연결시키기도 한다.

　　• Work hard, and you'll succeed. = If you work hard, you will succeed.

　　　열심히 일해라. 그러면 너는 성공할 것이다.

　㉣ and의 전후에 같은 단어를 반복시켜 계속되는 상황이나 증가하는 정도를 나타내기도 한다.

　　• They talked for hours and hours. 그들은 몇 시간 동안 이야기했다.

　　• It is getting warmer and warmer. 날씨가 점점 따뜻해진다.

　㉤ 접속사 and는 come, go, see, try, write 등과 같은 동사의 뒤에 쓰여 『~하러』와 같은 목적을 나타내기도 한다.

　　• I'll go and see what's happening. = I'll go to see what's happening.

　　　나는 무슨 일이 일어나는지 보러 가겠다.

② but

　㉠ 역접의 접속사 but은 『~이지만』의 의미로 단어와 단어, 구와 구, 절과 절을 문법상 대등한 관계로 연결시킨다.

　　• He praised my cooking, but I knew that he was pulling my leg.

　　　그는 나의 요리솜씨를 칭찬했지만, 나는 그가 나를 놀리고 있다는 것을 알았다.

　　• He tried to pull the wool over his wife's eyes, but she knew that he was lying.

　　　그는 아내의 눈을 속이려고 했지만, 그녀는 그가 거짓말을 하고 있다는 것을 알고 있었다.

ⓛ 「not A but B」는 『A가 아니라 B』의 뜻이다.

- He did not come on Sunday, but on Monday. 그는 일요일이 아닌 월요일에 왔다.

ⓒ 「not that A but that B」는 『A 때문이 아니라 B 때문이다』의 의미로 쓰인다.

- I didn't eat the cookie not that I don't like cookie, but that I was full.
  나는 쿠키를 싫어하기 때문이 아니라 배가 불러서 그 쿠키를 먹지 않았다.

③ or/nor

ⓐ 접속사 or는 『~ 또는, ~ 아니면』의 의미로 단어와 단어, 구와 구, 절과 절을 문법상 대등한 관계로 연결시킨다.

- I don't know where to go or what to do.
  나는 어디로 갈지, 무엇을 해야 할지 모르겠다.
- The question was whether to go there or to stay (at) home.
  문제는 거기에 가느냐 집에 있느냐 하는 것이었다.

ⓑ or는 명령문 뒤에서 『~하라, 그러지 않으면 …』의 의미로 그 결과를 나타내는 절을 연결시키기도 한다.

- Come at once, or it will be too late.
  = If you don't come at once, it will be too late.
  = Unless you come at once, it will be too late.
    지금 바로 오지 않으면 너무 늦을 것이다.

ⓒ or는 『즉, 다시 말해서』의 의미로 또 다른 정의나 설명에 필요한 어구를 연결시키기도 한다.

- They required a formal or written proposal. 그들은 정식, 즉 서면 제안서를 요구했다.

ⓓ and나 or의 전후에 부정어구를 반복하는 대신 **접속사 nor**를 사용하기도 한다.

- Strange to say, there are neither a chair nor a sofa to sit on in the room.
  이상하게도 그 방에는 앉을 수 있는 의자나 소파가 하나도 없었다.
- I have neither time nor money. 나는 시간도 돈도 없다.

④ for

for가 접속사로 쓰일 경우에는 앞에 comma(,)가 오고, 간접적 또는 부가적인 이유를 나타낸다. for가 이끄는 절은 반드시 다른 절의 뒤에 놓이고, because가 이끄는 절은 주절의 앞뒤 어느 곳에 놓아도 된다. because는 직접적인 이유를 표시한다.

- It may rain, for it began thundering.
  천둥이 치기 시작하는 것으로 보아 비가 올 것 같다.
- They were very happy because they won the game.
  = Because they won the game, they were very happy.
    경기에서 이겼기 때문에 그들은 매우 기뻐했다.

⑤ so

so가 접속사로 쓰이면 『그래서, 그러므로』의 의미를 나타낸다.

- I have no money, so I can't buy the book. 나는 돈이 없어서 그 책을 살 수 없다.

⑥ **상관접속사** _{중요}

서로 짝을 이루어 쓰이는 등위접속사를 상관접속사라 한다. 상관접속사에는 다음과 같은 것들이 있다.

㉠ both A and B

「both A and B」는 『A도 B도(같이)』의 의미를 나타내며, 단순한 「A and B」보다도 결합된 상태를 강조한다.

• Both Bill and Tom likes tennis. 빌과 톰은 모두 테니스를 좋아한다.

• Both he and I will be there. 그와 나는 둘 다 거기에 갈 것이다.

㉡ either A or B/neither A nor B

「either A or B」는 『A이거나 B이거나』의 의미를 나타내며, 단순한 「~ or」보다도 선택적인 상황을 강조한다. 부정형은 「neither A nor B」로 『A도 아니고 B도 아닌』의 뜻이다.

• We can leave either today or tomorrow. 우리는 오늘이나 내일 떠날 수 있습니다.

• Neither his father nor his mother is at home.

= Either his father or his mother is not at home.

그의 아버지도 어머니도 집에 안 계신다.

㉢ not only A but also B

「not only A but also B」는 『A뿐만 아니라 B도』의 의미를 나타낸다.

• Not only have defeated the enemy, (but) we have also captured all his supplies.

우리는 적을 무찔렀을 뿐만 아니라 적의 보급품을 노획했다.

• He has not only the ability to read English but (also) the ability to write and speak it.

그는 영어를 읽을 수 있는 능력뿐만 아니라 쓰거나 말할 수 있는 능력도 가지고 있다.

(2) **종속접속사** _{중요}

종속접속사는 주절과 그에 딸린 종속절(명사절과 부사절)을 연결시키는 접속사이다. 명사절을 이끄는 접속사로는 that, whether(or), if 등이 있고, 부사절을 이끄는 접속사로는 when, because, as, while, if, before, after, till, since 등이 있다.

① **명사절을 이끄는 종속접속사**

㉠ that의 용법

that이 이끄는 절은 주어, 목적어, 보어이다.

• That he has no appetite at all is true. (주어) 그가 식욕이 전혀 없다는 것은 사실이다.

• It was on Saturday that he gave me this ticket. (진주어)

그가 나에게 이 표를 준 것은 (바로) 토요일이었다.

• I am not wholly convinced that you are right. (목적어)

나는 네가 옳다고 완전히 확신하고 있는 것은 아니다.

• The fact is that I know nothing about it. (보어)

사실은 나는 그것에 대해 아무 것도 모른다는 것이다.

ⓛ whether, if의 용법

whether, if는 타동사의 목적절만 유도한다.

• Hearing the news, I didn't know whether to laugh or cry.

　나는 그 뉴스를 듣고 웃어야 할지 울어야 할지 몰랐다.

• Will you advise me if I should accept the offer or not?

　그 제의를 받아들이는 것이 좋을지 아닐지 의견을 말씀해 주시겠습니까?

② **부사절을 이끄는 종속접속사**

ⓐ when, as, while

『～할 때, ～하는 동안』의 의미로 어떤 일의 발생을 전후하여 있던 일 또는 동시에 진행될 일을
이야기할 때 접속사 when, as, while이 쓰인다.

• The thief had already run away when the police came.

　경찰이 왔을 때는 도둑은 이미 도망쳐 버렸다.

• I sat reading a book, while my wife was sewing by my side.

　나는 앉아서 책을 읽고 아내는 곁에서 바느질을 하고 있었다.

ⓑ when, after, before

before는 『～하기 전에』, after는 『～한 후에』라는 의미로 쓰이며, when은 after, before를 대신
해 두루 쓰일 수 있다.

• After I walked a few minutes, I came to the park.

　2, 3분쯤 걸어서 나는 공원에 왔다.

• It will not be long before we shall meet again.

　우리는 그리 오래 지나지 않아 다시 만날 것이다.

ⓒ until/till, since **기출** 20

• 『～까지』 계속된 일을 이야기할 때에는 접속사 until/till, 『～ 이후』 계속된 일을 이야기할 때
　에는 접속사 since를 쓴다.

　- We held off(out) the enemy until reinforcements arrived.

　　우리는 응원군이 도착할 때까지 적군을 막았다.

　- She has put on weight since she left the hospital.

　　그녀는 퇴원한 뒤 몸무게가 늘었다.

• until, since는 시간의 부사구를 만드는 전치사로도 쓰인다.

　- It is doubtful that this fine weather will hold until weekend.

　　이처럼 좋은 날씨가 주말까지 계속될지는 의문이다.

　- She has been ill in bed since Monday.

　　그녀는 월요일부터 아파서 누워 있다.

ⓔ as soon as/no sooner ~ than
- 「as soon as」는 『~하자마자』라는 뜻의 부사절로 사용된다.
  - As soon as she arrived, she fell sick. 그녀는 도착하자마자 병으로 쓰러졌다.
  - Please write to me as soon as you get to London.
    런던에 도착하는 대로 편지 보내시오.
- 「No sooner ~ than」은 『~하자마자 ~하다』의 의미로 쓰이며, 「hardly ~ when」, 「scarcely ~ before」도 같은 뜻을 나타낸다.
  - Hardly[Scarcely] had he arrived when[before] she started complaining.
    = No sooner had he arrived than she started complaining.
      그가 도착하자마자 그녀는 불평을 하기 시작했다.

ⓜ because, since, as

『~ 때문에』라는 뜻의 이유의 부사절을 시작할 때 접속사 because, since, as가 쓰인다.
- She will be absent, because she has a bad cold.
  그녀는 감기가 몹시 들어서 결석할 것이다.
- Since I am poor in health, I cannot travel abroad.
  나는 건강이 나쁘기 때문에 외국여행을 할 수가 없다.

ⓗ so/such … that ~ [기출] 21

「so/such … that ~」은 『~할 만큼 …하다』, 『너무 …해 ~하다』는 결과를 이야기할 때 쓰인다. 이 경우 so와 that 사이에는 형용사나 부사가 오고, such와 that 사이에는 형용사의 수식을 받지 않는 명사가 온다.
- She is so friendly that everybody likes her.
  = She is such a friendly woman that everybody likes her.
    그녀는 모두가 좋아할 만큼 친절하다.

ⓢ so that

『~하기 위하여』라는 뜻의 목적의 부사절이나, 『따라서 ~하다』라는 뜻의 결과의 부사절로 시작할 때 접속사 so that이 쓰인다. 부정의 목적을 이야기하는 「so that ~ not」 대신 lest를 사용하기도 한다.
- Please speak a little louder so that we can hear you.
  우리가 들을 수 있도록 좀 큰 소리로 말씀해 주시오.
- She walked softly so that she might not wake the baby.
  그녀는 아기가 깨어나지 않게 하려고 조용히 걸었다.
- I hurried to the station lest I should miss the train.
  나는 열차를 놓치지 않기 위해 서둘러 역으로 갔다.

ⓞ in case

『~에 대비하여』라는 뜻의 목적의 부사절을 시작할 때 접속사 in case가 쓰인다.
- I took a map with me in case I lose my way.
  길을 잃어버리는 경우를 대비해 나는 지도를 가져갔다.

ⓩ though, although

『~에도 불구하고』라는 뜻의 대조의 부사절을 시작할 때 접속사 though, although, even though가 쓰인다.

• Though he is big, he is a coward. 그는 (덩치는) 크지만 겁쟁이다.

• Although she was a woman, she was brave. 비록 여자였지만 그녀는 용감했다.

ⓧ while, whereas

『~인 반면』이라는 뜻의 대조의 부사절을 시작할 때 접속사 while, whereas가 쓰인다.

• While he is not very tall, he's very strong.

  그는 키가 별로 크지 않지만, 힘은 정말 세다.

• I wanted to talk about our marriage, whereas she tried to beat about the bush.

  나는 우리의 결혼에 대해 이야기하고 싶었으나, 그녀는 핵심을 비켜나갔다.

㉠ as, as if, as though

• 『~처럼』이라는 뜻의 양태/비교의 부사절을 시작할 때 접속사 as가 쓰인다.

  - They did their best as I expected. 그들은 내가 예상한 대로 최선을 다했다.

  - You have to do it as they told you.

    당신은 그들이 당신에게 말한 대로 해야 합니다.

• 『(마치) ~처럼』이라는 뜻의 가정을 내포한 양태/비교의 부사절을 시작할 때 접속사 as if, as though가 쓰인다.

  - He seemed as if he were out of his mind. 그는 마치 정신나간 사람 같았다.

  - She makes as if she knew everything. 그녀는 무엇이든 다 아는 체한다.

㉡ as far as, as/so long as, in so far as

『~인 한』이라는 뜻의 제한의 부사절을 시작할 때 접속사 as far as, as/so long as, in so far as가 쓰인다.

• As far as I know, he is a good doctor. 내가 알고 있는 한, 그는 훌륭한 의사이다.

• So [As] far as I am concerned, I have no objection to the plan.

  나에 관한 한 그 계획에 이의는 없다.

• As [So] long as I live, I will help you. 내가 살아있는 한 너를 도와주겠다.

(3) 접속사의 주의할 용법

① 접속부사

besides, else, hence, however, so, therefore, nevertheless, otherwise, still, then, yet 등은 본래 부사이던 것이 접속사처럼 쓰이고 있다.

• I think; therefore I am. 나는 생각한다. 고로 존재한다.

• He worked hard; otherwise he would have failed.

  그는 열심히 공부했다. 열심히 하지 않았다면 그는 실패했을 것이다.

② **접속명사**

the moment(the minute, the instant), next time, every time(= whenever), by the time(~할 무렵에는) 등도 시간을 나타내는 접속사의 역할을 한다.

- The moment she saw me, she raised her hand. 나를 보았을 때 그녀는 손을 들었다.
- Next time you see him, please tell him about it.

  다음에 그를 만날 때에는 그것에 대해 이야기해라.
- Every time you need this book, I'll lend it to you.

  이 책이 필요하면 언제든 네게 빌려주겠다.
- By the time we reached the ground, the game had begun.

  우리가 운동장에 도착할 무렵에 게임이 시작되었다.

15 관계사 기출 24, 23, 21

영어의 관계사에는 2가지 종류가 있는데, 하나는 **관계대명사**이고 또 하나는 **관계부사**이다. 관계대명사는 2개의 문장을 하나로 연결시키는 접속사와 대명사의 역할을 겸한다. 관계부사는 관계대명사와 용법이 비슷한데, 2개의 문장을 하나로 연결시키는 접속사와 부사의 역할을 겸하고 있다. 관계부사는 관계대명사와 성격이나 용법이 매우 비슷하나, 관계대명사는 동사의 주어나 목적어가 되거나 전치사의 목적어가 되지만, 관계부사는 그렇지 않다는 점이 다르다. 또 관계부사는 격변화가 없으며, 그 다음에는 [주어 + 동사]의 어순이 된다.

> **더 알아두기**
>
> **관계대명사와 관계부사**
> - 관계대명사 = 접속사 + 대명사
> - 관계부사 = 접속사 + 부사

(1) 관계대명사 기출 24, 22

① **관계대명사의 종류 종요**

관계대명사는 글과 글을 잇는 접속사의 구실과 대명사의 구실을 겸하는 대명사이다. 관계대명사에는 who, which, that, what 등이 있는데, 선행사가 사람을 가리키는가 사물을 가리키는가에 따라 어느 것을 쓰는지가 결정된다.

종류	선행사	주격	소유격	목적격
who	사람	who	whose	whom
which	사람, 사물	which	whose, of which	which
that	사람, 동물, 사물	that	×	that
what	사물(선행사 포함)	what	×	what

ㄱ who, whose, whom의 용법

선행사가 일반적으로 사람일 경우 쓰이며, who와 whom은 that으로 대신 쓸 수 있다.

• That is the boy who(or that) likes to play tennis.

저 소년은 테니스를 좋아하는 소년이다.

• The man who is working in the garden is my uncle.

정원에서 일하고 있는 사람은 내 삼촌이다.

• I know a girl whose name is Judy. 나는 이름이 주디라는 소녀를 알고 있다.

• This is the boy whom I met in the park yesterday.

이 소년은 내가 어제 공원에서 만났던 소년이다.

ㄴ which(주격), whose(of which), which(목적격)의 용법

선행사가 일반적으로 사람, 사물일 경우 쓰이며, 주격, 목적격은 that으로 대치할 수 있다.

• The books which(or that) are on the desk are his.

책상 위에 있는 그 책은 그의 것이다.

• Look at the book whose cover is red. 빨간 표지의 그 책을 보아라.

• This is the book which she gave (to) me yesterday.

이 책은 그녀가 어제 나에게 주었던 책이다.

ㄷ 관계대명사 that만 쓰는 경우

선행사가 [사람 + 동물], [사람 + 사물]로 되어 있거나, 선행사 앞에 형용사의 최상급, 서수, the only, the very, the same, the last, all, every, any, no, 의문대명사 등이 올 때 관계대명사 that을 쓴다. that에는 소유격이 없으며, 또 전치사를 그 앞에 쓸 수 없다.

• She is the prettiest lady that I have ever seen.

그녀는 내가 여태껏 본 가장 아름다운 여인이다.

• This is all the money that he has. 이것이 그가 가지고 있는 돈의 전부이다.

• There is no man that doesn't love his own country.

자신의 조국을 사랑하지 않는 사람은 없다.

• Who is the gentleman that is standing over there? 저기 서 있는 신사는 누구니?

ㄹ what의 용법

관계대명사 what은 선행사를 포함하고 있으며, 해석은 『~하는 것』으로 한다. what에는 소유격이 없다.

• Could you tell me what this means? 이것이 의미하는 것을 말씀해 주실 수 있겠습니까?

• We love what is true. 우리는 진실된 것을 사랑한다.

② 관계대명사의 두 가지 용법 **중요**

ㄱ 제한적 용법(한정적 용법)

관계대명사 앞에 comma(,)가 없는 경우로, 해석은 관계대명사 뒷부분을 먼저 하는 것이 자연스럽다.

• He had two sons who became officers. 그는 공무원이 된 아들이 둘 있다.

• We must pay attention to the fact that fire burns.

불은 탄다는 사실에 우리는 유의해야 한다.

ⓛ 계속적 용법(연속적 용법)

관계대명사 앞에 comma(,)가 있는 경우로, 해석은 앞에서부터 차례대로 하는 것이 자연스럽다. 관계대명사 what과 that에는 계속적 용법이 없다.

- He had two sons, who became officers. 그는 아들이 둘 있는데 둘 다 공무원이 되었다.
- I will lend you this novel, which[for it] is very exciting.

  이 소설책을 너에게 빌려 주겠다. 아주 재미있으니까.
- I cannot understand, what he says. (×)
- He has a horse, that runs very fast. (×)

③ **관계대명사의 주의할 용법**

㉠ 관계대명사의 생략

제한적 용법에서 관계대명사의 목적격은 생략할 수 있다. 그러나 관계대명사 앞에 전치사가 있는 경우에는 생략할 수 없다.

- This is the farmer (whom or that) I met in the field.

  이 사람은 내가 들판에서 만난 농부이다.
- The movie (which or that) I saw yesterday was interesting.

  어제 내가 본 영화는 재미있다.

㉡ 관계대명사와 전치사

관계대명사가 전치사의 목적어일 때, 전치사를 관계대명사 앞에 두어도 좋고, 전치사를 문장의 맨 뒤에 두어도 좋다.

- That is the village (which) he lives in. (관계대명사 생략 가능)
- = That is the village in which he lives. (관계대명사 생략 불가능)

  저곳이 그가 살고 있는 마을이다.

㉢ 복합관계대명사

관계대명사에 ~ever가 붙은 형식으로 자체 선행사를 포함하고 있으며 명사절과 부사절을 유도한다.

- I will give you whatever book you want to read.
- = I will give you any book that you want to read.

  네가 원하는 책은 무엇이든 주겠다.
- Whoever may object, I will do what I think is right.

  누가 반대하든 나는 내가 옳다고 생각하는 것을 하겠다.

㉣ 의사관계대명사

접속사 as는 선행사 앞에 such, the same이 있을 때 관계대명사로 쓰인다.

- This is the same watch as I lost. (같은 종류)

  이것은 내가 잃어버린 것과 같은 시계이다.
- This is the same watch that I lost. (동일 물건)

  이것은 내가 잃어버린 시계이다.

(2) 관계부사

① 관계부사의 종류 [중요]

관계부사는 두 개의 글을 결합시키는 접속사와 부사의 구실을 하는데, where, when, why, how가 있다. 관계부사는 선행사를 수식하는 형용사절을 이끌며, [전치사 + 관계대명사(which)]로 바꾸어 쓸 수 있다. 선행사는 시간, 장소, 이유, 방법 등을 나타낸다.

용도	선행사	관계부사	전치사 + 관계대명사
시간	the time	when	on (or at) + which
장소	the place	where	in (or at) + which
이유	the reason	why	for which
방법	(the way)	how	in which

㉠ where의 용법 [기출] 22

- This is the house where she lives. = This is the house in which she lives.
  = This is the house which she lives in. = This is the house she lives in.
  이곳은 그녀가 살고 있는 집이다.

㉡ when의 용법 [기출] 24

- I don't remember the day when Mr. Kim left Seoul.
  = I don't remember the day on which Mr. Kim left Seoul.
  나는 김씨가 서울을 떠난 날을 기억하지 못한다.

㉢ why의 용법

- Do you know the reason why he didn't come?
  = Do you know the reason for which he didn't come?
  너는 그가 왜 오지 않는지 이유를 아니?

㉣ how의 용법 – 선행사가 the way인 경우

the way how라는 식의 표현은 거의 사용하지 않으며, the way 혹은 how만 쓰든지 the way that 혹은 the way in which를 쓴다.

- Tell me the way you solved the problem.
  = Tell me how you solved the problem.
  = Tell me the way that you solved the problem.
  = Tell me the way in which you solved the problem.
  네가 그 문제를 어떻게 해결했는지 말해봐라.

② 관계부사의 용법 [중요]

관계부사에도 제한적 용법과 계속적 용법이 있는데, 관계대명사와 마찬가지로, 관계부사 앞에 콤마가 있느냐 없느냐로 구분한다. 콤마(,)가 없으면 제한적 용법이고, 콤마가 있으면 계속적 용법이다.

㉠ 관계부사의 제한적 용법

관계부사는 모두 제한적 용법으로 사용된다. 이 경우에 관계부사는 관계대명사와 마찬가지로 **선행사를 수식하는 형용사절을 이끈다.**

• This is the city where I visited two years ago. 이곳이 내가 2년 전에 방문했던 도시이다.

• I don't know the day when he died. 나는 그가 죽은 날을 모른다.

• Do you know the reason why he went there? 그가 그곳에 간 이유를 아니?

ⓒ 관계부사의 계속적 용법

관계부사 where와 when은 계속적 용법이 있다. 관계부사가 계속적 용법으로 사용이 될 때에는 '접속사 + 부사'로 바꾸어 쓸 수 있다.

• I went to Seoul, where I met Tom. = I went to Seoul, and there I met Tom.

　나는 서울에 갔는데, 거기서 톰을 만났다.

• I was sleeping, when he visited me. = I was sleeping, and then he visited me.

　나는 잠을 자고 있었는데, 그 때에 그가 나를 방문했다.

③ **관계부사의 주의할 용법** 〔중요〕

ⓐ 복합관계부사

wherever, whenever, however의 형태를 말하며, 선행사를 포함하고 부사절을 이끈다.

• He gets lost wherever he goes. 그는 어디를 가도 길을 잃는다.

• She is impatient whenever she is kept waiting.

　그녀는 계속 기다릴 때면 언제나 초조해한다.

• However hungry you are, you must eat slowly.

　아무리 배가 고프더라도 천천히 먹지 않으면 안 된다.

ⓑ 관계부사의 선행사 생략

• This is (the reason) why he came here. 이것이 그가 여기에 온 이유이다.

• That is (the place) where we played in the afternoon.

　저 곳이 우리가 오후에 놀았던 곳이다.

16 가정법

영어에서는 그 시제를 명확히 확정하기 어려운 상상이나 소망을 이야기할 때 일반적인 시제선택의 원칙에서 벗어나는 시제를 습관적으로 사용하는 경우가 있는데, 이를 가정법이라 한다. 가정법에는 가정법 현재, 가정법 미래, 가정법 과거, 가정법 과거완료 등 4종류가 있다.

(1) 가정법 현재

① 「If + 주어 + 동사원형, 주어 + will/can + 동사원형」의 형태로 현재 또는 미래에 관하여 불확실한 것을 상상한 표현을 가정법 현재라고 한다.

• If it be[is] rainy tomorrow, I will not go to the church.

　내일 만약 비가 온다면 나는 교회에 가지 않겠다.

• If the rumor be[is] true, we will be glad. 그 소문이 진짜라면 우리는 기쁘겠는데.

② **독립된 구문의 가정법 현재**

- God save the King! 신이여, 국왕을 구하소서!
- God bless your family! 당신의 가정에 신의 은총이 있기를!

③ **명사절(that절) 속의 가정법 현재**

요구, 희망, 제안, 의문 등을 나타내는 insist, ask, order, desire, suggest, wonder, request, require, propose, demand 등과 같은 동사의 목적어절은 술어동사의 형태가 'should(생략 가능) + 동사원형'이며, 주절의 동사시제가 바뀌더라도 that절 속의 동사는 항상 원형이다.

- The mayor ordered that the man (should) leave the city at once.

  시장은 그 사람이 시에서 곧 떠날 것을 명령했다.

- He suggested that the party (should) be put off. 그는 파티를 연기하자고 제안했다.

(2) 가정법 과거 [중요]

① 「If + 주어 + 동사 과거, 주어 + would/should/could/might + 동사원형(be동사는 were)」형태의 가정법 과거는 현재 사실과 다르거나 현실성이 없는 상황을 가정하는 표현이다.

- If I were not poor in health, I could travel abroad.

  내가 건강이 나쁘지 않다면 해외여행을 할 수 있을 텐데(나빠서 못한다).

- If I knew her address, I would write to her.

  내가 그녀의 주소를 알고 있다면 편지를 쓰겠는데(몰라서 못 쓴다).

② **If it were not for ~ 『~가 없었더라면』**

- If it were not for the light and heat of the sun, no living thing could exist.

  = But for the light and heat of the sun, no living thing could exist.

  = Without the light and heat of the sun, no living thing could exist.

    만약 태양의 빛과 열이 없다면 어떠한 생물도 존재할 수 없을 것이다.

③ If절의 내용을 적절한 상당어구, 즉 부사구, 명사 주어, 부정사구 등으로 대치시킬 수 있다.

- With a little more capital[If we had a little more capital], we would surely succeed in our enterprise. 만약 조금만 더 자본이 있다면 우리는 분명히 사업에 성공할 텐데.

- A true friend would not do a thing like that.

  진정한 친구라면 그와 같은 일은 하지 않을 것이다.

④ **I wish + 동사의 과거형(be동사는 were) 『~였으면 좋았을 텐데』** [기출] 21

- I wish I were rich. = I am sorry that I am not rich.

  내가 부자라면 좋겠는데(부자가 아니라서 유감이다).

- I wish I could fly like a butterfly.

  = I am sorry that I cannot fly like a butterfly.

    내가 나비처럼 날 수 있으면 좋으련만(날 수 없어서 유감이다).

⑤ as if[as though] + 가정법 과거 『(사실은 아니지만) 마치 ~인 것처럼』

- The child talks as if he were a grown-up.

  그 아이는 마치 어른(이라도 된 것)처럼 말한다.

- He looks as if he knew everything.

  그는 마치 만사를 다 아는 것처럼 보인다.

⑥ It is time + 가정법 과거(형용사절) 『~할 시간이다』

- It is time you went to bed. = It is time for you to go to bed.

  이제 잠잘 시간이다. 잠을 자고 있을 시간이다.

⑦ would rather + 가정법 『~하면 좋겠다』

- I would rather stay at home than go out today.

  나는 오늘 외출하기보다 집에 있고 싶다(있는 편이 좋겠다).

- I would rather he were here with us.

  그가 우리와 함께 이곳에 있다면 좋겠는데!

(3) 가정법 과거완료 `종요` `기출` 23

① 가정법 과거완료는 「If + 주어 + had + 과거분사, 주어 + would/should/could/might + have + 과거분사」의 형태로, 과거사실에 반대되는 상상을 나타낸다.

- If I had had much money, I would have bought the house.

  만약 내가 돈을 많이 가지고 있었더라면 그 집을 샀을 텐데(없어서 못샀다).

- If I had taken the doctor's advice, I would have not been ill now.

  만약 의사의 충고를 들었더라면 지금 아프지 않을 텐데.

② If it had not been for ~ 『~가 없었더라면 ~했을 것이다』

- If it had not been for your advice, I would have failed.

  = But for your advice, I would have failed.

  = Without your advice, I would have failed.

  만약 너의 충고가 없었더라면 나는 실패하고 말았을 것이다.

③ 가정법 조건절 상당어구

- With a little more care, you would[could] have avoided the accident.

  조금만 더 주의했더라면 너는 그 사고를 피할 수 있었을 텐데.

- A real criminal would have acted differently.

  진짜 범인이었다면 다르게 행동했을 것이다.

④ I wish + had + 과거분사 `기출` 24

실현되지 못한 과거의 원망을 나타낼 때 이 형태를 사용하며, 『~했어야 했는데…』라고 번역한다.

- I wish you had studied harder in the first term.

  너는 1학기에 좀 더 열심히 공부했더라면 좋았을 텐데.

- I wish I had bought the book. 나는 그 책을 샀으면 좋았을 텐데.

⑤ as if[as though] + 가정법 과거완료 『(사실은 아니지만) 마치 ~인 것처럼』

　　as if 이하의 가정법 형식은 주절의 시제와 관계없다.

- He looks as if he had long been ill. 그는 오랫동안 아팠던 것처럼 보인다.
- The old lady looks as if she had been beautiful in her youth.

　그 부인은 젊었을 때는 미인이었던 것같이 보인다.

(4) 가정법 미래

① 가정법 미래는 「If + 주어 + should + 동사원형, 주어 + 조동사의 과거 + 동사원형…」의 형태로, 미래에 대해 확률이 극히 낮거나 있을 수 없는 일을 가정할 때 사용한다. 조건절에는 주어의 인칭이나 수에 관계없이 should(주어의 의지를 나타낼 때는 would)를 사용하고 주절에는 '조동사 과거형 + 원형동사'가 일반 형태이지만 미래형이나 현재형도 사용된다.

- If he should come, I will tell you. 만일 그가 온다면, 당신에게 알려 드리겠습니다.
- If you should fail, what would you do? 만약 실패라도 한다면, 무엇을 하겠소?

② 「If + 주어 + were to + 동사원형, 주어 + 조동사의 과거 + 동사원형…」

　이 형태는 형태상으로 보아 가정법 과거형이지만, 현재와 미래에 관한 거의 '있을 수 없는 일'이나 실현성이 '의문스러운 일'을 가정할 때 사용한다.

- If the sun were to rise in the west, I would not change my mind.

　설사 해가 서쪽에서 뜬다 해도, 나는 결심을 바꾸지 않겠다.

- If you were to die tomorrow, what would you do now?

　네가 만약 내일 죽는다면, 지금 무엇을 하겠니?

③ 가정법 미래의 주절[귀결절]에는 직설법이나 명령법도 사용된다.

- If it should rain tomorrow, don't come. 내일 비가 오면 오지 마라.
- If it should rain tomorrow, I have planned something else.

　내일 비가 올 경우 나는 별도의 계획을 세워 놓았다.

(5) 가정법 도치와 생략

① 조건절과 주절의 생략

　㉠ 조건절이 없어도 추측할 수 있는 경우, 조건절을 생략할 수 있다.

- I could have attended the party (if I had wanted to attend the party).

　파티에 (나가려면) 나갈 수도 있었는데.

- I should like to make a tour round the world (if I could).

　(가능하다면) 세계 여행을 하고 싶다.

　㉡ 주절이 없어도 추측할 수 있는 경우, 주절을 생략할 수 있다.

- Don't! If anybody should come! (What would be the result?)

　하지마! 만일 누구라도 오면! (어떤 결과가 일어날지 알아?)

- If only you would work harder! (How glad I should be!)

　네가 좀 더 열심히 공부만 한다면야! (내가 얼마나 기쁠까!)

ⓒ if ever : 설사 ~한다 해도

- I seldom, if ever, have a dinner.

  설사 저녁식사를 하는 일이 있더라도 저녁식사를 거의 하지 않는다.

ⓔ had best : ~하는 게 가장 좋다

- You had best take a walk after dinner. 저녁식사 후에 산책하는 것이 가장 좋다.

② **접속사 If의 생략** 중요 기출 21

If로 시작되는 가정법 문장에서 접속사 if를 생략할 수 있다. if를 생략하게 되면 if 절의 주어와 동사의 순서가 바뀐다.

- If I were a bird, I could fly to you.

  = Were I a bird, I could fly to you.

  내가 새라면, 너에게 날아갈 수 있을 텐데.

- Had it not been for your help, he would have failed.

  = If it had not been for your help, he would have failed.

  너의 도움이 없었다면 그는 실패했을 것이다.

- Should you find him, bring him back to me.

  = If you should find him, bring him back to me.

  그를 찾으면 나에게 데려오너라.

(6) 혼합가정법 중요

한 문장 안에 두 시제의 가정법이 함께 존재하는 것을 혼합가정법이라 한다. 혼합가정법의 종류에는 어떤 특별한 제약이 없으나, 대개 조건절에는 가정법 과거완료, 주절은 가정법 과거가 오는 형태가 많이 쓰인다. 이 경우 『과거에 ~했더라면, 현재 ~할 텐데』라고 해석한다.

- If you had worked harder, you could live happily now.

  → As you didn't work harder, you can't live happily now.

  네가 조금만 더 열심히 일했더라면, 지금 행복하게 지낼 수 있을 텐데.

- If I had followed your advice, I should be free from care now.

  → As I didn't follow your advice, I am not free from care now.

  내가 너의 충고에 따랐더라면, 지금은 걱정이 없을 텐데.

(7) 기타 조건문 중요

① unless 『~하지 않는다면(if ~ not)』

- Unless you work hard, you'll fail. 열심히 공부하지 않으면 너는 실패할 것이다.

- Unless you sleep well, you will not recover. 푹 자지 않으면 회복되지 않을 것이다.

② provided/providing/so long as/if only 『만일 …이라고 한다면』

- I will employ him provided he is honest.

  = I will employ him providing he is honest.

  = I will employ him if only he is honest. 그가 정직하기만 하다면 고용할 것이다.

• You may go now, so long as you are innocent.

= You may go now, if only you are innocent. 당신이 결백하기만 한다면 지금 가도 좋다.

③ In case (that)『만일의 경우에 대비해서』

• In case I forget, remind me of it. = If I forget, remind me of it.

혹시 내가 잊으면 나에게 그것을 상기시켜다오.

④ on condition that『~인 조건으로, 만일 …이라면』

• I will accept the post on condition that you assist me.

= I will accept the post if you assist me. 네가 나를 도와준다면 그 자리를 받아들이겠다.

⑤ Grant(Granted, Granting) that『가령 …라고 해도』

• Grant that it is true, it doesn't matter.

= Granted that it is true, it doesn't matter.

= Granting that it is true, it doesn't matter.

= Even if it is true, it doesn't matter. 비록 그것이 사실이라 해도 그것은 중요하지 않다.

⑥ Suppose(Supposing)『만일 …이라면』

• Suppose (that) he refuses, what shall we do?

= If he refuses, what shall we do? 만일 그가 거절한다면 어떻게 하지?

※ 다음 빈칸에 들어갈 알맞은 말을 고르시오. (01 ～ 09)

01

> The girl ＿＿＿＿＿＿ going to the movies with her boyfriend this Saturday.

① will　　　　　② she always was
③ she is　　　　④ is

해석
그녀는 이번 토요일에 남자 친구와 영화보러 갈 예정이다.

02

> By the time he was forty, he ＿＿＿＿＿＿ as many as fifteen books.

① had written　　② has written
③ was written　　④ writes

해석
그가 마흔 살이 되던 때까지 그는 15권이나 되는 책들을 썼다.

03

> I want ＿＿＿＿＿＿ this letter as soon as possible.

① you to get her to type
② to get her type
③ you to get to type
④ to get to be typed

해석
나는 당신이 그녀에게 가능한 한 빨리 이 편지를 타자 치도록 시켰으면 한다.

---

01 the girl 다음에 going이라는 현재분사가 이어지므로 동사가 빠졌음을 알 수 있다. 현재진행형이 「～하려 한다」라는 가까운 미래의 결정된 사실을 나타내는 경우가 있다. 이를 현재진행 시제의 미래대용이라고 한다. be going to～ 「～에 가려고 한다」의 구문이 문제풀이의 핵심이다. be going to do 「～하려고 한다, ～할 것이다」의 구문과 혼동하는 일이 없도록 주의해야 한다.
• go to the movies 영화보러 가다

02 훨씬 이전부터 그가 마흔 살이 되었던 과거시점까지의 저술 행위를 나타내므로 과거완료를 써야 한다.
• by the time ～ ～때까지
• as many as ～ ～만큼 많은

03 「아무개가 ～하기를 바라다」라고 할 때는 want someone to do의 문형이 쓰이고, 「아무개에게 ～하게 하다」라고 할 때는 get someone to do의 문형이 쓰일 수 있다.
• as soon as possible 가능한 한 빨리
• get ～하게 하다

정답 01 ④　02 ①　03 ①

04 「~은 불가능하다」는 뜻의 표현에 There is no ~ing의 구문이 있다. stand still은 「꼼짝하지 않고 서 있다, 정지해 있다」는 뜻이다. 여기서 one은 일반인 주어로서 막연히 「사람」이란 뜻이다.
- advance 전진하다, 앞으로 나아가다
- fall behind 뒤처지다, 낙오하다

04

> There is _____ still in this life; one must either advance or fall behind.

① no standing

② not standing

③ never standing

④ not to stand

해석
인간사에 있어서 정지 상태란 있을 수 없다. 앞으로 나아가든지 아니면 낙오하는 수밖에 없다.

05 상대방의 의지를 묻는 표현은 Will you ~?이며, 그 부정형은 Won't you ~?로서 「~하지 않으시겠습니까?」의 뜻이 된다. Won't you ~?가 Will you ~?보다는 더 정중한 표현이 된다.
- have dinner with ~ ~와 함께 저녁 식사하다

05

> A : Alice is visiting her mother today.
> B : In that case, _____ you have dinner with us tonight?

① shall   ② won't

③ wouldn't   ④ did

해석
A : 앨리스는 오늘 그녀의 어머니를 방문할 겁니다.
B : 그렇다면 오늘 밤 우리와 함께 저녁 식사를 하지 않으시겠습니까?

06 that 이하의 목적절은 시간을 나타내는 문장이므로 비인칭 주어 it이 필요하다. 이 문제는 「It takes + 간접 목적어 + 시간을 나타내는 직접목적어 + to do(목적어가 ~하는 데 시간이 얼마 걸리다)」의 구문을 이해하고 있어야만 쉽게 풀린다.
- take (시간이) 걸리다

06

> You must remember that _____ a tree a long time to grow.

① it takes   ② you take

③ takes   ④ you take it

해석
나무는 성장하는 데 오랜 시간이 걸린다는 것을 기억해야만 한다.

정답 04 ① 05 ② 06 ①

07

The history teacher said that the _____ middle ages were quite unlike those of fiction.

① historied　　② historic
③ historical　　④ historiated

해석
역사 선생님은 역사상 실재했던 중세는 소설 속의 중세는 사뭇 달랐다고 말씀하셨다.

07 문맥상 빈칸에는 '역사상의'란 뜻의 형용사 historical이 와야 한다.
- historic 역사에 길이 남을, 역사적인
- historical 역사에 존재했던, 역사상의

08

My coat needs _____ because it is of broad width.

① mend　　② mending
③ to mend　　④ to have mended

해석
내 코트는 품이 넓기 때문에 수선이 필요하다.

08 want, need, deserve 등의 동사는 동명사나 수동형 부정사를 목적어로 취한다.

09

My father returned home after _____.

① an absence of several years
② several years' absence
③ the absence of several years'
④ absence of several years'

해석
나의 아버지는 몇 년의 부재 후에 집에 돌아왔다.

09 무생물의 소유격은 of를 이용하는 것이 보통이지만, 시간, 거리, 가격, 무게, 의인화 등을 나타내는 경우 예외적으로 's를 붙여 소유격을 만들 수 있다.

정답 07 ③　08 ②　09 ②

※ 다음 각 문장의 밑줄 친 부분 중 올바르지 <u>않은</u> 것을 고르시오 (10 ～ 14).

10 이 문장은 A is regarded as B(A는 B라고 여겨진다) 구문의 활용 형태다. 비교급 앞에 쓰이는 부정어는 not이 아닌 no이다. no longer는 「더 이상 ～아닌」의 뜻이다.
- divorce 이혼
- disgrace 치욕, 창피
- tragedy 비극

10

Today, divorce is ① not longer regarded ② as ③ a disgrace, a tragedy, or ④ even a failure.

[해석]
이제 이혼은 더 이상 치욕스러운 것도, 비극도, 심지어 실패로도 간주되지 않는다.

11 compared with what we call disease (우리가 소위 질병이라고 하는 것과 비교하면)는 분사구문으로서 삽입구문이다. 이 문장은 'It is so rare ～ and (it is) so quickly ～ that ～ it is practically non-existent.'로 구성되는 문장이다. 즉, so ～ that 구문이 잘못 쓰인 것이다. which를 that으로 바꾸면 된다.
- prove ～이 되다
- fatal 치명적인
- compared with ～ ～와 비교하면

11

It is ① so rare in wild animals and ② so quickly proves fatal ③ which compared with what we call disease, ④ it is practically non-existent.

[해석]
그것은 야생 동물들에게 있어서는 아주 드물고, 또 아주 빠르게 치명상을 입히기 때문에, 소위 우리가 질병이라고 하는 것과 비교하면, 실제로 존재하지도 않는 것이다.

12 both A and B는 「A와 B 둘 다」라는 뜻의 구문이므로 religion과 social force는 각기 개별적인 것을 나타내게 된다. 따라서 두 단어에 모두 부정 관사가 붙어야 한다.
- religion 종교
- force 세력 (집단)
- Puritanism 청교도 정신

12

As both ① a religion and ② social force, ③ Puritanism has had ④ a widespread influence in this country.

[해석]
하나의 종교로서, 그리고 하나의 사회적 세력으로서 청교도 정신은 이 나라에 광범위한 영향력을 미쳐 왔다.

13 ③의 proud를 명사인 pride로 바꾸어야 한다. 전치사 with의 목적어이고, 등위접속사 and에 의해 self-confidence와 대등하게 연결되고 있기 때문이다.

13

Today, we ① in Korea can firmly tell the world, ② with great ③ proud and selfconfidence, ④ that we are capable of practicing democracy.

[해석]
오늘, 한국에 있는 우리는 크나큰 자부심과 자기 확신을 갖고 우리가 민주주의를 실천할 수 있다고 확고하게 세계에 말할 수 있다.

정답 10 ① 11 ③ 12 ② 13 ③

14

> The dam ① <u>were built</u> in time to protect ② <u>the inhabitants</u> from the flood; the damage ③ <u>would have been</u> very serious ④ <u>otherwise</u>.

해석

그 댐은 홍수로부터 주민들을 보호할 수 있도록 제때에 건설되었다. 그렇지 않았다면 피해가 아주 심각했을 것이다.

15 다음 중 두 문장의 뜻이 서로 같지 <u>않은</u> 것은?

① He is busy doing his homework.

　→ He is busy with his homework.

② You must attend to your appearance.

　→ You must be attentive to your appearance.

③ Probably he changed his mind.

　→ It appears that he changed his mind.

④ He is sure of making a lot of money.

　→ He is sure to make a lot of money.

16 다음 중 어법상 옳은 것은?

① She complained to me about his bad manner.

② I resemble with my mother in appearance.

③ Meat readily goes badly in close and hot weather.

④ Many children are entering into the gymnasium.

---

14 후반부의 문장만이 가정법 구문이고, 전반부의 문장은 과거의 사실에 대한 일반적인 서술문이다. 따라서 전반부 문장에 쓰인 가정법 동사 were는 was가 되어야 한다.
- in time 늦지 않게, 제때에
- inhabitant 주민
- flood 홍수

15 be sure to 틀림없이 ~하다
be sure of 확신하다
① be busy ~ing(= be busy with) ~하느라 바쁘다
② attend to(= be attentive) 주의하다
③ It appears that(= It seems that) ~처럼 보이다

16 complain은 완전자동사로 전치사 about이 필요하다.
②·④ resemble과 enter는 완전타동사로 전치사가 필요 없음에 유의할 것, enter into는 시작하다의 의미
③ 'go + 형용사 보어'가 나오면 '~한 상태로 되다'의 뜻

정답 14 ①　15 ④　16 ①

17
① need가 조동사로 쓰이면 동사원형이 오지만, 본동사로 쓰이면 to + 동사원형이 온다.
② had better의 부정은 "had better not + 동사원형"이다.
④ 주절이 과거시제이므로 시제일치에 의해서 might go가 적절하다.

17 다음 밑줄 친 부분 중 어법상 옳게 쓰인 것은?

① It needs hardly be said that health is above wealth.
② You had not better call her up at this time of night.
③ It is quite natural that such a man should succeed.
④ He told me that I may go out.

18
보어 + as + 주어 + 동사 = Although + 주어 + 동사 + 보어

18 다음 문장의 밑줄 친 부분과 의미가 같은 것은?

> Rich as I am, I am not happy.

① Since I am rich
② Unless I am rich
③ Although I am rich
④ Because I am rich

해석
부자이기는 하지만, 나는 행복하지 않다.

19
선행사가 사람이므로 which가 아니라 소유격인 whose가 와야 한다.
• motivation 자극, (행동의) 동기
• maternal grandmother 외할머니
• filthy 불결한, 더러운(= foul), 추악한

19 밑줄 친 부분이 문법적으로 어색한 것은?

① The sister whom I am going to visit is single.
② My maternal grandmother, who lived until she was 95, was active in the civil rights movement.
③ There are other psychologists, many of which theories about motivation are not well known.
④ The prison to which many prisoners of conscience were sent was filthy.

해석
① 내가 방문했던 여동생은 아직 미혼이다.
② 95세까지 생존하셨던 외할머니는 시민권 운동에 의욕적이셨다.
③ 자극에 대한 학설을 펼쳤던 다른 많은 심리학자들은 잘 알려지지 않았다.
④ 많은 양심수들이 보낸 감옥은 불결했다.

정답 17 ③ 18 ③ 19 ③

※ 다음 각 문장의 빈칸에 들어갈 적당한 말을 고르시오. (01 ~ 40)

01

> She _____ in music.

① has no interest
② not interested
③ is interest
④ is interestingly

해석
그녀는 음악에 관심이 없다.

01 여기에서는 동사가 빠졌음을 쉽게 알 수 있다. 「~에 흥미가 있다」라는 표현으로는 have interest in ~과 be interested in ~이 있다. have no interest in ~은 「~에 흥미가 없다」라는 뜻임을 쉽게 알 수 있을 것이다. ③은 is interested가 되어야 답이 될 수 있다.
 • interest 흥미, 관심, 흥미를 갖게 하다
 • interested 흥미있는, 관심이 있는
 • interestingly 흥미있게

02

> The first _____ lasts a long time.

① impress
② impressively
③ impressive
④ impression

해석
첫인상은 오래 지속되는 법이다.

02 문장의 구성 요소 중 빠진 부분을 찾으면 된다. the first는 수사로서 「첫 번째」라는 뜻의 수식어이다. last는 자동사로서 「계속되다, 지속되다」라는 뜻이며, a long time은 「오래」라는 뜻의 수식어이다. 따라서 빠진 부분은 바로 주어로, 주어가 될 수 있는 말은 「인상」이라는 뜻의 명사 impression뿐이다.
 • last 지속되다
 • impress 감동시키다
 • impressively 인상적으로
 • impressive 인상적인
 • impression 인상

정답 (01 ① 02 ④)

03 '어떤 언어를 구사하다'에서 '구사하다'는 speak를 사용한다.

03

> Slightly over half of the population of that region _____ both English and Spanish.

① says
② says to
③ speaks
④ tells

해석
그 지역 인구의 약 반 이상이 영어와 스페인어를 둘 다 한다.

04 quit는 타동사로 전치사를 필요로 하지 않는다.

04

> He _____ school and enlisted in the Army.

① quitted from
② quitted
③ quitted at
④ was quitted from

해석
그는 학교를 그만두고 군대에 들어갔다.

05 language(언어)가 speak의 주체가 될 수 없으므로, be spoken의 수동태 문장이 되어야 한다. language는 추상명사로 쓰인 것이므로 all language를 복수 취급해서는 안 된다. 또한, thus 뒤에 동사인 consists를 통해서도 단수시제로 써야 함을 알 수 있다. 수동태의 문장에서 동사를 수식하는 부사는 be동사와 과거분사 사이에 위치하게 된다. 따라서 is primarily spoken이 되어야 한다.
• consist of ~ ~으로 구성되다
• primarily 주로
• be spoken 말해지다

05

> All language _____ and thus consists of sounds.

① primarily spoken
② is primarily spoken
③ primarily speaks
④ are spoken primarily

해석
모든 언어는 주로 말해지는 것이므로 소리로 구성되어 있다.

정답 03 ③ 04 ② 05 ②

06

> I _____ twice to China since the Revolution.

① was
② have been
③ have gone
④ was gone

해석
나는 혁명 이후 중국에 두 차례 간 적이 있다.

07

> The number of people who own a computer _____ increasing with rapidity.

① are
② have been
③ has been
④ has

해석
컴퓨터를 소유하고 있는 사람들의 수가 급속히 증가하고 있다.

08

> I have _____ 'Manhattan', but I can fully expect it to be my favorite film.

① seen not
② yet seen
③ not already seen
④ not yet seen

해석
아직 '맨해튼'을 보지는 못했지만, 나는 그것이 내가 좋아하는 영화일거라고 충분히 예상할 수가 있다.

06 twice라는 빈도부사가 있으므로 경험을 나타내는 현재완료가 필요하다. have been to ~는 「~에 간 적이 있다」는 표현이다.
• revolution 혁명

07 who own a computer는 people을 수식하는 관계대명사절이다. 주어인 the number of people은 단수이므로, 빈칸에는 3인칭 단수형 동사가 필요하다. 계속의 의미를 강조하는 현재 완료 진행형은 have/has been ~ing이다.
• own 소유하다
• increase 증가하다
• with rapidity 급속하게

08 부정의 현재완료는 「have/has not + 과거분사」의 형태가 된다. already는 부정문에 쓰이지 않는다. 부정문에는 yet을 써야 한다. expect it to be는 「목적어가 ~하기를 기대하다」라는 「expect + 목적어 + to부정사」의 구문이다.
• fully 충분히
• expect 기대하다, 예상하다
• favorite 특히 좋아하는
• film (한편의) 영화

정답 06 ② 07 ③ 08 ④

09 동사 want의 목적어가 되는 말이 필요하다. want의 목적어로는 명사나 부정사만이 가능하다. 동명사가 명사적 역할을 하기는 하지만 동명사는 want의 목적어로 쓰이지 않는다.
• remaining 남아 있는
• parts 부품

09

> The sales manager wants _____ all of the remaining parts by April 30.

① selling
② to selling
③ to sell
④ sell

해석
판매부장은 4월 30일까지 남은 부품들을 모두 팔고 싶어 한다.

10 「다른 사람에게 ~할 것을 요구하다, 명하다」라는 뜻으로 쓰일 때는 require someone to do가 쓰이며, 이의 수동형은 be required to do이다.
• night shift 야간 근무, 야간 근무조
• upset 화난, 언짢은
• be required to do ~하도록 지시받다
• be present at~ ~에 참석하다

10

> The night shift was very upset when they were required _____ the afternoon meeting.

① to present
② be present at
③ to be present at
④ being present at

해석
야간 근무조는 오후 회의에 참석하라는 지시를 받았을 때 몹시 언짢아 했다.

11 which is a difficult task는 삽입절로서 주어를 수식하는 관계대명사절이다. requires의 주어가 필요한데, 명사나 명사 상당어구가 주어가 될 수 있으므로 ①과 ②가 가능한 답이나, ②는 문맥상 적합하지 않다.
• task 일, 업무
• require 필요로 하다, 요구하다
• balance 균형
• cross 건너다, 횡단하다
• footbridge 징검다리

11

> _____, which is a difficult task, requires balance.

① Crossing the footbridge
② The footbridge
③ Across the footbridge
④ The footbridge that is

해석
좁은 징검다리를 건너는 것은 어려운 일로서 균형을 잡는 것이 필요하다.

정답 09 ③ 10 ③ 11 ①

12

> Johnny likes reading, hiking, and _____.

① to listen to music

② he listens to music

③ listening to music

④ listen to music

해석
조니는 독서, 도보 여행, 그리고 음악 감상을 좋아한다.

13

> All the children _____ with the test results looked very happy.

① satisfactory   ② satisfying

③ satisfy   ④ satisfied

해석
그 시험 결과에 만족한 아이들은 모두 대단히 기뻐하는 것 같아 보였다.

14

> The Trans-Siberian Railroad _____ 5,787 miles from Moscow to Vladivostok is the longest railroad in the world.

① stretch   ② stretches

③ stretched   ④ it stretches

해석
5,787마일에 걸쳐 모스크바에서 블라디보스토크까지 뻗어 있는 시베리아 횡단철도는 세계에서 가장 긴 철도이다.

---

12 like의 목적어로 reading, hiking 등의 동명사가 나열되어 있다. 따라서 and 다음에도 동명사가 필요하다.
• hiking 하이킹, 도보 여행

13 이 문장의 기본 골격은 'All the children looked very happy.'이다. 따라서 _____ with the test results는 주어인 All the children을 수식하는 말이다. 앞의 명사를 수식하는 분사의 용법과 be satisfied with ~(~에 만족하다)라는 표현을 연결해보면 답을 찾을 수 있다.
• test result 시험 결과
• satisfactory 만족한, 더할 나위 없는
• satisfying 만족스러운
• satisfy 만족시키다
• satisfied 만족해하는

14 이 문장의 주어는 The Trans-Siberian Railroad, 동사는 is이다. _____ 5,787 miles from Moscow to Vladivostok은 주어인 The Trans-Siberian Railroad를 뒤에서 수식할 수 있는 어구이므로 빈칸에는 과거분사가 오는 것이 적합하다.
• Trans-Siberian Railroad 시베리아 횡단철도
• stretch 뻗다, 펼쳐지다

정답 12 ③   13 ④   14 ③

15 「~과 비교하여」라는 뜻의 표현은 compared with ~이다.
- mild 온화한
- compare 비교하다

15

A : What is the weather like there?
B : Hawaii has rather mild weather _____ other places.

① comparing with

② comparing to

③ compared with

④ compared

해석
A : 그곳의 기후는 어떻습니까?
B : 하와이는 다른 곳에 비해 기후가 다소 온화합니다.

16 「우리 ~할까요?」하고 상대방에게 어떤 일을 제안하는 표현은 'Shall we ~?'이다.
- How about ~ing? ~하는 것이 어떻습니까?
- go skiing 스키 타러 가다

16

A : _____ some place next Sunday?
B : Great! How about going skiing?

① Shall we go   ② Will we go

③ Won't we go   ④ Should we go

해석
A : 우리 다음 일요일에 어디 갈까요?
B : 좋아요! 스키 타러 가는 게 어떨까요?

17 「~합시다」하고 상대방에게 권유하는 표현인 Let's ~에 덧붙일 수 있는 부가의문의 형태는 '~, shall we?'이다.
- go swimming 수영하러 가다

17

Let's go swimming this Sunday, _____?

① will we   ② aren't we

③ shall we   ④ don't we

해석
이번 일요일에 함께 수영하러 가지 않을래요?

정답 15 ③ 16 ① 17 ③

18

_____ relies more on its sense of smell than on any other sense.

① The elephants
② Elephants
③ Elephant
④ The elephant

해석
코끼리는 다른 어떤 감각보다도 후각에 더 의존한다.

18 종류 전체를 총칭하는 방법에는 「a + 단수명사」, 「the + 단수명사」, 그리고 「복수명사」의 세가지 형태가 있다. 이 문장에서는 동사가 relies 로 3인칭 단수이므로 「a + 단수명사」 나 「the + 단수명사」의 형태만이 가능하다.
• rely on ~에 의존하다
• sense of smell 후각(嗅覺)
• sense 감각

19

Peking was a jewel of _____.

① a city
② the city
③ cities
④ the cities

해석
북경은 보석과 같은 도시였다.

19 보통명사가 「~와 같은」의 형용사적 의미를 갖는 「a / the + 보통명사 + of a ~」의 구문을 이해하면 쉽게 풀 수 있다. a jewel of 다음에 「a + 단수명사」가 와야 한다.
• Peking 북경(Peking은 중국 북경의 옛 이름이다. 현재는 베이징이라고 한다.)
• jewel 보석

20

His salary as a bus driver is much higher _____ _____.

① in comparison with the salary of a teacher
② than a teacher
③ than that of a teacher
④ to compare as a teacher

해석
버스 기사로서의 그의 봉급은 선생으로서의 봉급보다 훨씬 많다.

20 비교급에 의한 비교구문이므로 than 이 필요하다. 이 문장에서 비교의 대상은 salary이므로, 비교의 대상이 a teacher인 ②는 틀린 답이 된다. ③ 의 that of a teacher에서 that은 salary를 대신한 대명사이다.
• salary (정액의) 봉급
• in comparison with ~ ~과 비교하면
• compare 비교하다

정답 18 ④ 19 ① 20 ③

21 빈칸에는 앞서 언급된 문장 전체를 받는 대명사인 that이 들어가야 한다.
- promise to do ～할 것을 약속하다
- say ～을 나타내다
- so 그렇게, 그처럼
- such 그러한 것

21

He has promised to do it, but _____ does not say that he will do it.

① that　　② he
③ so　　④ such

해석
그는 그것을 하겠다고 약속했다. 하지만 그것이 그가 그것을 하겠다는 의지를 나타내는 것은 아니다.

22 writers를 꾸며주는 형용사절을 찾으면 된다. 형용사절은 관계대명사나 관계부사가 이끈다. ②는 문맥상 어울리지 않는다. devote oneself to ～는 「～에 전념하다」는 뜻이다.
- journalist 저널리스트, 신문인, 언론인
- professional 전문적인
- gather 수집하다
- present 보도하다
- devote 쏟다, 바치다
- devotion 헌신, 전념

22

Journalists are professional writers _____ _____ to gathering and presenting news.

① who devote themselves
② whose devotion to them and
③ their devotion is to themselves
④ they are devoting them

해석
언론인이란 뉴스를 수집해 보도하는 일에 전념하는 전문적인 작가들이다.

23 장소를 나타내는 places를 수식하는 형용사절은 관계부사 where가 이끌 수 있다. ①의 where는 의문사이다.
- cave 동굴
- hollow 속이 빈
- bat 박쥐

23

Caves and hollow trees are not the only places _____.

① where do bats live
② bats live where
③ where bats live
④ live where bats

해석
동굴이나 속이 빈 나무들만이 박쥐가 사는 곳은 아니다.

정답 21① 22① 23③

24

> _____ to inherit a library, it is better to collect one.

① As good it is 　② Good as it is

③ As good 　④ It is as good

해석
장서를 물려받는 것이 좋기는 하지만, 장서를 수집하는 것은 더욱 좋은 것이다.

25

> The Greeks, _____ in almost every department of human activity, did surprisingly little for the creation of science.

① they were as eminent

② as eminent they were

③ eminent as they were

④ as were they eminent

해석
인간 활동의 거의 모든 분야에 있어서 그리스인들이 탁월하기는 했지만, 놀랍게도 그들은 과학의 창조에서는 거의 이룩한 일이 없었다.

26

> Unfortunately, I am _____ of the little courtesies that I have no right to expect them from others.

① so neglectful

② such neglectful

③ as neglectful

④ neglectful so

해석
불행스럽게도 나는 작은 예의마저도 게을리하기 때문에 다른 사람들로부터도 그러한 예의를 기대할 권리가 없다.

---

24 as가 양보의 접속사로 쓰이면 「명사 / 형용사 + as + 주어 + 동사」의 문형이 되는 것에 주의하면 된다. 주절과 부사절 모두 가주어 it, 진주어 to 부정사의 구문이다.
• inherit ~을 물려받다, 상속하다
• library 장서, 서고
• collect 수집하다

25 양보의 뜻을 갖는 「명사 / 형용사 + as + 주어 + 동사」의 구문이 주어와 동사 사이에 삽입절의 형태로 들어가 있다. 즉, _____ in almost ~ human activity가 삽입 부사절이다.
• the Greeks 그리스인
• department 분야
• human activity 인간 활동
• surprisingly 놀랍게도
• creation 창조
• eminent 뛰어난, 탁월한

26 「매우 ~해서 …하다」라는 결과를 나타내는 so ~ that … 구문이다. so 다음에 형용사가 오는 것에 주의하면 된다. expect them에서 them은 courtesies를 받는다.
• unfortunately 불행스럽게도
• courtesy 예의
• right 권리
• expect 기대하다
• neglectful 게으른, 소홀히 하는

정답 24 ② 25 ③ 26 ①

27 「~과 관련하여」라는 뜻의 전치사구 in connection with ~를 알고 있으면 된다.
- interview 회견하다, 면접하다
- theft 절도
- connect 관계시키다
- connection 관계, 관련

27

> Two men were interviewed at the police station _____ a theft from the store.

① connecting with

② in connection with

③ in connection to

④ with connection of

해석
그 상점의 절도와 관련하여 두 남자가 경찰서에서 면접 조사를 받았다.

28 what they were a year ago는 명사구로서 전치사 to의 목적어이다. what they were는 「그들의 (그 당시) 상태」라는 뜻이며, they는 the image of most industries를 받는다. 「~을 제외하고는」이라는 뜻의 전치사구는 except for ~이다.
- public 일반의, 대중의
- industry 산업
- remain close to ~ ~에 가까운 상태로 있다
- drug 의약(품)
- except for ~ ~을 제외하고는

28

> The public images of most industries remain quite close to what they were a year ago, _____ the drug and the oil industries.

① but for

② except that

③ except from

④ except for

해석
의약과 석유산업을 제외한 대부분의 산업에 대한 일반인들의 생각이 1년 전과 거의 같은 상태에 있다.

29 부가적인 의미를 갖는 전치사(구)에는 as well as, in addition to, besides 등이 있다. amateur night은 「아마추어들의 밤 연주 시간」이란 의미로 쓰였다.
- classical 고전적인
- performance 공연
- ever-popular 언제나 인기 있는
- as well ~편이 낫다
- as well as ~뿐만 아니라
- in addition 게다가
- beside ~의 옆에 [besides(~ 외에, 그 밖에)와 구별할 것]

29

> There will be many other classical, jazz, and pop music performances, _____ the ever-popular amateur night.

① as well

② as well as

③ in addition

④ beside

해석
언제나 인기 있는 아마추어들의 밤 연주는 물론이고, 고전 음악, 재즈, 팝 음악 등 다른 많은 공연들이 있을 것이다.

정답 27 ② 28 ④ 29 ②

30

> The human rights activist considered it _____ honor to be nominated for the award.

① an ② a
③ the ④ this

해석
그 인권운동가는 입상 후보로 지명받는 것을 하나의 영예로 생각했다.

31

> Mrs. James did not arrive until sometime _____ _____.

① in late afternoon
② the late afternoon
③ in a late afternoon
④ in the late afternoon

해석
제임스 부인은 늦은 오후가 되어서야 비로소 도착했다.

32

> _____ are the juice and pulp of the grape useful, but various products are made from the skins and seeds.

① Not that they
② They never
③ Neither
④ Not only

해석
포도의 즙과 과육이 유용할 뿐 아니라, 과피와 씨로부터 다양한 산물들이 생산된다.

30 우선 consider A B (A를 B라고 생각하다)라는 구문과 consider의 가목적어 it, 진목적어 to be nominated for the award를 이해하고 있어야 한다. 「___ honor」는 consider A B 구문에서 B에 해당하는 목적보어이다. honor가 추상명사이긴 하지만, 여기서는 「하나의 명예」라는 말로서 쓰인 것이므로 보통명사처럼 취급해야 한다. honor는 발음이 모음으로 시작되므로 부정관사 an이 쓰인다.
• human rights activist 인권운동가
• consider 고려하다, 생각하다
• honor 영예, 명예
• nominate (후보로) 지명하다
• award 상

31 「늦은 오후에」는 in the late afternoon이라고 한다. not ~ until …의 구문은 「…한 후에야 비로소 ~하다」라는 의미로 번역하는 것이 좋다.
• arrive 도착하다
• sometime 언젠가, 어느 때인가

32 Not only A but also B 구조이다. 부정어인 not only가 문두에 나가면 주어와 동사가 도치되어야 한다. 앞 문장의 주어는 the juice and pulp of the grape이다.
• pulp 과육, 펄프

정답 30 ① 31 ④ 32 ④

33 Not …, either A or B의 구조이다. 이미 부정부사 not이 쓰였으므로, 'A도 B도 아니다'라는 내용은 either A or B로 써야 한다.
- labor force 노동력, 노동인구
- job market 노동시장

33

> Although there are so many women in the labor force today, they are still facing many problems. For one thing, women workers do not yet receive equal treatment in the job market, _____ in the area of hiring, _____ in the area of salary.

① not, but

② as, as

③ both, or

④ either, or

해석

오늘날 노동인력에는 아주 많은 여성들이 있지만, 그들은 여전히 많은 문제점들에 직면하고 있다. 첫 번째로, 고용의 영역이나, 임금의 영역 모두에서 여성 노동자들은 아직도 노동 시장에서 동등한 대우를 받지 못한다.

34 afraid는 형용사의 보어로 of 전치사구, to 부정사, that절을 갖지만, 현재분사를 바로 보어로 갖지는 않는다. For fear that은 that절이 fear에 대한 동격 명사절을 형성하여 '~을 두려워하여'로 해석한다. ④는 '결과, for 이유'의 구조로 앞 문장과 뒷 문장을 연결한다.

34

> He delayed his departure until morning, _____ _____.

① being tired and afraid driving at night

② being for fear to driving at night and being tired

③ being fearful to driving at night and tired

④ for he was tired and afraid to drive at night

해석

그는 그의 출발을 아침까지 미루었는데, 왜냐하면 그는 피곤했고, 밤에 운전하기를 꺼렸기 때문이다.

정답 33 ④ 34 ④

35

> When all the trainees reassembled, the foreman
> _____ showed them how to work the
> new drill.

① who had been practicing

② who practicing

③ he who had practiced

④ what had practiced

[해석]

모든 훈련생들이 다시 모였을 때, 계속 연습을 해 온 감독은 새로운 드릴을 어떻게 작동하는지 그들에게 보여주었다.

35 밑줄 친 부분을 생략하여도 완벽한 문장이 구성되는 것으로 보아, 관계대명사가 이끄는 형용사절이 빠져있다는 것을 추측할 수 있다. 선행사 the foreman은 사람이므로 관계대명사는 who가 와야 한다. who는 주격 관계대명사이므로 who 뒤에는 동사가 뒤따라야 한다. ③의 he who ~에서 he는 불필요하다.

- trainee 훈련생
- reassemble 다시 모으다
- foreman (공장·건설 현장의) 감독
- how to do ~하는 법, 어떻게 ~하는지
- work 작동하다
- practice 연습하다

36

> The civil service organization is composed of
> various offices and the employees _____ run
> them.

① they

② what

③ which

④ who

[해석]

관공서는 여러 사무실과 그 사무실을 운영하는 직원들로 구성되어 있다.

36 선행사 employee(고용인)를 받는 관계대명사는 who만이 가능하다. civil service organization은 한마디로 「관공서」를 말한다. ~ run them에서 them은 various offices를 받는다.

- civil service 시민 봉사, 공공 업무
- organization 조직, 단체
- be composed of ~ ~로 구성되다
- various 여러 가지의
- employee 피고용인
- run 운영하다

[정답] 35 ① 36 ④

37 우선 (,____ improving,)을 삭제해도 문장 구성이 되므로, (,____ improving,)은 trade relations를 수식해 주는 형용사구나 절이 되어야 한다. 관계대명사절은 형용사절로서 선행사를 수식하므로, trade relations among the states를 선행사로 취할 수 있는 관계대명사와 동사가 필요하다. 현재분사 improving 앞에는 be동사가 필요하므로, ①과 ③은 일단 제외된다. 또 ②의 constant는 형용사이므로 improving을 수식할 수 없다.
- trade 교역
- relation 관계
- state 주(州)
- improve 개선되다
- currently 현재는
- be at the ebb 쇠퇴하다
- constantly 끊임없이
- constant 부단의, 끊임없는

38 주절에 would have helped가 쓰인 것으로 보아 가정법 과거완료 구문임을 알 수 있다. 따라서 조건절의 동사는 「had + 과거분사」가 되어야 한다.
- in the beginning 처음에, 시초에
- volunteer 자원봉사자
- help finish ~을 끝내도록 돕다
- project (사업) 계획
- overwork 과로하다, 과중하게 일하다

39 주절의 동사로 보면 가정법 과거완료 구문이나 조건절의 빈칸에 들어갈 과거완료형의 동사가 없다. 가정법 구문에는 조건절과 주절의 동사가 일치하지 않는 경우도 있다. 이런 경우에는 그 의미에 주의를 기울여야 한다. 가정법에서는 he/she/I가 주어일 때 be 동사의 과거형은 was가 아닌 were로 써야 함에 주의해야 한다.
- by now 지금쯤은

정답 37 ④ 38 ③ 39 ②

37

Trade relations among the states, _____ _____ improving, are currently at the ebb.

① constantly are
② which are constant
③ which constantly
④ which are constantly

해석
부단히 개선되고 있는 주(州) 간의 교역관계가 현재는 부진한 상태에 있다.

38

If they _____ themselves in the beginning, the volunteers would have helped finish the project.

① were not overworked
② was not overworked
③ had not overworked
④ have not overworked

해석
만약 처음에 그들이 과도하게 일을 하지 않았다면 지원자들은 그 일을 끝내도록 도왔을 것이다.

39

If she _____ in this town, she would have come to see me by now.

① is   ② were
③ has been   ④ would be

해석
그녀가 지금 이 도시에 있다면, 지금쯤 나를 보러 왔을 것이다.

40

> Some historians say that if the South had not lacked essential industries, it _____ the American Civil War.

① won
② had won
③ would win
④ would have won

해석

만약 남부에 필수적인 산업이 부족하지 않았다면, 남부가 남북 전쟁에서 이겼을 것이라고 말하는 역사들도 있다.

※ 다음 각 문장의 밑줄 친 부분 중 옳지 <u>않은</u> 것을 고르시오.
(41 ~ 75)

41

> The ① telephone company, which controls ② the entire telephone industry, ③ it is an example of ④ a monopoly.

해석

전체 전화산업을 장악하고 있는 그 전화회사는 독점의 한 예가 된다.

42

> ① Even though relatively ② costly, the diesel engine ③ is highly ④ efficiently.

해석

비교적 값이 비싸긴 하지만 디젤 엔진은 아주 효율적이다.

40 that 이하의 구문은 say의 목적어가 되는 명사절로서 가정법 과거완료 구문이다.
- historian 역사가
- lack 부족하다
- essential 긴요한, 필수적인
- industry 산업
- the American Civil War 미 남북전쟁

41 which controls the entire telephone industry는 관계대명사가 이끄는 형용사절로서 앞의 the telephone company를 수식하는 말이므로 빼놓고 생각하자. 그러면 the telephone company it is ~로 연결이 되어, 동사 is 앞에 the telephone company와 it 두 개가 놓이게 된다. 둘 다 주어로 쓸 수 있는 말이므로 어느 하나는 삭제되어야 하는데 의미상 it이 불필요하다는 것을 알 수 있다.
- control 장악하다
- entire 전체의
- monopoly 독점

42 costly는 형용사로서 「값비싼」의 뜻이다. 부사로 착각하기 쉬운 단어이다. Even though relatively costly는 Even though it is relatively costly에서 it is가 생략된 형태이다. ③의 is 다음에는 보어가 와야 하는데 highly나 efficiently나 모두 부사로서 보어가 될 수 없다. 따라서 efficiently가 형용사 efficient로 바뀌어야 문장이 구성될 수 있다.
- even though ~ 비록 ~이기는 하지만
- relatively 비교적으로
- costly 값비싼
- highly 아주, 심하게
- efficiently 효율적으로

정답 40 ④ 41 ③ 42 ④

43 as ~, so … 구문에서 as나 so 다음에는 주어, 동사의 순으로 오는 것이 원칙이나, so 다음에서는 주어와 동사가 도치되어 쓰이기도 한다. as ~, so … 구문이므로 so that의 that은 불필요하다.
- be rooted 뿌리를 두다
- contribute 기여하다
- character 성격

43

> ① As the present is rooted in the past, ② so that ③ are we contributing to ④ form the condition and character of the future.

해석
현재가 과거에 뿌리를 두고 있는 것처럼 그렇게 우리는 미래의 상태와 성격을 형성하는 데 기여하고 있다.

44 such/so ~ that … 구문에서 such 다음에는 명사가 오게 되고, so 다음에는 형용사나 부사가 쓰인다는 점에 주의하면 된다. 따라서 형용사 hungry 앞에 such는 so로 바뀌어야 한다.
- be obliged to do ~하지 않을 수 없다
- exchange A for B A를 주고 B를 얻다
- loaf (빵) 한 덩어리

44

> He felt ① such hungry ② that he ③ was obliged to exchange the silver for ④ a small loaf of bread.

해석
그는 몹시 배고픔을 느꼈기 때문에 그 은화를 주고 작은 빵 한 조각을 얻을 수밖에 없었다.

45 had hoped는 과거에 이루지 못한 일에 대한 희망을 나타내고, 완료부정사 to have learned는 본동사보다 하나 앞선 시제를 나타내는 표현이다. 따라서 had hoped와 완료부정사가 동시에 쓰이는 것은 부적절하다. to have learned를 to learn으로 고쳐야 한다. to learn은 명사적 용법의 부정사로 hope의 목적어로 쓰이고 있다.
- extra money 여분의 돈
- course 과정, 강좌

45

> I had ① hoped to ② have learned French before my trip to Paris, but I ③ did not have any extra money ④ for a course.

해석
나는 파리로 여행을 가기 전에 불어를 배우고 싶었다. 하지만 불어 강좌를 들을 만큼 여분의 돈이 없었다.

정답 43 ② 44 ① 45 ②

46

We ① have arrived in the city not more than two days ② before we ③ found that we ④ needed a guide.

해석

우리가 그 도시에 도착한 지 채 이틀도 못 되어 우리는 가이드가 필요하다는 것을 알게 되었다.

46 시제가 일치하지 않는다. before가 이끄는 부사절의 동사가 과거이므로, 주절의 현재완료 have arrived는 과거완료 had arrived가 되어야 한다. 과거완료와 before가 같이 쓰인 문장에서는 의미 파악에도 주의를 기울여야 한다. that we needed a guide는 found의 목적어가 되는 명사절이다.
- arrive in ~ ~에 도착하다
- not more than 많아야, 기껏해야
- guide 안내원

47

No sooner ① he blew out the candle and ② set it on the floor at his side ③ than he ④ settled himself comfortably in the armchair.

해석

그는 촛불을 끄고, 그것을 자기 옆의 마룻바닥에 놓자마자, 안락의자에 편안하게 자리를 잡고 앉았다.

47 「~하자마자 …했다」라는 뜻의 No sooner ~ than …의 구문은 「No sooner had + 주어 + 과거분사, than + 주어 + 과거동사」의 형태를 취하게 되는데, 특히 동사의 시제에 주의해야 한다. 여기서는 No sooner had he blown out ~ and (had he) set ~이 되어야 한다. set it에서 it은 the candle을 받는다.
- no sooner ~ than … ~하자마자 …했다
- blow out 불어서 끄다
- candle 양초, 촛불
- set 두다, 놓다
- comfortably 편안하게

48

There are ① a great many stars in the sky ② which are ③ too far away from the earth ④ of any instrument to detect.

해석

지구로부터 너무도 멀리 떨어져 있어서, 어떤 장비로도 감지할 수 없는 별들이 하늘에는 상당히 많이 있다.

48 which are too ~ 이하는 관계대명사절로서 which의 선행사인 stars를 수식하고 있다. any instrument는 부정사 to detect의 의미상 주어가 된다. 따라서 of any instrument는 for any instrument가 되어야 한다.
- a great many 대단히 많은
- far away from ~ ~로부터 멀리 떨어진
- instrument 장비
- detect 감지하다

정답 46 ① 47 ① 48 ④

49 「아무개가 ~하도록 분발시키다」라는 표현은 encourage someone to do이다. 따라서 for children에서 for가 삭제되어야 한다.
- encourage ~하도록 분발시키다, 격려하다
- for oneself 혼자 힘으로

49

Parents should ① encourage ② for children ③ to think ④ for themselves.

해석
부모들은 아이들이 스스로 생각할 수 있도록 격려해야 한다.

50 동명사 joining은 전치사 to의 목적어이며, him은 joining의 의미상 주어가 되어야 한다. 동명사의 의미상 주어는 소유격으로 나타내는 것이 원칙이므로 him은 his로 바뀌어야 한다.
- objection 반대
- join 가담하다, 참여하다
- be willing to do 기꺼이 ~하다
- fit in with ~ ~와 조화하다

50

There is no objection to ① him ② joining the party if he ③ is willing to ④ fit in with the plans of the group.

해석
그가 그룹의 계획에 기꺼이 호응하기만 한다면 그가 파티에 참석하는 데 반대는 없다.

51 of의 목적어가 필요하므로 was는 동명사 being으로 바뀌어야 한다. the accused(피의자)는 being의 의미상 주어이다. the day the crime was committed는 the day (when) the crime was committed와 같이 관계부사 when을 보충해 보면 쉽게 파악이 될 것이다.
- evidence 증거
- the accused 용의자, 피의자
- crime 범죄
- commit (범죄를) 저지르다

51

There is no ① evidence of ② the accused ③ was in town the day the crime was ④ committed.

해석
범죄가 발생했던 그날 피의자가 시내에 있었다는 증거는 없다.

정답 (49 ② 50 ① 51 ③)

52

> ① Reaching the age of four, Mozart's father gave him harpsichord lessons, and ② at the age of five he ③ composed two minuets for ④ the instrument.

해석

모차르트가 4살이 되었을 때 그의 아버지는 그에게 합시코드 레슨을 시켰고, 5살 때 그는 합시코드를 위한 두 개의 미뉴엣을 작곡했다.

52 분사구문 Reaching the age of four 의 주어는 Mozart이고, 주절의 주어 는 Mozart's father로서 서로 주어가 다르므로 Mozart reaching the age of four라고 분사구문의 주어를 밝혀 야만 한다. at the age of five he ~ 에서 he는 Mozart를 받는다. 또 the instrument는 앞에 나온 harpsichord 를 지칭한다.
- give someone a lesson 아무개에 게 교습을 받게 하다
- harpsichord 합시코드
- compose 작곡하다
- minuet 미뉴엣
- instrument 악기

53

> ① Facing with ② dismissal, he decided to ③ submit his ④ resignation.

해석

해임을 당하게 된 그는 사직서를 제출하기로 결심했다.

53 주어 he가 dismissal(해임)을 당하 는 입장이므로, 분사구문은 현재분사 Facing이 아니라 과거분사 Faced로 시작되어야 한다.
- face 직면하다
- dismissal 해임
- submit 제출하다
- resignation 사직서

54

> ① Providing of everything ② goes well, I ③ may finish this research by the end ④ of the year.

해석

모든 것이 잘 된다면 나는 연말까지 이 연구를 끝낼지도 모른다.

54 if의 뜻을 갖는 무인칭 독립분사구문 에는 Provided that ~이나 Providing that ~을 쓸 수 있다. 따라서 Providing 다음에 of가 아닌 that이 나와야 한다.
- providing (that) ~하다면
- go well 잘 진행되다
- research 연구

정답 (52 ① 53 ① 54 ①)

55 어린 소년 시절의 불규칙적인 습관을 기술하고 있으므로 조동사 would가 필요하다. 따라서 walked는 would walk가 되어야 한다. 또 뒤에 오는 watch, swim, 그리고 fish도 모두 이 would에 걸리는 동사들이다. his famous character와 Tom Sawyer는 동격관계이다.
- walk along ~ ~을 따라 걷다
- pier 방파제
- watch 주의 깊게 보다
- much like ~ ~과 아주 흡사한
- character (소설이나 드라마 속의) 인물, 사람

55

> When he ① was a little boy, Mark Twain ② walked along the piers, ③ watch the river boats, swim and ④ fish in the Mississippi, much like his famous character, Tom Sawyer.

해석
어린 시절 마크 트웨인은 그의 유명한 (소설 속의) 인물인 탐 소여와 똑같이 방파제를 따라 걷고, 강의 배들을 주의 깊게 보고, 미시시피 강에서 수영과 낚시를 하곤 했다.

56 충고나 조언을 나타내는 문장의 종속절에도 「should + 동사의 원형」이 쓰여야 하므로 has to는 should가 되어야 한다. that he should take a vacation for a week or so는 doctor's advice와 동격관계에 있는 명사절이다.
- ignore 무시하다
- take a vacation 휴가를 얻다
- or so ~ 정도, 쯤

56

> He ① ignored his doctor's advice ② that he ③ has to take a vacation for a week ④ or so.

해석
그는 일주일 남짓 휴가를 보내야 한다는 의사의 권고를 무시했다.

57 사람의 이름은 고유명사로서 셀 수 없는 명사이다. 그러나 사람의 이름이 「~와 같은 성격의 사람」, 「~와 같은 자질을 갖춘 사람」 등의 의미로 쓰일 경우에는 셀 수 있는 명사가 되어 부정관사를 붙이거나 복수형을 취할 수가 있다. 여기서 the Napoleons는 「나폴레옹과 같은 폭군들」의 뜻으로 쓰였다. 따라서 ②는 Napoleons(나폴레옹과 같은 사람들), 즉 복수형으로 연결되어야 한다. make them miserable에서 them은 men을 받는 대명사이다.
- so long as ~하는 동안은, ~하는 한은
- worship 숭배하다, 숭상하다
- duly 마침 알맞게
- arise 나타나다
- miserable 비참한

57

> So long as ① men worship the Napoleons, ② Napoleon will duly arise and make ③ them ④ miserable.

해석
사람들이 나폴레옹과 같은 폭군들을 숭배하는 한 나폴레옹과 같은 사람들은 적당한 때에 등장하여 사람들을 비참하게 만들 것이다.

정답 55 ② 56 ③ 57 ②

58

> This school has ① produced ② many ③ Einstein since it ④ was founded.

해석

이 학교는 학교가 설립된 이래 아인슈타인과 같은 과학자들을 많이 배출해 왔다.

59

> ① It is ② such lovely a day ③ that I'd like to ④ go on a picnic.

해석

소풍을 가고 싶을 정도로 좋은 날씨이다.

60

> ① To appreciate what the hybrid corn breeder does, ② it is necessary ③ to understand how corn re produces ④ it.

해석

잡종 옥수수 종축(種畜)이 어떻게 이루어지는가를 이해하기 위해서는 옥수수가 어떻게 자체 증식을 하는지 이해할 필요가 있다.

58 이 문제에서는 두 가지 가능성을 생각할 수 있다. 첫 번째는 「이 학교는 아인슈타인과 같은 과학자를 많이 배출했다」는 뜻에서 생각해 볼 수가 있다. 이 경우에는 many라는 수를 나타내는 형용사가 있으므로 Einstein이 복수형이 되어야 할 것이다. 두 번째는 「이 학교는 아인슈타인과 같은 과학자를 한 사람 배출했다」는 뜻에서 생각해 볼 수가 있을 것이다. 이 경우에는 many가 an으로 바뀌어야 할 것이다. 문제의 해답은 문맥상으로 가장 적합한 것을 고르는 수밖에 없다. 뒤에 since it was founded(그 학교가 설립된 이래로)라는 말이 있으므로 첫 번째의 가능성이 논리적으로 더 적합한 선택이 된다. 따라서 ③의 Einstein은 Einsteins으로 복수형이 되어야 한다.
- produce 생산하다, 배출하다
- be founded 설립되다

59 이 문장은 such ~ that …의 구문이다. 이때 such 다음에 오는 형용사와 명사의 어순은 「such + a + 형용사 + 명사」가 되므로, ②를 such a lovely day로 바꿔야 맞다.
- lovely 멋진, 훌륭한
- go on a picnic 소풍 가다

60 To appreciate ~ corn breeder does는 목적의 부사절이며, 이 문장의 주절은 가주어 it, 진주어 to부정사의 구문이다. corn reproduces it에서 it은 주어인 corn을 가리키므로 재귀대명사 itself로 바꾸어야 한다. how corn reproduces itself는 명사절로서 understand의 목적어이다.
- appreciate 이해하다, 판단하다
- hybrid 잡종의
- breeder 종축(種畜), (자손을) 생산하는 것
- reproduce 증식시키다

정답 58 ③ 59 ② 60 ④

61 they could do는 (that) they could do의 관계대명사절로서 things를 수식하고 있으며, to be useful ～ 이하는 부정사가 이끄는 형용사구로서 역시 things를 수식하고 있다. who was too drunk ～ 이하는 citizen을 수식하는 관계대명사절이며, 이 관계대명사절은 too … to ～ 구문이다. 따라서 reach는 to reach가 되어야 한다.
- from time to time 때때로
- drunk 술 취한
- by oneself 혼자서

61

① There were all kinds of things they could do, to be useful, even, ② from time to time, helping some citizen who ③ was too drunk ④ reach home by himself.

해석
때로는 술에 취해 혼자서는 집에 갈 수 없는 시민을 돕는 데 유익한 그런 일같은 그들이 할 수 있는 많은 종류의 일들이 있었다.

62 because와 that 모두 접속사이므로 Not because that ～에서 because는 삭제되어야 한다. to fall은 형용사적 용법으로 쓰인 부정사로서 to fall in love with a house는 person을 수식하는 형용사구이다.
- sort 종류
- fall in love with ～ ～와 사랑에 빠지다, ～에 마음을 빼앗기다
- in the best of circumstances 대단히 훌륭한 상태에 있는

62

Not ① because that I was ② ever the sort of person ③ to fall in love with a house ④ in the best of circumstances.

해석
나는 아주 멋진 집 따위에 마음을 뺏길 그런 종류의 사람이 아니었다.

63 best는 최상급의 표현이다. 뒤에 비교급 than이 나왔으므로 better가 되어야 한다.

63

He who ① reads a book twice with speed ② is not necessarily a ③ best reader than he who reads but once ④ with care.

해석
책을 빨리 두 번 읽은 사람이 신중하게 한 번만 읽은 사람보다 반드시 더 좋은 독자가 되는 것은 아니다.

정답 61 ④ 62 ① 63 ③

64

The Englishman ① makes a bad impression ② of strangers ③ because he doesn't care ④ what impression he makes.

> **해석**
> 왜냐하면 그가 자신이 어떤 인상을 남기고 있는지 신경 쓰지 않았기 때문에 그 영국인은 모르는 사람들에게 나쁜 인상을 남겼다.

64 • make a bad impression on somebody 나쁜 인상을 남기다

65

① By checking inventory, you can spot, ② ahead time, the point ③ where a large inventory is cutting into cash flow, ④ and action can be taken.

> **해석**
> 재고 조사를 함으로써 재고가 많아져 당신은 현금 유통을 잠식하는 시점을 미리 알아내고, 조치를 취할 수도 있게 된다.

65 「미리, 시간적으로 앞서서」의 뜻으로는 ahead of time이라고 표현하게 된다. 즉, 전치사구 ahead of ~를 알고 있으면 답을 찾을 수 있다. ahead of time은 삽입구이고, where ~ cash flow는 the point를 수식하는 관계부사절이다.
• check 대조 확인하다
• inventory 재고
• spot 발견하다, 탐지해 내다
• ahead 앞에, 앞서서
• cut into (이익, 가치 등을) 줄이다
• cash flow 현금 유통
• action 행동, 조치
• take (조치 등을) 취하다

66

The quality of ① diamonds ② varies greatly ③ of carat size, ④ clarity and color.

> **해석**
> 다이아몬드의 질은 캐럿 크기와 명도와 색이라는 면에서 상당히 다양하다.

66 vary는 타동사로 쓰이면 목적어를 변화시킨다는 뜻이고, 자동사로 쓰이면 주어가 다양하다는 뜻이다. 그때, 어떤 면에서 다양한지 배경을 쓰기 위해 전치사 in을 필요로 한다. ③의 of를 in으로 바꾼다.

정답 64 ② 65 ② 66 ③

67 교회에서의 집회나 예배에 관계된 일을 언급할 때는 church 앞에 관사를 붙이지 않는다. 여기서는 「예배를 본 후에」라는 의미로 사용되고 있으므로 after church가 되어야 한다. saying(that) he must be crazy는 분사 구문이다.
- church 교회, 예배
- churchyard 교회 마당
- crazy 미친

67

After ① the church ② the men stood together in ③ the churchyard saying he must be ④ crazy.

> **해석**
> 예배를 본 후에 그 남자들은 그가 미쳤음에 틀림없다고 말하며 함께 교회 정원에 서 있었다.

68 law가 어떤 특정한 법을 지칭하는 것이 아니고 일반적인 법을 통칭하는 경우에는 관사 없이 쓰인다.
- gathering 모임, 집회
- prohibit 금지하다
- supposedly 아마도
- in the name of ~ ~라는 이름으로, ~의 명분으로
- law and order 법과 질서

68

① Gatherings of more than three persons were prohibited supposedly in ② the name of ③ the law and ④ order.

> **해석**
> 아마도 법과 질서라는 이름으로 세 사람 이상이 모이는 것이 금지되었을 것이다.

69 Not only A but also B의 구조로 A와 B를 연결하고 있는 문장이다. ②를 but also로 바꾼다.
- mosquito 모기
- nuisance 귀찮음, 성가신 것

69

① Throughout history, the mosquito has been not only a nuisance ② as well as a killer, carrying some of ③ the deadliest diseases ④ known to man.

> **해석**
> 역사를 통해 내내 모기는 골칫거리일 뿐 아니라, 사람에게 알려진 몇몇 가장 치명적인 질병들을 옮기고 다니는 살인자이기도 했다.

정답 67 ① 68 ③ 69 ②

70

The ① adult gorilla ② looks ③ fierce, ④ and it is actually a shy, friendly animal that needs companionship and attention.

해석

그 어른 고릴라는 사나워 보이지만, 그러나 사실은 수줍음을 타는 친절한 동물이며, 그것은 친구와 관심을 필요로 한다.

70 겉으로는 fierce해 보이지만, 사실은 shy하고 friendly하다고 하므로, 등위접속사를 역접으로 해야 한다.
- fierce 사나운
- shy 수줍은
- companionship 교제, 친구

71

Mrs. Swanson, ① a member of the committee for the ② coming year, is ③ the only woman ④ which has a car.

해석

다음 해의 위원회 위원인 스완슨 부인은 자동차를 가지고 있는 유일한 여인이다.

71 선행사(the only woman)에 the only가 포함되어 있으므로 관계대명사는 which가 아니라 that이 쓰여야 한다. a member of the committee for the coming year는 주어인 Mrs. Swanson과 동격 관계에 있다.
- committee 위원회
- the coming year 다가오는 해, 다음 해

72

① In reading a book, I often find ② that passages ③ which exact meaning I fail to grasp become clearer ④ when I read them again.

해석

책을 읽는 데 있어서 그 정확한 의미를 파악하지 못한 문구들은 다시 읽어 보면 의미가 더 명확해지는 경우를 나는 종종 발견하게 된다.

72 관계대명사 which 앞뒤의 passages와 exact meaning은 '문구들의 정확한 의미'와 같이 연결되어야 하기 때문에 ③번엔 which가 아닌 소유격 관계대명사 whose가 들어가야 한다.
- passage 문구
- exact 정확한
- fail to do ~하지 못하다
- grasp 파악하다

정답 70 ④ 71 ④ 72 ③

73 joint가 여기서는 허벅다리 뼈와 종아리 뼈가 만나는 접합부란 의미로서 장소를 나타내고 있으므로 관계부사 where를 쓰는 것이 적합하다. 이 문장의 골격은 The knee is the joint이다. where the thigh bone ~ the lower leg는 관계부사절로서 the joint를 수식하고 있는 것이다.
- knee 무릎
- joint 접합부
- thigh 허벅지
- lower leg 종아리

73

> The knee is the joint ① which the thigh bone ② meets ③ the large bone of ④ the lower leg.

해석
무릎이란 허벅다리 뼈와 종아리의 굵은 뼈가 만나는 접합부이다.

74 뒷부분의 should you miss ~는 조건절 If you should miss ~에서 if가 생략된 형태로서, 이 문장은 가정법 미래 구문이다. 주절에 some coming years(앞으로 다가올 2, 3년)라는 미래를 나타내는 말이 있으므로 주절의 동사 is는 미래 시제로 바꾸어 will be로 쓰는 것이 바람직하다.
- item 품목
- unavailable 얻을 수 없는
- miss 놓치다
- opportunity 기회

74

> This item ① is unavailable to you at this price for ② some ③ coming years, ④ should you miss this golden opportunity.

해석
황금 같은 이번 기회를 놓친다면, 앞으로 2, 3년 동안 이 가격으로는 이 물품을 살 수 없을 것이다.

75 Had they known은 가정법 구문의 조건절 If they had known에서 if가 생략된 형태이다. 가정법 과거완료 구문이므로 주절의 동사는 would not have ventured가 되어야 한다.
- snowstorm 눈보라
- treacherous 불안정한, 급변할 듯한
- hiker 등산객
- venture 위험을 무릅쓰고 하다, 과감히 해 보다
- proper 적절한
- equipment 장비

75

> ① Had they known the snowstorm ② would be so treacherous, the hikers ③ did not venture into ④ it without proper equipment.

해석
눈보라가 그렇게 급변할 줄 알았다면, 등산객들은 적절한 장비도 없이 무모하게 산행을 하지는 않았을 것이다.

정답 73 ① 74 ① 75 ③

76 구두점에 대한 설명 중 옳지 <u>않은</u> 것은?

① 하이픈 - 단어나 음절을 연결하거나 단어를 부분으로 나눌 때 사용한다.

② 따옴표 - 다른 사람의 말을 직접 인용할 때 쓰인다.

③ 세미콜론 - 복잡한 문장에서 잠시 멈추거나 단어 사이를 분리하기 위해 쓰인다.

④ 콜론 - 저자명 다음에 저서명을 적을 때 사용한다.

77 구두점을 <u>잘못</u> 표기한 것은?

① 아포스트로피 - (:)

② 콤마 - (,)

③ 세미콜론 - (;)

④ 하이픈 - (-)

78 다음 문장에서 구두점을 <u>잘못</u> 사용한 것은?

① This is Billy's web site.

② How beautiful she is!

③ There were ninety-nine red balloons.

④ I'm looking forward to our next class: I'm sure it'll be a lot of fun.

---

76 세미콜론은 문장을 일단 끊었다가 이어서 설명을 덧붙일 때 사용한다. ③의 내용은 콤마에 관한 설명이다.

77 아포스트로피는 (')이다.

78 ④의 문장에서는 추가 설명을 덧붙이는 것이므로 세미콜론(;)을 사용해야 한다.
① 아포스트로피는 소유격을 나타낸다.
② 감탄 부호는 마침표와 같은 역할을 하면서 감정을 나타낸다.
③ 하이픈은 단어나 음절의 연결을 나타낸다.

정답 76 ③ 77 ① 78 ④

지식에 대한 투자가 가장 이윤이 많이 남는 법이다.

– 벤자민 프랭클린 –

제 3 장

독해력

행운이란 100%의 노력 뒤에 남는 것이다.

− 랭스턴 콜먼 −

제 3 장 | 독해력

제1절 대의 파악 중요 기출 24, 23, 20

글의 대의를 파악하는 것은 핵심어를 파악하고 글의 주요 흐름을 읽어 내는 능력이 요구된다. 대의는 제목을 유추하는 과정이라고 볼 수 있으며, 주제를 제대로 파악하고 필자가 글에서 말하려고 하는 것이 무엇인지, 어느 범위까지 이야기하고 있는지를 알아야 한다.

글의 도입에서 주제를 명확하게 밝히는 경우가 많지만 때로는 세부사항을 나열한 후 글의 말미에서 필자의 의도를 드러내는 경우도 있다. 세부사항에 초점을 두기보다는 글의 전체적인 흐름을 파악하고, 겉으로 드러나기보다는 숨겨진 필자의 본질적인 의도에 접근하며, 평소에 글을 한 문장으로 요약해 보는 연습을 충분히 해 두는 것이 좋다.

01 범죄가 발생하는 경향에 대한 내용 이다.

해석

범죄의 유형은 오랜 시간이 지났음에도 거의 변화하지 않았다. 강간이나 여타 폭행과 마찬가지로 살인은 7~8월에 가장 많이 일어난다. 게다가 살인은 주기적으로 더욱 많이 발생한다. 특히, 주말에 많이 일어나고, 밤 시간에도 많이 일어난다. 살인의 62%가 오후 6시에서 새벽 6시 사이에 일어난다. 신체에 해를 입히는 범죄가 여름에 최고조에 달하는 것과는 달리, 도둑질은 다른 주기를 가지고 있다. 12월, 1월, 혹은 2월의 토요일 오후 6시에서 새벽 2시 사이에 가장 약탈당하기 쉽다. 가장 범죄 발생이 낮은 달은 언제인가? 한 가지 이상한 통계치를 제외하고 5월이다. 개들은 1년 중 다른 달보다 이 달에 가장 많이 사람을 문다고 하는 보고가 있다.

01 다음 글의 제목으로 가장 적절한 것은?

> The pattern of crime has varied very little over a long period of years. Murder reaches its peak during July and August, as do rape and other violent attacks. Murder, moreover, is more than seasonal; it is a weekend crime. It is also a nighttime crime; 62 percent of murders are committed between 6 p.m. and 6 a.m. Unlike the summer peak in crimes of bodily harm, burglary has a different cycle. You are most likely to be robbed between 6 p.m. and 2 a.m. on a Saturday night in December, January, or February. The most uncriminal month of all? May except for one strange statistic. More dog bites are reported in this month than in any other month of the year.

① A Time for Murder
② Summer Crimes
③ Hot Weather and Crimes
④ Criminal Tendencies

정답 01 ④

제2절 　주제 파악 　종요 　기출 24, 23, 22, 21

글의 중심어를 포함하면서 간결하게 나타낸 것이 글의 주제가 되는데, 필자가 이야기하려는 핵심 목적을 파악하는 것이 중요하다.

글의 중심 사건을 바탕으로 주제와 핵심 어휘를 파악한다. 글을 읽다가 모르는 단어가 나와도 당황하지 말고 우선 넘기고 나서 문장의 전체적인 의미를 이해한 후에 어휘의 구체적 의미를 유추한다.

주제는 제시된 글의 내용의 범위보다 지나치게 넓거나 좁아서는 안 된다. 또한 제시된 내용에 근거하지 않고 상식적인 정황을 바탕으로 추측에 의해 성급하게 내린 결론은 결코 주제가 될 수 없다.

대의 파악보다는 좀 더 구체적인 내용 파악이 필요하지만, 글의 전체적인 흐름을 파악하고 한 문장으로 핵심 내용을 요약해보는 연습이 중요한 것은 대의 파악과 마찬가지이다.

01 스트레스의 근원에 대해 설명하고 있다.

[해석]

혼잡은 우리에게 스트레스를 준다. 혼잡하다고 느끼면 느낄수록 우리는 그만큼 더 많은 스트레스를 받게 된다. 일 또한 우리에게 스트레스를 준다. 제조업에 종사하는 사람들은 소음 때문에 또는 조립라인에서 기계가 하는 일에 보조를 맞추어야 하는 스트레스 때문에 심각한 건강 문제에 시달리기 쉽다. 그러나 관련된 일의 양이 반드시 스트레스의 수준을 결정하는 것은 아니다. 예를 들어, 항공 관제사들이 긴 시간동안 비교적 적은 양의 일을 하는 것은 적어도 하늘에 떠 있는 많은 비행기들을 관제할 때만큼이나 스트레스를 받게 된다고 말한다.

01 다음 글에서 다루고 있는 주제는?

> Crowding stresses us. The more crowded we feel, the more stressed we get. Work stresses us, too. Workers in manufacturing jobs are likely to suffer serious health problems as a result of the noise, or the stress of being paced by mechanical requirements of the assembly line. The amount of work involved, however, does not necessarily determine the level of stress. Air traffic controllers, for instance, report that the long stretches of doing relatively little are at least as stressful as the times when they are handling many aircraft in the sky.

① Benefits of stress
② Sources of stress
③ Treatment of stress
④ Effects of stress

정답 01 ②

제3절 세부 사항 파악 중요 기출 24, 23, 22, 21, 20

글의 도입, 전개, 결론 등의 흐름을 올바르게 파악하고, 세부적인 사항까지 기억해야 하는 문제이다. 글을 읽으면서 중요 어휘에는 표시를 해두거나, 반대로 보기 문항을 먼저 읽어보고 글을 읽으면서 질문에 부합하는지 따져보는 것도 하나의 방법이다.

글의 내용과 일치하지 않는 것을 고르는 문제는 글의 내용과 반대로 말하거나 글에서 언급하지 않은 것을 골라내야 한다. 객관성에 근거하여 판단해야지, 섣부른 추측은 금물이다. 글의 내용과 일치하는 것을 고르는 문제는 똑같은 의미이지만 형태가 다른 어휘로 바꿔서 제시할 수 있으므로 평소에 다양한 어휘를 파악하고 있는 것이 중요하다.

01 의사들의 운동에 관한 연구내용을 설명할 뿐이지, 의사들이 항상 건강에 관심을 갖는다는 내용은 없다.

해석
운동은 심장에 이롭다. California의 의사들이 22년간의 연구를 한 결과, 육체적 일에 종사하는 사람은 다른 사람들보다 더 적은 심장 마비를 경험한다는 것을 알아냈다. 활동적인 사람들은 적당한 속도로 항상 일을 한다. 그들의 일상적인 일은 그들에게 적절한 양의 운동을 제공해 주고 몸의 컨디션을 유지하도록 도와준다. 하지만 보다 빠른 속도로 힘든 일을 할 수 있는 기계가 이런 형태의 일을 대신하고 있다.

01 **다음 글로 미루어 판단한 내용으로 옳지 않은 것은?**

> Exercise is beneficial to your heart. As a result of a 22-year study that was conducted by doctors in California, it was found that people who work at physical jobs experience fewer heart attacks than other people. These active people work all the time at moderate speeds. Their daily routine gives them an adequate amount of exercise and helps them stay in shape. However, machines that can do heavy labor more speedily are replacing this type of work.

① 의사들은 항상 건강에 관심을 가진다.
② 운동은 알맞은 속도로 해야 한다.
③ 적당한 운동은 심장에 이롭다.
④ 기계가 힘든 일을 대신하는 추세이다.

정답 01 ①

02 다음 대화가 시사하는 바와 의미가 가장 잘 통하는 것은?

> "You're now typing thirty words per minute. Good for you. That's a big improvement."
> "Thank you. If only I could stop making mistakes on those numbers!"
> "That's something you'll have to work on. Eventually you'll be able to type the numbers just as accurately as you do the letters."
> "Now that you mention it, I have been concentrating more on the letters. I think I'll focus my practice on the numbers for a while. With constant drill and repetition I should be able to type them perfectly."
> "You'll increase your typing speed and proficiency, too. Just keep practicing. You can only get better!"

① Blessed is he who expects nothing, for he shall never be disappointed.
② Coming events cast their shadows before.
③ Good company makes the road shorter.
④ Practice makes perfect.

02 꾸준한 연습으로 완벽해질 수 있다고 말하고 있다.

해석

"너는 이제 분당 30단어를 치게 되었구나. 정말 훌륭해. 많은 발전을 했어."
"고마워. 내가 숫자 부분에서 실수를 그만 했으면 좋겠는데."
"그게 네가 계속 노력해야 할 부분이야. 결국에는 네가 문자를 치는 것만큼 정확하게 숫자를 칠 수 있게 될 거야."
"말이 나왔으니 말인데, 나는 문자에 더 많이 집중해 왔어. 나는 당분간 숫자 연습에 초점을 맞춰야겠어. 끊임없는 훈련과 반복으로 나는 그것들을 완벽히 칠 수 있게 될 거야."
"속도뿐 아니라 숙련도도 향상되겠지. 꾸준히 연습해라. 그러면 반드시 좋아지게 될 거야."

정답 02 ④

제4절 　 결론 도출 기출 23

문장의 논리적 구조를 파악하는 능력이 요구된다. 문장 혹은 단락 사이에는 문장 상호간의 연결이 자연스럽고, 전체적인 글의 흐름이 질서 있게 연결되어 있는 논리적 일관성이 존재하므로 제시된 글을 통해 문장 혹은 단락의 앞뒤 내용을 추론할 수 있다.

결론을 도출하는 경우 마지막 문장을 유심히 살펴볼 필요가 있다. '게다가, 더구나' 등의 첨가를 뜻하는 연결어가 나오면 부연 설명, '하지만, 그러나' 등의 역접을 뜻하는 연결어가 나오면 앞의 내용과 대조되는 내용을 결론으로 유추하면 된다.

01 다음 글을 읽고 아래의 빈칸에 들어갈 말로 가장 알맞은 것은?

> In 1812 Napoleon had to withdraw his forces from Russia. The armies had invaded successfully and reached the city of Moscow. There was no question of French army disloyalty or unwillingness to fight. As winter came, the Russian army moved out of the way, leaving a wasted land and burned buildings. Other conquered European nations seized upon Napoleon's problems in Russia as their chance to rearm and to break loose from French control.

> → According to the passage, the main reason for Napoleon's withdrawal from Russia was the _____.

① Russian army
② Russian winter
③ burned buildings
④ planned revolts in other countries

01 나폴레옹 군대가 러시아에서 고전하는 동안 프랑스의 지배를 받던 다른 나라들의 조직적인 봉기에 의해 나폴레옹 군대는 러시아에서 철수해야만 했다는 내용이다.

해석

1812년에 나폴레옹은 러시아로부터 그의 군대를 철수해야만 했다. 나폴레옹 군은 성공적으로 침입하여 모스크바시(市)까지 나갔다. 프랑스 군의 불충과 또는 싸우기를 꺼리는 것은 의심할 여지가 없었다. 겨울이 왔을 때 러시아 군은 황폐한 땅과 불에 탄 건물들을 버리고 이동하였다. 정복된 다른 유럽 국가들은 나폴레옹이 러시아에서 고전하는 동안 재무장과 프랑스 지배를 벗어날 기회로 잡았다.

정답 01 ④

제5절　논조 이해 기출 22, 21, 20

글의 분위기와 어조를 파악하는 문제이다. 글에서 드러나는 사건이나 상황 및 인물 묘사를 통해 느낄 수 있는 정서적인 효과를 추론하는 문제로, 일부의 내용을 전체로 확대해석하는 오류를 범하지 않도록 주의한다. 비평, 감상문, 연설문, 편지, 발표문, 신문 칼럼 등이 글감으로 많이 사용된다.

태도·분위기 묘사에 자주 쓰이는 어휘

- 긍정, 확신: affirmative, positive
- 의심: dubious
- 냉소: cynical, scornful, sarcastic, satirical
- 편견: partial, prejudiced
- 성급: impatient, rash, reckless
- 활기: exuberant, vigorous, high-spirited
- 해학: witty
- 단조로움: monotonous, prosaic
- 부정: dissenting
- 비판: disparaging
- 동감: sympathetic
- 냉담: callous, indifferent
- 우울: gloomy, melancholy
- 단호함: stern, strict, rigorous
- 설명: descriptive, explanatory
- 유익: informative, instructive, didactic

---

01 다음 글에 나오는 인물의 심경을 가장 잘 나타낸 것은?

> It was after nine. "Another long day at work," Adams thought. "This has got to stop." He fumbled for his key, finally found it, then had trouble finding the keyhole. "Must remember to turn the front light on if I plan to come home late again," he told himself. Once inside the dark apartment, he threw his coat over the chair inside the front door as he always did. He heard the coat drop to the floor. "That's strange," he thought. Still in the dark, he reached for the lamp that was on the table to the left of the door, but it wasn't there. Then Adams' foot hit something on the floor. Adams turned back to the door and moved his hand over the wall until he found the light switch. He flipped it up. When he looked around the room, his eyes and mouth opened wide. Adams couldn't believe his eyes.

① delighted

② frightened

③ peaceful

④ frustrated

---

01 마지막 부분에서 Adams가 무언가로 인해 놀랐기 때문에 ②가 적절하다.

해석

9시가 넘었다. "직장에서 오늘도 힘든 하루였다."라고 Adams는 생각했다. "이렇게 힘들어서는 안 되는데." 열쇠를 더듬다가 마침내 찾았지만 열쇠구멍을 찾기가 어려웠다. "다음부터 늦게 올 계획이 있으면 현관에 불 켜는 것을 기억해야지."하고 혼잣말로 중얼거렸다. 깜깜한 집안에 일단 들어와서는 평소 늘 하듯이 출입문 안쪽에 있는 의자 위로 코트를 던졌다. 코트가 바닥에 떨어지는 소리가 났다. "이상한데."하고 생각했다. 여전히 어둠 속에서 그는 (출입)문 왼쪽에 있는 테이블 위의 등불로 손을 내밀었지만 등불은 거기에 없었다. 그때 바닥에서 뭔가가 Adams의 발에 차였다. Adams는 (출입)문으로 뒤돌아서서 벽으로 손을 뻗어 전등 스위치를 찾았다. 그는 스위치를 찰칵 올렸다. 방을 둘러보았을 때 그의 눈과 입이 벌어졌다. Adams는 그의 눈을 믿을 수가 없었다.

정답 01 ②

02 아내가 늦잠을 자는 남편이 직장을 잃을 것을 걱정하고 있다.

해석

나의 남편은 아침에 자명종 시계를 끄고 "딱 몇 분만 더" 자기 위해 다시 잠자리에 드는 습관을 가지고 있다. 물론 이 때문에 직장에 늦는다. 나는 그의 사장님의 인내심이 다할까봐 걱정하고 있다. 그를 깨우려고 내가 생각할 수 있는 온갖 것을 다 시도해 봤다. 내가 직접 자명종 시계를 맞춰 그를 깨워도 봤다. 그의 자명종 시계의 "on/off" 스위치에 테이프를 붙여서 선잠버튼(snooze button : 잠시 잘 때 쓰는 버튼)을 사용하도록 해봤다. 심지어 늦게 일어나는 결과로 고통을 받도록 내버려두기도 해봤다. 그것 역시 효과가 없었다. 그는 벌써 통근 동료를 잃었고 계속해서 늦게 출근하면 직장을 잃을까봐 걱정이 된다. 좋은 방법이 없는가? 무엇이든 해볼 작정이다.

02 필자의 심경으로 가장 적절한 것은?

> My husband has a habit of turning off his alarm clock in the morning and going back to sleep for "just a few more minutes." Of course, this makes him late for work, and I'm afraid his boss' patience might wear out. I've tried everything I can think of to make him get up. I've set my own alarm clock and gotten up with him, I've duck-taped the "on/off" switch on his clock so he must use the snooze button instead, and even tried letting him suffer the consequences of getting up late. That hasn't worked either. He has already lost his commuting partner, and I'm afraid he's going to lose his job if he continues to punch in late. Any suggestions? I'll try anything.

① rage
② satisfaction
③ concern
④ excitement

정답 02 ③

제6절 글의 상호관계 분석 기출 23, 22, 21, 20

앞에 제시된 문장에 이어지는 글의 순서를 정하는 문제로, 글의 논리적 흐름과 연결사, 시간 및 공간적 순서에 따른 적절한 배열을 요구하는 문제이다.

1 제시된 문장이 있는 경우

제시된 문장을 읽고 다음에 이어질 내용을 추론한다. 연결사, 지시어, 대명사, 시간 표현 등을 활용하여 문장의 순서를 논리적으로 결정한다.

(1) **지시어** : this, that, these, those 등

(2) **연결사** : but, and, or, so, yet, unless 등

(3) **접속부사** : in addition(게다가), afterwards(나중에), as a result(결과적으로), for example(예를 들어), otherwise(그렇지 않으면), however(그러나), moreover(더욱이) 등

(4) **부정대명사** : one(사람이나 사물의 불특정 단수 가산명사를 대신 받음), some(몇몇의, 약간의), another (지칭한 것 외의 또 다른 하나), other(지칭한 것 외의 몇몇) 등

2 제시된 문장이 없는 경우

대개 일반적 사실이 글의 처음에 나오고, 이어서 앞에서 언급했던 사실에 대한 부가적 내용이나 개념 정리 등이 나올 수 있다. 대신 지시어나 대명사가 나오는 문장이나 앞뒤 문장의 상반된 내용을 연결하는 역접 연결사 및 예를 설명하는 연결사가 포함된 문장은 글의 처음에 나오기 어렵다.

이 밖에 문맥의 흐름과 상관없는 문장을 고르는 문제는 주제문과 이를 뒷받침하는 문장들의 관계에 있어 글의 흐름상 통일성이 결여된 문장을 찾아낸 후, 그 문장을 제외한 후에도 글의 내용이 자연스럽게 흘러가는지 살펴봐야 한다. 또 문맥상 어색한 문장을 고르는 문제의 경우 우선적으로 글을 꼼꼼하게 읽고, 그 다음에 주제문을 파악한 후 이와 어울리지 않는 내용을 골라내는 순서로 문제를 해결한다.

01 마지막 문장에서 슈퍼마켓의 내부에 대해 살펴보자고 하였으므로, ④ 슈퍼마켓의 내부에 대한 내용이 이어질 것이다.

[해석]

실내 공간은 크게 두 가지로 나눌 수 있다. 사용(私用)과 공용으로. 사용의 실내 공간은 가정집이나 아파트 등의 내부를 포함하며, 공용의 실내 공간은 학교, 식당, 박물관, 가게 등 공공건물의 내부로 구성된다. 모든 경우에 있어서 실내 공간은 특정 목적에 따라서 설계된다. 가정집에서는 공간이 조리, 식사, 수면, 씻기, 사교 등의 목적에 맞게 구성된다. 학교에서는 단체가 공부하고, 선생님 말씀을 귀담아 듣고, 읽고 쓰고 할 수 있도록 설계된다. 가게의 실내 공간은 사람들이 모든 것(상품)을 볼 수 있고, 쉽게 돌아다닐 수 있고, 물건값을 지불하고 떠날 수 있도록 체계화되어 있다. 이 글에서는 공용 실내 공간의 하나, 즉 현대의 슈퍼마켓의 내부에 대하여 자세히 살펴보고자 한다.

01 다음 글 바로 뒤에 올 내용으로 가장 적절한 것은?

It is possible to divide interior space into two main types; private and public. Private interior space includes the inside of homes and apartments. Public interior space consists of the inside of public buildings; schools, restaurants, museums, and stores. In all cases, interior space is organized according to some specific purpose. In homes, space is organized for the purposes of cooking and eating, sleeping, washing, socializing, and so on. In schools, space is organized so that groups of people can study, listen to teachers, read, and write. The interior space of a store is organized so that people can see everything, walk around easily, pay for their purchases, and leave. In this article, we will take a closer look at one kind of public interior space – the interior of a modern supermarket.

① Interior design
② The explanation of public interior space
③ The interior of a school
④ The interior of a supermarket

정답 01 ④

02 본문의 전체 흐름과 <u>관계없는</u> 문장은?

The first thing to consider when you want to build a private swimming pool is the size and shape of the pool. ① <u>The size and the shape will depend on many factors.</u> Public pools are usually large and rectangular or L-shaped. ② <u>But private pools are smaller, and can be almost any shape rectangular, kidney bean, round, oval, or free-form.</u> ③ <u>A private pool must fit the design of a house and garden, so the shape is important.</u> ④ <u>Once the pool is well built, you and your children will enjoy it for many years to come.</u> The size and the shape of your pool will also depend on what you want to do in the pool; Dive? Have a place for children to swim? Exercise (swim laps)? Stay cool on hot days? Just relax?

02 수영장의 크기 및 모양과 관계없는 문장은 ④이다.

해석

개인용 수영장을 짓고 싶을 때 고려해야 할 첫째 사항은 수영장의 크기와 모양이다. 크기와 모양은 많은 요소에 달려 있다. 공용 수영장은 대개 큼직한 직사각형이나 L자 모양이다. 하지만, 개인용 수영장은 크기가 작고 거의 어떠한 모양이든 될 수 있다. 직사각형, 강낭콩 모양, 둥근 모양, 타원형, 자유형 등이다. 개인용 수영장은 집과 정원의 디자인에 맞아야 한다. 그래서 모양이 중요하다. 일단 수영장을 잘 만들어 놓으면, 앞으로 수년간 자녀들과 함께 즐길 수 있을 것이다. 수영장의 크기와 모양은 또한 수영장에서 무엇을 하려 하는가에도 달려 있다. 다이빙? 아이들의 수영용? 수영연습(왕복 수영)? 더운 날 시원하게 있으려고? 그냥 편히 쉬려고?

정답 02 ④

제7절　영문 국역 (종요) (기출) 22, 21, 20

영어 문장을 국어로 전환하는 과정은 문법적 이해와 어휘에 대한 정확한 파악이 기본이 된다. 하지만 있는 그대로의 직역을 하면 문장이 부자연스럽거나, 다양한 의미를 내포하는 영어 단어의 뜻을 제대로 파악하지 못하게 되므로 필자가 말하고자 하는 바를 정확하게 전달하려는 노력이 중요하다.

원문을 잘 이해하고 분석해서 그 원문이 말하고자 하는 의미를 제대로 파악해야 한다. 또 원문에 쓰인 문체의 성격이나 단어의 특색들에 주의해야 한다. 문화적 차이에서 오는 어휘 사용이 다를 수 있기 때문에 이에 대한 사항을 많이 숙지하고 있는 것이 좋다. 마지막으로 읽는 사람이 거부감이 없이 매끄럽게 읽히도록 우리말의 문법과 문화 정서에 맞게 옮기는 것이 중요하다.

01   다음 밑줄 친 문장을 우리말로 바르게 옮긴 것은?

> <u>Make yourself understood</u> if you are against my decision.

① 나는 네 말을 이해한다.
② 네 말을 나에게 이해시켜라.
③ 너의 말을 이해하지 못했어.
④ 네 자신을 먼저 생각해라.

---

01   make oneself understood 자기의 말(생각)을 남에게 이해시키다
[예] He can make himself understood in English. 그는 영어로 의사소통이 가능하다.
• against ~에 반대하여
• decision 결정

해석
내 결정에 반대한다면 네 의사를 나에게 이해시켜라.

정답 01 ②

01 **해석**

많은 지도와 지구본상에서, 대양은 평평한 푸른색 표면으로 보인다. 그러나 대양 밑은 에베레스트산보다 더 높은 산이고 지구 전체를 둘러싸고 있는 연산(連山)이다. 그랜드캐니언보다 수십 배나 더 깊은 계곡이 대양 바닥에 내려앉아 있다. 최근의 대양에 대한 가장 놀랄 만한 발견은 바닥이 지구의 육지에 있는 어떤 장소만큼이나 울퉁불퉁하고 다채롭다는 것이다.

01 **다음 글의 제목으로 알맞은 것은?**

> On many maps and globes, the ocean is shown as a smooth blue surface. Yet beneath the ocean is a mountain taller than Mount Everest and a mountain chain that circles the entire earth. Valleys many times deeper than the Grand Canyon sink into the ocean floor. One of the most surprising discoveries about the ocean in recent years is that its floor is as rugged and varied as any place on the earth's land.

① The Many Kinds of Oceans
② Oceans and Mountains
③ The Shape of the Ocean Floor
④ The Mysteries of the Ocean

정답 01 ③

02 다음 글을 쓴 주된 목적은?

I'm taking this opportunity to say something about tests and X-rays taken at clinics and hospitals. People shouldn't assume that everything is OK just because they haven't received a report. There's a chance that the report may have been filed without the patient being notified. Last year, my husband was told by a resident physician at a highly respected teaching hospital that he would be called if anything "out of the ordinary" showed up. He heard nothing and assumed that everything was OK. Last week, he had annual checkup, and his doctor asked, "Why didn't you call to find out about the changes in your cells?" The answer was, of course, "I didn't know about it."

① 대학병원의 수련의를 칭찬하려고
② 건강진단의 중요성을 강조하려고
③ 건강진단의 결과를 알기 위해
④ 의료검사 결과 처리의 실태에 대해 고발하려고

02 해석

나는 이번 기회를 이용하여 병원에서 받는 검사와 X-ray에 대해 이야기를 좀 하려고 한다. 단지 통고를 받지 못했다고 해서 사람들이 모든 것이 괜찮다고 생각해서 안 된다. 환자에게 알리지 않고 검사 보고서가 철해져 보관될 가능성도 있다. 작년에 내 남편은 아주 명성 있는 대학병원에서 내과 레지던트로부터 "이상이 나타나면" 남편에게 전화를 할 것이라는 말을 들었다. 남편은 아무 연락을 듣지 못했고 그는 모든 것이 괜찮다고 생각했다. 지난주 그는 매년 하는 정기검진을 받았다. 의사가 물었다. "당신 세포의 변화를 발견하기 위해서 왜 연락하지 않았죠?" 물론 대답은 "나는 그것에 대해 몰랐습니다."였다.

※ 당신 세포의 변화: '암에 걸린 것'을 의미함

정답 02 ④

03 해석

Oak Village 주민으로서 나는 여러분들이 우리 마을이 제공하는 자연미를 높은 수준으로 유지하는 것에 관심을 가지고 있다고 생각합니다. 비록 우리가 기본 시설을 보전하기 위해 세금을 낸다 하더라도, 어떤 일은 우리 지역 정부의 능력으로서는 감당할 수가 없습니다. 매년 마을 사람들이 모이는 중요한 사업 중 하나는 Memorial Park 청소날입니다. 우리는 이 아름다운 공원 시설을 즐기고, 이제는 우리 각자가 협력해서 공원을 청소할 때입니다. 당신이 몇 시간의 즐거움과 사회봉사를 위해 기꺼이 이웃 사람들과 함께 참여하고 싶다면, 며칠 내에 당신을 방문할 마을 자원 봉사자에게 긍정적 답변을 주십시오. 나는 미리 마을 일에 대한 당신의 협조에 대해 감사드리는 바입니다.

03 다음 글을 쓴 목적으로 알맞은 것은?

> As a resident of Oak Village, I'm sure that you are interested in maintaining the high standard of natural beauty which our community affords us. Although we all pay taxes to cover the basic services we enjoy, certain tasks are beyond the ability of our local government. One of the major projects that community members gather for each year is Memorial Park Cleanup Day. We all enjoy the facilities of this lovely park, and now it's time for each of us to pitch in and clean up the park. If you are willing to join your neighbors for a few hours of fun and community service, please offer a positive response to the community-action volunteer who will call on you within the next few days. I would like to thank you in advance for your cooperation in this community effort.

① 공원 청소에 주민들의 참여를 도모하기 위해서
② 지역 주민의 이웃간 화합을 도모하기 위해서
③ 지방 정부의 재정난 해결을 위한 공청회를 열기 위해
④ 자연 보호 캠페인 참여를 유도하기 위해서

정답 03 ①

04 다음 글의 제목으로 가장 알맞은 것은?

Many people suffer from a cold or cough in winter. There are many popular drugs available which can give you some relief. However, they may also cause some side effects. Specifically, they may make you feel sleepy and slow down your reactions. This could interfere with your ability to work or drive safely. Some people complain that these medicines irritate their stomach too. Doctors suggest that you read the directions carefully before swallowing any medicine.

① A Cold or Cough in Winter
② Side Effects of Medicine
③ Why I Take Medicine
④ Medicine and Safe Driving

---

04 해석

많은 사람들이 겨울에 감기나 기침으로 고생을 한다. 유용한 약이 많이 있어서 당신의 고통을 좀 덜어줄 수 있다. 하지만 이 약들은 또한 약간의 부작용을 일으킬 수 있다. 구체적으로 말하자면, 당신을 졸리게 하고 당신의 반응을 둔하게 할 수 있다. 이것은 당신이 일하거나 안전하게 운전하는 능력에 방해가 될 수도 있다. 일부 사람들은 이 약들이 위에도 자극을 준다고 불평한다. 의사들은 어떤 약이든 복용하기 전에 사용설명서를 유심히 읽으라고 제안한다.

정답 04 ②

05 **해석**

도시의 문제점인 오염, 범죄, 폭동, 계획의 부족, 운송은 심각하다. 그러나 Charles Adrian 박사에 따르면 그것은 소위 '좋았던 옛 시절'에는 더 나빴다. 그는 한 예로서 자동차 공해를 든다. 그는 그것이 현재 나쁘다는 것에 동의하지만, 19세기 미국의 도시에서 말과 다른 동물들로부터 더 많은 오염이 있었다고 주장한다. 그는 "1세기 전 대부분의 도시에는 소와 돼지를 잡는 도살장이 있었다. 그들은 동물의 잔유물과 그런 종류의 것들을 버리는 것에 주의를 기울이지 않았다."면서 "그리고 오물 처리를 위한 하수처리장은 거의 존재하지 않았다."고 말했다.

05 **다음 글의 요지로 알맞은 것은?**

> The problems of the nation's cities such as pollution, crime, riots, a lack of planning, transportation are bad, but they were worse in the so-called "good old days," according to Dr. Charles Adrian. He gives pollution from automobiles as one example. He agrees that it may be bad now, but he states that there was a lot of pollution from horses and other animals in American cities in the 19th century. "Most cities had their own slaughterhouses where cows and pigs were killed a century ago. They were careless about throwing out the remains of the animals and that sort of thing," he said. "And the sewer system for waste disposal was almost nonexistent."

① Cities are terrible places to live.

② Things used to be better in the good old days.

③ The problems of cities are quite easy to solve.

④ Cities were worse in the past than they are now.

06 다음 글의 요지로 가장 적절한 것은?

Kant is said never to have been more than ten miles from Königsberg in all his life. Darwin, after going round the world, spent the whole of the rest of his life in his own house. Marx, after stirring up a few revolutions, decided to spend the remainder of his days in the British Museum. Roughly speaking, it will be found that a quiet life is characteristic of great men, and that their pleasures have not been of the sort that would look exciting to the outward eye. No great achievement is possible without persistent work, so absorbing and so difficult that little energy is left over for the more strenuous kinds of amusement.

① 위인의 특징은 많은 여행을 한다는 것이다.

② 위대한 삶은 외부 세계와의 단절에 의해서만 가능하다.

③ 위대한 업적은 끈기 있는 노력 없이는 이룩될 수 없다.

④ 위대한 사람들의 삶도 개인적으로는 평범하다.

06 해석

Kant는 평생 동안 Königsberg로부터 10마일 이상 벗어나 지낸 적이 없다고 한다. 다윈은 전세계를 돌아다닌 후에 그 자신의 집안에서 대부분의 여생을 보냈다. 마르크스는 몇 번의 혁명을 선동한 후에 대영 박물관에서 그의 생애의 나머지 기간을 보내기로 결정했다. 대체로 말년의 조용한 삶은 위대한 사람들의 특징이고, 그들의 재밋거리는 남의 눈에 보이기에 신나 보이는 그런 종류의 것은 아니었다는 것이 확인될 것이다. 위대한 성취는 불굴의 노력 없이는 불가능한데, 너무 몰입하고 너무 힘을 들여 더욱 강렬한 즐거움에 대한 정열이 거의 남아 있지 않다.

정답 06 ③

07 **해석**

코끼리의 지능은 널리 알려져 있다. 우리는 훌륭한 기억력에 경의를 표하며 "코끼리는 결코 잊지 않는다."고 말한다. 코끼리는 또한 문제를 해결하는 데 놀랍도록 뛰어나다. 코끼리를 기르는 한 인도 농부가 불행히도 이 사실을 발견했다. 그는 코끼리가 밤에 바나나를 먹는 것을 알았다. 물론 울타리를 만들어 코끼리를 못 들어오게 할 수는 없었다. 그래서 코끼리에 방울을 달기로 했다. 코끼리가 바나나를 먹으러 오면 방울소리를 듣고 그는 이들을 멀리 쫓아버렸다. 그러나 며칠 후 그가 밤에 아무 소리도 듣지 못했는데도 바나나는 몽땅 사라졌다. 그가 코끼리를 잘 살펴봤을 때 코끼리가 그를 속였다는 것을 알 수 있었다. 코끼리는 방울에 진흙을 채워서 소리를 내지 않았던 것이다.

07 다음 글은 무엇에 관한 것인가?

> The intelligence of the elephant is widely known. We say, "the elephant never forgets," in honor of its excellent memory. Elephants are also surprisingly good at solving problems. An Indian farmer who kept elephants discovered this fact, to his mis- fortune. He had noticed that his elephants were eating his bananas at night. No fence could keep out the elephants, of course, so he decided to tie bells on them. Then he would hear them when they came to eat the bananas and he could chase them away. A few mornings later, however, the bananas were all gone, though he had heard nothing at night. When he checked the elephants he found that they had played a trick on him. They had filled the bells with mud so they would no make any noise!

① Facts about elephants
② Elephants and their tricks
③ How elephants get bananas
④ The intelligence of elephants

정답 07 ④

08 다음 글의 요지로 가장 적절한 것은?

The global information market will be huge and will combine all the various ways human goods, services, and ideas are exchanged. On a practical level, this will give you broader choices about most things, including how you earn and invest, what you buy and how much you pay for it, who your friends are and how you spend your time with them, and where and how securely you and your family live. Your workplace and your idea of what it means to be "educated" will be transformed, perhaps almost beyond recognition. Your sense of identity, of who you are and where you belong, may open up considerably. In short, just about everything will be done differently. I can hardly wait for this tomorrow, and I'm doing what I can to help make it happen.

① 정보시장은 너무 넓어 예측을 불허한다.
② 교육계가 중심이 되어 정보시장을 이끌어가야 한다.
③ 정보시장은 앞으로 많은 분야에서 변화를 가져올 것이다.
④ 정보시장은 우리의 자아관념을 개방적으로 변화시킬 것이다.

08 해석

어마어마하게 큰 세계 정보시장은 인간의 물자, 서비스, 사고가 교환되는 방식을 다양하게 결합시킬 것이다. 실용적인 차원에서 이 시장은 당신에게 물건을 선택할 수 있는 좀 더 폭넓은 기회를 제공할 것이다. 언제 수익을 기대하고 언제 투자해야 할지, 무엇을 얼마에 살 것인지, 당신의 친구가 누구고 그 친구와 어느 정도 어울려 지내야 할지, 어떤 동네로 가야 당신의 가족이 안전하게 살 수 있을지를 그 시장에서 알아볼 수 있을 것이다. 당신의 일터나 '교육받는다'는 것에 대한 당신의 관념은 당신이 알아볼 수 없을 만큼 바뀔 것이다. 내가 누구고 어디에 속해 있는가 하는 자아관념도 아주 개방적으로 변할 것이다. 쉽게 말해서 모든 것이 달라진다. 나는 그날이 어서 오기를 학수고대하고 있으며, 그날을 조금이라도 앞당기기 위해 나름대로 애쓰고 있다.

정답 08 ③

09 **해석**

나는 비록 매우 존경받고 인기 있는 선생님이지만, 내가 가르치고 있는 것이 학생들의 인생에 조금이라도 중요하리라는 환상[생각]을 가지고 있지 않기 때문에 나는 나의 직업에 만족을 얻지 못한다. 나의 어린 자녀가 나이가 들어감에 따라 아마도 나로부터 멀어질 것이라는 생각 때문에 이들로부터 얻는 기쁨도 줄어들고 있다. 나는 여자 친구도 없고, 공통의 흥미를 가진 사람을 찾을 수 있는 장식과 공예 수업과 같은 전통적인 중산층의 활동에도 참가하지 않는다. 나는 체중 증가에 대해 승산 없는 싸움을 하고 있기 때문에 음식에서도 기쁨을 느끼지 못한다. 분명 이 정도면 당신은 내가 다소 비관적이라는 생각을 가질 것이다.

09 다음 빈칸에 들어갈 말로 가장 알맞은 것은?

Although I'm a well-respected and popular teacher, I get little satisfaction from my career because I have no illusions that what I'm teaching will make the least bit of difference in the lives of my students. And pleasure that I get from my children is diminished by the realization that they will probably distance themselves from me as they grow older. I have no female friends and don't go in for traditional middle-class activities such as decorating or crafts classes where I might find someone with common interests. I get no pleasure from food, because I am fighting a losing battle against weight gain. I'm sure you have the picture by now that I'm a rather _____.

---

① traditional
② pessimistic
③ war-loving
④ pacific

10 다음 글에서 필자의 직업으로 가장 알맞은 것은?

I usually go to work by subway. I get to work by 8:00 A.M. Before I start my job, I put on my uniform and look at myself in the mirror and make sure that I look neat. At 8:30 in the morning, I go on duty. I usually eat lunch from twelve to one and generally take a ten-minute break in the morning and in the afternoon. At 4:30 in the afternoon, I go off duty.

I enjoy my job very much. I meet all kinds of people and talk to everyone. Many people ask me questions, and I give them the necessary information. I try to be very helpful. I never stay in one place long. On the contrary, I am constantly on the move. Most men take off their hats in my car. Sometimes I tell passengers to put out their cigarettes. Some people smile at me and others ignore me. My life is a series of "ups" and "downs".

① An elevator operator
② A bus driver
③ A taxi driver
④ An airplane hostess

---

10 해석

나는 대개 출근할 때 지하철을 이용한다. 나는 8시 무렵 직장에 도착한다. 일을 시작하기 전에 나는 유니폼을 입고 거울 속 내 모습을 보고, 깔끔하게 보이도록 한다. 아침 8시 30분에 일을 시작한다. 나는 대개 12시부터 1시까지 점심을 먹는다. 그리고 나는 아침, 오후에 10분의 휴식을 가진다. 4시 30분에 일을 마친다. 나는 내 직업에 매우 만족한다. 나는 모든 부류의 사람들을 만나고 모든 사람에게 이야기한다. 많은 사람은 내게 질문을 한다. 그리고 나는 그들에게 필요한 정보를 준다. 나는 도움이 되려고 노력한다. 나는 한 곳에 오랫동안 머물지 않는다. 반대로 끊임없이 움직인다. 대부분 사람들은 내 차에서 모자를 벗는다. 가끔 나는 승객에게 담배를 끄라고 말한다. 어떤 사람들은 내게 미소를 짓고 또 어떤 사람들은 나를 무시한다. 내 인생은 올라갔다 내려갔다의 연속이다.

정답 10 ③

11 **해석**

내 남편은 타고난 상품 구매자이다. 그는 물건을 구경하고 만져보기를 좋아한다. 그는 서로 다른 가게에서 동일한 상품의 가격을 비교하기를 좋아한다. 그는 어떤 것을 살 생각이 있으면 반드시 몇 군데 다른 가게에 들어가 둘러본다. 반면에, 나는 상품을 잘 사는 사람이 아니다. 나는 쇼핑을 따분하고 즐겁지 못한 일이라 여긴다. 어떤 물건이 마음에 들고 살 여유가 있다면 나는 그것을 즉각 사버린다. 나는 염가 매출이라든가 보다 나은 거래를 위해 결코 둘러보지 않는다. 염가 판매는 내게 흥미를 주지 못한다. 말할 필요도 없이, 남편과 나는 결코 함께 쇼핑하러 가지 않는다. 그 경험은 우리 둘에게 너무나 괴로운 것이었다. 쇼핑에 관하여 말하자면 우리는 서로 다른 길을 간다.

11 빈칸에 들어갈 말로 가장 적절한 것은?

My husband is a born shopper. He loves to look at things and to touch them. He likes to compare prices between the same items in different stores. He would never think of buying anything without looking around in several different stores. _____, I am not a shopper. I regard shopping as boring and unpleasant. If I like something and I can afford it, I buy it instantly. I never look around for a good sale or a better deal. Bargains don't interest me. Needless to say, my husband and I never go shopping together. The experience would be too painful for both of us. When it comes to shopping, we go our separate ways.

① For one thing
② For instance
③ On the other hand
④ Hence

정답 11 ③

12 빈칸에 들어갈 말로 가장 적절한 것은?

What are our intellectual cycles like? When are we most creative? Some reporters looked at daily and monthly records kept by many famous people such as Goethe, Victor Hugo, Mozart, and Charles Darwin. These studies indicated that great artists, writers, musicians, and scientists tend to have peaks of creativity every 7.6 months, followed by a low period. _____, the studies propose that high points of creativity come in a longer seven-year pattern. Sigmund Freud believed that his best work came in seven-year cycles. Possibly, we all have high points and low points in our creative cycles. This may be the reason why we have "good days" or "bad days" at work, or do well or poorly on an exam.

① What's worse
② Apparently
③ As a result
④ Moreover

12 해석
우리의 지적인 주기는 어떠할까? 언제 우리는 가장 창의적인가? 몇몇 기자들이 괴테, 빅토르위고, 모차르트, 찰스 다윈과 같은 유명한 사람들에 의해 기재된 일별, 달별 기록을 살펴보았다. 이 연구에 의하면, 훌륭한 미술가, 작가, 음악가, 그리고 과학자는 매 7.6개월마다 창의성이 고조기에 달하는 경향이 있으며 그 후 저조기가 따른다. 또한 그 연구는 창의성의 최절정기가 보다 더 긴 7년의 주기로 온다고 제시했다. Sigmund Freud는 자신의 최고 작품이 7년 주기로 온다고 믿었다. 아마 우리 모두는 창의성 주기에서 고조기와 저조기를 가진다. 이 때문에 우리는 직장에서 좋은 날과 그렇지 않은 날을 갖게 되는 것이고, 시험을 잘 보기도 하고 못 보기도 하는 것이다.

정답 12 ④

13 **해석**

사람들이 수질오염의 원인을 생각할 때 그들은 대개 zap에 대해 생각지 않는다. 그러나 식용물고기에 대한 수요가 증가함에 따라 zap의 숫자도 늘어나고 있다. 어떤 곳에서 이들은 환경오염을 유발한다. 사실 물고기가 자연적인 환경에 있을 땐 문제가 되지 않는다. 그러나 zap 안에서는 자연적인 환경이 아니다. 매우 적은 물에 수많은 물고기가 산다. 이것은 물을 자주 갈아줘야 한다는 것을 의미한다. 그리고 그 물이 교체될 때마다 더러운 물은 내버려야 한다. 버릴 때는 대개 zap에서 강이나 대양으로 바로 버린다. 이 더러운 물에 의해서 강이나 해안의 화학적 균형이 바뀌게 된다. 그래서 그곳에 사는 동식물들이 고통을 겪는다.

13 **다음 글에서 zap이 가리키는 것은?**

When people think about sources of water pollution, they do not usually think of zaps. However, as the demand grows for fish to eat, the number of zaps is increasing. In some areas, they are beginning to create environmental problems. In fact, when fish are in their natural environment, they do not pollute. But in zaps, the situation is not natural. There are usually lots of fish in very little water. This means that the water must be changed very often. And each time it is changed, the dirty water must be thrown away. It is usually poured directly from the zaps into a river or the ocean. The chemical balance of the river or coastline is changed by this dirty water. And the plants and animals living there may suffer.

① A shipbuilding yard
② A fish farm
③ A small pond
④ A swimming pool

정답 13 ②

14 빈칸에 들어갈 말로 가장 적절한 것은?

As more women have careers and important jobs, a new kind of family problem is becoming more common. What happens when a woman is offered a better job in another city? If she accepts the offer, that means her husband has to leave his job, too. He may have trouble finding another job in the same city. Or, the job he finds may not be as good as his old one. In the past, women often had to face this problem when their husbands found new jobs. But now it is more and more common for men. Many men do not accept the situation easily. A man often feels uncomfortable _____.

① getting a job that is better than his wife's job

② looking for the same kind of job as his wife

③ looking for a job for his wife

④ following his wife to a new city and looking for a job

14 해석

더욱 많은 여성이 직업과 중요한 일을 가지면서, 신종 가족문제가 (생겨나) 더욱 보편적으로 되었다. 여성이 다른 도시의 더욱 좋은 직업을 제안받을 때 무슨 일이 일어날까? 만약 그녀가 그 제안을 받아들인다면, 그것은 또한 그녀의 남편이 직장을 그만둬야 한다는 것을 의미한다. 그는 같은 도시에서 다른 직업을 구하는 데 어려움을 겪을지도 모른다. 혹은, 그가 찾은 직장이 예전의 직장보다 좋지 않을 수도 있다. 과거에 여성들은 종종 그들의 남편이 새 직장을 구하게 되면 이런 문제에 직면해야 했다. 하지만 지금은 남자들에게 이런 문제가 더욱 더 일반화되었다. 많은 남자들은 그런 상황을 쉽게 받아들이지 않는다. 남자들은 종종 <u>새로운 도시로 아내를 따라가 직장을 구하는 것을</u> 불편하게 느끼고 있다.

정답 14 ④

15 **해석**

아무도 자신들 집 근처에 zip이 있는 것을 원하지 않는다. 우선 이것은 대개 냄새가 별로 유쾌하지 못하다. 만약 바람이 정면으로부터 불어오면, 당신은 그 냄새를 집에서 맡게 될 것이다. zip은 파리와 모기 같은 많은 곤충들을 끌어 모은다. 들쥐나 생쥐 같은 동물들 역시 종종 근처에 와서 산다. zip이 근처에 있다는 것은 하루 종일 당신이 사는 거리에서 트럭의 소음을 듣게 된다는 것을 의미하기도 한다. 그리고 마지막으로, zip에 대한 가장 심각한 문제는 이들이 식수를 오염시킬 수도 있다는 것이다.

15 다음 글에서 zip이 가리키는 것은?

> Nobody wants a zip near their home. First of all, they usually do not smell very pleasant. If the wind is from the right direction, you may get that smell at home. Zips attract lots of insects, such as flies and mosquitoes. Animals such as rats and mice often come to live in the neighborhood too. A nearby zip may also mean you will have noisy trucks on your street all day. And finally, the most serious problem with zips is that they may pollute the drinking water.

① A sewage disposal plant
② A gas station
③ A chemical plant
④ A garbage dump

16 빈칸에 들어갈 말로 가장 적절한 것은?

Anthropologists used to believe that romantic love was invented by Europeans in the Middles Ages. By romantic love, they mean an intense attraction and longing to be with the loved person. Some anthropologists believed that this kind of love spread from the west to other cultures only recently. Others thought that it may have existed in some other cultures, but only among the rich and privileged. Now, however, most anthropologists agree that romantic love has probably always existed among humans. It is not surprising, then, that stories of romance, like Romeo and Juliet, _____.

① have been written only by great authors

② exist only in the West

③ exist only in Italy

④ are found in many cultures around the world

16 **해석**

인류학자들은 낭만적 사랑이 중세의 유럽인들에 의해서 생겨났다고 믿었다. 낭만적 사랑이란 말이 의미하는 바는 사랑하는 사람에게 강렬히 끌리고, 또 같이 있고 싶은 감정을 말한다. 몇몇 인류학자들은 이러한 종류의 사랑이 겨우 최근에야 서구로부터 다른 문화권에까지 확산되었다고 믿었다. 다른 인류학자들은 그것이 다른 문화권에도 존재해왔으나 단지 부유층과 특권층 사이에만 있었다고 생각했다. 그러나 요즘에는 대부분의 인류학자들은 낭만적 사랑이 모든 인류에게 항상 존재해왔다는 것에 의견을 같이 한다. 그렇다면, 로미오와 줄리엣과 같은 로맨스에 대한 이야기를 세계의 여러 문화권에서 찾아 볼 수 있다는 것은 별로 놀라운 일이 아니다.

정답 16 ④

17 **해석**

문화의 차이는 때때로 상거래를 하는 데 문제를 일으킨다. 이런 이유 때문에 만약 당신이 아랍국가에서 사업을 하고 싶다면 당신은 이슬람교와 그들의 국경일에 친숙해지는 것이 좋을 것이다. 특히 이슬람교의 단식하는 달인 라마단 기간에는 방문을 피하라. 그리고 대부분의 아랍국가들에서는 토요일부터 목요일까지 주 6일 근무다. 대부분의 서방국가에서의 월요일부터 금요일까지의 관행에 견주어 볼 때 겨우 3일하고 반나절밖에 근무시간이 맞지 않는다. 당신은 약속을 할 때 이러한 사실을 기억하라.

17 문맥상 서구인들이 아랍 사람들과의 사업상 약속을 피해야 하는 요일은?

> Cultural differences sometimes cause problems in carrying out business transactions. For this reason, if you want to do business in Arab countries, you'd better familiarize yourself with the Moslem and national holidays. Especially, avoid a visit during Ramadan, the Moslem month of fasting. And most Arab countries have a six-day workweek from Saturday through Thursday. When matched with the Monday to Friday practice in most Western countries, it leaves only three and a half workdays shared. Remember this in planning your appointments.

① Monday

② Tuesday

③ Wednesday

④ Friday

정답 17 ④

18 다음 밑줄 친 부분의 의미로 알맞은 것은?

The present United States stretches, east to west, from the Atlantic to the Pacific Ocean. These two great oceans seem to be the natural east-west boundaries of the country that one sometimes gets the impression that the United States always existed in its present form. Yet, as we well know, this is not the case. The United States began as a rather narrow section of territory along the Atlantic coast. Later, with victory in American Revolution, the country's boundaries were extended as far as the Mississippi River. This was the first step in the country's growth. The second great step was the Louisiana Purchase. By this purchase, the country was suddenly doubled in size.

① 현재의 미국은 동서 방향으로 뻗어 있지 않다.
② 대서양과 태평양은 미국의 동서의 자연적 경계다.
③ 미국이 항상 현재의 모습으로 존재해 온 것은 아니다.
④ 미국의 독립 혁명으로 미국 영토가 확장됐다.

18 **해설**

현재의 미국은 동서 방향으로 대서양에서 태평양까지 뻗어 있다. 이 두 대양은 자연적인 동서의 경계처럼 보여서 어떤 때는 미국이 항상 현재의 모습으로 존재했던 것 같은 인상을 받게 된다. 하지만 우리가 잘 아는 바와 같이 이것은 사실이 아니다. 미국은 대서양 연안의 비교적 좁은 영토로부터 시작되었다. 후에 미국 독립전쟁에서 승리한 결과로 미국의 경계는 서쪽으로 미시시피강까지 확장되었다. 이것이 미국의 성장에서 첫 단계였다. 둘째 단계는 Louisiana를 사들인 것이었다. 이 결과로 미국의 크기는 갑자기 두 배가 되었다.

정답 18 ③

19 **해석**

몇 년 전 내가 Kansas로 돌아왔을 때 나는 내가 다녔던 대학에서 강연을 했다. 그 강연은 일반인에게도 개방되었는데, 강연이 끝난 후 아주 나이가 많은 노인 한 분이 내게 다가와 결혼전의 성(姓)이 Wemyss가 아니었느냐고 물었다. 나는 그 노인이 나의 아버지나 할아버지를 알고 있었을지 모른다는 생각에 그렇다고 대답했다. 그러나 그렇지 않았다. 그 노인은 "젊었을 때 나는 댁의 증조부이신 Robert Wemyss 씨를 위해 일을 한 적이 있었다오. 그때 그분께서는 양 목장을 가지고 계셨지요."하고 말했다. 나는 그때가 나에게 중요한 무엇인가를 새삼 깨닫게 된 순간이었다고 생각한다. 오래 전 나의 가족들은 스코틀랜드에서 왔다. 나의 진짜 뿌리는 그곳에 있었던 것이다.

19 **필자에 관한 설명이 본문의 내용과 일치하지 <u>않는</u> 것은?**

> A few years ago, when I was back in Kansas, I gave a talk at my old college. It was open to the public, and afterward a very old man came up to me and asked me if my maiden name had been Wemyss. I said yes, thinking he might have known my father or my grandfather. But no. "When I was young," he said, "I once worked for your great-grandfather, Robert Wemyss, when he had the sheep ranch here." I think that was a moment when I realized all over again something of great importance to me. My long-ago families came from Scotland. My true roots were there.

① 선조가 Scotland에서 왔다.
② 몇 년 전 대학에서 공개 강연을 하였다.
③ 결혼 전 성이 Wemyss이었다.
④ 강연 내용은 자기의 뿌리에 대한 것이었다.

정답 19 ④

20 다음 글을 읽고 밑줄 친 빈칸에 들어갈 수 <u>없는</u> 것은?

> "You're blocking the way, sir," said the usher to a man sprawled in the aisle of a movie theater. "Please get up." The man didn't move or reply. The usher called the manager over, who said, "I must ask you to move." Still the prone man didn't reply. So the manager called the police. "Get up or I'll have to take you in," the officer said. "Where did you come from anyway?" The man stirred finally and said, "The balcony."

> → According to the passage, the prone man in the aisle _____.

① fell from the balcony

② was so brave as to ignore the manager

③ didn't want to be imprisoned

④ may be hurt

해석

영화관의 통로에 큰 대자로 누워 있는 어떤 사람에게 안내원이 말했다. "손님, 길을 막고 있는데요. 좀 일어나세요." 그 사람은 움직이지도 대답도 하지 않았다. 안내원은 지배인을 불렀고, 지배인은 "일어나 떠나주세요."하고 말했다. 누워 있는 사람은 여전히 대답이 없었다. 그래서 지배인은 경찰을 불렀다. "일어나세요. 그렇지 않으면 잡아넣겠어요."라고 경관이 말했다. "당신은 어디서 왔습니까?" 그 사람은 마침내 꿈틀거리며 말했다. "2층 발코니에서요."

정답 20 ②

21 해석

당신은 올라가자마자, 흥분을 느끼기 시작할 것이다. 나를 그토록 흥분시키는 것은 아무것도 없으며, 심지어 제트 비행기조차도 그만큼은 흥분되지 않는다. 당신은 타서 시동을 걸고 그리고 출발을 한다. 그 다음은 매 순간 주의를 기울여야 한다. 언제나 바퀴 밑에서 죽을 수도 있는 미친 짓을 하는 사람이 있게 마련이다. 나는 가끔 내가 아무런 사고 없이 줄곧 목적지에 다다를 수 있다면 그것은 기적이라는 생각이 든다. 이 직종에는 긴장으로 위장병이 있는 사람들이 많다. 또한 소음 때문에 청력을 잃기도 한다. 당신도 알다시피 이런 일을 하려면 당신은 강인해져야만 한다.

21 다음 글에서 필자가 묘사하고 있는 직업으로 가장 적절한 것은?

"The minute you climb in, you start feeling excited. There's nothing so exciting for me, not even a jet plane. You get in and start up and off you go. And then you've got to pay attention every minute. There's always someone doing something crazy who's likely to end up under your wheels. I sometimes think it's a miracle if I can get all the way there with no accidents. You've always got to be thinking ahead. There's a lot of people in this job who have stomach problems from the tension. They lose their hearing too, because of the noise. You've got to be tough on this job, you know."

① A pilot
② A truck driver
③ An elevator operator
④ An alpinist

정답 21 ②

22 다음 글을 읽고 주어진 물음에 가장 알맞은 대답은?

"And the Lord said to the rabbi, 'Come, I will show you hell.' They entered a room where a group of people sat around a huge pot of stew. Everyone was famished and desperate. Each held a spoon that reached the pot, but each spoon had a handle so long that it could not be used to reach each person's mouth. The suffering was terrible."

"'Come, now I will show you heaven,' the Lord said after a while. They entered another room, identical to the first the pot of stew, the group of people, the same long spoons. But there everyone was happy and nourished."

"'I don't understand,' said the rabbi. 'Why are they happy here when they were miserable in the other room and everything was the same?' The Lord smiled, 'Ah, but don't you see?' He said, 'Here they have learned to feed each other.'"

→ What is the main idea of the article above?

① Worth of liberty
② Faithfulness to one's promise
③ Obeying the laws of nature
④ Thoughtfulness for others

22 해석

"주님께서 랍비에게 말했다. '이리 오면 내가 너에게 지옥을 보여 주겠다.' 그들은 한 무리의 사람들이 큰 스튜 단지 주위에 둘러앉아 있는 방에 들어갔다. 모두가 굶주렸고 자포자기였다. 각자는 단지에 닿는 스푼을 들고 있었다. 그러나 각 스푼들은 너무 긴 손잡이를 가지고 있어서 그것은 입에 닿을 수 없었다. 그 고통은 끔찍했다."

"'자, 이제 이리 오라. 내가 천국을 보여주겠다.' 주님께서 잠시 후 말씀하셨다. 그들은 다른 방으로 들어갔다. 처음과 똑같았다. 스튜 냄비, 사람들, 똑같은 긴 스푼. 그러나 거기 사람들은 행복했고 영양상태가 좋았다."

"'나는 이해가 안 됩니다.' 랍비가 말했다. '모든 것이 똑같은 다른 방의 사람들이 비참한데 여기 이들은 왜 행복합니까?' 주님께서는 미소를 지었다. '아, 보지 않았는가? 여기 그들은 서로를 먹여주는 것을 배웠지.' 하고 주님께서 말씀하셨다."

정답 (22 ④

23 **해석**

1500년대에 중국과 주요 통상을 맺은 첫 유럽인들은 포르투갈 사람들이었다. 영국, 프랑스, 독일인들이 곧 포르투갈인들을 뒤따랐다. 유럽이 중국산 비단, 차, 자기, 상아 등을 원했으나 그 대신 유럽이 중국에 제공할 수 있는 것이라고는 면직물과 아편 이외에는 거의 없었다. 중국인들은 외국 통상인들을 묵살하거나 그것에 대항해보려고 시도했으나 두 가지 요인으로 말미암아 뜻대로 되지 않았다. 중국의 중앙정부는 약했고, 유럽인들은 (중국에 비해) 훨씬 뛰어난 무기와 함선을 소유하고 있었다. 20세기 초까지 중국인들은 외국 세력이 그들의 국가에 영향을 미치는 것을 막을 수가 없었다.

23 다음 글의 내용을 한 문장으로 요약하고자 한다. 빈칸 (A)와 (B)에 들어가기에 가장 적절한 것끼리 짝지어진 것은?

> The Portuguese were the first Europeans to establish important trade links with China in the 1500's. The British, French, and Germans soon followed. Europe wanted Chinese silk, tea, porcelain, and ivory, but it had little to offer in return except cotton textiles and opium. Although the Chinese tried to ignore or resist the foreign traders, two factors worked against them. The central government in China was weak, and the Europeans had superior weapons and ships. By the beginning of the twentieth century, the Chinese were unable to stop foreign interests from influencing their country.

> → Although China tried to ___(A)___ the foreign trade that began as early as the 1500's, by 1900 the Chinese were not able to keep the ___(B)___ from influencing their country.

	(A)	(B)
①	resist	foreign traders
②	reduce	foreign invaders
③	increase	foreign interests
④	ban	foreign diplomats

정답 23 ①

24 다음 글에서 장거리 여객 열차의 감소에 대한 필자의 심경으로 가장 적절한 것은?

> Slowly but surely the great passenger trains of the United States have been fading from the rails. Short-run commuter trains still rattle in and out of the cities. Between major cities you can still find, but the schedules are becoming less frequent. The Twentieth Century Limited, The Broadway Limited, and other luxury trains that sang along the rails at 60 to 80 miles an hour are no longer running. Passengers on other long runs complain of poor service, old equipment, and costs in time and money. The long distance traveller today accepts the noise of jets, the congestion at airports, and the traffic between airport and city. A more elegant and graceful way is becoming only a memory.

① regret

② elation

③ pleasure

④ anger

24 해석

천천히 그리고 확실히 미국의 많은 여객 열차들은 철도에서 사라지고 있다. 짧은 구간을 운행하는 통근 열차는 여전히 덜컹거리며 도시를 들어오고 나간다. 주요 도시 구간에서 여전히 찾아볼 수 있지만 운행횟수는 점점 줄어들고 있다. 시속 60~80마일로 노래를 부르며 철도를 달리던 20세기사(社), 브로드웨이사, 그리고 다른 사치스러운 열차들은 더 이상 운행하지 않는다. 다른 장거리 구간 승객들은 질 낮은 서비스, 낡은 시설, 그리고 시간과 돈의 손실을 불평한다. 장거리 여행자는 오늘날 제트기의 소음과 공항의 혼잡 그리고 공항과 도시 사이의 교통을 받아들인다. 더욱 우아하고 품위있는 방법은 단지 추억이 되고 있다.

정답 24 ①

25 **[해석]**

나는 일 년 이상 Charlie를 사귀었다. 우리의 우정은 환상적이다. 우리는 아름답게 사귀고 있으며 닮은 점이 매우 많다. 이 사람은 나에게 사랑, 후원 그리고 동료애를 준다. Charlie는 내가 전 생애를 걸쳐 기다려온 사람이다.

그러나 문제가 있다. 내 부모님이 Charlie를 싫어하신다. 내 어머니는 그에게 애써 공손하려 하고 아버지는 집에서 그의 이름이 언급되는 것을 허락하지 않으신다.

나는 이 문제를 해결하려고 노력하느라 제정신이 아니다. 그리고 거의 성과를 얻지 못했다. 휴일에도 Charlie는 함께하지 못한다. 이 상황이 나를 어색한 처지로 몰아 넣는다. 내가 이 행사들에 참석하지 않으면 가족들에게 상처를 주기 때문이다.

Charlie의 가족은 나에게 잘해준다. 그들은 나와 있는 것을 즐거워한다. 나는 이 훌륭한 사람과 결혼할 계획이지만, 나는 이런 상황에서 결혼식을 하면 무슨 일이 벌어질지 두렵다.

25 **다음 글에 나타나는 필자의 심리 상태를 가장 적절히 표현한 것은?**

> I've been seeing "Charlie" for over a year and our relationship is fantastic. We get along beautifully and have a great deal in common. This man gives me love, support, understanding and companionship. Charlie is the man I have been waiting for all my life.
>
> There is, however, a problem. My parents hate him. My mother struggles to be civil to him, and my father won't allow Charlie's name to be mentioned in the house.
>
> I am beside myself trying to work this out and am having very little success. When holidays come around, Charlie is never included. This puts me in an awkward position because when I don't attend these functions, I hurt my family.
>
> Charlie's family is wonderful to me, and they enjoy having me around. I plan to marry this terrific man, but I'm terrified about what the wedding will be like under these circumstances.

① thankful

② apologetic

③ cheerful

④ discouraged

[정답] 25 ④

26 주어진 글의 바로 다음 문단에 전개될 내용은?

Fashions are the currently accepted styles of appearance and behavior. The fact that some style is called a "fashion" implies a social recognition that it is temporary and will eventually be replaced by a new style. In small-scale, traditional communities, fashions are virtually unknown. In these communities everyone of similar age and sex wears much the same clothing and behaves in much the same way, and there is little change in styles from year to year or even from generation to generation. In modern societies, however, fashions may change very rapidly indeed; automobile bodies assume new contours every year, and women's hemlines rise and fall with the passage of the seasons.

① Mass production of automobiles in modern societies.

② The reasons for changing fashions in modern societies.

③ The exploitation of fashions in traditional societies.

④ The decline of fashions in modern societies.

---

26 **해석**

패션은 현재 용인되고 있는 외모나 행동의 스타일이다. 어떤 스타일이 패션이라 불리는 사실은 그것이 일시적이고 결국 새로운 스타일로 대체될 것이라는 사회적 인식을 함축하고 있다. 규모가 작고 전통적인 사회에서 패션은 실질적으로 잘 알려져 있지 않다. 이러한 사회에서는 비슷한 나이와 성을 가진 사람들은 아주 똑같은 옷을 입고 똑같은 방식으로 행동한다. 그리고 해마다 또는 심지어 세대 간에도 변화가 거의 없다. 그러나 현대 사회에서 패션은 참으로 빨리 변한다. 자동차의 외관은 매년 새로운 외형을 띠고 여성들의 치맛자락도 계절의 변화와 함께 오르락내리락한다.

정답 26 ②

27 **해석**

교사의 성격은 유쾌하게 발랄하며 매력적이어야 한다. 이는 신체적으로 평범하거나, 심지어 못생긴 사람들을 배척하지는 않는다. 왜냐하면 그런 사람들 중에는 인격적으로 큰 매력을 가지고 있는 사람들이 많기 때문이다.

(C) 그러나 지나치게 흥분을 잘하고, 우울하고, 냉담하며, 냉소적이고, 오만한 그런 타입의 사람들은 배제된다.

(A) 또한 따분하거나 순전히 부정적인 성격을 가진 사람들 역시 모두 제외된다고 나는 말하고 싶다.

(B) 학생들은 아마 난폭한 것보다는 지루한 일에 더 고통스러워할 것이다.

27 주어진 문장 뒤에 이어질 글의 순서로 가장 적절한 것은?

> The teacher's personality should be pleasantly live and attractive. This does not rule out people who are physically plain, or even ugly, because many such have great personal charm.

> (A) I would say too, that it excludes all of dull or purely negative personality.
> (B) School children probably 'suffer more from bores than from brutes.'
> (C) But it does rule out such types as the over-excitable, melancholy, frigid, cynical, and over-bearing.

① (A) – (B) – (C)
② (B) – (C) – (A)
③ (C) – (B) – (A)
④ (C) – (A) – (B)

정답 27 ④

28 주어진 글의 바로 뒤에 올 내용으로 가장 적절한 것은?

In the ad agency, the account manager is in charge of creating an ad. There are several steps in making an ad. These steps include research, planning, and production. Before the account manager can begin to plan an ad, many kinds of research must be done. Marketing researchers study sales patterns. They try to answer the question "Who will buy this product?" Product researchers try to answer the question "Does the customer like this product?" Motivational researchers try to answer the question "Why do the customers buy this product?" This is a difficult question to answer because people sometimes don't tell the real reason why they buy something. Sometimes they don't even know why they bought it. Media researchers look for the answer to the question "Who is watching TV now?" When the account manager can answer all these questions, he is ready for the next step.

① 광고의 제작의 어려움
② 광고의 기획
③ 광고의 효율성
④ 광고의 제작

28 해석

광고 대행사에서 (위탁받은) 광고 업무 책임자가 광고 제작의 책임을 맡고 있다. 광고를 만드는 데는 조사, 기획, 제작의 몇 가지 단계가 있다. 광고 업무 책임자가 광고를 기획하기에 앞서 여러 종류의 조사가 이뤄져야만 한다. 시장조사원들은 판매 경향을 조사한다. 이들은 "누가 이 제품을 살 것인가?"라는 문제에 답하려 한다. 제품 조사원은 "소비자가 이 제품을 좋아하는가?"라는 질문에 답하려 한다. 구매 동기조사원은 "왜 소비자가 이 제품을 사는가?"라는 질문에 답하려 하는데, 사람들은 때때로 어떤 물건을 사는 진짜 이유를 털어놓지 않기 때문에 이것은 답하기가 까다로운 질문이다. 때로 사람들은 왜 그것을 샀는지조차도 모른다. 매체 조사원은 "지금 누가 TV를 보고 있는가?"라는 질문에 대한 답을 찾는다. 광고 업무 책임자가 이런 모든 질문에 답할 수 있을 때 그는 다음 단계로 넘어갈 준비가 된다.

정답 28 ②

29 **해석**

코끼리는 세상에서 가장 큰 육상 동물이다. 고래는 가장 큰 바다 동물이다. 사실 이 두 거대한 동물은 서로 관련이 있을지도 모른다. 현재, 생물학자들은 코끼리의 조상들이 한때 바다에서 살았다고 믿고 있다.

(B) 이러한 생각을 뒷받침해주는 많은 증거가 있다. 예를 들어, 코끼리의 머리 모양은 고래와 유사하다. 또한, 코끼리는 대단히 수영을 잘한다.

(C) 일부 코끼리는 먹이를 찾기 위해 해안으로부터 300마일씩이나 떨어진 섬까지 헤엄쳐가기도 한다. 고래처럼 코끼리 역시 소리를 이용해서 화가 난 것을 나타내기도 하고 다른 종류의 의사 소통을 하기도 한다.

(A) 마지막으로, 어떤 측면에서 암코끼리는 암고래와 매우 비슷하게 행동한다. 코끼리나 고래의 새끼가 태어나면 암컷의 친구가 근처에 머무르면서 산모를 도와준다.

29 **주어진 문장 뒤에 이어질 글의 순서로 가장 적절한 것은?**

> Elephants are the largest land animals in the world. Whales are the largest sea animals. These two huge animals may, in fact, be related. Biologists now believe that the ancestors of elephants once lived in the sea.

> (A) Finally, in certain ways, female elephants behave much like female whales. When an elephant or a whale baby is born, a female friend stays nearby to help the mother.
>
> (B) There is plenty of evidence to support this idea. For example, the shape of an elephant's head is similar to a whale's. Also, elephants are excellent swimmers.
>
> (C) Some have chosen to swim for food to islands up to 300 miles from shore. Like the whale, the elephant, too, uses sounds to show anger or for other kinds of communication.

① (A) - (B) - (C)
② (B) - (C) - (A)
③ (C) - (A) - (B)
④ (C) - (B) - (A)

정답 29 ②

※ 다음 문장을 바르게 해석한 것을 고르시오. (30 ~ 32)

30

> They are no longer carrying your typewriter, but they assured us that the guarantee is still good.

① 그들은 귀사의 타자기를 더 이상 취급하지 않았지만 보증서가 아직 유효하다고 장담해 주었다.

② 그들은 귀사의 타자기를 오랫동안 쓰지 않았지만 담보물은 여전히 상태가 좋다고 확인해 주었다.

③ 그들은 귀사의 타자기를 더 이상 옮겨 쓰지 않았지만 보증서가 아직 유효하다고 안심을 시켜주었다.

④ 그들은 귀사의 타자기를 오랫동안 나르지 않았지만 서로의 확약은 여전히 유효하다고 확인해주었다.

31

> In the hospital, babies are sometimes delivered in the lobby.

① 병원에서는 가끔 로비에서 아기가 배달된다.

② 병원에서는 가끔 로비에서 아기를 넘겨 준다.

③ 병원에서는 가끔 로비에서 아기가 출산되기도 한다.

④ 병원에서는 가끔 로비에서 아기를 데리고 간다.

---

30 • carry 취급하다, 나르다, 보도하다
• assure 확인하다, 장담하다, 보장하다
• guarantee 품질보증서, 확약, 담보

31 • deliver 출산하다, 인도하다, 배달하다

정답 30 ① 31 ③

32
- bring up (화제를) 꺼내다, 토하다, 기르다, 갑자기 멈추게 하다
- offensive 모욕적인, 불쾌한, 역겨운, 공격적인, 득점을 위한

32

> Don't bring up topics that may be offensive.

① 득점할 수 있는 화제를 토해 내지 마라.
② 불쾌할 수도 있는 화제를 꺼내지 마라.
③ 불쾌할 수도 있는 화제로 갑자기 멈추게 하지 마라.
④ 득점할 수 있는 화제를 기르지 마라.

33 해석

불이 희미해졌다. 분주한 이야기는 잔잔한 속삭임과 기대되는 고요함이 된다. 커튼이 천천히 올라가고 사람들은 사실의 세계와 가상의 세계에 살기 시작한다. 이곳에서 몇 사람들은 웃고 쉬고 일상의 걱정과 관심으로부터 도피하려고 온다. 몇몇은 정서적으로 감동받으려고, 무대 위의 인물들의 문제와 위기를 통해 간접적인 방식으로 살기 위해 온다. 다른 사람들은 완전히 모험과 흥분을 찾는다. 몇몇은 다른 사람의 삶을 통해 어떻게 다르게 사는지 알아보려고 궁금해 한다. 다른 사람들은 사람의 삶을 통제하는 규칙을 배우거나 발견하려고 온다.

33 다음 글에서 밑줄 친 this place가 뜻하는 것은?

> The lights dim. The busy chattering falls to a hushed murmur, and then to expectant stillness. The curtain slowly rises and people begin to live in a world of fact and make-believe. In this place some people come to laugh, to relax, to escape from their everyday worries and cares. Some come to be emotionally stirred, to live in a second-hand way through the trouble and crises of the characters on the stage. Others seek sheer adventure and excitement. Some are curious to find out how people different from themselves live. Others come to learn or discover the rules that govern men's lives.

① Theater
② Hospital
③ Gallery
④ Library

정답 32 ② 33 ①

제 4 장

영작

핵심이론

실전예상문제

또 실패했는가? 괜찮다. 다시 실행하라. 그리고 더 나은 실패를 하라!

– 사뮈엘 베케트 –

1 도치구문

문장 안에서 정상적인 어순이 뒤바뀐 구문을 말한다. 보통 강조하고자 하는 말이 있을 때, 그 말을 문장 앞으로 보내고 이어지는 주어와 동사의 위치가 바뀌게 된다.

(1) 구문상의 도치

① **감탄문, 기원문, 의문문**

  ㉠ What courage he has! (감탄문)

   그는 얼마나 대단한 용기를 지녔는지!

  ㉡ Long live the king! (기원문)

   왕이시여, 만수무강하시길!

  ㉢ What are you reading now? (의문문)

   당신은 지금 무엇을 읽고 있습니까?

② **가정법에서 If가 생략된 조건문**

  ㉠ Were I rich, I could buy the computer.

   = If I were rich, I could buy the computer.

  ㉡ Had I known it, I should have told it to you.

   = If I had known it, I should have told it to you.

③ **양보를 나타내는 부사절(as를 포함한 구문, as = though)**

  ㉠ Woman as I am, I may be of help to you.

   내가 비록 여자이지만, 당신에게 도움이 될지도 모른다.

  ㉡ He lost his self-command, try as he would to keep calm.

   냉정을 지키려고 노력했음에도 불구하고 그는 자제력을 잃었다.

④ **Neither, nor로 시작하는 절**

  ㉠ Neither statement is true.

   어느 쪽 주장도 사실이 아니다.

  ㉡ This clock doesn't show right time, and neither does my watch.

   이 시계는 정확한 시각을 가리키지 않는데, 내 시계도 마찬가지이다.

  ㉢ He can neither read nor write.

   그는 읽지도 쓰지도 못한다.

⑤ not ~ until …(…이 돼서야 비로소 ~하다)

He did not know the fact until this morning.

= Not until this morning did he know the fact.

오늘 아침에야 비로소 그 사실을 알았다.

(2) 강조를 위한 도치

① 목적어의 강조(목적어 + S + V)

㉠ That mountain we are going to climb.

우리는 그 산을 오를 예정이다.

㉡ Not a word did she say all day long.

그녀는 하루 종일 한마디도 하지 않는다.

② 부사(구)의 도치

㉠ 주어가 대명사일 때 : 부사 + S + V

• Here it comes. 여기 온다.

• Here you are. 자, 여기 있어.

㉡ 주어가 명사일 때 : 부사 + V + S

• Here comes the car. 여기 차가 온다.

• Here is your fountain pen. 너의 만년필이 여기 있어.

㉢ 부정의 부사어구를 강조할 때 : 부정어 + 조동사 + 주어 + 본동사

• No sooner had she seen him than she burst into tears.

그녀는 그를 보자마자 눈물을 터뜨렸다.

• Little did I dream that I should never see her again.

내가 다시 그녀를 보지 못하리라고는 꿈에도 생각하지 못했다.

• Never have I seen such a wonderful sight.

나는 결코 그런 멋진 광경을 본 적이 없다.

• Not until this morning did he know the fact.

오늘 아침에야 비로소 그 사실을 알았다.

③ 보어의 강조(보어 + V + S)

㉠ 강조를 하기 위한 도치

• Happy are those who are always in good health.

행복은 항상 건강에 좋은 것이다.

• Great was his joy when he heard the news of their success.

그는 그들의 성공에 대한 소식을 들었을 때 대단히 기뻤다.

㉡ 'the + 비교급'으로 수식되는 경우의 도치

• The more learned a man is, the more modest he usually is.

학식이 있는 사람일수록 대개 더 겸손하다.

2 생략 구문

부사절 as though, if, when, while 등으로 유도되고 종속절의 주어가 주절의 주어와 같은 경우 주어와 be동사는 생략된다.

(1) 주어 + be동사

종속절의 주어와 주절의 주어가 같을 때 '주어 + be동사'는 생략이 가능하다.

① Though (he was) thirsty, he was not tempted by the water of the spring.

목이 말랐지만, 그는 샘물에 유혹되지 않았다.

② If (it is) necessary, I will do it.

필요하다면, 나는 그 일을 할 것이다.

(2) 중복을 피하기 위해 생략하는 경우

① Come at two if you can (come).

당신이 올 수 있다면 2시에 오세요.

② We went to see the opera and (went) at some great restaurants.

우리는 오페라도 보러 가고 근사한 식당에도 갔었다.

(3) 관용적으로 생략하는 경우

① (It is) Nice to meet you.

② No parking (is allowed).

③ (This is) Not for sale.

3 부정구문

(1) 전체 부정

① There is no one in the class. 교실에 아무도 없다.

② He had no job and no money. 그는 직업도, 돈도 없다.

(2) 부분 부정

all/both/every/whole/always/altogether/necessarily/quite + not/부정어

① Anger is not necessarily most useful reaction to such events.

분노는 그러한 사건에 반드시 가장 유용한 반응은 아니다.

② The poor are not always unhappy.

가난한 사람이 항상 불행한 것은 아니다.

(3) 이중 부정

There is no rule but has exception.

= There is no rule that does not have exception.

어떤 규칙도 예외는 없다.

(4) 기타 부정 표현

① cannot help ~ing(~하지 않을 수 없다)

You are a student, so you cannot help studying.

너는 학생이기 때문에 공부하지 않을 수 없다.

② anything but ~(결코 ~이 아니다)

The problem is anything but easy.

그 문제는 결코 쉽지 않다.

③ free from ~(~이 없는)

Climbing a mountain is free from danger.

산에 오르는 것은 위험하지 않다.

※ 다음 우리말을 가장 적절하게 영어로 옮긴 것을 고르시오.
(01 ∼ 03)

01

> 한국 과일은 맛이 좋습니다.

① Korean fruits taste wonderfully.
② Korean fruits taste wonderful.
③ Korean fruits are tasting wonderful.
④ The Korean fruit is tasting wonderfully.

02

> 이 책은 우리 시대의 한 선도적 지식인에 대한 필수불가결한 안내서이다.

① This book guides essentially to our times's one leading intellectuals.
② This book essentially a guide to a leading intellect in our time.
③ This book is essential guide to a leading intellectual figure of our time.
④ This book is an essential guide to one of the leading intellectual figures of our time.

01 taste는 2형식이므로 뒤에 형용사가 와야 한다.
  예 This tastes strange. 이것은 맛이 이상하다.

02 필수불가결한 안내서는 'an essential guide'로 '관사 + 형용사 + 명사' 순이다. 우리 시대의 한 선도적 지식인은 'one of the leading intellectual figures of our time'으로 figures는 복수로 써야 한다.

정답 01 ② 02 ④

03 분수를 읽을 때에는 분자는 기수로, 분모는 서수로 읽으며, 분자가 2 이상이면 분모에 복수형 어미 –s를 붙인다.

03

$\frac{1}{2}$ 더하기 $\frac{1}{4}$ 은 $\frac{3}{4}$ 이다.

① A half and a fourth makes three-four.

② A half and fourth one makes three-four.

③ A half and a fourth makes three-fourth.

④ A half and a fourth makes three-fourths.

04 가정법 과거완료로서, 접속사가 생략되면서 도치된 문장이다.

04 다음 우리말을 영작한 문장에서 빈칸에 들어갈 말은?

그의 이름을 알았더라면, 명단에 그의 이름을 기록했을 텐데.

→ _____ I known his name, I could _____ his name on the list.

① If – have written

② If – write

③ Had – have written

④ Had – write

※ 우리말을 가장 적절하게 영어로 옮긴 것을 고르시오. (01 ~ 06)

01

> 나는 차를 도난당했다.

① I had my car to steal.

② I got my car to be stolen.

③ I had my car stolen.

④ I was stolen of my car.

01 have(get) + 목적어(사물) + p.p : ~을 당하다(수동), ~을 시키다(사역), ~로 해두다(완료)

예
┌ I had my watch stolen.
│ (당하다)
└ I had my watch mended.
   (시키다)

※ have + 사람 + 동사원형
  have + 사물 + p.p
  사역동사 + 목적어 + 동사원형

02

> 울산은 공업 중심지로서 유명하다.

① Ulsan is well-known for an industrial center.

② Ulsan is well-known for an industrious center.

③ Ulsan is well-known as an industrious center.

④ Ulsan is well-known as an industrial center.

02 be known as + 자격·지위·직업 명사
• well-known 유명한, 잘 알려진
• industrial 공업(산업)(용)의
• industrious 근면한

정답 (01 ③ 02 ④)

03
- demand 수요(for, on)
- high (가치·평가 따위가) 높은, (강도·속도·온도·정도·비율 등이) 고도의
- despite ~에도 불구하고(= in spite of)

04 enough가 명사를 수식할 경우에는 앞뒤 어디에나 놓일 수 있으나, 형용사·부사는 반드시 뒤에서 수식한다.

중요한 부사 용법
- still + 본동사
- be동사 + still
- 조동사 + still + 본동사
- still + 부정조동사

- 명사 + enough (○)
- enough + 명사 (○)
- 형·부 + enough (○)
- enough + 형·부 (×)

예 He is still standing.
He is standing still.
예 She still dislikes him.
He still doesn't like her.
예 I need enough eggs.
= I need eggs enough.
예 Only I can see him in the room.
I can only see him in the room.
I can see only him in the room.
I can see him only in the room.

정답 03② 04④

03

> 높은 가격에도 불구하고 이런 물건들에 대한 수요는 많다.

① Demand on these items is much, in spite of their high price.
② Demand for these items is high, despite their high price.
③ Demand for these items is many, despite of their high price.
④ Demands on these items are great, in spite of their high price.

04

> 그녀는 친절하게도 그 문제를 푸는 법을 나에게 가르쳐 주었다.

① She showed me the way to solve the problem, being kind enough.
② She showed me the way to solve the problem, I think she is kind.
③ She was enough kind to show me the way to solve the problem.
④ She was kind enough to show me the way to solve the problem.

05

> 나의 마음속에 그녀의 아름답고 밝은 얼굴이 떠올랐다.

① There came to my mind her beautiful and bright face.

② There came to my mind beautiful and bright her faces.

③ In my mind, her beautiful and bright face was risen.

④ In my mind, her beautiful bright face rise.

06

> 아버지께서는 내가 경찰관이 되어야 한다고 주장하신다.

① My father insists that I will be a police officer.

② My father insists that I would be a police officer.

③ My father insists that I could be a police officer.

④ My father insists that I should be a police officer.

05
- come to(cross, come into, enter, pass through) one's mind (어떤 생각이) 마음에 떠오르다
- rise – rose – risen 자동사(수동태 불가)
- raise – raised – raised 타동사 (수동태 가능)

06 주장(insist) · 충고(advise) · 소망(desire) · 요구(require) · 제안(propose, suggest) · 명령(order) 등을 나타내는 명사 또는 형용사, 동사 다음에 이어지는 목적절에서는 '(should) + 동사원형'을 쓴다.

정답 05 ①　06 ④

07 부정의문문에 대한 대답도 긍정 표현일 때는 'Yes + 긍정문', 부정표현일 때는 'No + 부정문' 형태를 취한다. 그러나 번역은 우리말과 반대로 해야 한다. 즉, '아니, 추웠어.'는 'Yes, it was.'로 대답하고 '응, 춥지 않았어.'는 'No, it wasn't.'로 대답한다.

07 밑줄 친 우리말을 바르게 영작한 것은?

> A : Wasn't it cold yesterday?
> B : 아니오, 매우 추웠습니다.

① Yes, it was very cold.

② No, it was very cold.

③ Yes, it wasn't very cold.

④ No, it wasn't very cold.

08 부정어 Never가 문두에 위치하면 조동사 has는 주어(a more exciting movie) 앞으로 도치된다.

cf) 부정어구 never, seldom, hardly, scarcely 등은 be 동사나 조동사의 뒤, 일반 동사 앞에 위치한다.

• Not ~ until … …하고 나서야 비로소 ~하다

예) I did not know the fact, until (till) the next morning.

= It was not until the next morning that I knew the fact.

= Not until the next morning did I know the fact.

= Only after the next morning did I know the fact.

※ not until the next morning을 문두로 도치시키면 반드시 '조동사 + 주어 + 본동사'의 형태로 해야 한다.

08 다음 우리말을 영어로 표현할 때 빈칸에 들어갈 말로 적절한 것은?

> 이보다 더 재미있는 영화가 제작된 적이 없다.
> → _____ been made than this.

① Never has a more exciting movie

② Never a movie more exciting has

③ A movie never more exciting has

④ A movie has never more exciting

정답 (07 ① 08 ①)

09 다음 문장을 영어로 적절하게 옮긴 것은?

> 그녀를 보면 나는 언제나 죽은 누님이 생각난다.

① I never see her but I remind of my dead sister.

② I never see her but I am thought of my dead sister.

③ I never see her without being reminded of my dead sister.

④ I never see her without reminding of my dead sister.

10 다음 문장을 영작한 것으로 <u>잘못된</u> 것은?

> 그 내용물이 곧 사라졌다.

① The contents were not long in disappearing.

② It was not long before the contents disappeared.

③ The contents had disappeared long before.

④ It didn't take long for the contents to disappear.

---

09 …하면 언제나 ~하다 : never … without ~ing, never … but ~
I never see her without being reminded of my dead sister.
= I never see her but I think of my dead sister.
= I never see her but I am reminded of my dead sister.
• be reminded of(= think of, remember, come to mind) 생각나다

10 long before → before long
long before는 '오래 전에'의 뜻이고, before long이 '곧, 머지않아(= soon)'의 뜻이다.

정답 09 ③ 10 ③

이성으로 비관해도 의지로써 낙관하라!

- 안토니오 그람시 -

제 5 장

생활영어

핵심이론

실전예상문제

할 수 있다고 믿는 사람은 그렇게 되고, 할 수 없다고 믿는 사람도 역시 그렇게 된다.

– 샤를 드골 –

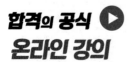

제1절 인사하기

Useful Expressions

Good (morning, afternoon, evening).

Good to see you again.

How are you today?

Long time no see.

해석 안녕하세요(아침, 오후, 저녁).

당신을 다시 만나게 되어 기쁩니다.

당신 오늘 어떻습니까?

정말 오랜만입니다.

Live Conversation

01 A : Good morning, sir. How are you today?

B : Very well, thank you, Melanie. It's a beautiful day, isn't it?

A : Yes, it certainly is.

A : 안녕하세요, 선생님. 오늘 좀 어떠세요?

B : 아주 좋아. 고맙다, 멜라니. 날씨가 화창하구나, 그렇지 않니?

A : 네, 그래요.

02 A : Excuse me, but is your name Kim Bohee?

B : Yes, of course. You are Annie, aren't you? Good to see you again.

A : Me, too. Long time no see. How have you been doing?

B : Good. And you?

A : 실례지만, 혹시 당신 이름이 김보희 맞나요?

B : 네, 그래요. 애니 맞죠? 다시 만나서 반가워요.

A : 저도 만나서 반가워요. 정말 오랜만이네요. 그동안 어떻게 지냈어요?

B : 잘 지냈어요. 당신은요?

제2절   소개하기

> **Useful Expressions**
>
> I'd like to introduce myself. / Let me introduce myself to you.
> This is my friend, Mike.
> How do you do?
> Nice(glad / pleased / happy) to meet you.
> I've been looking forward to meeting you.
>
> **해석**   저를 소개하겠습니다.
>   내 친구 마이크입니다.
>   처음 뵙겠습니다.
>   당신을 만나서 반갑습니다.
>   당신을 만나고 싶었습니다.

Live Conversation

01   Hello, everyone. Nice to meet you. I'd like to introduce myself. My name is Kim Bohee. I'm from Seoul, Korea. I live in Golden Lake Apartment on 5th Street. There are five people in my family. I love listening to music and singing a song. What else? I want to make a lot of friends. Thank you.

안녕, 여러분. 만나서 반가워. 내 소개를 할게. 내 이름은 김보희야. 난 한국의 서울에서 왔어. 난 5번가에 있는 골든 레이크 아파트에 살고 있어. 우리 가족은 모두 5명이야. 난 음악 듣는 것과 노래하는 것을 좋아해. 또 다른 건? 난 친구를 많이 사귀고 싶어. 고마워.

02   A : Brenda, I'd like to introduce my friend to you.
     B : Yes, please do.
     A : Brenda, this is my friend, Mike.
     C : I'm Mike. Nice to meet you, Brenda. I've been looking forward to meeting you.
     B : Nice to meet you, too, Mike.

A : 브렌다, 내 친구를 너에게 소개할게.
B : 응, 그래.
A : 브렌다, 내 친구 마이크야.
C : 난 마이크야. 만나서 반가워, 브렌다. 널 만나고 싶었어.
B : 나도 만나서 반가워, 마이크.

03   A : Juhee, let me introduce my brother.

      B : How do you do? I'm Juhee. Nice to meet you.

      C : Glad to meet you, Juhee.

      B : Glad to meet you, too.

      A : 주희야, 우리 오빠를 소개할게.

      B : 처음 뵙겠습니다. 저는 주희입니다. 만나서 반갑습니다.

      C : 만나서 반가워, 주희야.

      B : 저도 만나서 반가워요.

제3절   안부 묻기

Useful Expressions

How are you? / How are you doing? / What's up?

How's your family?

How have you been (doing)?

I'm fine, thanks. / I'm very well. / Pretty good.

Please give my best regards to your parents.

(= Please remember me to your parents.)

해석 어떻게 지내세요?

        가족들은 어떻게 지냅니까?

        어떻게 지냈습니까?

        좋습니다.

        부모님께 안부 전해주세요.

Live Conversation

01   A : Good morning, Jane. How are you today?

      B : I'm fine, thanks. And you?

      A : Very well, thank you.

      A : 안녕, 제인. 오늘 좀 어때?

      B : 좋아, 고마워. 너는 어때?

      A : 아주 좋아, 고맙다.

02 A : Good-bye, Annie. Have a good time.

　　B : Thanks. I'll call you later.

　　A : Give my best regards to your parents.

　　B : Of course, I will. Take care!

　　A : 애니, 잘 가. 좋은 시간 보내렴.

　　B : 고마워. 내가 나중에 전화할게.

　　A : 네 부모님께 안부 전해줘.

　　B : 물론 그렇게 할게. 조심해서 가렴!

제4절　건강 상태 묻고 답하기 기출 23

Useful Expressions

What's wrong with you?

(= What's the matter with you?)

You look (a little) pale.

You'd better see(consult) a doctor.

Are you feeling well?

I don't feel very well.

I'm in good shape.

What do you do to stay in shape?

I exercise at the health club every day.

해석　무슨 일이 있습니까?

　　　당신 안색이 (약간) 창백해 보입니다.

　　　의사의 진찰을 받는 게 좋겠습니다.

　　　좀 어떻습니까?

　　　건강이 매우 좋지 않습니다.

　　　나는 건강이 좋습니다.

　　　당신은 건강을 유지하기 위해 무엇을 합니까?

　　　나는 매일 헬스클럽에서 운동을 합니다.

Live Conversation

01
A : What's wrong with you?
B : I slipped on the stairs.
A : That's too bad. You'd better see a doctor.

A : 너 무슨 일 있니?
B : 계단에서 미끄러졌어.
A : 안됐구나. 의사의 진찰을 받는 게 좋겠다.

02
A : You look pale, Sally. Are you feeling well?
B : I don't feel very well.

A : 안색이 창백해 보인다, 샐리. 괜찮니?
B : 건강이 매우 안 좋아.

03
A : What do you do to stay in shape?
B : I make it a rule to run a few miles twice a week.

A : 당신은 건강을 유지하기 위해 무엇을 하나요?
B : 저는 일주일에 두 번 몇 마일씩 규칙적으로 달립니다.

04
A : Are you in good shape?
B : Yes, I'm in good health. I exercise at the health club every day.

A : 당신은 건강합니까?
B : 네, 아주 좋아요. 저는 매일 헬스클럽에서 운동을 하거든요.

05
A : Ann, you don't look well. Are you okay?
B : No, my throat really hurts.
A : Sounds like you're getting a cold. Why don't you see a doctor?

A : 앤, 안색이 안 좋아 보인다. 괜찮니?
B : 아니, 목이 많이 아파.
A : 넌 감기에 걸린 것 같아. 의사에게 진찰받는 건 어떠니?

제5절   길 묻고 안내하기

Useful   Expressions

How Can I Get to Seoul Station?

Would you show me how to get there?

Excuse me, but where is the nearest movie theater?

I'm lost. where am I?

I'm looking for the flower shop.

I'm sorry, but I'm a stranger here myself.

(= I'm sorry, I'm new around here.)

Go straight two blocks and turn left.

Did you get it?

You can't miss it.

해석   서울역까지 어떻게 갈 수 있습니까?

그곳으로 가는 방법을 가르쳐 주시겠어요?

실례합니다만, 여기서 가장 가까운 극장이 어디에 있습니까?

전 길을 잃었습니다. 여기가 어디입니까?

저는 꽃가게를 찾고 있습니다.

죄송하지만, 저도 여기 처음입니다.

두 블록을 곧장 가셔서 왼쪽으로 도세요.

이해했습니까?

당신은 틀림없이 찾을 수 있을 겁니다.

Live   Conversation

01   A : Excuse me, but where is the restroom?

　　 B : Sorry, I'm new around here.

　　 A : 실례지만, 화장실이 어디 있나요?

　　 B : 미안하지만, 저도 이 주변이 처음입니다.

02   A : Excuse me, I'm looking for Central Park. Could you tell me how to get there?

　　 B : Sure. Are you going by subway or by taxi?

　　 A : I'll take the subway.

　　 B : Take subway line 3 and get off at Central Park Station.

　　 A : 실례지만, 저는 센트럴 파크를 찾고 있는데요. 어디 있는지 가르쳐 주시겠어요?

　　 B : 물론이죠. 지하철로 가실 건가요, 택시로 가실 건가요?

A : 전 지하철을 탈 겁니다.
B : 지하철 3호선을 타고 센트럴 파크역에서 내리세요.

03
A : Excuse me, could you tell me how to get to Seoul Station?

B : Are you taking the bus or the subway?

A : I'd like to take the subway.

B : Get off at City Hall and transfer to the Line 1.

A : And, how do I get to the nearest subway station?

B : No problem. Go straight two blocks and turn left. You can't miss it. Did you get it?

A : I've got it. Thanks.

A : 실례지만, 서울역 가는 방법 좀 가르쳐 주시겠어요?

B : 버스를 타실 건가요, 지하철을 타실 건가요?

A : 지하철을 탈 겁니다.

B : 시청역에서 내려서 1호선으로 갈아타세요.

A : 그리고 여기서 가장 가까운 지하철역으로 가려면 어떻게 하나요?

B : 걱정 마세요. 두 블록을 곧장 가셔서 왼쪽으로 도세요. 그러면 찾을 수 있으실 겁니다. 이해하셨나요?

A : 네, 알았어요. 감사합니다.

04
A : Excuse me, but I'm lost. Could you tell me where I am?

B : Uh, yes. You're at the Empire State Building.

A : 실례지만, 전 길을 잃었습니다. 여기가 어디인지 말씀해 주시겠어요?

B : 음, 네. 당신은 지금 엠파이어스테이트 빌딩에 있어요.

제6절 전화하기와 전화받기

Useful Expressions

Hello, may I speak to Candice?

Who's calling(speaking), please? / Who is this?

This is he (speaking). / Speaking.

There's no one here by that name.

May I take a message?

I'll call him back later.

I'm sorry she's not.

You've got the wrong number.

해석 여보세요, 캔디스 좀 바꿔주세요.

전화하신 분은 누구세요?

접니다.

그런 사람은 여기에 없습니다.

메시지를 남기시겠어요?

제가 그에게 다시 전화하겠습니다.

죄송하지만, 그녀는 없습니다.

전화 잘못 거셨습니다.

Live Conversation

01　A : Hello, may I speak to Candice White, please?

　　B : Sorry, she is not in today. May I take a message?

　　A : I'll call her back later, thank you.

　　A : 여보세요, 캔디스 화이트 씨 좀 바꿔 주시겠어요?

　　B : 죄송하지만, 그녀는 오늘 출근하지 않았습니다. 메시지를 남기시겠어요?

　　A : 제가 그녀에게 다시 전화하겠습니다. 감사합니다.

02　A : May I speak to John? 기출 20

　　B : Who's calling(speaking), please?

　　A : Oh, I'm sorry. This is Susan.

　　B : Hold on a moment, please.

　　A : 존과 통화할 수 있을까요?

　　B : 누구세요?

A : 죄송합니다. 저는 수잔입니다.
B : 잠깐만 기다리세요.

03 A : Hello, is Mr. Smith in, please?

B : This is he.

A : This is Mrs. White, Jane's mother. Do you have some time to talk with me?

B : Yes, of course. Mrs. White, How can I help you?

A : 여보세요, 스미스 씨 좀 바꿔 주시겠어요?

B : 예, 접니다.

A : 저는 제인의 어머니, 화이트입니다. 저와 잠깐 대화할 시간 있으세요?

B : 예, 물론입니다. 화이트 여사, 어떻게 도와드릴까요?

04 A : Hello? Is Sophie in?

B : There's no one here by that name. You've got the wrong number.

A : Oh, I'm sorry.

B : That's all right.

A : 여보세요? 소피 있습니까?

B : 그런 사람은 여기 없는데요. 전화 잘못 거셨습니다.

A : 아, 죄송합니다.

B : 괜찮아요.

제7절 약속 제안하기 기출 24

Useful Expressions

How about going to the movies?

(= Why don't[Shall] we go to the movies?)

I'd like to invite you to my birthday party.

(= Would you like to come to my birthday party?)

What time shall we make it?

OK. / Sure. / Yes, I'd like(love) to.

Sorry, I can't. / I'd like to, but I can't. / I'm afraid not.

I'm sorry, but I have an appointment.

해석 영화 보러 가는 게 어때?

너를 내 생일파티에 초대하고 싶어.

몇 시에 만날까?

좋아.

미안하지만, 안 되겠어.

미안하지만, 난 약속이 있어.

Live Conversation

01 A : How about going to the movies?

B : Sure. What time shall we make it?

A : How about at 7?

B : OK. See you then.

A : 영화 보러 가는 게 어때?

B : 좋아. 몇 시에 만날까?

A : 7시가 어때?

B : 좋아. 그때 보자.

02 A : I'd like to invite you to my birthday party this Friday.

B : Thank you for inviting me, but I'm afraid not. I have an appointment.

A : 이번 금요일에 당신을 제 생일파티에 초대하고 싶습니다.

B : 초대해 주셔서 감사합니다. 하지만 선약이 있어서 갈 수 없습니다.

03 A : Shall we go to the TLT concert?

B : Wow! I'd love to.

A : TLT콘서트에 갈래?

B : 왜! 좋아.

제8절 부탁하기

Useful Expressions

May(Can) I ask you a favor?

Would you do me a favor? / Would you give me a hand?

Sure, I can. / Certainly. / Of course.

I'm afraid not.

Would you mind my opening(= If I open) the window?

Of course not. Go ahead. / Certainly not. / Not at all.

해석 제가 부탁을 드려도 될까요?
저를 도와주실 수 있습니까?
예, 물론이죠.
유감스럽지만 안 됩니다.
제가 창문을 열어도 될까요?
예, 그러세요.

Live Conversation

01 A : May I ask you a favor?

B : Sure. What do you want?

A : May I use your telephone?

B : Go ahead.

A : 부탁을 좀 드려도 될까요?

B : 물론이죠. 무엇을 원하세요?

A : 당신의 전화를 좀 사용해도 될까요?

B : 그러세요.

02 A : Would you mind helping me move this desk?

B : Of course not.

A : 이 책상 옮기는 것 좀 도와주시겠어요?

B : 물론입니다.

03 A : Would you mind my closing the window? It's getting cold in here.

B : I don't mind at all. It is rather chilly, isn't it?

A : 창문을 좀 닫아도 되나요? 여기는 추워서요.

B : 전 괜찮습니다. 좀 쌀쌀하죠?

제9절 음식 주문하기 기출 20

Useful Expressions

May(Can) I take your order? / Are you ready to order?

What would you like to have?

How would you like your steak?

Well done(Medium / Rare), please.

(Is there) Anything else? / Will that be all?

(For) Here or to go?

I'll have a pineapple pizza, please.

I'd like a hamburger, please.

해석 주문하시겠어요?

무엇을 드시겠습니까?

스테이크를 어떻게 해드릴까요?

바싹 익혀(반만 익혀 / 살짝 익혀) 주세요.

더 주문하실 것 있습니까? / 그게 전부입니까?

여기서 드시겠어요? 아니면 가져가시겠어요?

파인애플 피자 주세요.

햄버거 주세요.

01　A : May I take your order?

　　B : Yes, I'll have a pineapple pizza, please.

　　A : Anything else?

　　B : Yes, coke, please.

　　A : 주문하시겠어요?

　　B : 네, 파인애플 피자 주세요.

　　A : 그 밖에 다른 것은요?

　　B : 네, 콜라 주세요.

02　A : Are you ready to order?

　　B : I'd like a hamburger with french fries, please.

　　A : Here or to go?

　　B : Here, please.

　　A : 주문하시겠어요?

　　B : 햄버거 하나와 프렌치프라이 주세요.

　　A : 여기서 드실 겁니까? 가지고 가실 겁니까?

　　B : 여기서 먹을 겁니다.

제10절　음식 권하기

Useful　Expressions

Would you like something to drink?

(= Can I get you something to drink?)

How about some more cake?

(= Do you want some more cake?)

Yes, please. / Sure, It's so good. I'd love some.

No, thanks. I've had enough. / I'm full.

해석　음료는 무엇으로 하시겠습니까?

　　　　케이크를 좀 더 드릴까요?

　　　　네, 물론입니다. 좋아요.

　　　　아뇨, 고맙지만 충분히 먹었습니다. / 배가 부릅니다.

Live Conversation

01   A : Can I get you some more cake?

B : Sure, It's so good. I'd love some.

A : Here you are.

B : Thanks.

A : 케이크를 좀 더 드릴까요?

B : 네, 좋아요. 정말 좋아하거든요.

A : 여기 있습니다.

B : 감사합니다.

02   A : How about having another cup of coffee?

B : No, thanks. I've had enough.

A : How about some more cookie?

B : Oh, I couldn't. I'm really full.

A : 커피 한 잔 더 마실래?

B : 아니, 고맙지만 사양할게. 충분히 마셨거든.

A : 쿠키를 더 줄까?

B : 아니, 못 먹겠어. 난 정말 배부르거든.

제11절 물건 사기

Useful Expressions

May I help you? / May I ask what you are looking for?

I'm looking for a white shirt.

I want to buy an MP3 player.

How about this one?

How much is it? / What's the price?

Would you like to try it on?

It's on sale.

(It's) Too expensive.

I'll take it.

Could you wrap it for me, please?

> **해석** 무엇을 찾으십니까?
> 전 흰색 셔츠를 찾고 있습니다.
> MP3 플레이어를 사려고 합니다.
> 이건 어때요?
> 가격이 어떻게 되나요?
> 한번 입어보세요.
> 그것은 세일 중입니다.
> 너무 비싸군요.
> 그걸로 할게요.
> 포장 좀 해주시겠어요?

Live Conversation

01
A : May I help you?

B : I want to buy an MP3 player. Umm, how about this?

A : It's the most popular brand. It's $250.

B : $250? Too expensive. Do you have any cheaper ones?

A : This is $80. It was imported from Germany.

B : OK, I'll take it.

A : 무엇을 도와드릴까요?

B : 전 MP3 플레이어를 사려고 해요. 음, 이건 어떤가요?

A : 이 제품은 가장 인기 있는 상표입니다. 가격은 250달러입니다.

B : 250달러라구요? 너무 비싸네요. 더 싼 것 있습니까?

A : 이건 80달러입니다. 독일에서 수입한 제품입니다.

B : 좋아요, 그걸 사겠어요.

02
A : That tie looks good. How much is it?

B : It's on sale for $35.50.

A : Good. Could you wrap it for me, please?

B : Sure.

A : 저 타이가 근사하군요. 가격이 어떻게 되나요?

B : 지금 세일 중이라서 35.50달러입니다.

A : 좋아요. 그걸로 포장해 주시겠어요?

B : 물론입니다.

03　A : Could I see that white shirt, please? What size is it?

　　　B : This is a medium. Would you like to try it on?

　　　A : Yes, it fits well. I'll take it.

　　　A : 저 하얀색 셔츠 좀 보여주시겠어요? 사이즈가 뭔가요?

　　　B : 이건 중간 사이즈입니다. 한 번 입어보시겠습니까?

　　　A : 네, 잘 맞아요. 이걸로 할게요.

04　A : May I help you, sir?

　　　B : Yes, I'm looking for a tie to match this shirt.

　　　A : How about this blue one?

　　　B : Oh, yes! I like the design.

　　　A : 무엇을 도와드릴까요?

　　　B : 네, 이 셔츠에 어울리는 타이를 찾고 있어요.

　　　A : 이 파란색 타이는 어떻습니까?

　　　B : 네, 난 그 디자인을 좋아해요.

05　A : Do you think I should buy this big pants?

　　　B : No, I don't think it'll look very good on you.

　　　A : Why not?

　　　B : The color doesn't suit you.

　　　A : 넌 내가 이 큰 바지를 사야 한다고 생각하니?

　　　B : 아니, 난 그게 너한테 잘 어울린다고 생각하지 않아.

　　　A : 왜?

　　　B : 그 색깔이 너한테 어울리지 않거든.

제12절 경험 묻고 말하기

Useful Expressions

Have you ever tried Korean food?

Have you ever been to Itaewon?

I went climbing at Seoraksan last year.

Did you have a good time?

That sounds great.

해석 한국 음식을 먹어본 적 있니?

이태원에 가본 적 있니?

나는 작년에 설악산에 올라갔어.

즐거운 시간 보냈니?

좋았겠다.

Live Conversation

01 A : Have you ever tried Korean food?

B : Yes, I have. I love Kimchi.

A : 넌 한국 음식을 먹어본 적 있니?

B : 응, 먹어봤어. 난 김치를 좋아해.

02 A : Have you ever been to Itaewon?

B : No, I haven't, but I've heard it's good for shopping.

A : Would you like to go with me? I'll show you my favorite places.

B : That sounds great. Thank you so much.

A : 당신은 이태원에 가본 적 있습니까?

B : 아뇨, 없어요. 하지만 그곳이 쇼핑으로 유명하다고 들었어요.

A : 저와 함께 가보시겠습니까? 당신에게 제가 좋아하는 곳을 보여줄게요.

B : 좋아요. 감사합니다.

03 A : I went climbing at Seoraksan with my family last year.

B : Did you have a good time?

A : Sure. The mountains and the ocean were so nice!

B : It sounds great.

A : 나는 작년에 가족과 함께 설악산에 올라갔어.

B : 재미있었니?

A : 물론이야. 산과 바다가 정말 멋있었어.

B : 좋았겠다.

제13절 좋아하는 것 묻고 답하기

Useful Expressions

What kind of movie do you like?

I'm into classical music.

I'm fond of action movies.

해석 넌 어떤 영화를 좋아하니?

난 클래식 음악에 열중해 있어.

난 액션 영화를 좋아해.

Live Conversation

A : Cindy, what would you like to do this weekend?

B : I think I'll just stay home and listen to music.

A : What kind of music do you like?

B : Pop. You seem to like music. What do you like?

A : I'm into classical music.

A : 신디, 이번 주말에 뭐하고 싶니?

B : 난 집에서 음악을 들을 생각이야.

A : 넌 어떤 음악을 좋아하니?

B : 팝. 너도 음악을 좋아할 것 같아. 넌 어떤 음악을 좋아하니?

A : 난 클래식 음악에 열중해 있어.

제14절 병원에서

Useful Expressions

I have terrible back pains.

How long have you had it?

Let me examine you.

I hope you'll get well soon.

What's the problem?

My nose keeps running.

I have a fever.

Take this medicine.

해석 등에 심한 통증이 있습니다.
언제부터 그랬습니까?
검사해 보겠습니다.
곧 회복되기를 바랍니다.
어떤 문제가 있습니까?
콧물이 계속 흐릅니다.
열이 있습니다.
이 약을 복용하십시오.

Live Conversation

01   A : I have terrible back pains.

B : How long have you had it?

A : Since last Saturday, I think.

B : Let me examine you. Hmm… It's not serious. You should exercise instead of taking medicine.

A : What would you recommend for exercise?

B : Walking and swimming. I hope you'll get well soon.

A : 등에 통증이 심합니다.
B : 그렇게 된 지 얼마나 됐죠?
A : 제 생각에는 지난 토요일부터요.
B : 검사를 해봅시다. 음… 그다지 심각한 건 아니군요. 당신은 약을 복용하는 것 대신 운동을 해야만 합니다.
A : 추천할 만한 운동이 있습니까?
B : 걷기와 수영이 좋을 겁니다. 곧 회복되기를 바랍니다.

02 A : What's the problem?

B : My nose keeps running, and I have a fever.

A : How long have you been feeling like this?

B : Since yesterday.

A : I think you've caught a cold. I'm going to give you this medicine. Take this tablets three times a day after meals.

A : 증상이 어떻습니까?

B : 콧물이 계속 흐르고, 열이 있습니다.

A : 얼마나 오랫동안 이런 증상이 계속되었나요?

B : 어제부터입니다.

A : 당신은 감기에 걸렸어요. 처방전을 주겠습니다. 매일 세 번씩 식후에 이 알약을 복용하십시오.

제15절　날씨 물어보기

Useful Expressions

What's the weather like?

What's the weather forecast for the weekend?

It is really hot, isn't it?

It's pouring. / It's stormy.

The weatherman said it's going to rain.

해석　날씨가 어떻습니까?

주말 일기예보는 어떻습니까?

정말 덥다, 그렇지 않니?

비가 퍼붓는다. / 폭풍우가 몰아 친다.

일기예보원은 비가 올 거라고 말했다.

Live Conversation

01 A : It's really clear and sunny outside.

B : Yes, it sure is.

A : 밖은 날씨가 정말 맑고 화창해.

B : 그래, 물론.

02 A : What's the weather forecast for the weekend?

B : The weatherman said it's going to be stormy and cold.

A : 주말 일기예보는 어때?
B : 일기예보원은 폭풍우가 몰아치고 추울 거라고 했어.

03 A : It's too hot. I can't study anymore.

B : Let's take a ten-minute break.

A : 정말 덥다. 난 더 이상 공부할 수 없어.
B : 10분간 쉬자.

04 A : What a great day!

B : I hope it stays clear. I'm planning to go to the beach with my friends.

A : Really? According to the weather forecast, it's going to be rainy and windy over the weekend.

B : Oh, no! It's our last chance to go to the beach together.

A : 날씨가 정말 좋다!
B : 계속 맑았으면 좋겠어. 친구들이랑 해변에 가기로 했거든.
A : 정말? 일기예보에 의하면 주말 내내 비가 오고 바람이 분대.
B : 오, 안돼! 이번이 우리가 함께 해변에 가는 마지막 기회인데.

제16절 사과하기 기출 24

Useful Expressions

I'm sorry for everything.
I can't tell you how sorry I am.
That's all right.
It can happen to anyone.

해석 여러 가지로 죄송합니다.
당신에게 어떻게 사과드려야 할지 모르겠습니다.
괜찮습니다.
누구에게나 일어날 수 있는 일인걸요.

Live　Conversation

01　A : It's my mistake. I'm sorry for everything.

　　B : That's all right. Don't worry about it.

　　A : All right. I'll be more careful next time.

　　A : 제 실수입니다. 여러 가지로 죄송합니다.

　　B : 괜찮아요. 걱정하지 마세요.

　　A : 알겠습니다. 다음에는 더 주의하겠습니다.

02　A : I can't tell you how sorry I am.

　　B : No problem. It can happen to anyone.

　　A : 어떻게 사과를 드려야 할지 모르겠습니다.

　　B : 괜찮습니다. 누구에게나 일어날 수 있는 일인걸요.

제17절　놀람 표현하기

Useful　Expressions

What a surprise! / How surprising!

That surprises me!

My goodness!

You're kidding!

I couldn't believe my eyes.

해석　놀랍구나!

　　놀라운 일이다.

　　어머나!

　　농담하고 있는 거지.

　　믿을 수 없어.

Live　Conversation

A : Remember the Harrison? He won the Novel prize yesterday.

B : How surprising! I couldn't believe my eyes.

A : 해리슨을 기억하니? 어제 그가 노벨상을 수상했대.

B : 놀랍다! 믿을 수 없을 정도야.

제18절 | 소망 말하기

Useful Expressions

May you succeed!
I hope you'll have a better year.
Good luck to you!
I wish you all the best.

해석 당신이 성공하기를 바랍니다.
더 나은 한 해가 되기를 바랍니다.
당신에게 행운이 있기를!
당신에게 행운이 있기를 바랍니다.

Live Conversation

01 A : What do you want to be in the future?

B : I want to be a writer. You know I like to write a novel.

A : That's great! I wish you all the best.

A : 넌 장래에 무엇이 되고 싶니?
B : 난 작가가 되고 싶어. 너도 알다시피 난 소설 쓰기를 좋아하잖아.
A : 그거 멋진데! 너에게 행운이 있기를 바랄게.

02 A : What are you going to do after graduation?

B : I want to be a professor. I really like studying.

A : Good luck to you!

A : 넌 졸업 후에 뭘 할 거니?
B : 난 교수가 되고 싶어. 난 정말 연구하는 게 좋거든.
A : 행운을 빌게.

제19절 관심 묻고 답하기 기출 24

Useful Expressions

That's a very interesting photograph.
I'm really interested in photography.
What's your hobbies?
My favorite is soccer.

해석 그것은 매우 흥미진진한 사진이다.
나는 사진에 정말 관심이 많다.
너의 취미는 무엇이니?
나는 축구를 좋아해.

Live Conversation

01   A : That's a very interesting photograph. Who did take it?

     B : I did. I'm really interested in photography.

     A : Have you been doing it long?

     B : About four years. It's my favorite hobby. What's your hobbies?

     A : I like all sports a lot, and my favorite is soccer.

     A : 매우 흥미진진한 사진이다. 누가 찍은 거니?

     B : 내가 찍었어. 난 사진에 정말 관심이 많거든.

     A : 사진은 오랫동안 찍어온 거야?

     B : 약 4년 동안. 내가 가장 좋아하는 취미야. 넌 취미가 뭐야?

     A : 난 모든 스포츠를 좋아해. 그중에서 내가 좋아하는 건 축구야.

02   A : Are you interested in music?

     B : Yes, I love music.

     A : 당신은 음악에 흥미가 있습니까?

     B : 예, 난 음악을 매우 좋아합니다.

제20절　은행 · 우체국에서

Useful　Expressions

I'd like to open an account.

I want to make a savings account.

Could you break a ten dollar bill?

(= Could you give me change for a ten dollar bill?)

How would you like to have it?

I wish to cash this check.

I'd like to send this parcel to Paris.

해석　계좌를 하나 만들고 싶습니다.

보통예금계좌로 하겠습니다.

10달러짜리 지폐를 잔돈으로 바꿔주시겠어요?

어떻게 바꿔드릴까요?

이 수표를 현금으로 바꾸고 싶어요.

이 소포를 파리에 보내고 싶어요.

Live　Conversation

01　A : May I help you?

　　B : I would like to open an account.

　　A : Yes. What kind of account?

　　B : I want to make a savings account.

　　A : 무엇을 도와드릴까요?

　　B : 계좌를 하나 만들고 싶은데요.

　　A : 그러세요. 예금 종류는 무엇으로 하실 건가요?

　　B : 보통예금으로 하겠습니다.

02　A : Excuse me, could you break a ten dollar bill?

　　B : Yes, certainly. how would you like to have it?

　　A : 10달러짜리 지폐를 잔돈으로 바꿔주시겠어요?

　　B : 네, 물론입니다. 어떻게 바꿔드릴까요?

03　A : I'd like to send this parcel to Paris.

　　B : Do you want to send it by sea or by air?

A : By air, please.

B : OK. That will be $17.50.

A : 이 소포를 파리에 보내고 싶은데요.

B : 배로 보내시겠어요, 아니면 비행기로 보내시겠어요?

A : 비행기로 보내겠습니다.

B : 알겠습니다. 17달러 50센트입니다.

제21절 공항에서(탑승·입국수속) 기출 22

Useful Expressions

May I have your ticket, please?

Here it is.

Where are you from?

I'm from Korea.

How long are you going to stay?

I'll stay for 5 days.

What is the purpose of your visit?

I'm here on sightseeing.

해석 비행기표 좀 보여주시겠어요?

여기 있습니다.

어디에서 오셨습니까?

한국에서 왔어요.

얼마나 머물 예정입니까?

5일 동안 머물 겁니다.

방문 목적은 무엇입니까?

관광차 왔습니다.

Live Conversation

01 A : Can I have your ticket, please?

B : Here it is.

A : How much luggage would you like to check-in?

B : Two bags, please.

A : Please put your baggage on the scale.

(……)

Would you like a window seat or an aisle seat?

B : I would like a window seat in the no-smoking section.

A : Okay. You're all set. Here's your boarding pass. Your plane will be leaving from Gate C-28. You need to be at the gate 30 minutes before departure time.

B : Thank you.

A : 비행기표를 보여주시겠어요?

B : 여기 있습니다.

A : 가방은 몇 개를 체크인하시겠어요?

B : 두 개요.

A : 가방을 저울에 올려주세요.

(……)

창가 자리로 드릴까요, 복도 자리로 드릴까요?

B : 금연석 창가 자리로 부탁드립니다.

A : 네. 모두 됐습니다. 여기 비행기표를 받으세요. 비행기는 C-28 탑승구에서 출발합니다. 탑승구로 출발 시간 30분 전까지 가주세요.

B : 감사합니다.

02 A : May I see your passport, please?

B : Here you are.

A : What is the purpose of your visit?

B : I'm here on business.

A : Where are you going to stay?

B : At the Lamada hotel.

A : Do you have anything to declare?

B : No, I don't.

A : 여권 좀 보여주시겠습니까?

B : 여기 있습니다.

A : 방문 목적은 무엇입니까?

B : 사업차 왔습니다.

A : 어디에서 머무실 겁니까?

B : 라마다 호텔에서요.

A : 신고할 물건이 있습니까?

B : 아니오, 없습니다.

※ 다음 빈칸에 들어갈 말로 가장 알맞은 것을 고르시오. (01 ~ 08)

01
> A : Merry Christmas!
> B : _____!

① The same to you

② That's all right

③ You are welcome

④ Not in the least

01 Merry Christmas! 또는 A Happy New Year!(새해 인사)에 대한 응답 표현은 I wish you the same!이나 The same to you!이다.

[해석]
A : 크리스마스 잘 보내!
B : 너도 잘 보내!

02
> A : I'm going fishing. Would you like to come with me?
> B : I'd like to, _____ I've got something to do.

① and

② but

③ so

④ therefore

02 [해석]
A : 낚시하러 갈 건데 나랑 같이 가지 않을래?
B : 그러고 싶지만, 난 해야 할 일이 좀 있어.

03
> A : Is this the right bus to Seoul Station?
> B : No, you're taking a _____ bus.

① false

② right

③ bad

④ wrong

03 '버스를 잘못 타다'의 영어 표현은 take a wrong bus이다. wrong을 사용한다는 것에 유의하자.

[해석]
A : 이 버스가 서울역으로 가는 버스입니까?
B : 아니오, 당신은 버스를 잘못 타셨군요.

정답 01 ① 02 ② 03 ④

04

A : I've got some chocolates. Do you want one?
B : _____.
A : Here you are.
B : Thank you very much.

① I hope so

② No, thank you

③ Of course, not

④ Yes, please

05

A : Would you mind my opening the window?
B : _____.

① It's shame

② You're welcome

③ Of course not

④ Yes, go ahead

06

A : Do you think you can live without machines?
B : No, I don't think so. Machines are an important part of our modern life.
A : _____. Our lives are tied to machines.

① I agree to you

② I have an ideas

③ I agree with you

④ That's too bad

---

04 남이 무엇을 권할 때 싫으면 No, thank you로 답하고, 좋으면 Yes, please로 답한다. 그런데 지문에서는 긍정의 답변이 나와야 하므로 Yes, please가 정답이다.

해석

A : 초콜릿을 조금 가지고 있는데 하나 줄까?
B : 그래, 좋아.
A : 여기 있어.
B : 정말 고마워.

05 **해석**

A : 창문 좀 열어도 되니?
B : 물론이지.

06 **해석**

A : 너는 기계들 없이도 살 수 있다고 생각하니?
B : 아니, 나는 그렇게 생각하지 않아. 기계들은 우리 현대 생활의 중요한 부분이야.
A : 나도 너와 같은 의견이야. 우리의 삶은 기계들에 얽매여 있어.

정답 04 ④ 05 ③ 06 ③

07 해석

A : 이 CD는 얼마입니까?
B : 10달러입니다.
A : 좋아요. 그걸로 할게요. 좀 포장
　　해 주세요.
B : 여기 있습니다.

07

A : How much is this CD?
B : $10.
A : OK, I'll take it. Wrap it, please.
B : _____.

① Here you are　　　② Here they are
③ Here I am　　　　④ Here we are

08 해석

A : 오늘 학교에 늦게 가서 너무 미
　　안해.
B : 네가 자주 늦지 않잖아. 나는 네
　　가 충분한 이유를 가지고 있다고
　　생각해.
A : 열차를 놓쳐서 다음 열차를 20
　　분 동안 기다려야만 했어.
B : 괜찮아.

08

A : I'm so sorry to be late for school today.
B : You're not late very often. I imagine you've got a good reason.
A : I missed my train and had to wait twenty minutes for the next one.
B : _____.

① That sounds good
② That's all right
③ You're kidding
④ You're right

09 해석

인수 : 뭐 안 좋은 일 있어? 안색이
　　　나쁜데.
미리 : 수학시험을 망쳤어.
인수 : 기운 내. 다음 번에는 잘할
　　　거야.
미리 : 고맙다. 하지만 자신감이 전
　　　혀 없어.

09 다음 중 Miri의 심정을 가장 잘 나타낸 표현은?

Insu : What's wrong? You look terrible.
Miri : I failed my math exam.
Insu : Cheer up! I'm sure you'll do better next time.
Miri : Thank you, but I have no confidence at all.

① 희망　　　　　② 동정
③ 좌절　　　　　④ 기쁨

정답　07 ①　08 ②　09 ③

10 다음 대화가 이루어지는 장소는?

> A : Is there anything I can do for you?
> B : Yes, I need some blouses.
> A : Oh, we have a lot of good ones over here.

① 병원
② 식당
③ 백화점
④ 관광 안내소

11 주어진 글의 순서로 가장 알맞은 것은?

> (A) When Copernicus said that the earth travels around the sun they all laughed at him.
> (B) Today, however, all of us know he was right.
> (C) In the 1500's, people believed that the sun traveled around the earth.

① (A) - (B) - (C)
② (C) - (A) - (B)
③ (B) - (C) - (A)
④ (A) - (C) - (B)

10 해석
A : 무엇을 도와드릴까요?
B : 네, 블라우스를 좀 사려고요.
A : 아, 좋은 상품들이 많이 있습니다.

11 해석
(C) 1500년대에 사람들은 태양이 지구 주위를 돈다고 믿었다.
(A) 코페르니쿠스가 지구는 태양 주위를 돈다고 말했을 때 사람들은 모두 그를 비웃었다.
(B) 그러나 오늘날 우리 모두는 그가 옳았다는 것을 안다.

정답 10 ③ 11 ②

12 해석

A : 대한항공 예약부입니다. 무엇을 도와드릴까요?

B : 네. 서울행 비행기표를 예매하고 싶습니다.

A : 그러시다면 성함과 떠날 시간을 말씀해 주시겠습니까?

B : 제 이름은 존 스미스입니다. 오늘 오후 3시쯤에 떠났으면 싶은데요.

12 다음 글에서 John Smith가 전화를 건 목적은?

> A : Korean Air Reservation. May I help you?
> B : Yes. I'd like to book a flight to Seoul.
> A : If so, would you tell me what your name is and when you will leave?
> B : My name is John Smith. I hope I can leave here at 3 in the afternoon.

① 비행기 예약
② 예약 취소
③ 관광안내 문의
④ 비행시간 문의

13 해석

브라운 영어 선생님께서 네가 수술 때문에 입원했다고 방금 우리에게 말씀해 주셨어. 네가 좀 괜찮아지고 빨리 완치되면 좋겠다. 우리 모두 네가 얼른 돌아오길 바라고 있어. 부디 빨리 좋아지길 빌게.

※ 다음 글을 쓴 목적으로 알맞은 것을 고르시오. (13 ~ 14)

13

> Mrs. Brown, our English teacher, has just told us that you were in the hospital for an operation. I hope that you are feeling better now and that you will soon be completely recovered. We are all looking forward to your quick return. Please get well soon.

① 축하
② 위로
③ 요청
④ 항의

정답 12 ① 13 ②

14

> The pink angora sweater you gave me for my birthday is exactly what I need! It's so soft and fluffy, and fits me perfectly. You have great taste. Thank you from the bottom of my heart.
>
> * fluffy 복슬복슬한

① 초대
② 항의
③ 감사
④ 위로

14 해석
네가 내 생일선물로 준 분홍색 앙고라 스웨터는 바로 내가 원하는 것이었어! 그 스웨터 정말 부드럽고 복슬복슬하더라. 그리고 나한테 꼭 맞아. 너는 정말 안목이 대단해. 마음속 깊이 정말 고마워.

15 다음 대화에서 윌슨의 의도로 가장 알맞은 것은?

> Wilson: Excuse me, when is your first flight to Seoul tomorrow?
> Smith : It is scheduled at seven in the morning.
> Wilson: Perfect! Can I make a reservation?
> Smith : Sure.

① 호텔 예약
② 상품 구매
③ 항공권 예약
④ 병원 진료

15 해석
윌슨 : 실례합니다. 내일 서울행 첫 비행기가 언제 있습니까?
스미스 : 오전 7시 예정입니다.
윌슨 : 좋습니다. 예약할 수 있나요?
스미스 : 네.

정답 14 ③ 15 ③

16 해설

A : 한국 탈춤꾼들을 보는 것은 대단히 즐겁습니다.

B : 오, 정말인가요? 그들을 보는 것은 즐겁죠, 그렇죠?

A : 그렇습니다. 그 춤꾼들은 한국 혼을 사실대로 반영합니다.

B : 맞습니다.

16 다음 대화에서 두 사람의 의견이 일치한 내용은?

> A : It is great pleasure to watch Korean mask dancers.
>
> B : Oh, really? They are interesting to watch, aren't they?
>
> A : They really are. And those dances truly reflect the Korean soul.
>
> B : You are right.

① 한국의 가면은 만들기가 어렵다.

② 한국의 탈춤을 배우기가 재미있다.

③ 한국의 탈춤을 보는 것은 지루하다.

④ 한국의 탈춤은 한국인의 정신을 반영한다.

17 Cheeseburger + Coke Large = $5.30 + $1.50 = $6.80

해설

A : 치즈버거 하나 주세요.

B : 마실 것도 드릴까요?

A : 콜라 주세요.

B : 큰 것으로 드릴까요, 작은 것으로 드릴까요?

A : 큰 것으로 주세요. 얼마죠?

B : 6달러 80센트입니다.

17 다음 메뉴를 볼 때 아래 대화의 빈칸에 들어갈 말로 알맞은 것은?

> Menu
> Hamburger $5.00 Coke Large $1.50
> Cheeseburger $5.30 Coke Small $1.00
> French Fries $2.00

> A : I'd like a cheeseburger, please.
>
> B : Do you want something to drink?
>
> A : I'll have a coke.
>
> B : Large or small?
>
> A : Large one, please. How much will that be?
>
> B : That'll be _____.

① five dollars

② six dollars and eighty cents

③ seven dollars and thirty cents

④ eight dollars and thirty cents

정답 16 ④ 17 ②

336 제5장 생활영어

※ 다음 대화를 읽고 빈칸에 들어갈 말로 알맞은 것을 고르시오.
(18 ~ 20)

18

A : How about going to lunch with me and trying some kimchi?

B : _____ .

① So do I

② Sounds great

③ I wish you luck

④ The line is busy

18 **해석**
A : 나랑 같이 점심 먹으러 가서 김치를 먹는 게 어때?
B : 그거 좋은데.

19

A : Oh, look out that swallow in the sky. I think spring has finally come.

B : But it's still cold out here, isn't it?

A : That's true. _____ .

① Rome was not built in a day

② Birds of a feather flock together

③ One swallow doesn't make a spring

④ A bird in the hand is worth two in the bush

19 제비 한 마리가 봄을 만들지는 않는다(제비 한 마리가 왔다고 봄이 오진 않는다)의 영어식 표현은 one swallow doesn't make a spring이다.

해석
A : 외 하늘을 나는 제비를 좀 봐. 마침내 봄이 왔다는 생각이 드는군.
B : 하지만 여전히 춥지 않아?
A : 맞아. 제비 한 마리가 왔다고 봄이 오는 건 아니지.

20

A : I have some good news!

B : Oh, really? What is it?

A : I've passed my driving test at last.

B : _____ I'm glad to hear that.

① Here it is.

② Congratulations!

③ No, thank you.

④ That's too bad.

20 **해석**
A : 좋은 소식이 있어.
B : 오, 정말? 그게 뭔데?
A : 운전면허시험에 마침내 합격했어.
B : 축하해! 그 이야기를 들으니 나도 기쁘다.

정답 18 ② 19 ③ 20 ②

※ 다음 대화에서 빈칸에 들어갈 말로 가장 알맞은 것을 고르시오. (01 ~ 14)

01

> A : May I speak to Mr. Song, please?
> B : I'm sorry. He's on another line. _____
> _____
> A : Yes, Thank you.

① He's not in now.

② You have the wrong number.

③ Can you hold the line?

④ What can I do for you?

01 해석

A : 송 선생님과 통화할 수 있을까요?

B : 죄송합니다. 그는 지금 다른 전화를 받고 있어요. 잠시 기다려 주시겠습니까?

A : 예, 고맙습니다.

02

> A : How's your family?
> B : _____.

① They're at home now

② They're all very well, thanks

③ That's all right

④ There are three of us

02 해석

A : 네 가족들은 어떻게 지내고 있니?

B : 그들은 모두 잘 지내고 있어, 고마워.

정답 (01 ③   02 ②)

03

> A : Would you mind my closing the door?
> B : _____ .

① Thank you

② I can't help you

③ Certainly not

④ No, thanks

04

> A : Excuse me. _____ ?
> B : No, of course not. But just a moment, please.

① What can I do for you

② Do you mind helping me

③ Where am I

④ What are you doing

05

> A : Hello. Is this Mr. Kim's office?
> B : I'm sorry. _____

① I'll answer the phone.

② You have the wrong number.

③ He's on another line.

④ Can I take a message?

03 해석
A : 문을 닫아도 괜찮습니까?
B : 예, 괜찮습니다.

04 • What can I do for you? 무엇을 도와드릴까요?
해석
A : 실례합니다. 좀 도와주시겠습니까?
B : 물론 도와드리겠습니다. 잠깐만 기다리세요.

05 • have the wrong number 전화를 잘못 걸다
해석
A : 여보세요. 여기가 김 선생님의 사무실인가요?
B : 죄송합니다. 전화를 잘못 거셨습니다.

정답 (03 ③ 04 ② 05 ②)

06
• This is he(she) 접니다

[해석]
A : Jones 씨 좀 바꿔주세요.
B : <u>접니다</u>.

07
• go swimming with ~와 함께 수영하러 가다.

[해석]
A : 우리와 함께 수영하러 갈 수 있니?
B : 난 갈 수 없어. 도서관에 가야만 하거든.

08
• I'm afraid not 유감이지만 그럴 수 없어

[해석]
A : 이번 주 일요일에 시간 좀 있니?
B : <u>좀 곤란해</u>. 난 숙제를 해야 하거든.

[정답] 06 ② 07 ④ 08 ①

06

A : May I talk to Mr. Jones?
B : _____

① Why do you ask?
② This is he.
③ Who are you?
④ I'm all right.

07

A : Can you go swimming with us?
B : _____ I can't. I should go to the library.

① I'd like
② I hope
③ I wish
④ I'm afraid

08

A : Are you free this Sunday?
B : _____. I might be doing homework.

① I'm afraid not
② I hope not
③ I guess so
④ I think so

09

A : Mr. Han, you're wanted on the phone.
B : Hello, _____ Mr. Han speaking.

① you are   ② this is
③ I am   ④ it is

10

A : Hi, Diane. Where have you been?
B : I've just returned from Jejudo.
A : _____?
B : It was delightful and the weather was perfect!

① Where did you visit there
② How was the trip
③ Who did you meet there
④ How long did you stay there

11

A : How have you been?
B : Pretty good. It's been a long time, _____?

① does it
② isn't it
③ hasn't it
④ doesn't it

09 해석
A : 한 선생님, 전화왔습니다.
B : 여보세요, 접니다.

10 해석
A : 안녕, Diane. 어디에 갔다 왔니?
B : 방금 제주도에서 돌아왔어.
A : 여행은 어땠니?
B : 즐거웠지. 그리고 날씨도 너무 좋았어!

11 해석
A : 그동안 어떻게 지냈니?
B : 잘 지냈어. 꽤 오랜만이지, 그렇지 않니?

정답 　09 ②　10 ②　11 ③

12 질문에 대한 대답이 No이므로 거절의 뜻을 표현해야 한다.
② 좋은 생각이다.
③ 많이 익혀 주세요.
④ 좋습니다.

해석
A : 조금 더 드시겠습니까?
B : 아니오, <u>많이 먹었습니다</u>.

13 Do로 시작되는 질문에 대한 대답은 Yes, I do, 혹은 No, I don't가 나와야 한다.
• Where am I? 여기가 어디입니까?
• get lost 길을 잃다

해석
A : 제가 길을 잃은 것 같은데, <u>여기가 어디죠</u>?
B : 당신은 서울역 근처에 있습니다.

14 **해석**
A : 도와드릴까요?
B : 예, <u>저는 길을 잃었어요</u>. 런던 공원을 찾고 있습니다.

12

> A : Would you care for some more food?
> B : No, thanks. _____ .

① I have had enough
② That's a good idea
③ Well-done, please
④ I'd be glad to

13

> A : I'm afraid I got lost. _____ ?
> B : You're near Seoul station.

① Where am I
② Do you know here
③ What is this
④ Is this Seoul Station

14

> A : Can I help you?
> B : Yes, _____ . I'm looking for London Park.

① I will
② I can
③ I'm busy
④ I'm lost

정답 (12 ① 13 ① 14 ④)

15 다음 밑줄 친 부분의 의미로 알맞은 것은?

A : Would you mind opening the window?
B : Not at all.

① 요청　　　　② 승낙
③ 염려　　　　④ 격려

※ 다음 대화에서 빈칸에 들어갈 말로 적당한 것을 고르시오.
(16 ~ 23)

16

A : Can I help you, madam?
B : _____
A : Can I help you, madam?
B : No, thanks. I'm just looking around.

① May I see this skirt?
② It is none of your business.
③ I beg your pardon.
④ Don't bother about me.

17

A : Korea's economic success is world-famous now.
B : _____. I'm very happy to hear that.
A : What has made the success possible?
B : Above all, it was hard work.

① I'm sorry
② Don't mention it
③ No, thank you
④ Thanks

---

15 해석
A : 창문 열어도 괜찮을까요?
B : 예, 그러세요.

16 I beg your pardon은 상대방이 한 얘기를 잘 알아듣지 못해 다시 물어볼 때 쓰는 표현이다.
해석
A : 도와드릴까요, 부인?
B : 다시 말씀해 주시겠어요?
A : 도와드릴까요, 부인?
B : 아니요, 괜찮아요. 전 그냥 구경하는 중이에요.

17 ① 미안합니다.
② 천만에요.
③ 고맙지만 사양하겠어요.
④ 감사합니다.
해석
A : 한국의 경제적 성공은 이제 세계적으로 유명하지요.
B : 고맙습니다. 그 말을 들으니 매우 기쁘군요.
A : 그 성공은 어떻게 가능했습니까?
B : 무엇보다도 열심히 일한 덕택이죠.

정답　15 ②　16 ③　17 ④

18 **해석**

직원 1 : 안녕하세요, 부산까지 가
　　　　십니까?
Mike : 예, 창가쪽 자리를 주십시오.
직원 2 : 표 좀 볼 수 있을까요?
Mike : 물론, <u>여기 있습니다</u>.

18

> Officer 1 : Hello, are you going to Busan?
> Mike : Yes, I am. I'd like a window seat, please.
> Officer 2 : May I see your ticket?
> Mike : Oh, sure. _____.

① The pleasure in mine

② Here it is

③ Keep the change

④ Twenty dollars

19 **해석**

A : 한국 음식이 어떻습니까? 김치
　　를 좋아하세요?
B : 저는 김치에 대해서 들은 적이
　　있습니다만, 아직 그것을 먹어볼
　　기회가 없었습니다.
A : 정말요? 그러면 제가 점심 식사
　　를 위해서 당신을 한식집으로 모
　　시겠습니다.
B : <u>그것 참 멋지군요</u>. 저도 그것을
　　좋아할 것 같아요.

19

> A : What about Korean food? Do you like Kimchi?
> B : I've heard about Kimchi, but I haven't had a chance to try it yet.
> A : Really? Let me take you to a Korean restaurant for lunch, then.
> B : _____. I'm sure I'll like it.

① Oh, I'm sorry

② Don't talk nonsense

③ Excuse me, but

④ That sounds great

정답 18 ② 19 ④

20

A : Hello, this is Lee Jeongjin. May I speak to
Mrs. Brown, please?
B : I'm sorry. _____.
A : Is this 725-2239?
B : No. This is 726-2239.

① This is she speaking
② You have the wrong number
③ She is on another line
④ But she is not in now

20 ① 접니다.
② 전화를 잘못 거셨습니다.
③ 그녀는 다른 전화를 받고 있습니다(즉, 통화 중이다).
④ 그러나 그녀는 지금 여기에 없습니다.

해석
A : 여보세요. 저는 이정진인데요. 브라운 여사를 좀 바꿔주세요.
B : 죄송합니다만, 전화를 잘못 거셨습니다.
A : 725-2239번 아닙니까?
B : 아니오. 726-2239번입니다.

21

(On the phone)
A : Mr. Kim's office. May I help you?
B : May I speak to Mr. Kim, please?
A : _____. He is out of the office today. May
I take a message?

① Sure
② I am sorry
③ Not at all
④ No

21 **해석**
A : 미스터 김 사무실입니다. 뭘 도와드릴까요?
B : 미스터 김 부탁합니다(바꿔주십시오).
A : 미안합니다. 그는 오늘 사무실 밖에 있습니다. 전하실 말씀이 있으십니까?

22

A : We, Koreans transmitted Chinese culture to
Japan. Buddhism, for example, went to Japan
through Korea.
B : _____. Korea was a bridge between the
Chinese and Japanese cultures.

① That's too bad
② No problem
③ I know
④ Take it easy

22 ① That's too bad. 그것 참 안됐군요.
② No problem. 문제없어.
④ Take it easy. 안녕(친한 사이에 씀), 마음 놓고 해라, 서두르지 마라.
해석
A : 우리 한국인들은 중국 문화를 일본에 전달했습니다. 예를 들어, 불교는 한국을 통해서 일본에 전해졌어요.
B : 저도 압니다. 한국은 일본 문화와 중국 문화 사이에 교량적 역할을 했지요.

정답 (20 ② 21 ② 22 ③)

23 **해석**

A : 안녕! 나와 함께 산책하지 않을래?
B : 미안하지만, 안 돼. 나는 이 책을 도서관에 반납해야만 하거든.

23

A : Hi! Do you want to take a walk with me?
B : _____ . I have to return this book to the library.

① That's it
② Never mind
③ Sure, I do
④ Sorry I can't

24 **해석**

① A : 당신은 다음 주에 한가합니까?
　 B : 예, 저는 시험 준비를 해야 합니다.
② A : 도와드릴까요?
　 B : 고맙지만 괜찮아요. 그냥 구경할게요.
③ A : 커피 좀 드시겠어요?
　 B : 예, 좋습니다.
④ A : 파고다 공원이 어디에 있습니까?
　 B : 서울 YMCA에서 동쪽으로 한 블록 가면 있습니다.

※ 다음 대화 중 가장 <u>어색한</u> 것을 고르시오. (24 ~ 25)

24

① A : Are you free next week?
　 B : Certainly, I have to prepare for the exam.
② A : Can I help you, sir?
　 B : No, thanks. I'm Just looking around.
③ A : Would you like some coffee?
　 B : Yes, please.
④ A : Where is Pagoda Park?
　 B : It's just one block east of the Seoul YMCA.

25 **해석**

① A : 담배 피워도 될까요?
　 B : 예, 피우세요.
② A : 늦어서 대단히 미안해.
　 B : 너는 꽤 괜찮아.
③ A : 차 한 잔 더 드시겠어요?
　 B : 아니오, 됐습니다.
④ A : 얼마나 오래 기다렸니?
　 B : 아침 내내.

25

① A : Do you mind if I smoke?
　 B : Not at all. Go ahead.
② A : I'm terribly sorry I am late.
　 B : You are quite all right.
③ A : Will you have another cup of tea?
　 B : No, thank you.
④ A : How long have you been waiting?
　 B : Since this morning.

정답 23 ④ 24 ① 25 ②

※ 다음 대화의 빈칸에 들어갈 말로 알맞은 것을 고르시오.
(26 ~ 29)

26

> A : Let me ask you a question.
> B : Sure, _____.

① take care

② forget it

③ go ahead

④ so long

27

> A : Hi, Bill. _____?
> B : I've just returned from Paris.
> A : How was the trip?
> B : It was great! And the weather was perfect.

① How's the weather

② What size are you

③ Why are you so angry

④ Where have you been

28

> A : Let's go swimming. What do you say?
> B : _____.

① That's too bad

② That sounds good

③ I don't mean it

④ I'm glad you like it

26 해석
A : 너에게 질문해도 되겠니?
B : 물론, 질문해 봐.

27 해석
A : 안녕, Bill. 어디 갔다 왔니?
B : 이제 막 파리에서 돌아왔어.
A : 여행은 어땠니?
B : 아주 훌륭했어! 그리고 날씨도 좋았어.

28 해석
A : 우리 수영하러 가자. 넌 어떠니?
B : 그래 좋아.

정답 26 ③ 27 ④ 28 ②

29 기간을 묻는 How long ~?과 현재완료가 함께 쓰였으므로, 이에 대한 응답은 since ~ 또는 for ~가 적당하다.

[해석]
A : 한국에 얼마 동안 있었니?
B : 지난 봄 이후부터.

30 "Thank you for calling me."는 '전화 주셔서 감사합니다.'이고 "Thank you for inviting me."라고 표현해야 '초대해주셔서 감사합니다.'의 뜻이 된다.

31 mind는 단어 자체에 부정의 뜻을 포함하고 있으므로 mind에 대한 긍정적인 답변은 not at all, not in the least, of course not, certainly not이다.

[해석]
A : 가방을 들어 올리는 일을 도와주시겠어요?
B : 물론이죠. 기꺼이 해 드리지요.

정답 29 ② 30 ① 31 ②

29

A : How long have you been in Korea?
B : _____.

① During two months
② Since last spring
③ After two weeks
④ Five years ago

30 다음 중 우리말에 대한 영문 표현이 잘못된 것은?

① "초대해주셔서 감사합니다." → Thank you for calling me.
② "소금 좀 이리 주십시오." → Pass me the salt, please.
③ "선생님 차례입니다." → It's your turn, sir.
④ "여기가 어딥니까?" → Where are we?

31 다음 대화 중 빈칸에 들어갈 말로 가장 알맞은 것은?

A : Would you mind helping me lift this bag?
B : _____. I'd be glad to.

① Yes, I would
② Not at all
③ No, thank you
④ Yes, certainly not

32 "I'm terribly sorry."에 대한 반응으로 가장 적절한 것은?

① You're welcome.

② No, thanks.

③ That's quite all right.

④ Fine, thanks.

33 상대방의 이름을 잘못 들어 다시 묻고자 할 때 쓰지 <u>않는</u> 표현은?

① I'm sorry. I didn't catch your name.

② I wasn't used to hear your name well.

③ Would you repeat your name, please?

④ Your name again, please?

※ 다음 대화에서 빈칸에 들어갈 말로 가장 알맞은 것을 고르시오. (34 ~ 39)

34

> A : Where can I get in touch with you?
>
> B : _____.

① Fine, I'd want to

② You are always welcome

③ I don't like it very much

④ I'm always staying at my office

---

32 "I'm terribly sorry."는 '대단히 미안합니다.'의 뜻이다.
① 천만에요. (감사에 대한 응답)
② 아니, 됐습니다. (음식 등을 더 권할 때 사양하는 법)
③ 괜찮습니다. (사과에 대한 응답)
④ 좋아요, 감사합니다.

33 ② 생활영어에서 잘 쓰지 않는 표현이다. 그리고 be used to 다음에는 명사 또는 동명사가 와야 하는데, to 부정사가 왔으므로 문법상으로도 맞지 않다.
①·③·④ 이름을 한 번 더 말씀해 주시겠어요?

34 ④ 나는 항상 나의 사무실에 있습니다(즉, 나의 사무실로 연락해 달라는 뜻이 내포됨).
• get in touch with ~와 연락하다
[해석]
A : 당신에게 연락하려면 어디로 해야 할까요?
B : 전 항상 사무실에 있습니다.

정답 │ 32 ③ 33 ② 34 ④

35 Here you are. (물건을 사람에게 건네줄 때) 자, 여기 있습니다(= Here it is).

[해석]
A : 저에게 승차권과 여권을 보여주시겠습니까?
B : 자, 여기 있습니다.

35

A : Please show me your ticket and passport.
B : _____.

① Here you are
② Certainly not
③ Yes, that's all
④ Good luck on your trip

36 **[해석]**
A : 걱정하지 마. 넌 잘할 수 있을 거야.
B : 나도 그러길 바란다. 내 행운을 빌어줘.

36

A : Don't worry. You'll do all right.
B : _____. Wish me luck.

① I hope not
② I hope so
③ Here they are
④ Here it is

37 ① 여기에서 너를 만나니 기쁘구나.
② 끊지 말고 기다리세요.
③ 전화를 잘못 거셨습니다.
④ 전화를 끊어 주세요.

[해석]
A : Mary 좀 바꿔 주세요.
B : 네, 끊지 말고 기다리세요. 제가 그녀를 불러 드리겠습니다.

37

A : May I speak to Mary, please?
B : Sure. _____. I'll call her.

① Nice to meet you here
② Hold on, please
③ You have the wrong number
④ Hang up, please

정답 35 ① 36 ② 37 ②

38

> A : What do you want to be in the future? I wish to be a doctor. _____
> B : I want to be an engineer.

① How about you?
② What's your hobby?
③ Thank you.
④ How are you?

39

> A : May I take your _____?
> B : Yes. I'd like to have beefsteak.

① order
② name
③ plan
④ food

40 다음 A, B의 대화 중 가장 <u>어색한</u> 것은?

① A : Where do I get off to go to the zoo?
   B : At the 65th Street.
② A : How long does it take to the station?
   B : It takes about twenty minutes.
③ A : Is this seat empty?
   B : No, go ahead.
④ A : Is this the right train for Seoul?
   B : Yes, it is.

---

38 **해석**
   A : 너는 장차 무엇이 되고 싶니? 나는 의사가 되고 싶은데, 너는 어때?
   B : 나는 엔지니어가 되고 싶어.

39 May I take(have) your order? 주문하시겠습니까?
   해석
   A : 주문하시겠어요?
   B : 예. 비프스테이크 주세요.

40 자리가 비었느냐는 질문에 '안 비었다(No)'라고 하면서 '앉으라(go ahead)'고 하는 것은 이치에 맞지 않다.
   해석
   ① A : 동물원에 가려면 어디에서 내려야 합니까?
      B : 65번가에서 내리세요.
   ② A : 정거장까지 가는 데 얼마나 걸립니까?
      B : 약 20분가량 걸립니다.
   ④ A : 이 열차는 서울행입니까?
      B : 예, 그렇습니다.

정답 38 ① 39 ① 40 ③

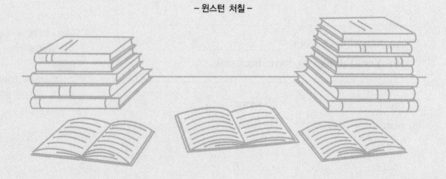

비관론자는 어떤 기회가 찾아와도 어려움만을 보고,
낙관론자는 어떤 난관이 찾아와도 기회를 바라본다.

- 윈스턴 처칠 -

최종모의고사

당신이 저지를 수 있는 가장 큰 실수는 실수를 할까 두려워하는 것이다.

– 앨버트 하버드 –

제한시간: 50분 | 시작 ___시 ___분 – 종료 ___시 ___분

🔑 정답 및 해설 380p

※ 다음 밑줄 친 부분과 비슷한 뜻을 가진 말을 고르시오. (01 ~ 06)

01

The <u>automatic teller</u> wouldn't take my cash card.

① bank clerk
② tape-recorder
③ money machine
④ parrot

02

He makes it a habit to <u>keep good hours</u>.

① be punctual
② get up and go to bed early
③ adjust his watch
④ have a nice time

03

Whether you are rich or not <u>doesn't make any difference</u>.

① doesn't matter
② does matter
③ is important
④ is different

04

Don't <u>make fun of</u> me in front of my friends.

① entertain
② respect
③ be fond of
④ ridicule

05

<u>Feel free to</u> tell me whenever you are in trouble.

① Don't hesitate to
② Don't make it a rule to
③ Don't bother to
④ Don't trouble yourself to

06

She has been <u>putting on weight</u>.

① carrying heavy luggage
② trying to stop her car with the brakes
③ becoming fat
④ sell at full weight

07 다음 중 어법상 옳은 문장은?

① A fat lady wearing a pink dress is my mother.

② The dog bit me on a leg.

③ He begged from the door to the door.

④ The same thing happened to me yesterday.

※ 다음 빈칸에 들어갈 알맞은 말을 고르시오. (08 ~ 13)

08

This small dog acts as if it _____ _____.

① has been hurt on its legs

② has to a certain degree been hurt

③ was taken back from his former master with reluctance

④ were afflicted with some bad intestinal parasite

09

_____ pots and dishes out of clay.

① The making of pottery

② Potters make

③ To make pottery

④ Making the pottery

10

Are all telephone numbers _____ _____ in the directory?

① list

② listed

③ listing

④ being listed

11

A : I'm hungry, and I want to eat this bread.

B : What! It is not good _____.

① for eat

② eatable

③ to eat

④ eating

12

Upon hearing the bell ring, _____ _____.

① the students' departure was hasty

② our departure was hasty

③ we departed hastily

④ the classroom was filled immediately

13

When inflation is rampant, many families find _____ difficult to maintain the life style to which they are accustomed.

① one
② that
③ this
④ it

14 다음 (A), (B)에 들어갈 적절한 단어는?

Proverbs teach us to praise such ___(A)___ as honesty and diligence. And they warn us against such ___(B)___ as dishonesty and anger.

	(A)	(B)
①	ethics	abstracts
②	abstracts	ethics
③	vices	virtues
④	virtues	vices

15 다음 중 A의 말에 대한 응답으로 가장 적절한 것은?

A : What do you do to stay in shape?
B : (   )

① I make it a rule to run a few miles twice a week.
② I don't feel very well.
③ My throat really hurts.
④ Sounds good.

16 다음 글의 내용과 일치하는 속담은?

Fortune comes to everyone. But a man who is not ready for it cannot take it. It enters at the door and flies beyond the window.

① Strike while the iron is hot.
② Easy come, easy go.
③ A rolling stone gathers no moss.
④ Haste makes waste.

17 다음 글의 밑줄 친 부분에 대한 의미로 옳은 것은?

> One day I went to see a doctor because of headache. The doctor asked, "Did you feel sick in the morning?" With a surprised look, I asked, "If I don't feel well, what do you think I came here for?" "Oh, no," he said, "I mean if you didn't feel like throwing up something."

① 기침하다
② 메스껍다
③ 우울하다
④ 마비되다

※ 다음 밑줄 친 부분을 우리말로 바르게 옮긴 것을 고르시오. (18 ~ 19)

18

> Put the milk in the refrigerator to keep it from spoiling.

① 버리지 않다
② 상하지 않도록 하다
③ 상한 상태로 두다
④ 망치다

19

> It is by no means easy to satisfy everyone.

① 반드시 쉽다
② 어떤 수단도 쉽지 않다
③ 결코 쉬운 것이 아니다
④ 쉬운 수단이 아니다

※ 다음 빈칸에 들어갈 가장 적절한 말을 고르시오. (20 ~ 21)

20

> _____ running across you here of all places!

① Suppose
② Fancy
③ Consider
④ Surprise

21

> The heat _____ on him.

① caught
② held
③ got
④ told

22 다음 글의 제목으로 가장 적절한 것은?

A while back, I read about a 5-year-old boy who lit a match and burned down the entire apartment building. It was an accident, but nevertheless, it left 20 families homeless, and the businesses on the ground floor were forced to relocate. Lately, it seems most of the apartment fires in my area have been caused by children playing with matches or lighters. I don't understand why parents leave these things around where young-sters can get their hands on them. This is gross negligence. Kids will always be curious, but parents must do more than just tell them that fire is dangerous. Matches and lighters must be kept out of the reach of children, and they should be told repeatedly how painful burns can be and how easily a fire can get out of control.

① Late Apartment Fires
② How to Control Fires Easily
③ Ways to Rescue Children From Fires
④ Tips on Fire Prevention

23 다음 글의 요지로 가장 알맞은 것은?

The United States faces a trans-portation crisis. U.S. highways and airways are getting more and more crowded. In the next 20 years, the time that automobile drivers lose because of crowded highways is expected to increase from 3 billion to 12 billion hours a year. During the same time period, the number of airplane flights with delays of more than eight minutes is predicted to triple. For both highway and air travel, the estimated cost of delay to passengers will rise from $15 billion a year today to $61 billion 20 years from now.

① The cost of delay to air travel passengers will rise drastically.
② Airplanes will not be delayed as much as cars will be.
③ Transportation problems in the United States are increasing.
④ Twenty years from now, drivers will be delayed 12 billion hours a year.

24 다음 글에서 밑줄 친 'Box Office'의 의미로 표지판이 의도한 것과 고객이 이해한 것을 바르게 짝지은 것은?

I once worked in a department store's service booth, at which customers could buy tickets for concerts, sporting events and theatrical productions. One day a woman approached the window where I was on duty. Pushing several packages at me, she said, "I need three shirt boxes, one tie box and a box big enough for a casserole dish."

"You'll have to go to gift wrap for that," I explained politely.

Stepping back to better view the sign above me, the woman shouted, "Don't give me the runaround, young lady. That sign says, 'Box Office' and I want my boxes now!"

	표지판이 의도한 것	고객이 이해한 것
①	선물 포장소	백화점 내의 안내소
②	옷 수선소	전망대
③	판자로 지은 사무실	고객 고충 처리소
④	매표소	포장용 상자 파는 곳

25 다음 글의 흐름으로 보아 주어진 문장이 들어가기에 가장 적절한 곳은?

If the company fails and loses money, the stockholder loses money, too.

A stock is a share or part of a company. If a company needs money, it may take a loan from the bank. It may sell bond, or it may sell some stock. ① In other words, the company sells a part of itself. The stockholder owns part of the company. ② People can buy the stocks. Stocks are not as safe as money in the bank or bonds. ③ Buying stocks is risky because the investor does not know if the company will succeed or fail. If a company succeeds, it earns more money. The money that the company earns for itself is called a profit, and the stockholder also earns some profit. ④ Because the investors own part of the company, they might earn more money or lose money. It depends on the success or failure of the company.

26 필자의 태도를 가장 잘 나타낸 것은?

> I will greet this day with love in my heart. And how will I do this? I will look on all things with love and I will be born again. I will love the sun, for it warms my body. Yet I will love the rain, for it cleanses my mind. I will love the light, for it shows me the way. Yet I will love the darkness, for it shows me the stars. I will welcome happiness, for it enlarges my heart. Yet I will endure sadness, for it opens my soul.

① optimistic
② pessimistic
③ curious
④ sympathetic

27 다음 밑줄 친 부분의 의미로 가장 적절한 것은?

> Americans who rent houses or apartments pay <u>at least 25 percent</u> of their income for rent.

① 25 percent or less
② 25 percent or more
③ less than 25 percent
④ no more than 25 percent

28 다음 글의 요지로 적절한 것은?

> Sometimes you may say something you really don't mean. But words once spoken, like bullets once fired, can't be recalled. And they can wound. Before you say something needlessly hurtful, calm down. Speak with reason, not just emotion. Otherwise you may say something you'll regret always.

① 소문은 총알처럼 빨리 퍼진다.
② 사람은 무슨 뜻인지 모르는 말을 가끔 한다.
③ 말과 글을 구별해야 한다.
④ 말을 할 때는 신중을 기해야 한다.

29 다음 문장의 밑줄 친 부분 중 올바르지 않은 것은?

Storytelling is a ① compound of story and telling, literally meaning telling a story. In other words, storytelling is to deliver the contents in an interesting and vivid story. The ancient art of storytelling is especially wellsuited for student exploration. As a folk art, storytelling is ② accessible to all ages and abilities. No special equipment beyond the imagination and the power of listening and speaking is needed to create artistic images. As a learning tool, storytelling can encourage students to explore their unique expressiveness and can heighten a student's ability to communicate thoughts and feelings in an articulate, lucid manner.

These ③ benefits transcend the art experience to support daily life skills. in our fast-paced, media-driven world, storytelling can be a nurturing way to remind children that their ④ written words are powerful, that listening is important, and that clear communication between people is an art.

※ 다음 글을 읽고 물음에 답하시오. (30 ~ 31)

My sister, Tara, was the quiet one in the family. She was not as adventurous as my brother and I. She never excelled at school or sports. Of course, I loved my sister, but, at times, that was not so easy to do. She seldom made eye contact with me. When we ran into each other at school, she sometimes pretended not to recognize me. One day, my father's job forced us to move to a new neighborhood. The nurse at our new school, Emerson, gave us ear and eye exams, our first ever. I aced the tests. "Eagle eyes and elephant ears," the nurse said, but Tara struggled to read the eye chart. She declared Tara severely shortsighted and she had to get glasses. When the glasses were ready, we all went downtown to pick them up. The first time she tried them on, she kept moving her head around and up and down. "What's the matter?" I asked. "You can see that tree over there?" she said, pointing at a sycamore tree about a hundred feet away. I nodded. She sobbed, "I can see not just the branches, but each little leaf."

Tara burst into tears. On the way home, she kept seeing for the first time all these things that most everyone else had stopped noticing. She read street signs and billboards aloud. She pointed out sparrows sitting on the telephone wires. At home, Tara insisted that I try on her glasses. I put them on, and the world turned into fuzzy, unfocused shapes. I took a few steps and banged my knee on the coffee table. It was at that very moment that I truly understood Tara for the first time. I realized why she did not like to go exploring, or why she did not recognize me at school. Tara loved seeing the world clearly. Not long after she got her glasses, she decided she wanted to be an artist. She started compulsively drawing and painting all the wondrous things she was discovering. Her first painting of the sycamore tree is still her favorite. Today, she is an art teacher at Emerson, where she tries to bring the best out of each individual student.

30 주어진 글의 제목으로 가장 적절한 것은?

① Seeing with Inner Eyes
② Sisters in a Flood of Tears
③ Wearing the Wrong Glasses
④ A New World Through Glasses

31 주어진 글의 내용과 일치하지 <u>않는</u> 것은?

① 화자(I)는 아버지의 직장 때문에 이사하게 되었다.
② Tara는 시력검사에서 근시판정을 받았다.
③ 화자(I)는 Tara의 안경을 쓰고 잘 볼 수 있었다.
④ Tara는 안경을 쓰게 된 후 화가가 되고 싶다는 마음을 먹었다.

32 다음 대화를 나누고 있는 두 사람의 관계로 가장 알맞은 것은?

A : So, what were you and Uncle Steve talking about?
B : He was telling me about how surprised you and mom were when I was born. Everyone was expecting a boy? Is that true?
A : Yes, it is. Even the doctor thought so. We were so sure that we even decorated your room with all sorts of sports designs. Can you imagine how surprised we were when we discovered that we would have to redecorate the room?
B : Were you disappointed? I mean, all that work to prepare my room ....
A : Are you kidding me? Of course not! I don't think there was a happier person in the world on that day. I'll never forget it.

① uncle and nephew
② mother and son
③ mother and daughter
④ father and daughter

33 다음 글의 빈칸 (A)와 (B)에 들어갈 말로 알맞게 짝지어진 것은?

Italian visitors to American shores are sometimes taken aback when they are served what Americans think of as authentic Italian food. With its Italian sounding name, Chicken Tetrazzini, for example, would seem to be the perfect dish to make an Italian tourist feel right at home.   (A) , Chicken Tetrazzini was named for an Italian opera singer Luisa Tetrazzini, but it was invented in New York. The Italians are not the only ones who might be puzzled by dinner entrees that sup posedly originated in their country. Most Russians never tasted anything that resembles Russian salad dressing served in restaur- ants in the US.   (B) , that staple of Chinese meals, the fortune cookie, first saw the light of day, not in Beijing but in Los Angeles.

	(A)	(B)
①	In fact	Otherwise
②	In fact	Likewise
③	As a result	Conversely
④	In other words	Likewise

34 다음 중 우리말을 영어로 가장 적절하게 옮긴 것은?

① 나는 네가 당분간 그것에 관해 어떤 것도 하지 않았으면 해.
  → I'd rather you didn't do anything about it for the time being.

② 너는 오랫동안 같은 옷을 입었어. 새 옷을 사야 할 때가 아니니?
  → You've been wearing the same clothes for ages. Isn't it time you buy some new ones?

③ 네 도움이 없었다면 우리는 계획을 수행할 수 없었을 것이다.
  → Except your help, we wouldn't be able to carry out our plan.

④ 불쌍한 브라이언, 그가 시합에 졌어. 운이 조금만 있었더라면 이겼을 텐데.
  → Poor Brian, he lost the contest. If he had been luckier he might win.

35 다음 대화의 빈칸에 들어갈 말로 가장 알맞은 것은?

Kijoo : This English class is so difficult. I don't think our professor understands the tough life we have at the academy.

Minji : Maybe you need to pay more attention. I've seen you nod off a couple of times during class.

Kijoo : But it's the first class on Monday morning. Sometimes I'm just so tired from the weekend.

Minji : So you're tired from all the weekend studying you're doing?

Kijoo : Uh... not exactly. Some times I play computer games during my free time on Sundays. I've been playing computer games since I started high school.

Minji : I think you need to stop complaining about the class and manage your time more wisely. There's nothing wrong with using free time to relax, but only after your studies are in order. And then get some rest.

Kijoo : That's a good advice. ___

① You'll have to study harder for the next exam.

② We both like to stay up late on Saturdays and Sundays.

③ I'll study and then make sure I go to sleep early this Sunday.

④ I always get the highest score on my favorite computer games.

36 다음 글의 내용과 일치하지 <u>않는</u> 것은?

The story starts in the world of Homer, where the stormy skies and the dark seas were ruled by the mythical gods. Every advance in human understanding since then has been made by brave indivi duals daring to step into the unknown darkness and to break free from accepted ways of thinking. Most of those steps were small and difficult, but a few were brilliant and beautiful. As Gustave Flaubert wrote, "Among those who go to sea there are the explorers who discover new worlds, adding continents to the Earth and stars to the heavens; they are the masters, the great, the eternally shining." It is those explorers, through their unceasing trial and error, who have paved the way for us to follow.

① Most of mankind's challenge were small and difficult.

② Gustave Flaubert admired explorers.

③ Explorers go through numerous trial and error.

④ There were no gods in the era of Homer.

37 다음 글의 빈칸 (A), (B)에 들어갈 말로 가장 적절한 것은?

When we behave irrationally, our behavior usually seems reasonable to us. When challenged, the mind says (to itself), "Why are these people giving me a hard time? I'm just doing what makes sense. Any reasonable person would see that!" ____(A)____, we naturally think that our thinking is fully justified. As far as we can tell, we are only doing what is right and proper and reasonable. Any fleeting thoughts suggesting that we might be at fault typically are overcome by more powerful self-justifying thoughts: "I don't mean any harm. I'm just! I'm fair! It's the others who are wrong!" It is important to recognize this nature of the human mind as its natural state. ____(B)____, humans don't have to learn self-justifying, self-serving, self-deceptive thinking and behavior. These patterns are innate in every one of us.

	(A)	(B)
①	In short	In other words
②	However	For example
③	In case	Otherwise
④	Nevertheless	In conclusion

38 다음 빈칸에 들어갈 말로 가장 적절한 것은?

Keep the following tips in mind if you want to make a good impression in a job interview. First, do your best to appear confident, no matter how nervous you feel. It's also important for you to answer all the interviewer's questions honestly. But there's no need to volunteer negative information about yourself. Be sure to emphasize how your skills and abilities will be of great use to the company. And don't press the interviewer to hire you right away. _____, express your strong interest in the job and ask when you can expect an answer. Finally, at the close of the interview, be sure to thank the interviewer for his or her time.

① In short
② Otherwise
③ Instead
④ For example

※ 다음 글의 빈칸에 들어갈 말로 가장 적절한 것을 고르시오. (39 ~ 40)

39

It is very common to think that youngsters have specific characteristics. For instance, many people say that youngsters are nonconformist, and that such nonconformity is expressed through their clothing, the music they listen to, and their limited dialogue with the adults who have some authority over them. They complain that these youngsters, born into a highly technological world, have created new languages such as textspeak, and that because of this, their oral and written abilities have decreased. However, many young people study and play classical instruments, and others win literary awards before the age of 20. Many of these youngsters are absolutely convinced that their parents are the model to follow and _____ - they may even dress as formally as their parents do.

① have indulged in rebellions against authority
② try to lead an independent life of their own
③ reveal their non-conformity
④ have never questioned authority

40

Everyday life in the British colonies of North America may now seem to have been glamorous, especially as reflected in antique shops. But judged by modern standards, it was quite a(n) _____. For most people, the labor was heavy and constant from daybreak to nightfall. Basic comforts now taken for granted were lacking. Public buildings were often not heated at all. Drafty homes were heated only by inefficient fireplaces. There was no running water or indoor plumbing. The flickering light of candles and whale oil lamps provided inadequate illumination. There was no sanitation service to dispose of garbage; instead, long-snouted hogs were allowed to roam the streets, consuming refuse.

* long-snouted 긴 주둥이가 달린

① outdated style
② ingenious living
③ perfect way of life
④ miserable existence

제한시간: 50분 | 시작 ___시 ___분 – 종료 ___시 ___분

🔑 정답 및 해설 389p

※ 다음 밑줄 친 부분과 비슷한 뜻을 가진 말을 고르시오. (01 ~ 06)

01

These scissors are <u>blunt</u> and cannot cut papers.

① weak   ② dull
③ broken   ④ rough

02

I'll <u>be through with it</u> in a moment.

① I'll put through a call to someone
② I'll finish it
③ I'll throw it away
④ I'll pass through it

03

Jack often <u>carries his jokes too far</u>.

① Jack's jokes go to extremes.
② Jack tells his jokes in foreign countries.
③ Jack's jokes are wide of the mark.
④ Jack often acts recklessly.

04

They had to <u>mark time</u> until Mr. Kim showed up.

① look at the clock
② make watches
③ wait
④ hit the mark

05

Did you get this <u>for nothing</u>?

① despite its worthlessness
② free of charge
③ without knowing
④ meaninglessly

06

On the morning of the next day, Mary finally <u>came to</u>.

① Mary appeared
② Mary showed up
③ Mary regained consciousness
④ Mary was dead in peace

07 다음 빈칸에 들어갈 말이 순서대로 바르게 연결된 것은?

- How did you come _______ such an expensive car?
- This custom comes _______ from our ancestors.
- She will come _______ a large fortune when her father dies.

① up – by – with
② in – by – for
③ by – down – into
④ in – with – from

08 다음 말에 대한 응답으로 가장 적절한 것은?

A : It's too hot. I can't study anymore.

① Let's take a ten-minute break.
② Yes, it sure is.
③ The weather forecast predicts cool for tomorrow.
④ How long have you had it?

09 다음 밑줄 친 부분 중 어법상 틀린 것은?

We see movies ① <u>in</u> ② <u>crowding</u> theaters ③ <u>but</u> it's an ④ <u>individual</u> experience.

10 다음 빈칸 안에 공통으로 들어갈 말은?

- Watermelon is _______ of season in the winter.
- I've been _______ of work for five months.

① in ② out
③ some ④ no

11 다음 우리말을 영어로 가장 바르게 옮긴 것은?

당신은 그의 도움에 아무리 감사해도 지나치지 않다.

① You can't be grateful for his help.
② You should be grateful for his help.
③ You cannot be too grateful for his help.
④ You cannot be so grateful for his help.

12 다음의 관계에서 빈칸에 들어갈 말로 가장 알맞은 것은?

plain : colorful = (   ) : soft

① harsh
② honest
③ hollow
④ humble

13 다음 중 어법상 가장 <u>어색한</u> 것은?

① The kids spent the whole day running after butterflies.

② He tried his best only to fail.

③ She had her license suspended for reckless driving.

④ Taking by surprise, she tried not to lose her presence of mind.

14 다음 중 맞는 문장은?

① Government officials must take their obligation more seriously.

② He felt very badly about not meeting her over again.

③ Miranda is the most attractive but least good-humored of the twins.

④ The luxurious ship launched out majestic on a voyage.

※ 다음 각 문장의 괄호 안에 들어갈 적절한 말을 고르시오. (15 ～ 19)

15

> I can't (　　) $40 for one book! Haven't you got a cheaper edition?

① cost

② allow

③ afford

④ provide

16

> A : Does your boy like his new school?
> B : (　　　　　　　)

① If only he did!

② If only he ought to!

③ If only he might have!

④ If only he may!

17

> A : Would you mind my smoking?
> B : (　　　　　　　).

① Certainly not

② No, I don't like smoking

③ Oh, I know

④ So do I

18

> I don't like soup which tastes (　) onion.

① a bit　　　　　　② excessively

③ for　　　　　　　④ of

19

> You will have to choose (　　) the two hard tasks.

① the less of

② the lesser of

③ the less than

④ lesser than

20 다음 글의 제목으로 알맞은 것은?

In the United States, they use either credit cards or checks for almost all purchases. The typical American carries small change for vending machines, but for shopping or eating out, he uses his credit cards or writes a check. Checks are easy to use if you have some identification such as a driver's license or passport to prove your identity. Many Americans also carry a multipurpose credit card which can be used for gasoline, eating, plane tickets, or other purchases. Of course you can live without cash, but don't forget to carry your checkbook or credit card in the United States.

① A Credit-oriented Society
② The Importance of Small Change
③ Checks and Shopping
④ Travel in the United States

21 다음 글의 요지로 가장 적절한 것은?

Plants are necessary for life on earth. In the process of photo synthesis, roots, stems, and leaves of green plants work together to make sugar from sunlight. During the process of photosynthesis, plants use sunlight, chlorophyll, carbon dioxide (CO_2), and water to make food. In this way, green plants use the sun's energy to make food for the plant and other living things. They use carbon dioxide(CO_2) and produce oxygen. All human beings and animals need oxygen to live. The living organisms, such as animals, get their energy by eating the plants. Human beings eat both animals and plants to get energy. Without green plants, the sun's energy could not be used on the earth, and all other organisms living on the earth would die.

* chlorophyll 엽록소

① Plants are the source of food for life on earth.
② Every part of the plant is important for photosynthesis.
③ Leaves are major part of the plant for photosynthesis.
④ The sun's energy is used to make food for living things.

22 빈칸에 들어갈 말로 가장 적절한 것은?

In 1984, American scientists were working near the North Pole. They found the body of a man frozen in the ice. This man went to the North Pole in 1846. He died, and his friends buried him in the ice. Today, his body looks the same. It did not change at all in the ice. These facts interest doctors. They have some patients who are very sick. No one can help these patients. But some day there may be a new medicine for them. These doctors want to save people for the future. Maybe patients can be frozen until _____ _____.

① their family decides upon a burial site
② they are buried in the ice
③ an ambulance and a rescue team arrive
④ there is medicine to help them

23 외식을 할 때 귀가 어두운 친구를 돕는 방법으로 알맞은 것은?

You can help relieve your hard-of - hearing companion from straining to catch your words when dining out by selecting a seat in a large room with carpeting and drapes, away from the walls and kitchen. People with hearing loss and hearing aids can best digest a conversation when background noise is absorbed by soft surroundings. A friend with severe hearing loss may also prefer a well-lit restaurant, so she can follow your lip movement and facial expressions and you'll both be able to see what you're eating. However, you may still need to rephrase not repeat sentences so your companion can pick up more of what you say.

① 시끄러운 주변에서 멀리 떨어진 공간을 선택
② 촛불 아래의 아늑한 곳에 저녁 식사 초대
③ 분명한 목소리로 말하기
④ 가능한 한 몸짓 언어로 표현하기

24 다음 글의 분위기로 알맞은 것은?

Mr. Ballantine rolled to one side, and had just closed his eyes when the window crashed. He bolted to the door, turned on the bedroom light, and yelled, "Get up, Wanda! Get up!" Wanda was reaching for her robe, and he was grabbing the shotgun from the closet. The alarm was wailing. They raced down the hall, yelling at each other and flipping on light switches. The glass had scattered throughout the den, and he aimed the shotgun at the window as if to prevent another attack. "Call the police!" he barked at her. "911!"

"I know the number!"

"Hurry up!" He tiptoed in his house shoes around the glass, crouching low with the gun as if a burglar had chosen to enter the house through the window. He fought his way to the kitchen, where he punched numbers on a control panel, and the sirens stopped.

① depressing

② gloomy

③ monotonous

④ urgent

25 다음 글의 바로 다음에 이어질 내용으로 알맞은 것은?

Although Asian-Americans make up only 2.1 percent of the population, you wouldn't know that from looking at the nation's best colleges. At Harvard they constituted 11 percent of the freshman class in the last school year; at M.I.T. it was 18 percent. One-quarter of under graduates at the University of California at Berkeley are Asian-Americans. This extraordinary record has prompted a new series of studies to find out what lies behind their success. A few scholars believe Asians are genetically superior, with higher I.Q. levels. But no researchers have found any difference in I.Q.

① 아시아계 미국인들이 겪는 언어 장벽

② 미국에서 아시아계 미국인들의 무력함

③ 아시아계 미국인들이 공부를 잘 하는 이유

④ 아시아계 미국인들이 I.Q.가 높은 이유

26 다음 글에서 Topic sentence를 고르면?

① During the later years of the American Revolution, the Articles of Confederation government was formed. ② This government suffered severely from a lack of power. ③ Each state distrusted the others and gave little authority to the central or federal government. ④ The Articles of Con federation produced a government which could not raise money from taxes, prevent Indian raids, or force the British out of the United States.

27 빈칸에 들어갈 말로 가장 알맞은 것은?

Camels are useful beasts of burden in many parts of the world. They furnish people with meat and milk for food and with hair for weaving cloth. But the camel is not very easily trained, and often has a bad disposition. It is not loved by its owner, although it is of great _____.

① importance
② height
③ size
④ weight

28 빈칸에 들어갈 말로 가장 알맞은 것은?

Look at the mountain _____ is covered with snow.

① the top whose
② whose the top
③ of which top
④ of which the top

29 밑줄 친 부분 중 어법상 옳지 않은 것은?

Schubert spent his whole life in poverty. But he had one noble purpose in life. That was ① to write down the beautiful musical thoughts which ② seemed to flow from his brain in an endless rush of melody. As one of the most productive composers, Schubert wrote music ③ as freely as one would write a friendly letter. He just produced ④ which was in him, and brought us a rich treasure of music.

30 다음 대화 중 가장 어색한 것은?

① A : Are you free next week?

B : Certainly, I have to prepare for the exam.

② A : Can I help you, sir?

B : No, thanks. I'm Just looking around.

③ A : Would you like some coffee?

B : Yes, please.

④ A : Where is Pagoda Park?

B : It's just one block east of the Seoul YMCA.

31 다음 글의 밑줄 친 부분 중 어법상 틀린 것은?

There are many activities you can do to help make your family reunion a success. For instance, you can tell stories, have a family talent show, talk about family history, or even make a time capsule. Such activities are ① <u>not</u> only fun, but they encourage everyone to interact closely, and to get to know each other better. As a result, everyone will feel more comfortable, especially if they haven't seen each other for a long time. ② <u>Varying</u> the type of activities, from sports to crafts to guessing games, you'll ensure that everyone can get ③ <u>involved</u>. Giving everyone a choice of activities to do at any one time can also help. While planning the activities, it is good idea to send a questionnaire to everyone you are inviting to see what they are interested in doing. Be sure to include a self-addressed, stamped envelope. ④ <u>Unless</u>, you may not get as many responses as you would like.

32 다음 중 문법적으로 올바르게 쓰인 문장은?

① You had not better stay here.

② I cannot but respecting him.

③ I saw them swim in the river.

④ I felt my house shaking for a second last night.

※ 다음 글을 읽고 물음에 답하시오. (33 ~ 34)

My mother is the only person to whom I write in Chinese. She was born and reared in China, and it is only because of her that her four American-born children don't know any Chinese at all. Although we can converse in her language, our fluency is elementary. Our literacy is even less than that. Unlike many other Chinese of my generation born in the United States, I was not formally schooled in the Chinese language as a child. My mother enrolled my older brother and sister in a Chinese school for six years, where they studied Chinese speech, reading, and writing two hours everyday after attending regular American public school. ___(A)___ her efforts, the two oldest children never used and consequently never retained what they learned, so my mother decided against the expense of such schooling for her two younger daughters. Both of us later studied Chinese in college. Written messages are not necessary since I see my mother frequently, but I try to communicate to her through the written form of her language. Even though I am a professional writer, I can never write a poem or an eloquent piece of prose to my mom either in Chinese, or in English. Throughout my school years, it often made me sad to know that my mother, a product of a different, faraway world, did not even think, let alone read and write, in the same language as I. ___(B)___, I do write to her, even if I only write short notes to accompany my gifts to her or post cards

whenever I am out of town. There is some pleasure in writing Chinese characters. For me, though, the writing is also woefully slow and tedious. I must look up every character in my English-Chinese dictionary. A stroke or a dot deleted or misplaced or misdirected would change the entire word. And to my mother, such an error is inexcusable. I know only a handful of Chinese characters by heart, among them are the three words I love you, the words that please us the most.

33 다음 중 (A), (B)에 들어갈 말로 가장 적절한 것은?

	(A)	(B)
①	In addition to	Nevertheless
②	In addition to	Otherwise
③	In spite of	Nevertheless
④	In spite of	Otherwise

34 주어진 글의 내용과 일치하는 것은?

① 필자의 어머니는 미국에서 태어났다.
② 필자와 필자의 남매는 중국에서 태어났다.
③ 필자는 대학에서 중국어를 배우지 않았다.
④ 필자는 중국어로 글을 쓸 때 사전을 봐야 한다.

35 다음 중 밑줄 친 부분에 들어갈 말로 가장 적절한 것은?

Consider an experiment conducted by Matthew McGlone. He wanted to test the hypothesis that nice-sounding statements make even dubious notions more believable. He gave students a list of rhyming sentences, such as "Woes unite foes", and asked them how accurately the sentences described human behavior. Then he asked the same students to judge the accuracy of nonrhyming statements, such as "Misfortunes unite foes." The result was that the students considered the rhyming statements more accurate. Later, when asked whether they agreed that financial success makes people healthier, nearly all of the students said no. But they regarded "Wealth makes health" as somehow more _____. All this led the researcher to speculate that at O. J. Simpson's 1995 murder trial, the defense lawyer's repeated intonation of "If the glove doesn't fit, you must acquit" may have had its desired impact on the jurors.

* acquit 무죄를 선고하다

① suspicious

② prosaic

③ irrational

④ plausible

36 다음 글의 밑줄 친 부분 중 어법상 **틀린** 것은?

The modern concept of packaging is based on the understanding that ① what really interests the consumer is not the brand, or the ingredients, or even the product itself. Essentially, the consumer is interested in the benefits he thinks he will get from using the product. Thus, a package of baby food might be more interesting to the potential purchaser - a mother who wants her child to be healthy - if ② it carried a picture of a baby bursting with good health, rather than a picture of the grain and milk from which the food was made, or a bowl of the prepared food. Finding out ③ what good effects consumers are looking for, and then ④ supply them, have become a central element in marketing strategy for mass consumption products. Package design has become a major vehicle for implementing that strategy.

37 다음 글의 밑줄 친 부분 중 문맥상 단어의 쓰임이 적절하지 <u>않은</u> 것은?

The ultimate life force lies in tiny cellular factories of energy, called mitochondria, that burn nearly all the oxygen we breathe in. But breathing has a ① <u>price</u>. The combustion of oxygen that keeps us alive and active sends out by-products called oxygen free radicals. They have Dr. Jekyll and Mr. Hyde characteristics. On the one hand, they help guarantee our survival. For example, when the body mobilizes to fight off infectious agents, it generates a burst of free radicals to ② <u>propagate</u> the invaders very efficiently. On the other hand, free radicals move uncontrollably through the body, attacking cells, turning their fats rancid, rusting their proteins, piercing their membranes and corrupting their genetic code until the cells become ③ <u>dysfunctional</u> and sometimes give up and die. These fierce radicals, built into life as both protectors and avengers, are the ④ <u>potent</u> agents of aging.

* oxygen free radical 활성산소

* rancid (기름기가 든 음식이) 산패(酸敗)한[맛이 변한]

※ 다음 글을 읽고 물음에 답하시오. (38 ~ 39)

Most child abuse occures in a child's home, with a smaller amount occurring in the organizations, schools or communities the child interacts with. A number of treatments are available to victims of child abuse. Trauma-focused cognitive behavioral therapy, first developed to treat sexually abused children, is now used for victims of any kind of trauma. It targets trauma-related symptoms in children including posttraumatic stress disorder (PTSD), clinical depression, and anxiety. It also includes a component for non-offending parents. Several studies have found that sexually abused children undergoing TF-CBT improved more than children undergoing certain other therapies. Abuse-focused cognitive behavioral therapy was designed for children who have experienced physical abuse. It targets externalizing behaviors and _____. Offending parents are included in the treatment, to improve parenting skills/ practices. It is supported by one rando mized study. Other forms of treat ment include group therapy, play therapy, and art therapy.

38 주어진 글의 child abuse에 대한 내용과 일치하지 <u>않는</u> 것은?

① 아동 학대는 아이의 집에서 발생한다.

② 인식 행동 치료법은 성적 학대를 받은 아이를 위해 처음 개발되었는데 지금은 정신적 외상의 희생자들을 위해 사용된다.

③ TF-CBT를 경험한 성적 학대를 받은 아이들이 다른 종류의 치료를 받은 아이들보다 더 개선되었다는 것을 발견했다.

④ 아이들을 학대하는 부모는 치료에서 배제하고, 양육 기술을 개선한다.

39 빈칸에 들어갈 말로 가장 적절한 것은?

① strengthens pro-social behaviors

② doesn't make a child play all the time

③ ignores the vice of our society

④ communicates with each other for survival

40 다음 글의 밑줄 친 부분 중 문맥상 단어의 쓰임이 적절하지 <u>않은</u> 것은?

> We all know people who are unpleasant to deal with. They approach every interaction with an attitude-angry, competitive, or constantly (a) <u>fault - finding</u>. Each time you deal with them, they talk angrily about someone or some thing. They may routinely imply, in behavior or tone of voice, that whatever you say is (b) <u>stupid</u>. They are impatient or critical. You're always on guard because it feels as if everything you say will be (c) <u>supported</u>. You finish an interac tion, depressed and tired. So we say doing work with such people requires (d) <u>high</u> "costs." Their ability doesn't make up for these faults, for research shows that such "talented fools" can be isolated because others avoid working with them.

① (a) ② (b)
③ (c) ④ (d)

01	02	03	04	05	06	07	08	09	10	11	12	13	14	15	16	17	18	19	20
③	②	①	④	①	③	④	④	②	②	③	③	④	④	①	①	②	②	③	②
21	22	23	24	25	26	27	28	29	30	31	32	33	34	35	36	37	38	39	40
④	④	③	④	④	①	②	④	④	④	③	④	②	①	③	④	①	③	④	④

01 정답 ③

어휘 • automatic teller 현금 자동 입·출금기 (money machine)
• bank clerk (은행) 출납담당자(bank teller)
• tape-recorder 녹음기
• parrot 앵무새

해석 현금 자동 입·출금기가 내 현금카드를 접수하려 하지 않는다.

02 정답 ②

어휘 • keep good[early] hours 일찍 자고 일찍 일어나다
• keep bad[late] hours 늦게 자고 늦게 일어나다
• make it a habit[rule] to~ ~하는 것을 습관으로 하다

해석 그는 일찍 자고 일찍 일어나는 것을 습관으로 하고 있다.

03 정답 ①

어휘 make a difference 중요하다, 영향을 미치다

해석 네가 부자든 아니든 그것은 조금도 중요하지 않다.

04 정답 ④

어휘 • make fun of ~을 놀려 대다 → ridicule
• be fond of ~을 좋아하다

해석 내 친구들 앞에서 나를 놀리지 말아라.

05 정답 ①

해설 feel free to (보통 명령문으로) 마음대로 ~해도 좋다
→ Please feel free to make suggestions.(마음껏 제안하십시오.)

해석 어려우면 언제라도 주저말고 내게 얘기해 다오.

06 정답 ③

어휘 • put on weight 체중이 늘다, 살찌다
• sell at full weight 중량을 꽉 채워서 팔다

해석 그녀는 계속 체중이 늘고 있다.

07 정답 ④

해설 ① 명사가 형용사구에 의해 수식을 받을 경우 정관사 사용
② 신체 부위 앞에 정관사 사용
③ 명사가 전치사와 연결되어 있을 때 무관사

08 **정답** ④

어휘 • be afflicted with ~에 시달리다

• intestinal parasite 내장의 기생충

해설 as if 가정법 과거동사

해석 이 작은 개는 장 안의 기생충으로 시달리는 것처럼 행동한다.

09 **정답** ②

어휘 • pot 단지, 항아리

• out of~ ~으로(재료를 나타냄)

• clay 진흙

• making 제작, 제조

• pottery 도기(류)

• potter 도예가

해설 pot(단지)과 dish(접시)는 명사이고, out of clay는 '진흙으로'라는 수식어이므로 이 문장에서는 동사가 빠져 있음을 알 수 있다. 동사가 들어 있는 것을 고르면 된다.

해석 도예가들은 진흙으로 단지나 접시를 만든다.

10 **정답** ②

어휘 • directory 전화번호부

• be listed 기재되어 있다

해설 list(~을 명부에 올리다)는 타동사이므로, 이 문장은 「be동사(Are) + 주어(all telephone numbers) + 과거분사」의 수동 의문문이 되어야 한다.

해석 모든 전화번호가 전화번호부에 기재되어 있습니까?

11 **정답** ③

어휘 eatable 먹을 수 있는

해설 형용사 good을 수식할 수 있는 말을 고르면 된다. 부정사는 앞에 오는 형용사를 수식할 수가 있다. "It's not good to eat."은

'먹기에 좋지가 않다', 즉 '상했다'라는 뜻의 표현이 된다.

해석 A : 배가 고파서 이 빵을 먹고 싶습니다.

B : 뭐라구요? 그것은 상한 것입니다.

12 **정답** ③

어휘 • upon ~ing ~하자마자

• departure 출발

• hasty 급한, 바삐 서두르는

• hastily 성급히, 바쁘게

• be filled 가득 차다

• immediately 즉시, 곧

해설 Upon ~ing는 On ~ing와 마찬가지로 '~하자마자'의 뜻이다. hearing의 주어가 주절의 주어가 되어야 하므로, 사람이 주절의 주어로 와야 할 것이다.

해석 종소리를 듣자마자 우리는 서둘러 출발했다.

13 **정답** ④

어휘 • inflation 인플레, 가격 등귀

• rampant 맹렬한, 만연하는, 억제되지 않는

• family 가족, 가구, 가계

• maintain 유지하다

• life style 생활 패턴

• be accustomed to ~ ~에 익숙해지다

해설 to maintain 이하를 받는 가목적어 it이 필요하다. 이 문장의 주절은 find it difficult to do(~하는 것이 어렵다는 것을 알다)의 구문이다. to which they are accustomed 는 관계대명사가 이끄는 형용사절로서, which의 선행사는 the life style이고, they는 many families를 받는다.

해석 인플레가 극심하면 많은 가계는 자신들에게 익숙해 있던 생활 패턴을 유지하기가 어렵다는 것을 알게 된다.

14 정답 ④

어휘
• virtue 미덕, 덕, 덕행, 선행
• vice 악덕, 악, 부도덕
• ethic 윤리, 도덕
• abstract 추상, 개괄, 추상 개념
• proverb 속담
• honesty 정직
• diligence 근면
• dishonesty 부정직, 불성실

해석 속담들은 우리에게 정직과 근면과 같은 미덕을 찬양하는 것을 가르친다. 그리고 이들은 우리에게 부정직, 분노와 같은 악덕에 대하여 경고한다.

15 정답 ①

어휘
• in shape 건강이 좋은
• make it a rule to 늘 ~하기로 하고 있다.

해설
① 나는 일주일에 두 번 몇 마일씩 규칙적으로 달려.
② 몸이 안 좋아.
③ 목이 많이 아파.
④ 좋은 생각이야.

해석 A : 너는 건강을 유지하기 위해 무엇을 하나?

16 정답 ①

해설
① 쇠는 뜨거울 때 두드려라, 쇠뿔도 단김에 빼라, 기회를 놓치지 마라.
② 쉽게 얻은 것은 쉽게 나간다.
③ 구르는 돌은 이끼가 끼지 않는다.
④ 서두름은 쓰레기를 만든다, 서두르면 일을 망친다.

해석 행운이라는 것은 모든 사람에게 다가온다. 그러나 그것에 준비되어 있지 않은 사람은 행운을 가질 수 없다. 행운은 문으로 들어와서 창문으로 나간다.

17 정답 ②

어휘
• see a doctor 의사의 진찰을 받다.
• feel sick 메스껍다, 안색이 나쁘다.

해석 하루는 두통 때문에 의사에게 진찰을 받았다. 의사가 "아침에 메스꺼웠습니까?" 하고 물었다. 나는 놀라서 "내가 몸이 좋지 않다면 여기에 왜 왔다고 생각하세요?" 하고 물었다. "아, 그게 아니고." 의사가 대답했다. "저는 댁이 어떤 것을 토해내서 속이 좋지 않느냐는 뜻으로 말한 것입니다."

18 정답 ②

어휘
• refrigerator 냉장고

해설 keep from ~ing ~하지 않도록 하다, ~을 삼가다

해석 우유가 상하지 않게 냉장고에 넣어라.

19 정답 ③

어휘 by no means 결코 ~이 아니다

해석 모든 사람을 만족시킨다는 것은 결코 쉬운 것이 아니다.

20 정답 ②

해설 Fancy ~ing 공상(상상)하다
(명령형으로) 생각해 보라 → 가벼운 놀람

해석 다름 아닌 여기서 너를 만나다니!

21 정답 ④

해설 tell on ~ ~에 심하게 영향을 미치다, ~에 직효가 있다

해석 더위가 그에게 영향을 미치다. = 그는 더위에 지쳤다.

22 정답 ④

해석 얼마 전 나는 5살 된 소년이 성냥에 불을 켜서 아파트 한 동을 불태웠다는 기사를 읽었다. 실수였지만 20가구가 집을 잃었고 일 층에 있던 상점은 이전을 해야 했다. 최근 우리 지역에 있는 대부분의 아파트 화재는 성냥이나 라이터를 가지고 노는 아이들에 의해 발생하는 것 같다. 나는 왜 부모들이 그런 것들을 아이들이 손대는 곳에 놔두는지 모르겠다. 이것은 전적인 부주의다. 아이들은 항상 호기심이 있게 마련이지만, 부모는 불이 위험하다고 말하는 것 이상을 해야 한다. 성냥과 라이터는 아이들의 손이 닿지 않는 곳에 두어야 한다. 그리고 화상이 얼마나 고통스러운 것인지, 얼마나 쉽게 화재가 걷잡을 수 없게 되는지를 아이들에게 반복해서 이야기해 줘야한다.

23 정답 ③

해석 미국은 수송 위기에 직면해 있다. 미국의 고속도로와 항공로는 점점 더 붐빈다. 20년 후에는 혼잡한 고속도로로 인하여 자동차 운전자가 허비하게 되는 시간이 연간 30억 시간에서 120억 시간으로 증가할 것으로 기대된다. 같은 기간에, 8분 이상씩 지연되는 항공 비행이 3배가 될 전망이다. 고속도로와 항공여행을 합치면, 지연으로 인한 승객들의 비용은 어림잡아 현재 연 150억 달러에서 20년 후에는 610억 달러로 올라갈 것이다.

24 정답 ④

해석 나는 예전에 백화점의 서비스 창구에서 일을 했었는데, 그곳은 고객들이 연주회, 스포츠 행사, 연극공연 등에 대한 표를 사는 곳이었다. 하루는 한 여자 손님이 내가 근무 중인 창구로 왔다. 그녀는 나에게 몇 개의 꾸러미를 밀어 넣으면서, "셔츠박스 3개, 넥타이박스 1개, 캐서롤 요리를 넣기에 충분한 큰 박스 1개 주세요." 하고 말했다. "박스는 선물포장코너로 가야 됩니다." 하고 공손하게 설명을 해주었다.
그녀는 한발 물러서서 내 위에 있는 표지를 잘 보고는 소리 질렀다. "아가씨, 나를 속이지 마세요. 표지판에 'Box Office'라고 쓰여 있잖아요. 지금 박스를 내놔요."

25 정답 ④

해석 주식은 회사의 일부분이다. 어떤 회사가 돈이 필요하면 은행으로부터 대출을 받을 수 있다. 또 회사채를 판매하거나 어느 정도의 주식을 판매할 수도 있다. 다시 말해서 그 회사는 회사의 일부분을 파는 것이다. 주주들은 그 회사의 일부분을 소유하게 된다. 사람들은 그 주식들을 살 수 있다. 주식은 은행에 맡긴 돈이나 채권보다 안전하지 못하다. 투자가는 그 회사가 성공할지 실패할지를 모르기 때문에 주식을 사는 것은 위험하다. 만약, 한 회사가 성공하게 된다면 그 회사는 많은 돈을 벌게 된다. 회사가 스스로 벌어들인 돈은 이익이라 불리며, 주주들도 역시 얼마간의 이익을 얻게 된다. <u>그 회사가 실패하거나 돈을 잃게 되면, 주주들 역시 돈을 잃게 된다.</u> 투자가들은 회사의 일부를 소유하고 있기 때문에 돈을 벌 수도, 잃을 수도 있다. 그것은 회사의 성패에 달려 있다.

26 정답 ①

해설 필자는 매우 낙관적이다.

해석 내 마음속에 사랑을 가지고 오늘 하루를 맞이할 것이다. 이것을 어떻게 할 수 있을까? 모든 것을 사랑을 가지고 바라보며 그리하여 나는 다시 태어날 것이다. 태양을 사랑하리라, 내 몸을 따뜻하게 해주기에. 또한, 비도 사랑하리라, 나의 마음을 깨끗하게 씻어주기에. 빛을 사랑하리라, 빛은 길을 보여 주기에. 나는 어둠도 사랑하리라, 어둠이 있기에 별을 볼 수 있으므로. 나는 행복을 받아들일 것이다, 그것은 나의 마음을 넓혀주기에. 또한, 나는 슬픔도 참아내리라, 그것은 내 영혼을 열어주므로.

27 정답 ②

어휘 • rent 임대료, 임대하다
• at least 적어도, 하다못해

해석 집과 아파트에 세 드는 미국인들은 임대료로 자기들 수입의 적어도 25%를 지불한다.

28 정답 ④

어휘 • mean 의도하다
• bullet 총알
• fire 발사하다
• recall 취소하다
• wound 상처내다
• needlessly 불필요하게
• hurtful 해로운, 유해한
• calm down 마음을 가라 앉히다

해석 가끔 당신은 당신이 전혀 의도하지 않은 것을 말할 수 있다. 하지만 말이 한 번 내뱉어지면, 총알이 발사된 것처럼 취소될 수 없다. 쓸데없이 상처 주는 말을 하기 전에, 진정하도록 하라. 감정이 아닌 이성을 갖고 말하라. 그렇지 않으면 항상 후회할 말을 할 수 있다.

29 정답 ④

어휘 • well-suited 적절한
• accessible 접근하기 쉬운, 이해하기 쉬운
• transcend 초월하다

해설 문맥상 쓰인 단어가 아닌 글쓰기가 강력한 힘을 가지는 것이므로 ④는 동사의 명사적 용법, 즉 동명사 형태의 writing이 되는 것이 적절하다.

해석 스토리텔링은 story와 telling의 합성어이며, 말 그대로 이야기를 한다는 의미이다. 다시 말해서 스토리텔링은 재미있고 생생한 이야기로 내용을 전달하는 것이다. 스토리텔링으로 고대예술을 전하는 것은 특히 학생들의 답사에 적합하다. 민속예술로서의 스토리텔링은 연령과 능력을 불문하고 접근이 용이하다. 예술적 심상을 만들어내는 데 상상력과 듣기, 말하기 능력 이상의 장치는 필요치 않다. 학습도구로서의 스토리텔링은 학생들이 저마다 독특한 표현력을 찾는 데 도움을 주며, 학생들이 분명하고 명쾌한 방법으로 생각과 감정을 소통하는 능력을 높일 수 있다. 이러한 이점들은 일상생활의 기술을 뒷받침하는 예술적 경험을 초월한다. 우리가 사는 빠르고 미디어가 주도하는 세상에서 스토리텔링은 아이들로 하여금 글쓰기는 강력한 힘을 가지며, 듣기가 중요하고, 사람들 사이의 명료한 의사소통은 예술이라는 점을 상기시키기 위한 육성방법이 될 수 있다.

30 정답 ④

어휘 • run into 우연히 만나다, 뛰어가다
• first ever 생전 처음
• shortsighted 근시안의
• nod 끄덕이다
• billboard 광고판
• sparrow 참새
• fuzzy 애매한, 불분명한

- point out 가리키다
- unfocused 초점이 맞지 않는
- bang 부딪치다, 탕치다
- not long after 오래지 않아
- compulsively 마지못해, 강제적으로, 강박적으로
- drawing 데생, 그림, 소묘

해설 Tara가 처음 안경을 착용함으로써 시력을 회복한 전후 상황에 대한 글쓴이의 회상을 서술하고 있다.

해석 나의 누나 Tara는 가족 내에서 아주 조용한 아이였다. 그녀는 형과 나만큼 모험적이지 않았다. 그녀는 결코 학업이나 스포츠도 잘하지 못했다. 물론, 나는 누나를 사랑했지만 때때로 그러기가 그다지 쉽지 않았다. 그녀는 좀처럼 나와 눈을 맞추지 않았다. 우리가 우연히 학교에서 마주치면 그녀는 가끔 나를 모르는 체하였다. 어느 날 아버지의 직장일로 우리는 새로운 동네로 이사하게 되었다. 우리가 전학 간 학교인 Emerson의 양호 선생님이 우리에게 난생 처음으로 청력과 시력 검사를 하셨다. 나는 테스트를 우수하게 마쳤다. "독수리 같은 눈과 코끼리 같은 귀를 가졌구나."라고 선생님은 말씀하셨다. 그러나 Tara는 시력 차트를 읽는 것이 힘겨웠다. 양호 선생님은 Tara가 심각한 근시이고 안경을 착용해야 한다고 말씀하셨다. 안경이 준비되었을 때 우리는 모두 안경을 가지러 시내에 나갔다. Tara가 처음으로 안경을 착용했을 때 그녀는 계속해서 머리를 돌리고 위아래로 움직였다. "무슨 문제가 있어?"라고 물었다. 그녀가 "저기 있는 나무를 볼 수 있어?"하고 대략 100피트 정도 떨어져 있는 시카모어 단풍나무를 가리키며 말했다. 나는 고개를 끄덕였다. 그녀는 흐느끼며 말했다. "나는 가지들만이 아니라 작은 나뭇잎도 모두 볼 수가 있어." Tara는 눈물을 터뜨렸다. 돌아오는 중에 그녀는 거의 모든 사람이 보려고 멈추지 않았

던 모든 것을 계속해서 처음으로 보고 있었다. 그녀는 거리 간판들과 광고판을 크게 읽었다. 그녀는 전화선 위에 참새들을 가리켰다. 집에서 Tara는 내게 안경을 써 보라고 권했다. 내가 안경을 쓰자 세상이 흐릿하고 초점이 맞지 않는 상으로 변했다. 나는 몇 걸음을 걸었고 커피 테이블에 무릎을 부딪쳤다. 내가 처음으로 Tara를 진정으로 이해한 건 바로 그 순간이었다. 나는 왜 그녀가 탐험놀이를 좋아하지 않았는지 혹은 학교에서 나를 모르는 체하였는지를 깨달았다. Tara는 세상을 명확하게 보는 것을 사랑했다. 안경을 쓴지 오래지 않아서 그녀는 미술 선생님이 되기로 결심했다. 그녀는 그녀가 발견했던 모든 경이로운 것들을 데생하고 그리지 않고는 못 배기게 되었다. 그녀의 첫 그림인 시카모어 단풍나무는 여전히 그녀가 제일 좋아하는 것이다. 현재 그녀는 Emerson 학교의 미술 선생님이고, 그곳에서 모든 학생이 실력을 최대한 발휘하도록 가르치고 있다.

31 정답 ③

해설 화자는 눈이 아주 잘 보인다. 그래서 Tara의 안경을 쓰고 어지러움을 느꼈다.

32 정답 ④

해설 A의 아들인 줄 알고 꾸몄던 방을 모두 다시 꾸며야 했다는 말을 통해 아버지와 딸의 대화임을 알 수 있다.

해석 A : 그래서 너랑 Steve 삼촌이랑은 무슨 이야기를 하고 있었니?

B : 삼촌이 제가 태어났을 때 아빠와 엄마가 얼마나 놀라셨는지 말해주셨어요. 모두가 남자아이를 기대하고 있었다는데요? 그게 사실이에요?

A : 그래. 의사조차 그렇게 생각했을 정도야. 우리는 확신해서 너의 방을 모두 스포츠 디자인으로 꾸미기도 했었지. 다시 방을 꾸며야 한다는 걸 알았을 때 우리가 얼마나 놀랐었는지 상상이 가니?

B : 실망하셨어요? 제 방을 준비했던 것들 때문에 …….

A : 농담이지? 물론 아니지! 그날 세상에서 나보다 더 행복한 사람이 있었다고 생각하지 않는단다. 난 그 순간을 결코 잊을 수가 없어.

---

33 **정답** ②

어휘
- take aback 당황시키다, 충격을 주다
- authentic 진짜의, 진정한
- entree 주 요리, 메인 요리
- supposedly 아마도, 어쩌면
- staple 주요 상품

해설 이탈리아 어감의 이름을 가진 음식이 사실(In fact) 이탈리아 오페라 가수의 이름을 딴 것이며 뉴욕에서 발명되었다는 내용이 나오고, 이와 마찬가지로(Likewise) 중국의 대표 상품 포춘쿠키는 베이징이 아닌 로스앤젤레스에서 처음 만들어졌다는 내용이 나온다.

해석 미국 해안가를 찾는 이탈리아 관광객들은 미국인들이 진짜 이탈리아 음식이라고 생각하는 음식을 서비스할 때, 때때로 당황한다. 예를 들어, 이탈리아 어감의 이름을 가진 Chicken Tetrazzini는 이탈리아 관광객에게 집에 온 것같이 만들어 줄 완벽한 식사인 것처럼 보인다. 사실, Chicken Tetrazzini는 이탈리아 오페라가수 Luisa Tetrazzini의 이름을 딴 것이다. 하지만, 이것은 뉴욕에서 발명되었다. 이탈리아 사람들만이 그들의 도시에서 기원한 저녁식사 요리에 혼란스러워 하는 것은 아니다. 대부분의 러시아 사람들은 미국에 있는 러시아 샐러드 드레싱과 비슷한 어떤 것도 절대 맛본 적이 없다. 이와 마찬가지로, 중국 음식의 주요상품인 포춘쿠키는 베이징이 아니라, 로스앤젤레스에서 처음 만들어졌다.

---

34 **정답** ①

해설 would rather 다음의 절에는 가정법 과거 시제가 온다.

② It is (high) time ~ (should + 동사 원형) ~할 때이다
→ You've been wearing the same clothes for ages. Isn't it time you should buy some new ones?

③ Without(= But for = Except for = If it were not for = Were it not for) 만약 ~이 없다면
→ Without your help, we wouldn't be able to carry out our plan.

④ 가정법 과거완료 문장이므로 주절에는 might have + p.p가 온다.
→ Poor Brian, he lost the contest. If he had been luckier he might have won.

---

35 **정답** ③

해설 민지의 마지막 대사에서 민지는 기주에게 현명하게 시간을 관리하여 공부를 한 이후에 자유 시간을 가지라고 조언하였다. 그리고 기주는 그 조언을 받아들였다.

해석 기주 : 이 영어 수업은 너무 어려워. 우리 교수님은 학원에서의 힘든 생활을 이해하지 못하시는 것 같아.

민지 : 넌 더 집중해야 할 것 같아. 네가 수업 도중에 자는 걸 몇 번 봤어.

기주 : 하지만 이 수업은 월요일 아침 첫 수업이야. 가끔은 주말의 여파로 지쳐.

민지 : 주말 내내 네가 하는 공부 때문에 지치는 거야?

기주 : 음, 꼭 그렇진 않아. 가끔은 일요일 자유 시간에 컴퓨터 게임을 해. 난 고등학교에 입학한 이후부터 컴퓨터 게임을 해왔어.

민지 : 난 네가 수업에 대한 불평을 그만하고 더 현명하게 시간을 관리할 필요가 있다고 생각해. 여가 시간을 통해 휴식을 취하는 것은 아무 문제가 되지 않지만, 너의 공부가 끝난 후에만 하는 것이 순서지. 그리고 휴식을 좀 가져.

기주 : 그건 좋은 충고구나. <u>이번 일요일에는 공부하고 나서 일찍 자도록 할게.</u>

36 정답 ④

어휘
• eternally 영원히
• unceasing 끊임없는, 쉴 새 없는
• era 세기

해설 신들의 세기였던 호머가 살던 세상 이후, 인간들의 세계가 펼쳐지기 시작하였다.

해석 그 이야기는 신화 속의 신들이 폭풍우가 몰아치는 하늘과 짙은 바다를 지배했던 호머의 세계에서 시작된다. 그때 이후 인간 지성의 모든 발전은 감히 미지의 어둠 속으로 발을 내디디고, 일반적으로 받아들인 사고방식에서 벗어난 용감한 개개인들에 의해 이루어졌다. 이러한 발전들의 대부분은 작고 힘들었지만, 몇몇 것들은 찬란하고 아름다웠다. Gustave Flaubert가 기록한 바와 같이 "바다로 나간 사람들 중에는 새로운 세상을 발견해서 지구에 대륙을 더하고, 하늘에 별을 더한 탐험가들이 있다. 그들은 승리자들이며, 위대한 사람들이고, 영원히 빛날 사람들이다." 끊임없는 시도와 실수를 통해 우리가 따라갈 길을 닦아 준 사람들은 바로 그러한 탐험가들이다.

37 정답 ①

어휘
• in short 요약하면
• fleeting 순식간의
• just 공정한
• innate 타고난

해설 (A) 앞 문장들이 말하고 있는 바를 요약하고 있으므로 In short가 적절하다.
(B) 인간이 자기 합리화를 하는 것이 자연스러운 일이므로, '다시 말해서(In other words)' 그것을 배울 필요도 없다는 것이다.

해석 우리가 비이성적으로 행동할 때, 우리의 행동은 스스로에게는 합리적인 것으로 보이기 마련이다. 도전을 받을 때, 우리의 마음은 (스스로에게) "왜 이들은 나를 힘들게 하지? 나는 그저 옳은 일을 하고 있을 뿐이야. 합리적인 사람이라면 그걸 알 거야!"라고 말한다. 요약하면, 우리는 본능적으로 우리의 생각이 충분히 정당화된 것이라고 생각한다. 우리가 알기로는, 우리는 그저 옳고 적절하며 합리적인 일을 하고 있을 뿐이다. 우리가 실수를 하고 있을지도 모른다는 순간의 생각은 일반적으로 "나는 나쁜 것을 의도하지 않았어. 나는 공정해! 공평해! 틀린 건 다른 사람들이야!"라고 생각하는 더 강력한 자기정당화에 압도된다. 이런 인간 마음의 본능을 자연적인 상태로 인식하는 것은 중요하다. 다시 말해서, 인간은 자기 정당화, 이기적, 자기 기만적인 사고와 행동을 배울 필요가 없다. 이런 행동 양식은 우리 모두가 타고나는 것이다.

38 정답 ③

어휘 • emphasize 강조하다

해설 빈칸의 앞뒤로 면접관에게 채용을 압박하는 대신 다른 방법으로 자신을 알리라는 내용이 나온다. 따라서 instead가 가장 자연스럽다.

해석 면접에서 좋은 인상을 만들기 원한다면 다음 조언들을 잘 새겨라. 우선 당신이 아무리 초조할지라도 자신감을 보이도록 최선을 다해라. 또한, 면접관의 모든 질문에 진심을 다해 답하는 것이 중요하다. 그러나 당신의 결점을 자발적으로 언급할 필요는 없다. 당신의 기술과 능력이 그 회사에 아주 유용할 것이라는 것을 확실히 강조하라. 면접관이 당신을 당장 고용하도록 부담을 주지 마라. 대신에 직무에 대한 당신의 강한 관심을 표현하고 언제 대답을 받을 수 있을지 물어라. 끝으로, 인터뷰를 마칠 때 면접관에게 시간을 내주어서 고맙다는 뜻을 확실히 전달하라.

39 **정답** ④

어휘
• conformist 순응주의자
• textspeak 인터넷이나 핸드폰 메시지에서 쓰이는 줄임말 같은 것
• convince 확신하다
• formally 격식 있게

해설 글에서 언급하고 있는 청소년들은 부모님을 존중하고 따르는 유형의 청소년들이므로 그들의 부모님이 의심의 여지가 없는 권한을 가지고 있다고 생각할 것이다.

해석 청소년들이 특정한 성격을 가지고 있다고 생각하는 것은 매우 일반적이다. 예를 들어, 많은 사람들은 청소년들이 비순응적이고, 이런 순응하지 않는 성향은 그들의 옷, 듣는 음악, 그리고 그들에게 권한이 있는 어른들과의 제한된 대화를 통해 표현된다고 말한다. 그들은 이런 청소년들이 고도의 기술 사회에 태어나 textspeak 같은 새로운 언어를 만들었고, 이런 점 때문에 그들의 구두 및 쓰기 언어 능력이 감소했다고 불평한다. 그러나 많은 청소년들이 클래식 악기를 공부하고 연주하며, 다른 청소년들은 20세도 되기 전에 문학상을 받는

다. 이런 청소년들 중 많은 이들은 그들의 부모님이 따라야 할 모델이며 의문의 여지 없는 권한을 가지고 있다고 확신한다. 그들은 부모님만큼이나 격식 있게 옷을 입기도 한다.

40 **정답** ④

어휘
• snout (돼지·개·악어 등의) 뾰죽한 코
• plumbing 배관
• flickering 깜박이는
• illumination 조명
• sanitation 위생
• roam 배회하다

해설 밑줄 앞의 glamorous와는 반대되는 내용이 와야 하므로 miserable existence가 빈칸에 가장 적절하다.

해석 특히 골동품 가게에 나타난 것들을 보면, 북아메리카 영국 식민지의 일상생활은 상당히 화려했던 것처럼 보인다. 그러나 현대적인 기준으로 판단해 보면, 그것은 상당히 초라한 생활이었다. 대부분의 사람들에게 노동은 동틀녘부터 해질녘까지 끊임없이 이어지는 과중한 것이었다. 지금은 당연하게 여겨지는 기본적인 생필품이 부족했었다. 공공건물들은 대개 난방이 전혀 되지 않았다. 바람이 새는 집들은 별 효력이 없는 벽난로로 난방이 되었다. 수도가 전혀 없었고 내부 배관도 되어있지 않았다. 양초의 깜박이는 불빛과 고래 기름 램프가 주는 빛은 충분하지 않았다. 쓰레기를 치울 수 있는 위생 서비스도 전혀 없었고, 대신, 길쭉한 주둥이를 가진 돼지들이 쓰레기를 먹어치우면서 도로를 배회할 수 있도록 허락되었었다.

01	02	03	04	05	06	07	08	09	10	11	12	13	14	15	16	17	18	19	20
②	②	①	③	②	③	③	①	②	②	③	①	④	①	③	①	①	④	②	①
21	22	23	24	25	26	27	28	29	30	31	32	33	34	35	36	37	38	39	40
①	④	①	④	③	②	①	④	④	①	④	③	③	④	④	④	②	④	①	③

01 정답 ②

어휘 • blunt 무딘(dull), 무뚝뚝한, 퉁명스러운, (감각, 이해 따위가) 둔감한, 느린

해석 이 가위는 <u>무디어서</u> 종이를 자를 수 없다.

02 정답 ②

어휘 • be through with ~ ~을 끝마치다, 끝내다
• throw away 내다 버리다, 허비하다

해석 <u>나는 금방 그것을 끝낼 것이다.</u>

03 정답 ①

어휘 • carry ~ too far[to extremes] ~의 도를 지나치다
• go to extremes 극에 달하다
• wide of the mark 엉뚱한, 과녁을 벗어난
• act recklessly 엉뚱한 짓을 하다

해석 Jack은 가끔 농담이 지나치다.

04 정답 ③

어휘 • mark time
– (일이) 제자리걸음을 하다
– 기다리다, 보류하다
• hit the mark 과녁을 맞히다

해석 그들은 김 선생이 올 때까지 <u>기다려야만</u> 했다.

05 정답 ②

어휘 • for nothing 무료로, 공짜로

해석 <u>공짜로</u> 이것을 얻었습니까?

06 정답 ③

어휘 • come to
– 의식을 찾다, 제정신이 들다 → recover
– ~에 이르다 → come to an end(끝장 나다)
– (합계가) ~이 되다

해석 다음날 아침 <u>Mary는 마침내 의식을 회복 했다.</u>

07 정답 ③

어휘 • come by ~을 손에 넣다, ~의 곁을 지나가다
• come down 전해지다, 내려가다, (값이) 내리다
• come into (재산 등을) 물려받다, (계획 등에) 참가하다

해석 • 너는 어떻게 그렇게 비싼 차를 손에 넣을 수 있었니?
• 이 풍습은 우리 조상 대대로 전해져 내려왔다.
• 그녀는 아버지가 돌아가시면 많은 재산 을 물려받게 될 것이다.

08 **정답** ①

　해설 ① 10분간 쉬자.

　　　② 그래, 물론이야.

　　　③ 일기예보에 의하면 내일은 쾌청할 거라고 해.

　　　④ 그렇게 된 지 얼마나 됐어?

　해석 A : 너무 덥다. 난 더 이상 공부할 수 없어.

09 **정답** ②

　해설 ② crowding → crowded

　　　theaters 앞에는 꾸며주는 수동의 의미를 가진 수식어가 필요하므로 과거분사 crowded가 되어야 한다.

　해석 우리는 사람들이 붐비는 극장에서 영화를 보지만 그것은 개인적 경험이다.

10 **정답** ②

　어휘 • out of season 시기(철)를 벗어나, 제철을 잃어, 한물 간

　　　• out of work 실직한, 고장 난

　해석 • 수박은 겨울에는 나오지 않습니다.

　　　• 나는 5개월째 실직 상태이다.

11 **정답** ③

　해설 ③ cannot ~ too 아무리 ~할지라도 지나치지 않다

12 **정답** ①

　어휘 • plain 꾸밈없는

　　　• colorful 화려한

　해설 ① 두 어휘는 반의 관계이다. 따라서 soft(부드러운)와 반의 관계인 harsh(거친)가 빈칸에 들어가기에 적절하다.

　　　② honest 정직한

③ hollow 속이 빈

④ humble 겸손한

13 **정답** ④

　해설 ④ 그녀가 일격을 당한 것으로 수동의 의미가 되어야 하므로 과거분사 형태의 분사구문을 써야 한다.

14 **정답** ①

　해설 ② felt very badly → felt very bad

　　　③ of the twins이므로 most → more

　　　④ majestic → majestically

15 **정답** ③

　어휘 • can not afford ~ ~할 여유가 없다, ~할 수 없다

　해석 나는 책 한 권에 40달러나 주고 살 여유가 없습니다. 좀 더 싼 것은 없습니까?

16 **정답** ①

　어휘 • If only someone did 누군가 ~하기만 하면, ~하면 좋을 텐데

　해석 A : 댁의 아들이 새로운 학교를 좋아합니까?

　　　B : 그렇기만 하면 좋겠는데!

17 **정답** ①

　해설 Would you mind ~ing ~해도 되겠습니까?

　　　→ 대답할 때 No는 괜찮습니다 / Yes는 안 되겠는데요

　해석 A : 담배 피워도 되겠습니까?

　　　B : 네, 피우십시오.

18 정답 ④

어휘 • taste of ~ ~의 맛이 나다

해석 나는 양파 맛이 나는 수프는 좋아하지 않는다.

19 정답 ②

어휘 • lesser of ~ ~ 중에 더 작은 편의 것
• less(little의 비교급) 수나 양이 적음
• lesser 가치나 중요성의 덜함

해석 그 두 가지 어려운 임무 중에서 좀 덜 어려운 것을 선택해야 할 것이다.

20 정답 ①

해석 미국에서는 모든 물건을 사는 데 신용카드나 수표를 이용한다. 전형적인 미국인들은 자판기에 사용할 잔돈을 들고 다니지만, 쇼핑이나 외식을 할 때는 신용카드나 수표를 사용한다. 신원을 증명할 수 있는 운전면허증이나 여권같은 신분증이 있다면, 수표는 사용하기 편리하다. 많은 미국인은 기름, 식사, 항공권, 여타 물건을 사는 데 사용할 수 있는 다목적용 카드를 들고 다닌다. 물론 미국에서는 현금 없이도 살 수 있지만, 수표장이나 신용카드를 들고 다니는 것을 잊어서는 안 된다.

21 정답 ①

해석 식물은 지구상의 생명체에 반드시 필요하다. 광합성 과정에서 식물의 뿌리, 줄기, 잎은 햇빛으로부터 당분을 얻기 위해 함께 작용한다. 광합성 과정 중에 식물은 햇빛, 엽록소, 이산화탄소, 물을 사용하여 양분을 만든다. 이러한 방식으로 녹색식물은 그들과 다른 생물을 위한 양분을 만들기 위해 태양에너지를 사용한다. 녹색식물은 이산화탄소를 흡수하고 산소를 방출한다. 모든 인간과 동물은 살아가는 데 산소가 필요하다. 동물과 같은 살아 있는 유기체는 식물을 먹음으로써 에너지를 얻는다. 인간은 에너지를 얻기 위해 동식물을 둘 다 먹는다. 녹색식물 없이는 태양에너지는 지구에서 사용될 수 없으며, 지구상의 다른 모든 살아 있는 유기체는 죽게 될 것이다.

22 정답 ④

해석 1984년에 미국의 과학자들이 북극 근처에서 연구를 하고 있었다. 그들은 얼음 속에 냉동되어 있는 어떤 사람의 시체를 발견하였다. 그 사람은 1846년에 북극에 갔다. 그는 죽었고, 그의 친구들은 그를 얼음 속에 묻었다. 오늘날에도 그의 주검은 얼음 속에서 전혀 변하지 않아 똑같이 보였다. 이러한 사실은 의사들을 흥미롭게 했다. 의사들에게는 몇몇의 중병 환자들이 있는데, 아무도 이들 환자에게 도움을 줄 수가 없다. 하지만 언젠가는 이들을 위한 새로운 의약품이 있을 것이고, 그래서 의사들은 미래를 위해서 사람(환자)들을 보존해두고 싶어한다. 아마도 그들을 도울 의약품이 생길 때까지 환자들은 냉동보존될 수 있을 것이다.

23 정답 ①

어휘 • relieve (고통을) 덜다, …로부터 구제하다(from)
• strain 긴장하다, 힘껏 노력하다, 애쓰다
• rephrase 바꾸어 말하다
• pick up 줍다, 조금씩 익히다, 알다

해석 외식할 때 당신의 말을 들으려고 애쓰는 귀가 어두운 친구를 도울 수 있는 방법은, 벽과 부엌에서 멀리 떨어진, 카펫이 깔리고 휘장이 드리워진 큰 방에 자리를 고르는 것이다. 청각 장애가 있거나 보청기를 낀 사람들은 주변의 소음이 부드러운 주위환경

에 흡수될 때 대화를 가장 잘 이해할 수 있다. 심각한 청각장애가 있는 친구는 환한 레스토랑 또한 선호한다. 그래서 그녀는 당신의 입술 움직임과 얼굴 표정을 읽을 수 있고 당신 둘 다 모두 무엇을 먹는지 볼 수 있을 것이다. 하지만 그래도 당신은 문장을 되풀이하는 게 아니라 바꾸어 말할 필요가 있다. 그럼으로써 당신의 동반자는 당신이 말한 내용을 더 많이 알아들을 수 있다.

24 정답 ④

해석 Mr. Ballantine이 옆으로 누워, 막 눈을 감았을 때 창문이 깨졌다. 그는 문 쪽으로 잽싸게 가서는 침실의 불을 켜고 외쳤다. "일어나, Wanda! 일어나!" Wanda는 실내복을 잡으려 하였고, 그는 옷장에서 엽총을 꺼내고 있었다. 경보기가 울리고 있었다. 그들은 서로에게 소리지르며 전기스위치를 켜고 홀로 내려갔다. 유리가 서재에 깨져 있었고, 그는 마치 다음 공격을 막으려는 것처럼 창문을 향해 엽총을 겨누었다. "경찰을 불러. 911번이야." 그는 그녀에게 소리쳤다.
"나도 그 번호는 알아요."
"서둘러." 그는 마치 강도가 창문을 통해 집 안으로 들어오기로 결정한 것처럼 총을 가지고 낮게 웅크린 채 실내화를 신고 유리 주위를 발끝으로 걸었다. 그가 가까스로 부엌으로 가서 배전반 번호를 누르자 사이렌은 멈추었다.

25 정답 ③

해석 아시아계 미국인이 단지 전체 인구의 2.1% 밖에 안 되지만, 이러한 사실을 미국의 최고 대학들을 보고는 알 수 없다. Harvard에는 아시아계 미국인이 작년 신입생의 11%를 차지했다. M.I.T.에서는 18%를,

California 주립대학과 Berkeley 대학에서는, 아시아계 미국인이 학부 학생의 1/4이다. 이 특이한 기록은 그들의 성공 배경을 찾으려는 일련의 새로운 연구를 촉진시켰다. 몇몇 학자는 아시아인들이 더 높은 I.Q. 수준을 가졌고, 유전적으로 더 우수하다고 믿는다. 그러나 어떤 조사자들도 I.Q.에서 차이를 발견하지 못하였다.

26 정답 ②

해석 미국 독립 전쟁 후반기에 연방정부의 법이 만들어졌다. 이 정부는 힘의 부족으로 어려움을 겪었다. 각 주가 다른 주들을 불신하고 중앙 또는 연방 정부에 권위를 거의 주지 않았다. 연방법은 세금으로 돈을 충당할 수 없고, 원주민들의 습격도 막지 못하고, 영국군을 미국으로부터 몰아낼 수도 없는 정부를 만들었다.

27 정답 ①

어휘 • of great importance 중요한
해석 낙타는 세계 도처에서 볼 수 있는 유용한 짐승이다. 그들은 인간에게 식용으로 쓸 우유와 천을 짜기 위한 털을 제공한다. 그러나 낙타는 쉽게 길들일 수 없고, 때로는 고약한 성미를 가지고 있다. 비록 중요한 동물이긴 하지만 주인에게 사랑받지는 못한다.

28 정답 ④

해설 ④ of which the + 명사(소유격의 의미) = whose top

29 정답 ④

어휘 • noble 고상한, 숭고한, 고결한
• composer 작곡가
• treasure 보배, 재보, 금은, 보물, 귀중품

해설 'produced'의 목적어이면서 'was'의 주어 역할을 할 수 있는 'what'이 적절하다.

해석 슈베르트는 일생을 가난하게 살았다. 하지만 그의 삶에는 하나의 숭고한 목적이 있었다. 그것은 그의 두뇌로부터 끊임없이 선율로 흘러나오는 듯한 아름다운 음악적 상념들을 기록하는 것이었다. 가장 많은 곡을 쓴 작곡가 중 한 사람으로서 슈베르트는 마치 우리가 정다운 편지를 쓰듯이 자유롭게 작곡을 했다. 그는 단지 자신의 안에 있는 것을 끄집어냈으며, 우리에게 보물과도 같은 음악을 많이 가져다주었다.

30 정답 ①

해설 다음 주에 한가하냐고 물었지만 시험 준비를 해야 한다고 하였으므로 한가하지 않다고 답해야 자연스럽다.

해석 ① A : 당신은 다음 주에 한가합니까?
B : 예, 저는 시험 준비를 해야 합니다.
② A : 도와드릴까요?
B : 고맙지만 괜찮아요. 그냥 구경할게요.
③ A : 커피 좀 드시겠어요?
B : 예, 좋습니다.
④ A : 파고다 공원이 어디에 있습니까?
B : 서울 YMCA의 한 블럭 동쪽에 있습니다.

31 정답 ④

어휘 • reunion 모임
• vary 달리 하다
• craft 공예
• ensure ~하게 하다
• questionnaire 설문지

해설 Unless는 '~하지 않는 한'이라는 뜻을 가지고 있다. ④에는 '~하지 않는다면'이라는 말이 문맥상 적절하므로 Unless를 If not으로 바꾸는 것이 더 알맞을 것이다.

해석 가족 모임을 성공적으로 치르도록 당신이 할 수 있는 일은 많다. 예를 들어 이야기를 하거나, 가족 장기자랑을 하거나, 가족사를 말하거나, 타임캡슐도 만들 수 있다. 이런 활동들은 재미있을 뿐만 아니라 가족 모두가 가깝게 소통하여 서로 더 잘 알게 되도록 해준다. 특히 서로를 오랫동안 보지 못했다면, 결과적으로 모두가 더 편해질 것이다. 활동의 종류를 운동에서 공예, 수수께끼까지 다양화하는 것으로 가족 모두가 참여하도록 할 수 있을 것이다. 가족 모두에게 아무 때나 할 수 있는 활동을 고를 기회를 주는 것도 도움이 된다. 활동을 계획하면서 초대할 가족 모두에게 설문지를 보내 그들이 무엇을 하는 것에 흥미가 있는지 알아보는 것도 좋은 생각이다. 반드시 봉투에 자신의 이름을 쓰고 우표를 붙여라. 그러지 않으면 당신이 원하는 만큼 답장을 받지 못할 것이다.

32 정답 ③

해설 원형부정사는 see, hear, watch, feel 등의 지각동사 뒤에서 목적보어로 쓰인다.
① had better + 동사원형 ~하는 것이 좋다
→ You had better not stay here.
② cannot but + 동사원형 ~하지 않을 수 없다
→ I cannot but respect him
(= I cannot help respecting him).
④ 지각동사의 목적보어로 동사원형이 와야 한다.
→ I felt my house shake for a second last night.

33 정답 ③

어휘
- rear 기르다
- converse 대화하다
- fluency 유창함, 구사능력
- literacy 읽고 쓰는 능력
- formally 정식으로
- enroll 등록하다
- retain 유지하다
- eloquent 설득력 있는
- woefully 슬픈, 비참한, 애처로운
- tedious 지루한, 싫증나는
- stroke 한 획(선)
- inexcusable 용서할 수 없는
- by heart 암기하여

해설 (A)와 (B)에 들어갈 말은 앞뒤 문맥상 의미를 파악해보면 In spite of(~에도 불구하고)와 Nevertheless(그럼에도 불구하고)가 적당하다.

해석 우리 엄마는 내가 중국어로 편지를 쓰는 유일한 사람이다. 그녀는 중국에서 태어나 길러졌고, 미국에서 태어난 그녀의 4명의 아이들이 중국어를 전혀 모르는 것은 오로지 그녀 때문이었다. 비록 중국어로 대화할 수 있지만, 우리의 구사능력은 초보자 수준이다. 우리의 읽고 쓰는 능력은 그녀보다 훨씬 더 못하다. 나와 같은 세대 중 미국에서 태어난 다른 많은 중국인과 달리, 나는 어렸을 때 중국어로 교육을 받지 않았다. 우리 엄마는 오빠와 언니를 6년 동안 중국인 학교에 등록시켰다. 그곳에서 그들은 정규 미국 공립학교를 다닌 후 매일 2시간씩 중국어 말하기, 읽기, 쓰기를 공부했다. 그녀의 노력<u>에도 불구하고</u>, 두 형제들은 그들이 배운 것을 지속적으로 사용하거나, 유지하지 않았다. 그래서 엄마는 어린 두 딸에게는 그런 교육비를 쓰지 않기로 결심했다. 우리 둘은 나중에 대학에 가서야 중국어를 공부했다. 나는 엄마를 자주 뵈러 가기 때문에 편지를 쓰는 것은 필요하지 않

았지만, 나는 그녀의 언어 형식으로 쓴 편지를 통하여 엄마와 대화하려고 한다. 내가 전문적인 작가일지라도 중국어 또는 영어로 엄마에게 시나 설득력 있는 글을 결코 쓸 수 없다. 내가 학교를 다니는 내내 다른 먼 세계의 산물인 엄마가 같은 언어로 읽고 쓰는 것은 말할 것도 없이 생각조차 하지 못한다는 사실은 종종 나를 슬프게 했다. <u>그럼에도 불구하고</u>, 나는 도시를 떠날 때마다 엄마에게 단지 선물과 함께 짧은 메모나 엽서를 쓸지라도 중국어를 계속하고 있다. 한자로 글을 쓰는 것에는 약간의 즐거움이 있다. 하지만 나에게 글쓰기는 슬프게도 매우 느리고 지루하다. 나는 영중사전에서 모든 문자를 찾아봐야 한다. 한 획 또는 한 점이 삭제되거나 잘못 쓰거나 잘못된 방향으로 쓰게 되면 단어 전체가 바뀌게 된다. 그리고 엄마에게 그런 실수들은 용서될 수 없다. 나는 몇 안 되는 한자를 외우고 있다. 그 단어 중 3개 단어인 '사랑해요'라는 단어들은 우리를 가장 기쁘게 한다.

34 정답 ④

해석
① 필자의 어머니는 중국에서 태어나 자랐다.
② 필자와 필자의 남매는 미국에서 태어났다.
③ 필자는 나중에 대학에서 중국어를 배웠다.

35 정답 ④

어휘
- statement 표현, 문장
- dubious 확실하지 않은
- notion 개념
- woe 걱정거리
- foe 적
- plausible 그럴듯한

해설 운율이 맞는 문장은 그 내용이 의심스러울지라도 더 정확하고 그럴듯하게 보인다는 요지의 글이다. 따라서 빈칸에는 plausible(그럴듯한)이 들어가야 한다.

해석 Matthew McGlone가 시행한 실험에 대해 생각해 보자. 그는 듣기 좋은 표현이 확실치 않은 개념마저 더 믿을만하게 보이게 한다는 가설을 시험해보고 싶어 했다. 그는 학생들에게 "Woes unite foes(고민은 적을 뭉치게 한다)" 같은 운율 있는 문장들을 주고 그 문장들이 얼마나 인간의 행동을 정확히 묘사했는지 물었다. 그리고 그는 같은 학생들에게 "Misfortunes unite foes(불행은 적을 뭉치게 한다)" 같은 운율 없는 문장의 정확성을 판단해 보라고 했다. 그 결과, 학생들은 운율 있는 문장이 더 정확하다고 간주했다. 그 후에 경제적 성공이 사람들을 더 건강하게 만든다는 말에 동의하는지 물어보았을 때, 거의 모든 학생이 아니라고 대답했다. 하지만 그들은 "Wealth makes health(부가 건강을 만든다)"를 왠지 더욱 그럴듯하다고 간주했다. 이런 점들로 연구자들은 1995년 O.J.Simpson 살인 사건에서 피고측 변호사가 말한 "If the glove doesn't fit, you must acquit (그 글로브가 딱 맞지 않는다면, 당신은 분명히 무죄를 선고하시겠군요)."라는 말이 가진 반복된 억양이 배심원에게 의도한 영향을 미쳤을 거라는 추측에 이르렀다.

36 정답 ④

어휘
- find out 알아내다
- mass-consumption 대량 소비
- implement 구현하다

해설 Finding out으로 시작하는 문장에서 Fiding과 Supply가 주어이고 have become이 동사이다. 동사가 주어가 되기 위해서는 동명사나 to 부정사의 형태로 바뀌어야 하는데, 앞부분에서 Finding으로 시작하고 있으므로 Supply가 아닌 Supplying이 되어야 적절할 것이다.

해석 현대의 포장 콘셉트는 정말로 소비자의 흥미를 끄는 것이 브랜드, 재료, 심지어는 제품 그 자체도 아니라는 것에 대한 이해를 기반으로 한다. 본질적으로, 소비자들은 그 제품을 사용함으로써 얻을 것이라고 생각하는 이득에 관심이 있다. 따라서 이유식의 패키지에 음식의 재료인 곡물과 우유, 혹은 준비된 음식 한 그릇의 사진보다는 건강함이 넘치는 아기의 사진이 붙어 있다면 잠재적인 소비자인 그녀의 아이가 건강해지길 원하는 엄마에게 더욱더 흥미로울 것이다. 어떤 효과를 소비자들이 찾는지 알아 내고 나서 공급하는 것은 대량 소비 제품의 마케팅 전략에서 중심 요소가 되었다. 패키지의 디자인은 그 전략을 구현하기 위한 주요 수단이 되었다.

37 정답 ②

어휘
- combustion 연소
- by-product 부산물
- on the one hand 한편으로는
- mobilize 동원되다
- propagate 번식시키다
- rancid 변질된
- rust 부식시키다
- membrane 세포막

- dysfunctional 제대로 기능을 하지 않는
- potent 강력한

해설 글 전체에서는 지킬과 하이드 같은 이중적인 면을 지닌 활성 산소에 대해 설명하고 있다. On the one hand로 시작하는 문장에서는 활성 산소의 순기능을, On the other hand로 시작하는 그 뒤 문장에서는 활성 산소의 역기능을 이야기한다. 따라서 On the one hand로 시작하는 문장에서는 활성 산소의 장점이 나타나야 하고, 그것은 병원체를 번식시키는(propagate) 것이 아니라 물리치는 것이라고 하는 것이 문맥상 알맞을 것이다.

해석 근본적인 생명력은 우리가 들이마시는 거의 모든 산소를 연소하는 미토콘드리아라는 아주 작은 에너지 세포 기관에 자리 잡고 있다. 하지만 호흡하는 데는 그 대가가 있다. 우리를 살고 활동하게 해 주는 산소의 연소는 활성산소라 불리는 부산물을 내보낸다. 그들은 지킬과 하이드 같은 성격을 가지고 있다. 한편으로는, 그들은 우리에게 생존을 보장해 준다. 예를 들어 몸이 감염원을 물리치기 위해 동원될 때, 그것은 침략자들을 효과적으로 번식시키기(→ 없애기) 위해 급격히 활성 산소를 생성한다. 또 다른 한편으로 활성 산소는 세포가 기능을 잃고 때때로 항복하거나 죽을 때까지, 세포를 공격하고, 세포의 지방을 변질시키고, 세포의 단백질을 부식시키고, 세포막을 뚫고, 유전자 코드를 변질시키며 통제 불가능하게 몸속을 움직인다. 생명의 보호자이자 보복자로서 만들어진 이런 맹렬한 활성 산소는 노화의 강력한 원인이다.

38 정답 ④

어휘
- Trauma-focused cognitive behavioral therapy 충격에 초점을 둔 인식 행동 치료법
- pro-social 친사회적인
- post-traumatic stress disorder 외상 후 스트레스성 장애
- TF-CBT 외상 초점 인지 행동치료

해설 'Offending parents are included in the treatment'라고 했기 때문에 아이들을 학대하는 부모는 치료에서 배제한다는 내용이 틀린 내용이다.

해석 대부분의 아동 학대는 아이의 집에서 발생한다. 기관, 학교나 아이들과 상호작용하는 지역사회에선 더 적은 수로 일어난다. 아동 학대의 희생자에 적용 가능한 몇 가지 치료법이 있다. 충격에 초점을 둔 인식 행동 치료법은 성적 학대를 받은 아이를 위해 처음 개발되었는데 지금은 정신적 외상의 희생자들을 위해 사용된다. 그것은 정신적 외상 후 스트레스 장애, 우울증, 불안 증상을 가진 아이들의 치료에 목표를 둔다. 그것은 또한 비공격성 부모를 위한 요소를 포함한다. 몇 가지 연구가 TF-CBT를 경험한 성적 학대를 받은 아이들이 다른 종류의 치료를 받은 아이들보다 더 개선되었다는 것을 발견했다. 인식 행동 치료에 초점을 맞춘 것은 물리적인 학대를 받은 아이들을 위해 고안되었다. 그것은 외현화 행동을 목적으로 하고 친사회적 행동을 강화한다. 아이들을 학대하는 부모는 치료에 포함되고, 양육 기술을 개선한다. 그것은 무작위 연구에 의해 지지된다. 다른 형태의 치료는 집단 치료, 놀이 치료, 예술 치료가 있다.

39 정답 ①

해설 빈칸 뒤의 'Offending parents are included in the treatment, to improve parenting skills/practices. It is supported by one randomized study. Other forms of treatment include group therapy, play therapy, and art therapy.'에서 strengthens pro-social behaviors를 지지한다는 것을 알 수 있다.

40 정답 ③

어휘 • routinely 일상적으로
• on guard 경계하여
• make up for ~을 보완하다

해설 매사에 조급하고 비판적인 사람들과 대화하면 말하는 것마다 공격을 받을까 두려워 경계를 하게 된다. 따라서 ③ 'supported(지지를 받는)'는 글의 흐름과 맞지 않고 'attacked(공격을 받는)'로 고쳐야 문맥상 적절하다.

해석 우리는 모두 상대하기 불편한 사람들을 알고 있다. 그들은 모든 상호작용에 화를 내거나 경쟁적이거나 끊임없이 흠을 잡는 태도로 접근한다. 당신이 그들을 상대할 때마다, 그들은 누군가나 무언가에 대해 화를 내며 말한다. 그들은 일상적으로 행동이나 목소리의 어조를 통해 당신이 말하는 것은 무엇이든지 바보 같다는 것을 암시할지도 모른다. 그들은 조급하거나 비판적이다. 마치 당신이 말하는 모든 것이 지지를 받을(→ 공격을 받을) 것처럼 느껴지기 때문에 당신은 항상 경계한다. 당신은 우울하고 피곤한 상태로 상호 작용을 끝낸다. 그래서 우리는 그러한 사람들과 함께 일하는 것에는 높은 '비용'이 든다고 말한다. 사람들이 그러한 '재능 있는 바보들'과 함께 일하는 것을 피함으로써 그들이 고립될 수 있다는 연구를 보면, 그들의 능력은 이러한 결점을 보완하지 못한다.

나는 내가 더 노력할수록 운이 더 좋아진다는 걸 발견했다.

- 토마스 제퍼슨 -

독학학위제 1단계 교양과정인정시험 답안지(객관식)

컴퓨터용 사인펜만 사용

★ 수험생은 수험번호와 응시과목 코드번호를 표기(마킹)한 후 일치여부를 반드시 확인할 것.

전공분야

성 명

수 험 번 호

(1) 1 — — — — —

(2) ① ② ③ ④ ●

과목코드	응시과목
	1 ① ② ③ ④
	2 ① ② ③ ④
	3 ① ② ③ ④
	4 ① ② ③ ④
	5 ① ② ③ ④
	6 ① ② ③ ④
	7 ① ② ③ ④
	8 ① ② ③ ④
	9 ① ② ③ ④
	10 ① ② ③ ④
교시코드	11 ① ② ③ ④
① ② ③ ④	12 ① ② ③ ④
	13 ① ② ③ ④
	14 ① ② ③ ④
	15 ① ② ③ ④
	16 ① ② ③ ④
	17 ① ② ③ ④
	18 ① ② ③ ④
	19 ① ② ③ ④
	20 ① ② ③ ④
	21 ① ② ③ ④
	22 ① ② ③ ④
	23 ① ② ③ ④
	24 ① ② ③ ④
	25 ① ② ③ ④
	26 ① ② ③ ④
	27 ① ② ③ ④
	28 ① ② ③ ④
	29 ① ② ③ ④
	30 ① ② ③ ④
	31 ① ② ③ ④
	32 ① ② ③ ④
	33 ① ② ③ ④
	34 ① ② ③ ④
	35 ① ② ③ ④
	36 ① ② ③ ④
	37 ① ② ③ ④
	38 ① ② ③ ④
	39 ① ② ③ ④
	40 ① ② ③ ④

과목코드	응시과목
	1 ① ② ③ ④
	2 ① ② ③ ④
	3 ① ② ③ ④
	4 ① ② ③ ④
	5 ① ② ③ ④
	6 ① ② ③ ④
	7 ① ② ③ ④
	8 ① ② ③ ④
	9 ① ② ③ ④
	10 ① ② ③ ④
교시코드	11 ① ② ③ ④
① ② ③ ④	12 ① ② ③ ④
	13 ① ② ③ ④
	14 ① ② ③ ④
	15 ① ② ③ ④
	16 ① ② ③ ④
	17 ① ② ③ ④
	18 ① ② ③ ④
	19 ① ② ③ ④
	20 ① ② ③ ④
	21 ① ② ③ ④
	22 ① ② ③ ④
	23 ① ② ③ ④
	24 ① ② ③ ④
	25 ① ② ③ ④
	26 ① ② ③ ④
	27 ① ② ③ ④
	28 ① ② ③ ④
	29 ① ② ③ ④
	30 ① ② ③ ④
	31 ① ② ③ ④
	32 ① ② ③ ④
	33 ① ② ③ ④
	34 ① ② ③ ④
	35 ① ② ③ ④
	36 ① ② ③ ④
	37 ① ② ③ ④
	38 ① ② ③ ④
	39 ① ② ③ ④
	40 ① ② ③ ④

※ 감독관 확인란

(인)

관 리 번 호

(응시자수)

(역번)

답안지 작성시 유의사항

1. 답안지는 반드시 컴퓨터용 사인펜을 사용하여 다음 보기와 같이 표기할 것.
   보기 잘된 표기: ●
   잘못된 표기: ⊘ ⊗ ◐ ⊙ ○ ◯ ◖
2. 수험번호 (1)에는 아라비아 숫자로 쓰고, (2)에는 "●"와 같이 표기할 것.
3. 과목코드는 뒷면 "과목코드번호"를 보고 해당과목의 코드번호를 찾아 표기하고,
   응시과목란에는 응시과목명을 한글로 기재할 것.
4. 교시코드는 문제지 전면의 교시를 해당란에 "●"와 같이 표기할 것.
5. 한번 표기한 답은 긁거나 수정액 및 스티커 등 어떠한 방법으로도 고쳐서는
   아니되고, 고친 문항은 "0"점 처리함.

[이 답안지는 마킹연습용 모의답안지입니다.]

독학학위제 1단계 교양과정인정시험 답안지(객관식)

컴퓨터용 사인펜만 사용

★ 수험생은 수험번호와 응시과목 코드번호를 표기(마킹)한 후 일치여부를 반드시 확인할 것.

전공분야	
성명	

수험번호

응시과목

과목코드

교시코드 ① ② ③ ④

응시과목 (1~40번, ① ② ③ ④)

과목코드

교시코드 ① ② ③ ④

※ 감독관 확인란

(인)

관리번호 (응시자수)
(답번)

독학학위제 1단계 교양과정인정시험 답안지(객관식)

★ 수험생은 수험번호와 응시과목 코드번호를 표기(마킹)한 후 일치여부를 반드시 확인할 것.

전공분야

성 명

	수 험 번 호							

(1)

1 | 1 | | 1 | | 1 | | 1 |

(2)
- ④
- ③
- ② ●
- ④

※ 감독관 확인란

(인)

관 리 번 호	
(연번)	
(응시자수)	

과목코드 / 응시과목

교시코드	응시과목
	1 ① ② ③ ④ 21 ① ② ③ ④
	2 ① ② ③ ④ 22 ① ② ③ ④
	3 ① ② ③ ④ 23 ① ② ③ ④
	4 ① ② ③ ④ 24 ① ② ③ ④
	5 ① ② ③ ④ 25 ① ② ③ ④
	6 ① ② ③ ④ 26 ① ② ③ ④
	7 ① ② ③ ④ 27 ① ② ③ ④
	8 ① ② ③ ④ 28 ① ② ③ ④
	9 ① ② ③ ④ 29 ① ② ③ ④
	10 ① ② ③ ④ 30 ① ② ③ ④
	11 ① ② ③ ④ 31 ① ② ③ ④
	12 ① ② ③ ④ 32 ① ② ③ ④
	13 ① ② ③ ④ 33 ① ② ③ ④
	14 ① ② ③ ④ 34 ① ② ③ ④
	15 ① ② ③ ④ 35 ① ② ③ ④
	16 ① ② ③ ④ 36 ① ② ③ ④
	17 ① ② ③ ④ 37 ① ② ③ ④
	18 ① ② ③ ④ 38 ① ② ③ ④
	19 ① ② ③ ④ 39 ① ② ③ ④
	20 ① ② ③ ④ 40 ① ② ③ ④

과목코드 / 응시과목

교시코드	응시과목
	1 ① ② ③ ④ 21 ① ② ③ ④
	2 ① ② ③ ④ 22 ① ② ③ ④
	3 ① ② ③ ④ 23 ① ② ③ ④
	4 ① ② ③ ④ 24 ① ② ③ ④
	5 ① ② ③ ④ 25 ① ② ③ ④
	6 ① ② ③ ④ 26 ① ② ③ ④
	7 ① ② ③ ④ 27 ① ② ③ ④
	8 ① ② ③ ④ 28 ① ② ③ ④
	9 ① ② ③ ④ 29 ① ② ③ ④
	10 ① ② ③ ④ 30 ① ② ③ ④
	11 ① ② ③ ④ 31 ① ② ③ ④
	12 ① ② ③ ④ 32 ① ② ③ ④
	13 ① ② ③ ④ 33 ① ② ③ ④
	14 ① ② ③ ④ 34 ① ② ③ ④
	15 ① ② ③ ④ 35 ① ② ③ ④
	16 ① ② ③ ④ 36 ① ② ③ ④
	17 ① ② ③ ④ 37 ① ② ③ ④
	18 ① ② ③ ④ 38 ① ② ③ ④
	19 ① ② ③ ④ 39 ① ② ③ ④
	20 ① ② ③ ④ 40 ① ② ③ ④

답안지 작성시 유의사항

1. 답안지는 반드시 컴퓨터용 사인펜을 사용하여 다음 보기와 같이 표기할 것.
   보기 잘된 표기: ●
   잘못된 표기: ⓥ ⓧ ◑ ◐ ◍ ⊙
2. 수험번호 (1)에는 아라비아 숫자로 쓰고, (2)에는 "●"와 같이 표기할 것.
3. 과목코드는 뒷면 "과목코드번호"를 보고 해당과목의 코드번호를 찾아 표기하고,
   응시과목란에는 응시과목명을 한글로 기재할 것.
4. 교시코드는 문제지 전면 의 교시를 해당란에 "●"와 같이 표기할 것.
5. 한번 표기한 답은 긁거나 수정액 및 스티커 등 어떠한 방법으로도 고쳐서는
   아니되고, 고친 문항은 "0"점 처리함.

절취선

독학학위제 1단계 교양과정인정시험 답안지(객관식)

컴퓨터용 사인펜만 사용

★ 수험생은 수험번호와 응시과목 코드번호를 표기(마킹)한 후 일치여부를 반드시 확인할 것.

전공분야

성 명

수 험 번 호							
(1)	1	—					
(2)	● ② ③ ④	① ② ③ ④ ⑤ ⑥ ⑦ ⑧ ⑨ ⑩	① ② ③ ④ ⑤ ⑥ ⑦ ⑧ ⑨ ⑩	—	① ② ③ ④ ⑤ ⑥ ⑦ ⑧ ⑨ ⑩	① ② ③ ④ ⑤ ⑥ ⑦ ⑧ ⑨ ⑩	—

응시과목

과목코드	응시과목			
① ② ③ ④ ⑤ ⑥ ⑦ ⑧ ⑨ ⑩	1	① ② ③ ④	21	① ② ③ ④
① ② ③ ④ ⑤ ⑥ ⑦ ⑧ ⑨ ⑩	2	① ② ③ ④	22	① ② ③ ④
① ② ③ ④ ⑤ ⑥ ⑦ ⑧ ⑨ ⑩	3	① ② ③ ④	23	① ② ③ ④
① ② ③ ④ ⑤ ⑥ ⑦ ⑧ ⑨ ⑩	4	① ② ③ ④	24	① ② ③ ④
① ② ③ ④ ⑤ ⑥ ⑦ ⑧ ⑨ ⑩	5	① ② ③ ④	25	① ② ③ ④
	6	① ② ③ ④	26	① ② ③ ④
	7	① ② ③ ④	27	① ② ③ ④
교시코드	8	① ② ③ ④	28	① ② ③ ④
① ② ③ ④	9	① ② ③ ④	29	① ② ③ ④
	10	① ② ③ ④	30	① ② ③ ④
	11	① ② ③ ④	31	① ② ③ ④
	12	① ② ③ ④	32	① ② ③ ④
	13	① ② ③ ④	33	① ② ③ ④
	14	① ② ③ ④	34	① ② ③ ④
	15	① ② ③ ④	35	① ② ③ ④
	16	① ② ③ ④	36	① ② ③ ④
	17	① ② ③ ④	37	① ② ③ ④
	18	① ② ③ ④	38	① ② ③ ④
	19	① ② ③ ④	39	① ② ③ ④
	20	① ② ③ ④	40	① ② ③ ④

과목코드	응시과목			
① ② ③ ④ ⑤ ⑥ ⑦ ⑧ ⑨ ⑩	1	① ② ③ ④	21	① ② ③ ④
① ② ③ ④ ⑤ ⑥ ⑦ ⑧ ⑨ ⑩	2	① ② ③ ④	22	① ② ③ ④
① ② ③ ④ ⑤ ⑥ ⑦ ⑧ ⑨ ⑩	3	① ② ③ ④	23	① ② ③ ④
① ② ③ ④ ⑤ ⑥ ⑦ ⑧ ⑨ ⑩	4	① ② ③ ④	24	① ② ③ ④
① ② ③ ④ ⑤ ⑥ ⑦ ⑧ ⑨ ⑩	5	① ② ③ ④	25	① ② ③ ④
	6	① ② ③ ④	26	① ② ③ ④
	7	① ② ③ ④	27	① ② ③ ④
교시코드	8	① ② ③ ④	28	① ② ③ ④
① ② ③ ④	9	① ② ③ ④	29	① ② ③ ④
	10	① ② ③ ④	30	① ② ③ ④
	11	① ② ③ ④	31	① ② ③ ④
	12	① ② ③ ④	32	① ② ③ ④
	13	① ② ③ ④	33	① ② ③ ④
	14	① ② ③ ④	34	① ② ③ ④
	15	① ② ③ ④	35	① ② ③ ④
	16	① ② ③ ④	36	① ② ③ ④
	17	① ② ③ ④	37	① ② ③ ④
	18	① ② ③ ④	38	① ② ③ ④
	19	① ② ③ ④	39	① ② ③ ④
	20	① ② ③ ④	40	① ② ③ ④

답안지 작성시 유의사항

1. 답안지는 반드시 컴퓨터용 사인펜을 사용하여 다음 보기와 같이 표기할 것.
   보기: 잘 된 표기: ● 잘못된 표기: ⓥ ⓧ ⦿ ◐ ◑ ○ ●
2. 수험번호 (1)에는 아라비아 숫자로 쓰고, (2)에는 "●"와 같이 표기할 것.
3. 과목코드는 뒷면 "과목코드번호"를 보고 해당과목의 코드번호를 찾아 표기하고,
   응시과목란에는 응시과목명을 한글로 기재할 것.
4. 교시코드는 문제지 전면 의 교시를 해당란에 "●"와 같이 표기할 것.
5. 한번 표기한 답은 긁거나 수정액 및 스티커 등 어떠한 방법으로도 고쳐서는
   아니되고, 고친 문항은 "0"점 처리함.

※ 감독관 확인란

(인)

관 리 번 호

(연번)

(응시자수)

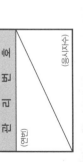

독학학위제 1단계 교양과정인정시험 답안지(객관식)

컴퓨터용 사인펜만 사용

★ 수험생은 수험번호와 응시과목 코드번호를 표기(마킹)한 후 일치여부를 반드시 확인할 것.

전공분야

성 명

	1
(1)	―
(2)	● ② ③ ④

수 험 번 호

―		―		―		

과목코드 / 응시과목

교시코드 ① ② ③ ④

과목코드 / 응시과목

교시코드 ① ② ③ ④

(응시자수)

관 리 번 호	
(연번)	

※ 감독관 확인란

인

답안지 작성 시 유의사항

1. 답안지는 반드시 컴퓨터용 사인펜을 사용하여 다음 [보기]와 같이 표기할 것.
   [보기] 잘 된 표기: ● 잘못된 표기: ⊘ ⊗ ◐ ◑ ○●
2. 수험번호 (1)에는 아라비아 숫자로 쓰고, (2)에는 "●"와 같이 표기할 것.
3. 과목코드는 해당과목의 코드번호를 찾아 표기하고,
   응시과목란에는 응시과목명을 한글로 기재할 것.
4. 교시코드는 문제지 전면의 교시를 해당란에 "●"와 같이 표기할 것.
5. 한번 표기한 답은 긁거나 수정액 및 스티커 등 어떠한 방법으로도 고쳐서는
   아니되고, 고친 문항은 "0"점 처리함.

[이 답안지는 마킹연습용 모의답안지입니다.]

독학학위제 1단계 교양과정인정시험 답안지(객관식)

컴퓨터용 사인펜만 사용

★ 수험생은 수험번호와 응시과목 코드번호를 표기(마킹)한 후 일치여부를 반드시 확인할 것.

전공분야	
성명	

응시과목 (좌측)

과목코드 / 교시코드 / 응시과목 1~40번 (각 ① ② ③ ④)

응시과목 (우측)

과목코드 / 교시코드 / 응시과목 1~40번 (각 ① ② ③ ④)

답안지 작성시 유의사항

1. 답안지는 반드시 컴퓨터용 사인펜을 사용하여 다음 보기와 같이 표기할 것.
   보기) 잘된표기: ●
   잘못된 표기: ⊘ ⊗ ⦷ ⊙ ◑ ◐ ○ ◔ ◕

2. 수험번호 (1)에는 아라비아 숫자로 쓰고, (2)에는 "●"와 같이 표기할 것.

3. 과목코드는 뒷면 "과목코드번호"를 보고 해당과목의 코드번호를 찾아 표기하고, 응시과목란에는 응시과목명을 한글로 기재할 것.

4. 교시코드는 문제지 전면 의 교시를 해당란에 "●"와 같이 표기할 것.

5. 한번 표기한 답은 긁거나 수정액 및 스티커 등 어떠한 방법으로도 고쳐서는 아니되오, 고친 문항은 "0"점 처리함.

※ 감독관 확인란
(인)

관 리 번 호
(연번) / (응시자수)

[이 답안지는 마킹연습용 모의답안지입니다.]

컴퓨터용 사인펜만 사용

독학학위제 1단계 교양과정인정시험 답안지(객관식)

★ 수험생은 수험번호의 응시과목 코드번호를 표기(마킹)한 후 일치여부를 반드시 확인할 것.

전공분야

성명

	수 험 번 호					
(1)	1	-			-	
(2)	⊖	①	②	③	④

수 험 번 호

※ 감독관 확인란

(인)

관 리 번 호	(연번)
(응시자수)	

답안지 작성시 유의사항

1. 답안지는 반드시 컴퓨터용 사인펜을 사용하여 다음 [보기]와 같이 표기할 것.
   [보기] 잘된 표기: ●
   잘못된 표기: ⊗ ⊖ ⊕ ○ ◐ ●
2. 수험번호 (1)에는 아라비아 숫자로 쓰고, (2)에는 "●"와 같이 표기할 것.
3. 과목코드는 뒷면 "과목코드번호"를 보고 해당과목의 코드번호를 찾아 표기하고,
   응시과목란에는 응시과목명을 한글로 기재할 것.
4. 교시코드는 문제지 전면의 교시를 해당란에 "●"와 같이 표기할 것.
5. 한번 표기한 답은 긁거나 수정액 및 스티커 등 어떠한 방법으로도 고쳐서는
   아니되고, 고친 문항은 "0"점 처리됨.

과목코드 교시코드 응시과목

응시과목				
1	①	②	③	④
2	①	②	③	④
3	①	②	③	④
4	①	②	③	④
5	①	②	③	④
6	①	②	③	④
7	①	②	③	④
8	①	②	③	④
9	①	②	③	④
10	①	②	③	④
11	①	②	③	④
12	①	②	③	④
13	①	②	③	④
14	①	②	③	④
15	①	②	③	④
16	①	②	③	④
17	①	②	③	④
18	①	②	③	④
19	①	②	③	④
20	①	②	③	④
21	①	②	③	④
22	①	②	③	④
23	①	②	③	④
24	①	②	③	④
25	①	②	③	④
26	①	②	③	④
27	①	②	③	④
28	①	②	③	④
29	①	②	③	④
30	①	②	③	④
31	①	②	③	④
32	①	②	③	④
33	①	②	③	④
34	①	②	③	④
35	①	②	③	④
36	①	②	③	④
37	①	②	③	④
38	①	②	③	④
39	①	②	③	④
40	①	②	③	④

독학학위제 1단계 교양과정인정시험 답안지(객관식)

컴퓨터용 사인펜만 사용

★ 수험생은 수험번호와 응시과목 코드번호를 표기(마킹)한 후 일치여부를 반드시 확인할 것.

전공분야	
성명	

수험번호

(1)	1			
(2)				

교시코드 ① ② ③ ④

응시과목

1	① ② ③ ④	21	① ② ③ ④
2	① ② ③ ④	22	① ② ③ ④
3	① ② ③ ④	23	① ② ③ ④
4	① ② ③ ④	24	① ② ③ ④
5	① ② ③ ④	25	① ② ③ ④
6	① ② ③ ④	26	① ② ③ ④
7	① ② ③ ④	27	① ② ③ ④
8	① ② ③ ④	28	① ② ③ ④
9	① ② ③ ④	29	① ② ③ ④
10	① ② ③ ④	30	① ② ③ ④
11	① ② ③ ④	31	① ② ③ ④
12	① ② ③ ④	32	① ② ③ ④
13	① ② ③ ④	33	① ② ③ ④
14	① ② ③ ④	34	① ② ③ ④
15	① ② ③ ④	35	① ② ③ ④
16	① ② ③ ④	36	① ② ③ ④
17	① ② ③ ④	37	① ② ③ ④
18	① ② ③ ④	38	① ② ③ ④
19	① ② ③ ④	39	① ② ③ ④
20	① ② ③ ④	40	① ② ③ ④

과목코드

응시과목

1	① ② ③ ④	21	① ② ③ ④
2	① ② ③ ④	22	① ② ③ ④
3	① ② ③ ④	23	① ② ③ ④
4	① ② ③ ④	24	① ② ③ ④
5	① ② ③ ④	25	① ② ③ ④
6	① ② ③ ④	26	① ② ③ ④
7	① ② ③ ④	27	① ② ③ ④
8	① ② ③ ④	28	① ② ③ ④
9	① ② ③ ④	29	① ② ③ ④
10	① ② ③ ④	30	① ② ③ ④
11	① ② ③ ④	31	① ② ③ ④
12	① ② ③ ④	32	① ② ③ ④
13	① ② ③ ④	33	① ② ③ ④
14	① ② ③ ④	34	① ② ③ ④
15	① ② ③ ④	35	① ② ③ ④
16	① ② ③ ④	36	① ② ③ ④
17	① ② ③ ④	37	① ② ③ ④
18	① ② ③ ④	38	① ② ③ ④
19	① ② ③ ④	39	① ② ③ ④
20	① ② ③ ④	40	① ② ③ ④

교시코드 ① ② ③ ④

답안지 작성시 유의사항

1. 답안지는 반드시 컴퓨터용 사인펜을 사용하여 다음 [보기]와 같이 표기할 것.
   [보기] 잘 된 표기: ●
   잘못된 표기: ⊘ ⊗ ◐ ○ ◑ ●
2. 수험번호 (1)에는 아라비아 숫자로 쓰고, (2)에는 "●"와 같이 표기할 것.
3. 과목코드는 "과목코드번호"를 보고 해당과목의 코드번호를 찾아 표기하고, 응시과목란에는 응시과목명을 한글로 기재할 것.
4. 교시코드는 문제지 전면 의 교시를 해당란에 "●"와 같이 표기할 것.
5. 한번 표기한 답은 긁거나 수정액 및 스티커 등 어떠한 방법으로도 고쳐서는 아니되고, 고친 문항은 "0"점 처리함.

※ 감독관 확인란

관리번호

2025 시대에듀 A + 독학사 1단계 교양과정 영어 한권합격

개정16판1쇄 발행	2025년 01월 08일 (인쇄 2024년 07월 16일)
초 판 발 행	2008년 03월 10일 (인쇄 2008년 01월 24일)
발 행 인	박영일
책 임 편 집	이해욱
편 저	독학학위연구소
편 집 진 행	송영진
표지디자인	박종우
편집디자인	차성미 · 고현준
발 행 처	(주)시대고시기획
출 판 등 록	제10-1521호
주 소	서울시 마포구 큰우물로 75 [도화동 538 성지 B/D] 9F
전 화	1600-3600
팩 스	02-701-8823
홈 페 이 지	www.sdedu.co.kr

I S B N	979-11-383-7458-3 (13740)
정 가	27,000원